L'ungherese
Collana Senza Sforzo

di
**Georges Kassai e
Thomas Szende**

**Adattamento italiano di
Giulia Ambrosi**

Illustrazioni di Nico

Casella Postale 80, 10034 Chivasso - TO
+390119131965 - info@assimil.it
www.assimil.it

© Assimil Italia 2019
ISBN 978-88-85695-18-4

I nostri metodi

sono disponibili con
l'audio su **CD** o in **Mp3**.

Scoprili anche
su **assimil.it**

Senza Sforzo

Arabo, Cinese, Ebraico, Francese, Giapponese, Greco moderno, Greco antico, Inglese, Inglese americano, Latino, Neerlandese, Persiano, Polacco, Portoghese, Portoghese brasiliano, Romeno, Russo, Spagnolo, Svedese, Tedesco, Turco, Ungherese

Perfezionamenti

Francese - Inglese - Russo - Spagnolo - Tedesco

Affari

Inglese

E-Metodi

Francese
Inglese
Inglese americano
Perfezionamento dell'inglese
Spagnolo
Perfezionamento dello spagnolo
Tedesco
Perfezionamento del tedesco

Titolo dell'edizione originale francese:
Le hongrois – Collection Sans Peine   © Assimil France 2013

Sommario

Introduzione IX

Lezioni 1 - 85

1	Mi újság? Semmi	1
2	Magyarország, Franciaország	3
3	Egy különös család	7
4	Egy kíváncsi rendőr	11
5	A „Paprika" étteremben	15
6	Érdekes könyvek	17
7	*Ismétlés*	21
8	Látogatás a bankban	25
9	Késő van	29
10	A fogorvosnál	31
11	Ma vizsgázunk	35
12	Városnézés Budapesten	39
13	Magánügy	43
14	*Ismétlés*	47
15	Ma semmit nem találok	51
16	Diszkóban	53
17	Ibolya egy romantikus estéje	57
18	Fogadás Budapesten	61
19	Új lakásba költözünk	65
20	Uzsonna a nagymamánál	69
21	*Ismétlés*	73
22	Veszekedés a gyerekszobában	77
23	Ki gazdag?	81
24	Egy este az Operában	85
25	Ki látta a balesetet?	89
26	Adjon enni a macskáknak!	93
27	Ismételjünk!	97
28	*Ismétlés*	99
29	A hentesnél	105
30	Legyünk udvariasak!	109
31	Fa leszek…	113
32	Nem mentek holnap moziba?	115

33	Hogyan „gyártunk" szavakat?	119
34	Önéletrajz	125
35	*Ismétlés*	129
36	Tornaórán	133
37	Hurrá, utazunk!	137
38	Pesti viccek	141
39	Emlékek	145
40	Néhány szó a magyar történelemről	149
41	Egy furcsa álom	153
42	*Ismétlés*	157
43	Karcsi féltékeny	161
44	Karcsi féltékeny (második rész)	165
45	Vásárolj be!	167
46	Négy évszak	171
47	Ismeri ön Magyarországot?	175
48	Randevú	179
49	*Ismétlés*	183
50	Félúton	187
51	Száz éves a nagypapa (tévériport)	191
52	Énekeljünk!	195
53	Levél Amerikából	197
54	Levél Budapestről	201
55	Öröklakás a Rózsadombon	205
56	*Ismétlés*	209
57	Szavak, szavak…	215
58	Énekeljünk újra!	217
59	Min nevetnek a magyarok?	221
60	Választási beszéd egy képzelt köztársaságban	225
61	Értesítés	229
62	Diavetítés	233
63	*Ismétlés*	237
64	Tudni illik, hogy mi illik	241
65	Szállodában	245
66	A lecsó receptje	251
67	Szegény vagyok…	255
68	Munkát keresek	257
69	Néhány szó a gazdaságról	261

70	*Ismétlés*	265
71	Altató	269
72	Cédula a kapun	273
73	Három régi népszokás	277
74	Mit tegyek?	281
75	Turistagondok	287
76	Mi a futball?	291
77	*Ismétlés*	295
78	A határon	299
79	Mese a halászról és a feleségéről	305
80	Mi az ördögnek vettem autót? (Monológ)	309
81	Miről ír a mai újság?	315
82	Közmondások állatokról	319
83	Miért gyenge a pesti fekete?	323
84	*Ismétlés*	327
85	Búcsú	333

Appendice grammaticale ... 339
Indice grammaticale ... 360
Bibliografia ... 364
Lessico ungherese-italiano ... 365
Lessico italiano-ungherese ... 400

Ringraziamenti

Gli autori ringraziano Marie-Louise Tardres-Kassai per la sua preziosa collaborazione durante la stesura.

L'editore desidera inoltre ringraziare Francesca Melle per la sua revisione dell'adattamento in italiano di quest'opera.

Premessa

L'ungherese viene spesso etichettato come lingua ostica. Parole come URALICO > UGRO-FINNICO > UGRICO (che designano il ceppo di appartenenza della lingua ungherese su base genealogica, ovvero la famiglia linguistica dalla quale discende) si ergono spesso a spauracchi, così come l'ingente numero di casi che l'ungherese contempla all'interno della propria morfosintassi, con l'intento di destabilizzare i discenti meno temerari e indurli a desistere dall'impresa di impararla. Ma, badate bene, l'apprendimento di una nuova lingua è **sempre** un'impresa. Non esistono, infatti, lingue di per sé facili o difficili: è solo questione di quanto la lingua da apprendere sia cognitivamente distante, oppure vicina, alla nostra lingua madre. In altre parole, dipende dal punto di vista dal quale osserviamo la nostra L2 in relazione alla nostra L1, **qualunque esse siano**. La linguistica acquisizionale, a questo proposito, ci offre numerosi spunti di osservazione.

L'ungherese, dunque, può sembrarci abbastanza lontano dagli schemi mentali propri di un madrelingua italiano, ma non è detto che a semplici diversità corrispondano insormontabili difficoltà sul piano dell'apprendimento. A un'attenta analisi *super partes*, infatti, non sono pochi gli aspetti contrastivi tra italiano e ungherese per i quali quest'ultima può essere considerata una lingua addirittura **molto più facile** rispetto alla nostra. Pensiamo, per esempio, all'assenza di genere: provate a immaginare lo sforzo che un discente di madrelingua ungherese, o inglese piuttosto, si trova a dover fare nel voler tradurre in italiano una frase che a noi risulta senza dubbio banale ed estremamente facile da formulare: *The cat is on the table.* Questo perché noi italofoni siamo "abituati" alla distinzione di genere, in quanto essa è insita nel nostro sistema grammaticale. Altrimenti perché mai un *gatto* e un *tavolo* dovrebbero essere per forza maschili, mentre una *giraffa* e una *sedia* per forza femminili? L'attribuzione, del tutto arbitraria, di un genere X o Y (maschile o femminile, ma molte lingue possiedono anche il neutro!) a un lessema N è una delle problematicità più ardue con le quali è costretto a misurarsi chiunque voglia apprendere l'italiano come L2. Ebbene, tutto ciò non vale per l'ungherese, lingua che non presenta distinzioni di genere e dunque non ci costringe a imparare a

memoria, oltre a un certo lessema, anche il fatto che sia maschile, femminile o neutro (cosa che interessa invece, per esempio, i discenti di lingue slave). Potete quindi tirare un sospiro di sollievo! Un altro vantaggio dell'ungherese, lingua assai economica, è l'impiego del singolare dopo ogni sorta di quantificatore: che siano una oppure mille, in ungherese dovremo sempre dire di voler mangiare un X numero di *pizza* e non di *pizze*!
Vi sembrano cose di poco conto, queste? E vi sembra poco non dovere avere a che fare con i cosiddetti "falsi amici", che sono invece all'ordine del giorno se decidiamo di voler apprendere una lingua romanza (sorella dell'italiano), come per esempio il francese, lo spagnolo, il portoghese o il romeno?

Ahány nyelvet tudsz, annyi ember vagy. *Tante lingue conosci, tante persone sei*, dice un proverbio ungherese. E la saggezza insita nei proverbi di tutte le lingue del mondo dovrebbe indurci verso spunti di riflessione sempre nuovi, volti a indagare il senso più profondo di quelle che sono le differenze, ma anche, e soprattutto, soffermarci sulle somiglianze che ci accomunano, linguisticamente e umanamente.

Agglutinazione, armonia vocalica, un duplice modello di coniugazione in base alla definitezza del complemento oggetto sono soltanto alcune delle peculiarità linguistiche dell'ungherese. Si tratta di fenomeni affascinanti e noi di certo ce la metteremo tutta nel trasmettervi l'entusiasmo dell'apprendere piacevolmente una lingua che vi porterà un arricchimento inaspettato.

L'Adattatrice

Introduzione

L'ungherese, collana Senza Sforzo, si pone l'obiettivo di farvi acquisire la lingua corrente parlata oggi in Ungheria. I dialoghi che troverete all'interno del corso vi proporranno stralci di vita quotidiana, affinché possiate sentirvi "a casa" già a partire dalla prima lezione. Naturalmente, l'ascolto delle registrazioni faciliterà in modo considerevole l'acquisizione da parte vostra di una pronuncia corretta.

Imparare l'ungherese con Assimil: istruzioni per l'uso

Tutto ciò che dovrete fare consiste solamente nel lasciarvi guidare e seguire accuratamente i nostri consigli.

Dedicate al vostro studio circa trenta minuti al giorno. Il nostro perno, sul quale poniamo particolare insistenza, è la regolarità. Prima di tutto leggete e poi ascoltate il dialogo della lezione oggetto del vostro studio, ripetendolo a voce alta per il maggior numero di volte possibile. Se non disponete delle registrazioni, la pronuncia figurata che troverete immediatamente sotto il testo vi sarà di grande aiuto.

Non è necessario tradurre i dialoghi parola per parola. Leggete la traduzione che vi proponiamo, ma solo in un secondo momento, dopo aver ripetuto più volte il testo. Questa pratica vi permetterà di familiarizzare con strutture tipiche della lingua ungherese spesso intraducibili in modo letterale.

Gli aspetti grammaticali per i quali non troverete una spiegazione immediata all'interno della traduzione saranno oggetto di semplici note esplicative. Le note sono lì proprio per chiarire ogni vostro dubbio. Le questioni più rilevanti dal punto di vista morfosintattico saranno poi riprese e sviluppate, di fatto strutturate, in una specifica lezione di ripasso, che ogni sette lezioni vi consentirà di fare il punto della situazione. Questa "grammatica progressiva" è consultabile ogniqualvolta lo si desideri grazie all'indice grammaticale che troverete alla fine del libro; un'ulteriore sintesi è contenuta all'interno dell'appendice grammaticale.

Una volta ripetuti i dialoghi, dovrete svolgere gli esercizi, i quali vi offriranno una seconda, perfino una terza occasione per assimilare in via del tutto naturale il vocabolario e le strutture appena affrontate, in un'ottica però leggermente diversa, che vi permetterà di mettere in pratica fin da subito le conoscenze acquisite.

Nel corso delle prime cinquanta lezioni, la fase passiva, quello che vi chiediamo è semplicemente di ripetere e cercare di immagazzinare le frasi ungheresi che sentite. Una volta superata questa fase preliminare, sarete finalmente in grado di produrre, proprio come il bambino che per tanto tempo rimane in silenzio ad ascoltare e infine... si butta. È dunque a partire dalla cinquantesima lezione che inizierete quella che noi chiamiamo la seconda ondata, sperimentando così la fase attiva. Vi illustreremo come procedere non appena avrete raggiunto questo traguardo.

Siete pronti per cominciare? Non abbiate paura, saremo lieti di condurvi per mano lungo tutto il vostro percorso!

A questo punto non ci resta che augurarvi *buon lavoro*, o meglio...

Jó munkát!

Alfabeto e pronuncia

Nella prima colonna sono elencate le lettere che compongono l'alfabeto ungherese; nella seconda troverete la nostra trascrizione fonetica semplificata. La terza contiene approfondimenti riguardanti la pronuncia; la quarta, infine, vi propone un esempio relativo a ciascun fonema dell'ungherese.

Lettera	Trascr.	Pronuncia	Esempio
a	[ɑ]	suono intermedio tra le nostre *a* e *o* aperta, simile a quello dell'it. *posta*	alma [**ɑl**mɑ], mela
á	[a:]	come la *a* italiana, ma la durata del suono è doppia, perché si tratta di una vocale lunga	ház [ha:z], casa
b	[b]	come in italiano	baj [bɑj], guaio
c	[ts]	come la nostra *z* in *stazione*	cipő [**tsi**pö:], scarpa
cs	[č]	come la nostra *c* in *ciao*	csinos [**či**noš], carino
d	[d]	come in italiano	domb [domb], collina
dz	[dz]	come la nostra *z* in *orzo*	edzés [ɛdze:š], allenamento
dzs	[dʒ]	come la nostra *g* in *angelo*	dzsem [dʒɛm], marmellata
e	[ɛ]	corrisponde alla nostra *e* aperta, quella di *erba* o *ferro*	erdő [**ɛr**dö:], bosco
é	[e:]	*e* chiusa come in *economia* (è sempre lunga)	szép [se:p], bello
f	[f]	come in italiano	fa [fɑ], albero
g	[g]	corrisponde alla nostra *g* di *gatto*	tenger [tɛngɛr], mare
gy	[dj]	suono palatale, simile al nostro *gh* in *ghiaia*	magyar [**mɑ**djɑr], ungherese

h	[h]	aspirata come quella dell'inglese *house*	három [**ha:**rom], tre
i	[i]	come in italiano	igen [**ig**ɛn], sì
í	[i:]	come [i], ma lunga	szív [si:v], cuore
j	[j]	corrisponde alla nostra *j* di *Jacopo*	jegy [jɛ__dj__], biglietto
k	[k]	come la nostra *c* di *casa*	koncert [**kon**tsɛrt], concerto
l	[l]	come in italiano	lány [la:ñ], ragazza
ly	[j]	come [j]; la differenza, oggi, è soltanto grafica	hely [hɛj], luogo
m	[m]	come in italiano	már [ma:r], già
n	[n]	come in italiano	nagy [na__dj__], grande
ny	[ñ]	come la *gn* di *gnomo*	nyár [ña:r], estate
o	[o]	sempre chiusa, come in *onda*	bor [bor], vino
ó	[o:]	come [o], ma lunga	jó [jo:], buono
ö	[ö]	come la *ö* tedesca	öt [öt], cinque
ő	[ö:]	come [ö], ma lunga	idő [**id**ö:], tempo
p	[p]	come in italiano	pénz [pe:nz], denaro
r	[r]	come in italiano	ruha [**ru**ha], vestito
s	[š]	come la *sc* di *sciame*	sarok [**ša**rok], angolo
sz	[s]	come la *s* sorda di *sole*	szó [so:], parola

t	[t]	come in italiano	tavasz [tɑvɑs], primavera
ty	[tj]	t palatale, come quella dell'inglese *Tuesday*	kutya [kutjɑ], cane
u	[u]	come in italiano	uborka [uborkɑ], cetriolo
ú	[uː]	come [u], ma lunga	fiú [fiuː], ragazzo
ü	[ü]	come la *ü* tedesca	ünnep [ünnɛp], festa
ű	[üː]	come [ü], ma lunga	űrhajó [üːrhɑjoː], astronave
v	[v]	come in italiano	vár [vaːr], castello
z	[z]	come la *s* sonora di *rosa*	zöld [zöld], verde
zs	[ž]	come la *j* francese di *garage*	rózsa [roːžɑ], rosa

L'accento tonico non ha realizzazione grafica e cade sempre sulla prima sillaba (**sem**mi, **kö**szönöm, **O**laszország ecc.); la pronuncia delle sillabe atone è altrettanto marcata. Nei dialoghi, come in questa tabella, troverete le sillabe toniche segnate in grassetto.
Vi è mai capitato di ascoltare un'orchestra gitana? Se sì, avrete sicuramente fatto caso agli "attacchi" dei loro brani. La frase ungherese è paragonabile, sotto questo aspetto, a una melodia gitana: un forte accento scandisce l'inizio di frase, accordandole un contorno discendente.

1 / Első lecke

Prima di cimentarvi con la vostra prima lezione, assicuratevi di avere letto attentamente le pagine precedenti. Lì troverete esposte le nozioni preliminari, indispensabili in vista di un apprendimento efficace.
Le prime 13 lezioni sono state registrate due volte: la prima riproduce il flusso naturale e continuo del parlato, la seconda è intervallata da pause che vi consentiranno di ripetere ciò che sentite.

1

Első lecke [ɛlšö: lɛtskɛ]

Mi újság? Semmi

1 – **Hal**ló? Jó **na**pot **kí**vánok [1]. Itt **Sza**bó **Já**nos [2]. Ott ki **be**szél?
2 – **Hal**ló! Itt **Pé**ter **be**szél.
3 – **Szer**vusz **Pé**ter.
4 – **Szer**vusz **Já**nos.
5 – Hogy vagy [3]?
6 – **Kö**szönöm [4], jól **va**gyok. És te?
7 – **Kö**szönöm, jól **va**gyok. Én is [5] jól **va**gyok.
8 – Mi **új**ság?
9 – **Sem**mi. Szép [6] idő van. És ott mi **új**ság?
10 – **Sem**mi **kü**lönös. Itt is szép **i**dő van.

Pronuncia

mi **u:**jša:g **šɛm**mi **1 hal**lo: jo: **na**pot ki:**va:**nok itt **sa:**bo: **ja:**noš ott ki bɛsɛ:l **2 hal**lo: itt pe:tɛr bɛsɛ:l **3 sɛr**vus pe:tɛr **4 sɛr**vus **ja:**noš **5** ho**dj** va**dj 6 kö**sönöm jo:l **va**djok. e:š tɛ **7 kö**sönöm jo:l **va**djok e:n iš jo:l **va**djok **8** mi **u:**jša:g **9 šɛm**mi. se:p idö: van. e:š ott mi **u:**jša:g **10 šɛm**mi **kü**lönöš itt iš se:p idö: van

Note

1 **Kívánok** è la prima persona singolare del verbo **kíván**, che significa *augurare*. **Jó**, invece, significa *buono*. **Napot** deriva dalla parola **nap**, *giorno*. Approfondiremo in seguito la struttura grammaticale di questa formula di saluto.

2 In ungherese il cognome precede il nome proprio.

  egy [ɛdj]

Prima lezione / 1

Nelle traduzioni dei dialoghi, le parole racchiuse tra parentesi tonde corrispondono a traduzioni <u>parola per parola</u> dall'ungherese, calchi che vi permetteranno di comprenderne meglio la struttura grammaticale. Le parole tra parentesi quadre sono invece quelle assenti in ungherese, ma che in italiano è necessario esprimere.

Prima lezione

Cosa mi racconti *(cosa notizia)*? Niente

1 – Pronto? Buongiorno *(Buon giorno auguro)*. Sono János Szabó *(Qui Szabó János)*. *(Lì)* chi parla?
2 – Pronto! Sono Péter *(Qui Péter parla)*.
3 – Ciao, Péter.
4 – Ciao, János.
5 – Come stai *(sei)*?
6 – Bene, grazie *(Ringrazio, bene sono)*. E tu?
7 – *(Sto)* bene, grazie. Anch'io sto bene.
8 – Cosa mi racconti *(Cosa notizia)*?
9 – Niente. Fa bel tempo *(Bel tempo è)*. E tu che mi racconti *(E lì cosa notizia)*?
10 – Niente [di] particolare. Anche qui fa *(è)* bel tempo.

---

3 **Vagyok**, **vagy** e **van** sono rispettivamente la prima, la seconda e la terza persona singolare del verbo *essere* (**lenni**): *sono*, *sei*, *è* (frasi 5, 6 e 10).

4 Questa forma corrisponde alla prima persona singolare del verbo **köszön**, che significa *ringraziare*.

5 **Is** segue sempre la parola a cui si riferisce (frasi 7 e 10).

6 In ungherese, di norma l'aggettivo precede il nome. **Jó újság** significa *buona notizia*. Questa lingua, inoltre, non prevede distinzione di genere: **szép** significa dunque tanto *bello* quanto *bella*.

kettő *[kεttö:]* • 2

2 / Második lecke

1. gyakorlat – Fordítsa le
Esercizio 1 – Tradurre

❶ Hogy beszél Anna? ❷ Anna jól beszél. ❸ Te is szép vagy?
❹ Én is szép vagyok. ❺ Jó napot, itt vagyok. ❻ Te ott vagy.

2. gyakorlat – Egészítse ki
Esercizio 2 – Completare (a ogni punto corrisponde una lettera)

❶ Come stai?
  .... vagy?

❷ Grazie, qui fa bel tempo.
  ...., itt .... van.

❸ Niente [di] particolare.
  Semmi ....

❹ Sta parlando *(parla)* Péter?
  Péter ......?

❺ Anche tu stai bene.
  .. is ... vagy.

❻ Cosa mi racconti *(cosa notizia)*?
  Mi .....?

2

Második lecke *[ma:šodik lɛtskɛ]*

Magyarország, Franciaország [1]

1 – Ez **E**urópa. [2]
2 – Itt van **Fran**ciaország.

Pronuncia
*ma<u>d</u>jarorsa:g frantsiaorsa:g **1** ɛz ɛuro:pɑ **2** itt van frantsiaorsa:g*

Note
[1] Ci soffermeremo sull'articolo più tardi. Davanti a nomi di stati generalmente non compare. Facile, no?

3 • **három** *[ha:rom]*

Seconda lezione / 2

Soluzioni dell'esercizio 1
❶ Come parla Anna? ❷ Anna parla bene. ❸ Anche tu sei bello/a?
❹ Anch'io sono bello/a. ❺ Buongiorno, eccomi *(qui sono)*. ❻ Tu sei lì.

Soluzioni dell'esercizio 2
❶ Hogy – ❷ Köszönöm – szép idő – ❸ – különös ❹ – beszél ❺ Te – jól – ❻ – újság

Ecco, avete subìto il vostro battesimo del fuoco. Non è stato così atroce come immaginavate, vero?

Seconda lezione

[L']Ungheria, [la] Francia

1 – Questa [è l']Europa.
2 – Qui [c']è [la] Francia.

2 Ez è un dimostrativo. Questa frase è priva di verbo, perché **van**, terza persona singolare del verbo essere al presente, e **vannak**, terza persona plurale dello stesso, vengono la maggior parte delle volte omessi (cfr. anche frasi 4, 6, 10, 11 e 12), eccetto in alcuni casi: **szép idő van**, *fa bel tempo*, **itt van** ecc. Vi forniremo spiegazioni più esaustive al momento opportuno; per ora accontentatevi di immagazzinare queste forme così come vi si presentano. Quello di **van** e di **vannak** è un vero e proprio nascondino che sicuramente vi divertirà, mettendo alla prova la vostra perspicacia…

négy [ne:dj] • 4

2 / Második lecke

3 – Ott van **Ma**gyarország.
4 – **Fran**ciaország nagy **or**szág.
5 – **Ta**nár úr, **Ma**gyarország is nagy **or**szág?
6 – **I**gen, **Pe**tike [3], **Ma**gyarország is nagy **or**szág.
7 – **Ma**gyarországon [4] **ma**gyarok [5] **van**nak és **ma**gyarul **be**szélnek [6].
8 – **Fran**ciaországban **fran**ciák [7] **van**nak és **fran**ciául **be**szélnek.
9 – Itt van **Pá**rizs és ott van **Bu**dapest.
10 – **Pá**rizs szép **vá**ros.
11 – **Ta**nár úr, **Bu**dapest is szép **vá**ros?
12 – **I**gen **Pe**tike, **Bu**dapest is szép és nagy **vá**ros.
13 – Mi nem **va**gyunk [8] **ma**gyarok. Mi **fran**ciák **va**gyunk és **fran**ciául **be**szélünk [9].

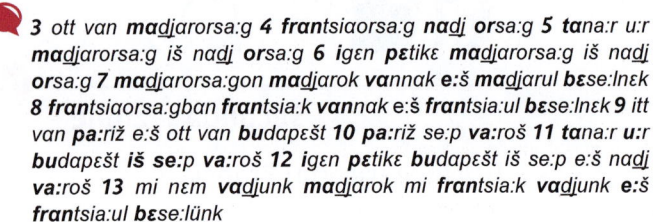

*3 ott van **ma**djarorsa:g 4 **fran**tsiaorsa:g **na**dj orsa:g 5 **ta**na:r u:r **ma**djarorsa:g iš **na**dj orsa:g 6 igεn pεtikε **ma**djarorsa:g iš **na**dj orsa:g 7 **ma**djarorsa:gon **ma**djarok **van**nak e:š **ma**djarul bεse:lnεk 8 **fran**tsiaorsa:gban **fran**tsia:k **van**nak e:š **fran**tsia:ul bεse:lnεk 9 itt van pa:riž e:š ott van **bu**dapεšt 10 pa:riž se:p **va**roš 11 **bu**dapεšt iš se:p **va**:roš 12 igεn pεtikε **bu**dapεšt iš se:p e:š **na**dj **va**:roš 13 mi nεm **va**djunk **ma**djarok mi **fran**tsia:k **va**djunk e:š **fran**tsia:ul bεse:lünk*

Note

3 Petike è il diminutivo di **Péter**.

4 In genere, alle preposizioni dell'italiano (*di, a, su, per* ecc.) corrispondono, in ungherese, suffissi da aggiungere al tema nominale. Lo stato in luogo all'interno di una nazione si esprime in egual misura tramite l'aggiunta di suffissi: **-ban/-ben** per la maggior parte di esse, **-n** per alcune, fra le quali l'Ungheria (cfr. anche frase 8).

Seconda lezione / 2

3 – Lì [c'] è [l'] Ungheria.
4 – [La] Francia [è un] paese grande.
5 – *(Signor)* Professore, anche [l'] Ungheria [è un] paese grande?
6 – Sì, Petike, anche [l'] Ungheria [è un] paese grande.
7 – In Ungheria *(Ungheria-su)* [ci] sono [gli] ungheresi e si parla ungherese *(ungherese-in parlano)*.
8 – In Francia *(Francia-dentro)* [ci] sono [i] francesi e si parla francese *(francese-in parlano)*.
9 – Qui [c'] è Parigi e lì [c'] è Budapest.
10 – Parigi [è una] bella città.
11 – *(Signor)* Professore, anche Budapest [è una] bella città?
12 – Sì, Petike, anche Budapest [è una] bella e grande città.
13 – Noi non siamo ungheresi. Noi siamo francesi e parliamo francese*(-in)*.

---

5 Il plurale di nomi e aggettivi si costruisce mediante l'aggiunta del suffisso **-k**, preceduto da una vocale ausiliaria se la parola in questione termina in consonante. A ciascuna funzione grammaticale corrisponde un suffisso. L'ungherese, infatti, è una vera e propria "lingua Lego": per "costruire" la sua grammatica, non dovrete fare altro che "assemblare" i vari elementi "prefabbricati": i suffissi.

6 **-nek** (in **beszélnek**) denota la terza persona plurale del verbo *parlare*.

7 Se la parola termina con i suoni *[a]* oppure *[ɛ]* (che corrispondono alle lettere **a** ed **e**), la durata della loro pronuncia diviene doppia (mutano dunque in *[a:]* ed *[e:]*, ovvero in **á** ed **é**), prima dell'aggiunta del suffisso: **alma**, *mela*, **almák**, *mele*; **zsemle**, *panino*, **zsemlék**, *panini*.

8 Prima persona plurale del verbo *essere*.

9 Prima persona plurale del verbo *parlare*.

hat *[hat]*

3 / Harmadik lecke

1. gyakorlat – Fordítsa le
Esercizio 1 – Tradurre

❶ Itt van Petike. ❷ Petike jól beszél magyarul. ❸ Mi magyarok vagyunk. ❹ Párizs Európában van. ❺ Igen, ez nagy város. ❻ Tanár úr, Petike beszél?

***

2. gyakorlat – Egészítse ki
Esercizio 2 – Completare

❶ La Francia [è un] bel paese.
.... szép ....

❷ In Ungheria [ci] sono francesi.
Magyarország.. vannak ....

❸ Petike [è] bello e grande.
Petike .... és .....

❹ Anche János parla ungherese(-*in*).
..... is ...... magyar...

❺ Che si dice *(Cosa notizia)* in Francia?
.... Franciaországban?

❻ Qui [c'] è [l']Europa.
Itt ... Európa.

Harmadik lecke *[harmadik lɛtskɛ]*

Egy különös család

1 Az **Erd**ős **cs**alád **Bu**dapesten ¹ él
2 egy ² **mo**dern **la**kásban.

Pronuncia

ɛdj **kü**lönöš **č**ɑlɑːd **1** ɑz ɛrdöːš **č**ɑlɑːd budɑpɛštɛn eːl **2** ɛdj **mo**dɛrn **lɑ**kɑːšban

7 • **hét** *[heːt]*

Soluzioni dell'esercizio 1

❶ Ecco Petike *(qui è Petike)*. ❷ Petike parla bene ungherese*(-in)*. ❸ Noi siamo ungheresi. ❹ Parigi è in Europa. ❺ Sì, questa [è una] grande città. ❻ *(Signor)* Professore, sta parlando *(parla)* Petike?

***

Soluzioni dell'esercizio 2

❶ Franciaország – ország ❷ – on – franciák ❸ – szép – nagy ❹ János – beszél – ul ❺ Mi újság – ❻ – van –

Terza lezione

Una strana famiglia

1 La famiglia Erdős vive a Budapest *(Budapest-su)*
2 in un appartamento moderno.

Note

1 In ungherese si possono aggiungere vari suffissi a un tema nominale. In questa frase, il suffisso **-n** corrisponde alla preposizione locativa italiana *a*.

2 **Egy** è l'articolo indeterminativo, la cui forma è invariabile. In alcuni casi può essere omesso.

nyolc [ñolts]

3 / Harmadik lecke

3   **Erdő**sék ³ **ott**hon **van**nak.
4   **Hol** van ⁴ **Erdős Ist**ván?
5   A ⁵ **kony**hában van.
6   Hol van **Erdős Ist**vánné ⁶?
7   A **szo**bában.
8   Egy **férj** a **kony**hában?
9   Egy **fel**eség a **szo**bában?
10 Nem ⁷ **kü**lönös?
11 Nem.   □

 3 ɛrdö:še:k otthon vannak 4 hol van ɛrdö:š ištva:n 5 a koñha:ban van 6 hol van ɛrdö:š ištva:nne: 7 a soba:ban 8 ɛdj fe:rj a koñha:ban 9 ɛdj fɛlɛše:g a soba:ban 10 nɛm különöš 11 nɛm

Note

3   Il suffisso **-ék** designa l'intera famiglia. Il mezzo di cui l'italiano si serve per esprimerne la collettività è il plurale maschile dell'articolo determinativo *(i/gli)*.

4   **Van** e **vannak**, *è, sono*, si manifestano in concomitanza di relazioni locative all'interno della frase. Il nascondino persevera. Buon divertimento!

5   L'articolo determinativo si realizza attraverso due forme, valide sia per il singolare che per il plurale: **a** davanti a una consonante, **az** davanti a una vocale. Questi aggiustamenti fonetici conferiscono armonia e musicalità alla pronuncia dell'ungherese.

6   Il suffisso **-né** viene aggiunto al cognome (**Erdősné**) oppure al nome proprio del marito (**Erdős Istvánné**) per identificare la donna coniugata (nel nostro caso, la signora Erdős).

7   La negazione si esprime generalmente per mezzo di **nem**.

***

 1. gyakorlat – Fordítsa le

❶ Hol van a feleség? ❷ A lakás nem modern. ❸ A férj, a feleség és Petike egy család. ❹ A családok otthon vannak. ❺ Párizsban élünk. ❻ Ez nem szép ország.

Terza lezione / 3

3   Gli Erdős sono a casa.
4   Dov'è István Erdős?
5   È in cucina *(La cucina-dentro)*.
6   Dov'è la signora Erdős?
7   In camera *(La camera-dentro)*.
8   Un marito in cucina?
9   Una moglie in camera?
10 Non [è] strano?
11 No.

EGY KÜLÖNÖS CSALÁD

***

Soluzioni dell'esercizio 1
❶ Dov'è la moglie? ❷ L'appartamento non [è] moderno. ❸ Il marito, la moglie e Petike [sono] una famiglia. ❹ Le famiglie sono a casa. ❺ Viviamo a Parigi. ❻ Questo non [è un] bel paese.

tíz *[ti:z]* • 10

2. gyakorlat – Egészítse ki

❶ Io sono a casa.
   Én ...... vagyok.

❷ L'appartamento [è] moderno.
   . lakás ....

❸ A Budapest fa *(è)* bel tempo.
   .... szép ... van.

❹ Dove sono gli Erdős?
   Hol ...... Erdősék?

Negyedik lecke [n<u>ɛdj</u>ɛdik lɛtskɛ]

Egy kíváncsi rendőr

1 – Ön **¹** **kül**földi? Mit **csi**nál **Ma**gyarországon?
2 – **Ma**gyarul **ta**nulok.
3 – **Ne**héz a **ma**gyar nyelv?
4 – Nem, **kön**nyű.
5 – Hol él? **Pá**rizsban?
6 – Nem **Pá**rizsban élek, **ha**nem **²** egy **fran**cia **kis**városban.
7 – Most **ho**va **³** megy?

Pronuncia

*ɛdj ki:vaːnči rɛndöːr 1 ön külföldi? mit činaːl madjarorsaːgon
2 madjarul tanulok 3 nɛheːz a madjar ñɛlv 4 nɛm könnü: 5 hol eːl?
paːrižban 6 nɛm paːrižban eːlɛk hanɛm ɛdj frantsia kišvaːrošban
7 mošt hova mɛdj*

Note

1 **Ön**. Pronome personale di terza persona singolare utilizzato per esprimere la forma di cortesia, corrispondente al nostro *Lei*; **önök**, plurale di **ön**, corrisponde, per quanto riguarda la sua struttura, all'obsoleto plu-

11 • **tizenegy** *[tizɛnɛdj]*

Quarta lezione / 4

❺ **Non sono** *(3ª pers. plur.)* **in camera.**
   ... **a szobában** ....

❻ **Tu sei [un] marito moderno?**
   .. **modern** .... **vagy?**

Soluzioni dell'esercizio 2
❶ – otthon – ❷ A – modern ❸ Budapesten – idő – ❹ – vannak –
❺ Nem – vannak ❻ Te – férj –

Quarta lezione

Un poliziotto curioso

1 – Lei [è] straniero? Cosa [ci] fa in Ungheria?
2 – Studio l'ungherese *(ungherese-in)*.
3 – [È] difficile la lingua ungherese?
4 – No, [è] facile.
5 – Dove vive? A Parigi?
6 – Non vivo a Parigi, bensì in una cittadina francese.
7 – Adesso dove va?

rale di cortesia *Loro, Lorsignori,* ormai sostituito, nell'italiano contemporaneo, da un impiego generico del pronome *voi*. Sono formule che udirete spesso per le strade di Budapest, così come in quelle di tutta l'Ungheria. L'educazione e la galanteria degli ungheresi sono rinomate!

2 **Nem... hanem...** significa *non... bensì...*

3 Le forme **hova/hová** si utilizzano per esprimere il moto a luogo, in opposizione allo stato in luogo (**hol**) e al moto da luogo (**honnan**).

tizenkettő *[tizɛnkɛttö:]* • 12

8 – A **száll**odába [4] **me**gyek.
9 – **Vi**szontlátásra. **Min**den jót.

8 a sa:lloda:ba mɛdjɛk 9 vi:sontla:ta:šra mindɛn jo:t

Note
4 I suffissi locativi ungheresi mutano la propria forma a seconda che esprimano moto o staticità. La variante "dinamica" (moto a luogo) del suffisso **-ban/-ben** (stato in luogo) è **-ba/-be**.

***

1. gyakorlat – Fordítsa le
❶ Erdősné egy nagy városban él. ❷ Tanul franciául? ❸ Hova megy a feleség? ❹ Önök Budapesten vannak? ❺ Most nem megyek a konyhába. ❻ Mi otthon tanulunk.

2. gyakorlat – Egészítse ki
❶ Vado a Parigi.
   .... megyek.
❷ [C']è [una] cucina in albergo?
   Van ...... a ....?
❸ Arrivederci in Francia.
   .... Franciaországban.
❹ Dove vive la signora Szabó?
   ... él ......?
❺ Dove va lo straniero?
   Hova .... a ....?
❻ Anche il professore studia.
   A ..... is ......

Quarta lezione / 4

8 – Vado in albergo.
9 – Arrivederci. Buona giornata *(Tutto bene)*.

***

Soluzioni dell'esercizio 1
❶ La signora Erdős vive in una grande città. ❷ Studia il francese*(-in)*? ❸ Dova va la moglie? ❹ Siete a Budapest *(Lorsignori Budapest-su sono)*? ❺ Adesso non vado in cucina. ❻ Noi studiamo a casa.

Soluzioni dell'esercizio 2

❶ Párizsba – ❷ – konyha – szállodában ❸ Viszontlátásra – ❹ Hol – Szabóné ❺ – megy – külföldi ❻ – tanár – tanul

5

Ötödik lecke [ötödik lɛtskɛ]

A „Paprika" étteremben

1 – **Pin**cér! **Le**gyen **szí**ves ¹ az **ét**lapot ²!
2 – **A**zonnal **jö**vök ³… **Tes**sék.
3 – **Kö**szönöm.
4 – **Kér**nek italt?
5 – **I**gen, egy liter **vö**rös bort.
6 – Csak **fe**hér bor van.
7 – Jó. De **ké**rünk vizet is. Van **gu**lyás?
8 – **I**gen, **ké**rem. Van. És **pa**prikáscsirke is.
9 – Két **gu**lyást és egy **pa**prikáscsirkét **ké**rünk.
10 – **Ho**zok sa**lá**tát ⁴ is.
11 – Nem **ké**rünk sa**lá**tát.
12 – Jó **ét**vágyat!

Pronuncia

α **pa**prika **e:t**tɛrɛmbɛn **1** pintse:r lɛdjɛn si:vɛš az **e:t**lapot **2** azonnal jövök… tɛšše:k **3** kösönöm **4** ke:rnɛk italt **5** igɛn ɛdj litɛr vöröš bort **6** čak fɛhe:r bor van **7** jo: dɛ ke:rünk vizɛt iš. van **gu**ja:š **8** igɛn ke:rɛm. van. e:š **pa**prika:ščirkɛ iš **9** ke:t **gu**jašt e:š ɛdj **pa**prika:ščirkɛt ke:rünk **10** hozok šala:ta:t iš **11** nɛm ke:rünk šala:ta:t **12** jo: e:tva:djat

Note

1 Eccovi una prima rassegna di forme di cortesia. **Legyen szíves** (lett. sia cordiale) corrisponde al nostro *per favore*. Generalmente la risposta che segue è: **Tessék!** (lett. che vi piaccia!, frase 2), che qui abbiamo tradotto con *prego*, ma che può anche essere resa con *Ecco!* e/o altre espressioni, a seconda del contesto. Come risposta a **köszönöm** si può usare **kérem** (frase 8), derivante dal verbo **kér**, *chiedere*… ma non solo! Per il momento, però, fermiamoci qui.

Quinta lezione

Al ristorante "Paprika"

1 – Cameriere! Il menù, per favore *(Sia gentile, il menù)*.
2 – Arrivo subito *(Subito vengo)*... Prego.
3 – Grazie.
4 – Gradite qualcosa da bere *(Chiedono bevanda)*?
5 – Sì, un litro [di] vino rosso.
6 – Abbiamo solamente vino bianco *(Solo bianco vino c'è)*.
7 – [Va] bene. Ma vorremmo anche dell'acqua *(chiediamo acqua anche)*. Avete *(C'è)* [del] gulasch?
8 – Sì, signore *(prego)*. Ce l'abbiamo *(C'è)*. E abbiamo anche del pollo alla paprika *(E paprika-a-pollo anche)*.
9 – Prendiamo due gulasch e un pollo alla paprika *(Due gulasch e un paprika-a-pollo chiediamo)*.
10 – Porto anche [dell']insalata.
11 – Non la vorremmo, l'insalata *(Non chiediamo insalata)*.
12 – Buon appetito!

---

2 In italiano, il complemento oggetto non è marcato da un caso morfologico: è la sua posizione all'interno della frase che ne determina l'interpretazione sintattica (*Gianni ama Anna ≠ Anna ama Gianni*). In ungherese, invece, la marca dell'accusativo è il suffisso **-t**. Se la parola termina in consonante, la **-t** è quasi sempre preceduta da una vocale ausiliaria (**étlapot**, ma **italt**). Se invece termina in vocale, si aggiunge direttamente a questa. Se, infine, la vocale finale è **a** oppure **e**, si realizza come lunga (cfr. lezione 2, nota 7).

3 Prima persona singolare del verbo **jön**, *venire*. Ci ritorneremo tra due lezioni.

4 All'articolo partitivo italiano (*del* vino, *dell'*insalata, *dell'*acqua) corrisponde, in ungherese, **l'omissione dell'articolo** (cfr. anche frasi 5, 6, 7 e 8). Una soluzione economica, non trovate?

tizenhat *[tizɛnhat]*

6 / Hatodik lecke

1. gyakorlat – Fordítsa le

❶ A pincér a szállodába megy. ❷ Hozok bort és vizet. ❸ A külföldi salátát is kér. ❹ A gulyás most nem jó. ❺ Itt van az étlap. ❻ Miért kérünk csirkét?

2. gyakorlat – Egészítse ki

❶ I poliziotti non prendono da bere *(chiedono bevanda)*.
 . rendőrök … kérnek ….-t.

❷ L'insalata [è] buona.
 A ……. ..

❸ I Kovács portano [dell']acqua.
 …….. vizet hoznak.

❹ *(Signor)* Professore, [potrebbe] per favore *(sia gentile)* [dirmi] dov'è [l']Europa?
 ….. úr, legyen ……, hol … Európa?

❺ Petike non vuole *(chiede)* [il] pollo.
 Petike … kér …….

❻ [C']è [del] buon vino in Francia?
 Van . . bor …………..?

Hatodik lecke [hɑtodik lɛtskɛ]

Érdekes könyvek

1 – **La**ci ¹, jössz ² **sé**tálni ³?
2 – Nem **me**gyek, most nincs ⁴ **i**dőm ⁵.

Pronuncia
e:rdɛkɛš kön̄vɛk **1** lɑtsi jöss še:tɑ:lni **2** nɛm mɛdjɛk mošt ninč idö:m

Note
1 Laci è il diminutivo di László.
2 Seconda persona singolare del verbo jön, *venire*.
3 In ungherese l'infinito si ottiene aggiungendo il suffisso -ni alla terza persona singolare del verbo: jön → jönni, él → élni ecc.
4 Per negare la terza persona singolare e plurale del verbo *essere*, ovvero van e vannak, si utilizzano due particolari forme difettive: nincs, *non*

Soluzioni dell'esercizio 1

❶ Il cameriere va in albergo. ❷ Porto [del] vino e [dell']acqua. ❸ Lo straniero desidera *(chiede)* anche [dell']insalata. ❹ Adesso il gulasch non [è] buono. ❺ Ecco *(qui è)* il menù. ❻ Perché prendiamo *(chiediamo)* [il] pollo?

Soluzioni dell'esercizio 2

❶ A – nem – ital – ❷ – saláta jó ❸ Kovácsék – ❹ Tanár – szíves – van – ❺ – nem – csirkét ❻ – jó – Franciaországban

La paprika, spezia che si ricava dal peperoncino rosso, è emblema della cucina ungherese. Ne esistono molte varietà, differenti tra loro per grado di dolcezza e piccantezza.

Sesta lezione

Libri interessanti

1 – Laci, vieni a fare una passeggiata *(vieni passeggiare)*?
2 – No *(Non vado)*, ora non ho tempo *(non-c'è tempo-mio)*.

c'è, e **nincsenek**, *non ci sono*. Non esistono invece le forme **nem van* e **nem vannak*: tenetelo bene a mente! Le altre quattro persone (**vagyok, vagy, vagyunk, vagytok**) sono invece regolari. Non preoccupatevi, avremo tutto il tempo per approfondire e per apprezzare ogni "anomalia" dell'ungherese.

5 **Időm**, *(il) mio tempo*; **címe**, *(il) suo titolo* (frase 6); **felesége**, *sua moglie* (frase 9). Torneremo in seguito sui suffissi che esprimono relazioni possessive. Per ora concentratevi sul fatto che **van**, unito a un sostantivo con suffisso possessivo, equivale al nostro "*avere + sostantivo*": **van időm**, *ho tempo* (lett. *c'è tempo mio*).

tizennyolc *[tizennyolts]* • 18

6 / Hatodik lecke

   3 – **Mi**ért? Mit **csi**nálsz?
   4 – **Fran**ciául **ta**nulok.
   5 – **Jó** a könyv?
   6 – **Na**gyon **ér**dekes. A **cí**me: „**Vö**rös és **fe**kete".
   7 – Jó, **ak**kor nem **sé**tálunk, én is **ol**vasok. Hol a **köny**vem?
   8 – **Tes**sék, itt van az **asz**talon [6]. **Ér**dekes a **cí**me:
   9   „A **ren**dőr, a **fe**lesége és a **pa**prika". □

3 mie:rt? mit čina:ls **4** frantsia:ul tanulok **5** jo: a köñv **6** nadjon e:rdɛkɛš. a tsi:mɛ vörös e:š fɛkɛtɛ **7** jo: akkor nɛm še:ta:lunk e:n iš olvašok. hol a köñvɛm **8** tɛšše:k itt van az astalon. e:rdɛkɛš a tsi:mɛ **9** a rɛndö:r a fɛlɛše:gɛ e:š a paprika

Note

6 Il suffisso -n, spesso preceduto da una vocale ausiliaria, corrisponde alla preposizione italiana *su*: **könyvön**, *sul libro*.

***

1. gyakorlat – Fordítsa le

❶ Megyek sétálni. ❷ Mari nagyon szép. ❸ Egy kisvárosban tanulok. ❹ A borom az asztalon van. ❺ Csak magyarul olvasok. ❻ Kérek három érdekes könyvet.

***

2. gyakorlat – Egészítse ki

❶ Leggo un libro interessante.
   Olvasok … érdekes ……..

❷ Mio marito non è a casa.
   Férjem …………..

❸ Cosa fa Petike in camera?
   … csinál Petike a ……..?

❹ Studiamo una lingua particolare.
   Egy ……. nyelvet ……-unk.

❺ Perché non passeggi?
   ….. nem ……..?

Sesta lezione / 6

3 – Perché? Cosa fai?
4 – Studio il francese *(francese-in)*.
5 – [È un] bel libro *(Buono il libro)*?
6 – [È] molto interessante. Il suo titolo *(Titolo-suo)* [è]:
   "[Il] rosso e [il] nero".
7 – Bene, allora non andiamo a passeggio *(passeggiamo)*,
   leggo anch'io. Dov'[è] il mio libro *(libro-mio)*?
8 – Tieni *(Prego)*, è qui sul tavolo. Il titolo*(-suo)* [è]
   interessante:
9   "Il poliziotto, sua moglie *(la moglie-sua)* e la paprika".

Soluzioni dell'esercizio 1

❶ Vado [a] passeggiare. ❷ Mari [è] molto bella. ❸ Studio in una piccola città. ❹ Il mio vino è sul tavolo. ❺ Leggo solo in ungherese. ❻ Vorrei *(chiedo)* tre libri interessanti *(interessante libro)*.

***

❻ Anche Voi *(3ª pers. plur. di cortesia)* leggete?
   .... is olvasnak?

Soluzioni dell'esercizio 2
❶ egy – könyvet ❷ – nincs otthon ❸ Mit – szobában ❹ – különös – tanul – ❺ Miért – sétálsz ❻ Önök –

Avreste mai immaginato di riuscire a comprendere un testo del genere in un così breve lasso di tempo? Se siete scettici riguardo al vostro progresso, provate a riprendere i testi delle prime lezioni e verificate...

húsz *[hu:s]* • 20

Hetedik lecke [hɛtɛdik lɛtskɛ]

Ismétlés – Ripasso

Non è stata eccessivamente ardua questa prima settimana all'insegna della magiarità, non è vero? Non solo siete ancora vivi, ma possedete anche le basi della grammatica ungherese! Faremo tutto il possibile affinché le nozioni che avete appena appreso si consolidino in modo naturale, chiaro e sequenziale. Alcuni degli argomenti grammaticali visti finora potranno sembrarvi piuttosto eccentrici e/o faticosi da memorizzare. D'altronde, si sa che ogni viaggio comporta un piccolo senso di smarrimento. Il nostro metodo, tuttavia, vi permetterà di intraprendere a buon mercato questo meraviglioso viaggio alla scoperta dell'ungherese…
Per quanto riguarda il sistema verbale, ecco tutto ciò che è necessario ricordare per il momento.

1 Il verbo

1.1 Il presente

Tutte le forme verbali nelle quali vi siete imbattuti fino a questo momento appartengono all'indicativo presente.

1.2 L'infinito

L'infinito si ottiene attraverso l'aggiunta del suffisso **-ni** alla **forma base** del verbo, che corrisponde alla **terza persona singolare** del presente indicativo dello stesso (**élni** = él + ni; **jönni** = jön + ni).

1.3 Coniugazioni

Come vedremo in seguito, la lingua ungherese presenta un duplice modello di coniugazione. Il più frequentemente impiegato è quello del tipo di **beszélni**:
beszélek, *parlo*
beszélsz, *parli*
beszél, *parla*
beszélünk, *parliamo*
beszéltek, *parlate*
beszélnek, *parlano*

1.4 I verbi irregolari

Conoscete già ben tre verbi irregolari: **menni** (*andare*), **jönni** (*venire*) e **lenni** (*essere*). Nella seguente tabella vi illustreremo la loro coniugazione al presente indicativo:

Settima lezione

Menni	Jönni	Lenni
megyek	jövök	vagyok
mész	jössz	vagy
megy	jön	(van)
megyünk	jövünk	vagyunk
mentek	jöttök	vagytok
mennek	jönnek	(vannak)

1.5 Gli usi del verbo *essere*

Torniamo al famoso nascondino di **van** e **vannak** (ecco perché nella tabella li abbiamo riportati tra parentesi). Ricordate la lezione 2, nota 2? Vi avevamo illustrato alcuni casi in cui **non** vi era omissione di **van** e **vannak** nella frase. Vediamo ora di essere un po' più chiari. La terza persona (singolare e plurale) del verbo *essere* **non va mai omessa** quando il verbo denota:
– **relazioni di luogo** (e si trova dunque in concomitanza di avverbi di luogo): **itt van**, *è qui*, **ott van**, *è lì*, **otthon vannak**, *sono a casa*, **hol van?**, *dov'è?*, **hol vannak?**, *dove sono?*;
– **esistenza materiale** (quello che, per intenderci, in italiano esprimiamo attraverso le forme *c'è* e *ci sono*): **csak fehér bor van**, *c'è soltanto vino bianco*;
– **relazioni di possesso** (che in italiano si realizzano tramite l'impiego del verbo *avere*): **van időm**, *ho tempo*;
Vi sono inoltre **particolari locuzioni**, come **szép idő van** (*è bel tempo*), **hogy van?** (*come sta?*), **jól van** (*sta bene*), **jól vannak** (*stanno bene*), che richiedono l'espressione della terza persona del verbo *essere*.
Ma allora quando va omessa? Semplice, basta andare per esclusione. L'unica funzione di *essere* che ci resta da esaminare è quella di copula (all'interno di un predicato nominale). Verifichiamo: **Mari Ø nagyon szép. Magyarország Ø nagy ország. A lakás nem Ø modern. A férj, a feleség és Petike Ø egy család.**
Avete visto? Non era poi così difficile.
Per il momento ci limiteremo a trattare soltanto alcuni aspetti di questa "bizzarra" grammatica che, in realtà, segue regole molto più logiche rispetto a quella italiana: basta mutare il proprio punto di vista. Potrà sembrarvi complicato, ma è soltanto questione di abitudine. Vediamo insieme cos'altro occorre sapere in questa prima fase di apprendimento.

huszonkettő [husonkɛttö:]

2 I pronomi personali

Non vi sarà certo sfuggita l'assenza dei pronomi personali soggetto (*io*, *tu* ecc.) nella tabella precedente. Eccoli qui:
én, te, ő, mi, ti, ők.
Li troverete insieme al verbo ogniqualvolta sarà necessario porli in rilievo: **én beszélek** significa *sto parlando io*, *sono io che parlo*. I pronomi di cortesia (che, come abbiamo visto, sono **ön** per la terza persona singolare e **önök** per la terza persona plurale) sono invece quasi sempre espressi.

3 I suffissi

Sono la quintessenza della grammatica ungherese.
Alcuni, come abbiamo visto, denotano relazioni spaziali:
• **-ba/-be** designa il luogo **verso il quale si dirige l'azione espressa dal verbo (moto a luogo)**;
• **-ban/-ben** indica il luogo **nel quale si verifica l'azione espressa dal verbo (stato in luogo)**;
• **-n** (spesso preceduto da una vocale ausiliaria, che può essere **o**, **e** oppure **ö**) generalmente indica la superficie **sulla quale ha luogo l'azione** (anch'esso esprime uno **stato in luogo**).
Altri, come **-k** o **-t**, hanno una vera e propria funzione grammaticale: vanno a comporre il plurale, il complemento oggetto ecc. La loro forma varia a seconda che la parola da suffissare termini per consonante o per vocale (es: **idő, időt - étlap, étlapot - szálloda, szállodák - bor, borok**).

***

Ismétlő gyakorlat – Esercizio di ripasso

1 Mit csinál Péter a szobában?
2 Érdekes könyvet olvas.
3 És Mari a konyhában?
4 Paprikáscsirkét csinál.
5 Hol él a külföldi?
6 Franciaországban.
7 És az Erdős család?
8 Budapesten.

Questa pluralità di forme deriva dall'applicazione di una regola dal nome poetico, che forse ve la renderà meno antipatica. Si tratta dell'armonia vocalica. Vedrete che, una volta superato lo scoglio iniziale, non avrete alcuna difficoltà nella scelta della forma "giusta" per ogni suffisso.

4 L'armonia vocalica

Su basi fonetiche, a seconda del loro luogo di articolazione, le vocali si dividono in "alte" e "basse", "anteriori" e "posteriori", "palatali" e "velari". **I, í, ü, ű, e, é, ö, ő** rientrano tra quelle alte, palatali, mentre **a, á, o, ó, u, ú** tra quelle basse, velari. L'armonia vocalica è il fenomeno fonetico per il quale le vocali presenti nei suffissi aggiunti a una data parola adeguano il proprio tono a quello delle vocali che compongono la radice della parola stessa. Consiste, insomma, in una sorta di livellamento eufonico. I suffissi **-be**, **-ben**, **-en**, **-ön**, **-ek**, **-et** ecc. contengono vocali alte, palatali, **-ba**, **-ban**, **-on**, **-ok**, **-ak**, **-ot**, **-at** ecc. contengono invece vocali basse, velari.

Avrete forse notato che, nel caso degli avverbi di luogo **itt**, *qui* e **ott**, *lì*, l'alternanza tra vocali alte e basse, palatali e velari esprime, rispettivamente, la vicinanza e la lontananza. Lo stesso accade con gli aggettivi e i pronomi dimostrativi: la forma palatale **ez**, *questo/a* ha la propria corrispondente velare **az**, *quello/a*. Per volgerli al plurale, ecco che entra in gioco l'armonia vocalica: otterremo infatti **ezek**, *questi/e*, da **ez** e **azok**, *quelli/e*, da **az**.

Dopo aver immagazzinato queste regole fondamentali, avrete già familiarizzato con l'"anima" dell'ungherese e la seconda tappa del vostro percorso di apprendimento vi risulterà senz'altro meno ostica. Provare per credere!

***

9 Hova megy János?
10 A szállodába.

Traduzione

1 Cosa fa Péter in camera? **2** Legge [un] libro interessante. **3** E Mari in cucina? **4** Prepara *(Fa)* [il] pollo alla paprika. **5** Dove vive lo straniero? **6** In Francia. **7** E la famiglia Erdős? **8** A Budapest. **9** Dove va János? **10** In albergo.

8

Nyolcadik lecke [ñoltsadik lɛtskɛ]

Látogatás a bankban

1. Nagy úr ma **dél**előtt a **bank**ba megy.
2. A bank a **Pet**őfi **Sán**dor ut**cá**ban van.
3. – Jó **na**pot **kí**vánok. Hol van a **pénz**tár?
4. – Ott van **bal**ra, az **ab**lak **mel**lett [1].
5. – **Kö**szönöm **szé**pen [2].
6. Itt van két csekk [3], pénzt **ké**rek.
7. – **U**ram [4], ezek a **csek**kek [5] **ha**misak.
8. – Ha nem ad **száz**millió **fo**rintot, **ak**kor **lö**vök!
9. – Itt a pénz. **Tes**sék **száz**millió **fo**rint.
10. – **Rend**ben van. Nem **lö**vök.

Pronuncia

la:togata:š a bankban 1 nadj u:r ma de:lɛlö:tt a bankba mɛdj 2 a bank a pɛtö:fi ša:ndor uttsa:ban van 3 jo: napot ki:va:nok. hol van a pe:nzta:r 4 ott van balra az ablak mɛllɛtt 5 kösönöm se:pɛn 6 itt van ke:t čɛkk pe:nzt ke:rɛk 7 uram ɛzɛk a čɛkkɛk hamišak 8 ha nɛm ad sa:zmillio: forintot akkor lövök 9 itt a pe:nz. tɛšše:k sa:zmillio: forint 10 rɛndbɛn van. nɛm lövök

Note

1 Finora abbiamo visto l'ungherese avvalersi dell'uso di suffissi per realizzare i complementi di luogo (**-ba/-be**; **-ban/-ben**, **-n**). Ma questa non è l'unica via: troviamo infatti, in alternativa ai suffissi, parole vere e proprie, indipendenti (dunque separate dai sostantivi) chiamate a ricoprire la medesima funzione sintattica. Naturalmente, le due opzioni non sono intercambiabili, ma dipendono dal contesto. Queste parole indipendenti si chiamano *posposizioni* perché, a differenza delle nostre *preposizioni*, seguono il nome a cui si riferiscono, invece di precederlo. **Mellett** è dunque una posposizione.

Ottava lezione

[Un] salto *(visita)* in banca

1   Questa mattina *(Oggi mattina)* [il] signor Nagy va in banca.
2   La banca è in via Sándor Petőfi.
3 – Buongiorno. Dov'è lo sportello *(cassa)*?
4 – È lì a sinistra, vicino alla finestra *(la finestra vicino)*.
5 – Grazie mille *(Ringrazio bellamente)*.
6   [Ecco] qui *(sono)* due assegni *(assegno)*, vorrei dei contanti *(denaro chiedo)*.
7 – Signore*(-mio)*, questi *(gli)* assegni [sono] falsi.
8 – Se non [mi] dà cento milioni [di] fiorini, *(allora)* sparo!
9 – Ecco i soldi *(Qui il denaro)*. *(Ecco)* Cento milioni [di] fiorini.
10 – Bene *(Ordine-in è)*. Non sparo.

2   Unito a un aggettivo, il suffisso **-n** lo rende un avverbio: **szép**, *bello/a*, **szépen**, *bellamente* (ma *grazie mille* è l'espressione che corrisponde al già noto **köszönöm szépen**); **hamis**, *falso/a* → **hamisan**, *falsamente*; **különös**, *particolare* → **különösen**, *particolarmente*.

3   A un **quantificatore** in ungherese segue sempre il **singolare** del sostantivo: **két csekk**, dunque, e non *két csekkek. Tenetelo bene a mente!

4   **Uram** è la forma possessiva di **úr**. Si utilizza in contesti che richiedono la forma di cortesia nel rivolgersi a qualcuno di cui non si conosce l'identità.

5   L'equivalente, in ungherese, della struttura italiana *aggettivo dimostrativo + sostantivo* (es.: *questo libro*) si ottiene tramite un costrutto particolare, composto da tre elementi: *aggettivo dimostrativo + articolo determinativo + sostantivo*. Avremo quindi **ez a könyv** per *questo libro*; **ezek a könyvek** per *questi libri*; **ez az ország** per *questo paese*; **ezek az országok** per *questi paesi*.

8 / Nyolcadik lecke

11 Nagy úr a **bank**ból [6] **ha**zamegy. A **rend**őrség már **vár**ja [7].

11 nadj u:r ɑ bɑnkbo:l hɑzamɛdj. ɑ rɛndö:rše:g ma:r va:rjɑ.

Note

6 Torniamo per un momento al terzo paragrafo della nostra settima lezione. Ci eravamo soffermati su due suffissi (**-ban/-ben** e **-ba/-be**) che formano, rispettivamente, complementi di stato in luogo e di moto a luogo. Per esprimere un moto da luogo, invece, il suffisso da utilizzare è **-ból/-ből**. Diremo dunque **Rómában vagyok**, *sono a Roma*, **Rómába megyek**, *vado a Roma* e **Rómából jövök**, *vengo da Roma*. Analogamente, per ragioni di armonia vocalica, **Velencében vagyok**,

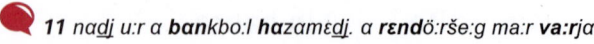

1. gyakorlat – Fordítsa le

❶ Ezek az ablakok szépek. ❷ A csekk a pénztárban van. ❸ Petike ma délelőtt hazamegy. ❹ Ha nem tanul, sétálni megy. ❺ A szálloda az étterem mellett van. ❻ A család nem Franciaországból jön.

2. gyakorlat – Egészítse ki

❶ Questi *(gli)* assegni non [sono] falsi.
   Ezek . csekkek … hamisak.

❷ La cucina è a sinistra.
   A …… balra … .

❸ Il professore regala soldi *(denaro dà)*.
   A tanár ….. ad.

❹ Non [è] Péter [che] viene dalla città.
   Nem Péter … a ……… .

❺ Come sta, signore*(-mio)*?
   …. van, Ur..?

❻ A casa ho cento milioni [di] fiorini.
   Száz millió …….. van ……. .

Ottava lezione / 8

11 [Il] **signor Nagy rientra** *(casa-a-va)* **dalla banca. La polizia lo sta già aspettando** *(già lo-aspetta)*.

sono a Venezia, **Velencébe megyek**, *vado a Venezia* e **Velencéből jövök**, *vengo da Venezia*. La terza nota della quarta lezione riguardava invece la differenza tra **hol?** e **hova?/hová?**, che si traducono entrambi con *dove?*, ma che, rispettivamente, interrogano su uno stato in luogo e un moto a luogo. Completiamo il nostro parallelismo precisando che, se qualcuno mai ci dovesse chiedere da dove veniamo, la domanda alla quale dovremo rispondere inizierà con **honnan…?**, *da dove…?*

7 Approfondiremo in seguito la struttura della forma verbale **várja**.

***

Soluzioni dell'esercizio 1
❶ Queste finestre [sono] belle. ❷ L'assegno è in cassa. ❸ Petike rientra stamattina. ❹ Se non studia, va [a] passeggiare. ❺ L'albergo è vicino al ristorante. ❻ La famiglia non viene dalla Francia.

Soluzioni dell'esercizio 2
❶ – a – nem – ❷ – konyha – van ❸ – pénzt – ❹ – jön – városból ❺ Hogy – am ❻ – forintom – otthon

huszonnyolc [*husonñolts*] • 28

Kilencedik lecke [kilɛntsɛdik lɛtskɛ]

Késő van [1]

1 **Reg**gel nyolc **ó**ra [2] van.
2 **Kiss**né **mun**kába megy.
3 A **Kos**suth **té**ren **fel**száll a **vil**lamosra [3].
4 A **vil**lamoson le**ül** és **új**ságot **ol**vas.
5 A bank mellett [4] **le**száll a **vil**lamosról [5].
6 **Az**tán **gya**log **sé**tál **öt**száz **mé**tert.
7 Egy nagy ház **előtt meg**áll. Ez a **mun**kahelye.
8 **Fel**megy **lift**en a **har**madik **e**meletre.
9 **Kiss**né **i**deges, mert már **ki**lenc **ó**ra van.
10 – Jó **reg**gelt **kí**vánok **Kiss**né. **Mi**ért csak most jön?
11 – **Be**teg a **gye**rekünk [6], **i**gazgató úr. **Hol**nap **pon**tosan **jö**vök. □

Pronuncia

ke:šö: van 1 rɛggɛl ñolts o:ra van 2 kiššne: munka:ba mɛd͡j 3 a koššut te:rɛn fɛlsa:ll a villamošra 4 a villamošon lɛül e:š u:jša:got olvaš 5 a bank mɛllɛtt lɛsa:ll a villamošro:l 6 azta:n d͡jalog še:ta:l ötsa:z me:tɛrt 7 ɛd͡j nad͡j ha:z ɛlö:tt mɛga:ll. ɛz a munkahɛjɛ 8 fɛlmɛd͡j liftɛn a harmadik ɛmɛlɛtrɛ 9 kiššne: idɛgɛš mɛrt ma:r kilɛnts o:ra van 10 jo: rɛggɛlt ki:va:nok kiššne: mie:rt čak mošt jön 11 bɛtɛg a d͡jɛrɛkünk igazgato: u:r. holnap pontošan jövök

Note

1 Riprendete la seconda nota della seconda lezione e il paragrafo 1.5 della settima lezione. Leggerete (o meglio, rileggerete) che **van** è generalmente omesso quando ha la funzione di copula del predicato nominale (**Kissné Ø ideges**, *la signora Kiss è nervosa*), tranne quando si trova all'interno di alcune locuzioni. La presenza di un'indicazione temporale nelle frasi **késő van**, **nyolc óra van**, ad esempio, giustifica la presenza della terza persona del verbo *essere* (cfr. anche frasi 1 e 9).

2 Cfr. lezione 8, nota 3.

3 Il suffisso **-ra/-re** esprime il movimento in direzione di una superficie; corrisponde, in parte, alla preposizione italiana *su* (cfr. anche frase 8).

Nona lezione

È tardi *(Ritardo c'è)*

1. Sono le otto di mattina *(Mattino otto ora è)*.
2. La signora Kiss va al lavoro.
3. Sale sul tram in piazza Kossuth.
4. [Una volta salita] sul tram, [si] siede e legge [il] giornale.
5. Scende dal tram vicino alla banca.
6. Dopodiché percorre *(passeggia)* a piedi cinquecento metri.
7. [Si] ferma davanti a un grande edificio *(casa)*. È la sua sede lavorativa *(lavoro-luogo)*.
8. Sale in ascensore*(-su)* [fino] al terzo piano.
9. La signora Kiss [è] nervosa perché sono già le nove *(già nove ora è)*.
10. – Buongiorno *(Buon mattino auguro)*, signora Kiss. Perché arriva *(viene)* soltanto ora?
11. – Il nostro bambino [è] malato, *(signor)* direttore. Domani sarò puntuale *(puntualmente vengo)*.

---

4 **mellett**, **előtt** (frasi 5 e 7), sono posposizioni, come abbiamo già avuto modo di accennare nella prima nota della lezione precedente.

5 Il suffisso **-ról/-ről** esprime il moto da luogo proveniente da una superficie e corrisponde perlopiù alla nostra preposizione *da*. Come potete vedere, l'ungherese codifica lo spazio in maniera diversa rispetto alle lingue generalmente a noi più note; le varie modalità di spostamento sono contrassegnate da una meticolosa precisione.

6 Abbiamo visto, nella quinta nota della sesta lezione, i primi tre suffissi possessivi: **-m**, **-d**, **-a/-e**. Ecco il resto della serie: **-unk/-ünk**, *nostro/a*; **-tok/-tek/-tök**, *vostro/a*; **-uk/-ük**, *loro*. Quindi da **gyerek**, *bambino*, otterremo queste sei forme: **gyerekem**, *il mio bambino*; **gyereked**, *il tuo bambino*; **gyereke**, *il suo bambino*; **gyerekünk**, *il nostro bambino*; **gyereketek**, *il vostro bambino*; **gyerekük**, *il loro bambino*.

harminc *[harmints]*

1. gyakorlat – Fordítsa le

❶ A villamoson nem olvasok újságot. ❷ A tanárunk beteg. ❸ Te is felmész az emeletre? ❹ Párizsban hét óra van, Budapesten is. ❺ A munkahelyem az étterem mellett van. ❻ Ha nem ideges, magyarul tanul.

***

2. gyakorlat – Egészítse ki

❶ [Ci] fermiamo davanti alla banca.
 .... a bank ....

❷ Sono già le cinque (già cinque ora è).
 Már öt ... .

❸ Oggi i professori [sono] nervosi.
 .. a tanárok ....

❹ Salgo al quarto piano.
 .... a negyedik ....

❺ I bambini scendono dall'autobus.
 A .... leszállnak .. autóbusz .... .

10

Tizedik lecke [tizɛdik lɛtskɛ]

A fogorvosnál [1]

1 A magyartanár fogorvoshoz [2] megy.
2 A fogorvosnál sokan várnak.

Pronuncia

α **fog**orvošna:l 1 α **ma**djartana:r **fog**orvošhoz mɛdj 2 α **fog**orvošna:l **šok**αn **va:r**nαk

Note

[1] Proseguiamo il nostro viaggio alla scoperta dei suffissi locativi: **-nál/-nél** (suffisso di stato in luogo) significa *da, presso*.

Soluzioni dell'esercizio 1

❶ Sul tram non leggo [il] giornale. ❷ Il nostro professore [è] malato. ❸ Anche tu sali *(piano-su)*? ❹ A Parigi sono le *(ore)* sette, a Budapest anche. ❺ Il mio luogo [di] lavoro è vicino al ristorante. ❻ Se non [è] nervoso/a, studia l'ungherese*(-in)*.

***

❻ [Mi] siedo perché ho tempo.
...... mert van ..... .

Soluzioni dell'esercizio 2

❶ Megállunk – előtt ❷ – óra van ❸ Ma – idegesek ❹ Felmegyek – emeletre ❺ – gyerekek – az – ról ❻ Leülök – időm

Decima lezione

Dal dentista

1 Il professore [di] ungherese va dal dentista.
2 Dal dentista sono in tanti ad aspettare *(molti-in aspettano)*.

---

2 **-hoz/-hez/-höz** è la variante per il moto a luogo del suffisso **-nál/-nél**.

3 **Le**ül. **Na**gyon fáj a **fo**ga [3], de **vár**ni kell [4].
4 **Vég**re **be**megy az **or**vos **szo**bájába [5].
5 – Mi fáj? Hol fáj? **Bal**ra? **Jobb**ra?
6 – Bal **ol**dalon is fáj, jobb **ol**dalon is fáj. **Na**gyon **be**teg **va**gyok.
7 – Nem kell **fél**ni. **A**dok egy **in**jekciót. **Min**den **rend**ben van?
8 – Már nem fáj a **fo**gam. **Kö**szönöm. **Men**nyit **fi**zetek?
9 – **Húsz**ezer **fo**rintot kérek. **Vi**szontlátásra **hol**nap **dé**lután ötkor [6].
10 A **ta**nár a **fog**orvostól [7] egy **cu**krászdába **megy**.
11 **Na**gyon **é**hes és **en**ni akar **va**lamit.

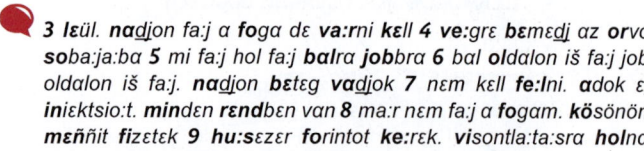

3 lɛül. nadjon fa:j a foga dɛ va:rni kɛll 4 ve:grɛ bɛmɛdj az orvoš soba:ja:ba 5 mi fa:j hol fa:j balra jobbra 6 bal oldalon iš fa:j jobb oldalon iš fa:j. nadjon bɛtɛg vadjok 7 nɛm kɛll fe:lni. adok ɛdj iniɛktsio:t. mindɛn rɛndbɛn van 8 ma:r nɛm fa:j a fogam. kösönöm. meññit fizɛtɛk 9 hu:sɛzɛr forintot ke:rɛk. visontla:ta:sra holnap de:luta:n ötkor 10 a tana:r a fogorvošto:l ɛdj tsukra:sda:ba mɛdj 11 nadjon e:hɛš e:š ɛnni akar valamit

 Note

3 In ungherese, il concetto di provare dolore da qualche parte nel proprio corpo viene espresso in maniera differente rispetto a quanto avviene in italiano: il verbo **fáj**, che significa *dolere, fare male*, è seguito dal nome della parte del corpo in questione, a sua volta marcato dal suffisso possessivo: **fáj a fejem**, *ho mal di testa / mi fa male la testa* (lett. duole la testa-mia); **fáj a fejed**, *hai mal di testa* (lett. duole la testa-tua) ecc. Ci auguriamo che questa particolare costruzione non vi procuri, per l'appunto… un eccessivo mal di testa!

4 **kell**, *bisogna, occorre*. Come in italiano, è un verbo difettivo che regge un altro verbo, all'infinito: **olvasni kell**, *bisogna leggere*.

5 Avrete sicuramente individuato tutti gli elementi che compongono la parola **szobájába**. Rivediamoli uno alla volta:
szoba, *stanza*
szobája, *la sua stanza*
szobájába, *nella sua stanza* (moto a luogo)

Decima lezione / **10**

3 Si siede. I denti gli fanno molto male *(Molto duole il dente-suo)*, ma deve aspettare *(aspettare bisogna)*.
4 Finalmente entra nello studio *(stanza)* del medico.
5 – Cosa [le] fa male? Dove [le] fa male? A sinistra? A destra?
6 – Ho male sia a sinistra che a destra *(Sinistro lato-su anche duole, destro lato-su anche duole)*. **Sto molto male** *(Molto malato sono)*.
7 – **Niente paura** *(Non bisogna temere)*. [Le] **faccio** *(do)* **un'iniezione. Va tutto bene** *(Tutto ordine-in è)*?
8 – **Non mi fanno più male** *(Già non duole il dente-mio)*. **La ringrazio. Quanto le devo** *(Quanto pago)*?
9 – **Sono centomila fiorini** *(Centomila fiorino chiedo)*. **Ci rivediamo** *(Arrivederci)* **domani alle cinque [di] pomeriggio.**
10 [Uscito] dal dentista, il professore entra *(va)* in una pasticceria.
11 Ha molta fame *(Molto affamato)* e vuole mangiare qualcosa.

6 **-kor**: a dispetto dell'armonia vocalica, questo suffisso temporale resta invariabile e indica un preciso momento: **ötkor**, *alle cinque*; **négykor**, *alle quattro*; **karácsonykor**, *a Natale*; **mikor?**, *quando?*

7 **-tól/-től** esprime allontanamento da un certo luogo. Completa la serie di suffissi locativi analizzati nelle note 1 e 2 di questa lezione.

harmincnégy *[harmintsne:dj]* • **34**

11 / Tizenegyedik lecke

1. gyakorlat – Fordítsa le
❶ Nem fáj a fogad? ❷ Nem kell félni a liftben. ❸ A betegek az orvosnál vannak. ❹ A fogorvos injekciót ad. ❺ Viszontlátásra holnap. ❻ Kovácséktól Péterhez mentek?

***

2. gyakorlat – Egészítse ki
❶ Siamo molto malati.
Nagyon ……. vagyunk.

❷ Il dentista va in pasticceria.
A …….. a cukrászdá.. megy.

❸ Qui bisogna parlare ungherese *(-in)*.
Itt …….. kell ……...

❹ Quanto le devo *(quanto pago)*?
……. fizetek?

Tizenegyedik lecke *[tizenedjedik lɛtskɛ]*

Ma vizsgázunk

1 – Nem **fél**tek [1] a **ma**i [2] **vizs**gától?
2 – De [3] **fél**ünk, mert **na**gyon **szi**gorú a **ta**nár.
3 – Hány **ó**rakor van [4] a **vizs**gátok [5]?

Pronuncia
*ma **viž**ga:zunk 1 nɛm **fe:**ltɛk a **ma**i **viž**ga:to:l 2 dɛ **fe:**lünk mɛrt **na**djon **si**goru: a **ta**na:r 3 ha:ñ **o:**rakor van a **viž**ga:tok*

Note
[1] **féltek** è la seconda persona plurale del verbo **fél**, *temere, avere paura*. Questo verbo richiede l'uso del suffisso **-tól/-től** (cfr. anche frase 8).

[2] Il suffisso **-i** serve a formare aggettivi partendo da avverbi e sostantivi: **ma** → **mai**, *oggi* → *odierno*; **Magyarország** → **magyarországi**, *Ungheria* → *ungherese*.

Soluzioni dell'esercizio 1

❶ Non hai male ai denti? ❷ Non bisogna aver paura in ascensore. ❸ I pazienti *(malati)* sono dal dottore. ❹ Il dentista fa *(dà)* [una] iniezione. ❺ Ci vediamo domani *(arrivederci domani)*. ❻ [Una volta venuti via] dai Kovács, andate da Péter?

***

❺ Mio marito non ha fame *(affamato)*.
   A ...... nem .....

❻ Non vogliono mangiare in albergo.
   Nem .... enni a ....

Soluzioni dell'esercizio 2

❶ – betegek – ❷ – fogorvos – ba – ❸ – magyarul – beszélni ❹ Mennyit – ❺ – férjem – éhes ❻ – akarnak – szállodában

---

Undicesima lezione

Oggi abbiamo [un] esame

1 – Non avete paura dell'esame di oggi *(odierno)*?
2 – Sì che ne abbiamo *(Ma abbiamo-paura)*, perché il professore [è] molto severo.
3 – A che ora *(Quanta ora-a)* avete l'esame?

---

3 **De**, che normalmente significa *ma*, è anche l'incipit obbligatorio di una replica volta a contrastare una domanda posta in forma negativa.

4 Sugli usi di **van** leggete ancora una volta il paragrafo 1.5 della settima lezione. In questa frase, lo troviamo espresso perché è presente un riferimento temporale.

5 **-tok/-tek/-tök** è il suffisso possessivo di seconda persona plurale.

harminchat *[harmintshat]*

11 / Tizenegyedik lecke

4 – **Dél**után négy **ó**rakor [6].
5 – Mi öt **ó**rakor **vizs**gázunk [7], de nem **fi**zikából, ha**nem ma**tematikából.
6 – Jó napot, **u**raim. Ki **a**kar **vizs**gázni **fi**zikából? **Tes**sék **be**jönni és **le**ülni [8].
7 – **Ta**nár úr, **na**gyon **i**deges **va**gyok és fáj a **fe**jem.
8 – Nem baj, **fi**am. A **vizs**gáktól **min**denki fél.
9 – De én nem **tu**dok **sem**mit. **Ha**zamegyek. **Vi**szontlátásra.
10 – Ki **a**kar még **vizs**gázni **fi**zikából?

4 de:luta:n ne:dj o:rakor 5 mi öt o:rakor vižga:zunk dɛ nɛm fizika:bo:l hanɛm matɛmatika:bo:l 6 jo: napot uraim. ki akar vižga:zni fizika:bo:l? tɛššeːk bɛjönni eːš lɛülni 7 tana:r u:r nadjon idɛgɛš vadjok eːš fa:j a fɛjɛm 8 nɛm baj fiam. a vižga:kto:l mindɛnki fe:l 9 dɛ eːn nɛm tudok šɛmmit. hazamɛdjɛk visontla:ta:šra 10 ki akar meːg vižga:zni fizika:bo:l

Note

6 Cfr. lezione 10, nota 6.
7 Dal sostantivo **vizsga**, *esame*, si forma il verbo **vizsgázik**, *dare un esame*, ma anche *esaminare*.
8 **Tessék**, quando regge un verbo, richiede l'uso dell'infinito.

***

1. gyakorlat – Fordítsa le

❶ A tanárok nem vizsgáznak ma. ❷ Ki akar leülni? ❸ A vizsga nem nehéz. ❹ A rendőr semmitől nem fél. ❺ Tessék bejönni a szobába. ❻ Reggel hazamegyünk?

Undicesima lezione / 11

4 – Alle *(ore)* quattro [di] pomeriggio.
5 – Noi [ce] l'abbiamo alle cinque *(cinque ora-a)*, ma non di fisica*(-da)*, bensì di matematica*(-da)*.
6 – Buongiorno, signori*(-miei)*. Chi vuole dare l'esame di fisica? Venite dentro, per favore, e mettetevi a sedere *(prego dentro-venire e sedersi)*.
7 – *(Signor)* Professore, sono molto nervoso e mi fa male la testa *(duole la testa-mia)*.
8 – Non fa niente *(No guaio)*, figliolo *(figlio-mio)*. Tutti hanno paura degli esami.
9 – Ma io non so niente. Me ne torno a casa *(a-casa-vado)*. Arrivederci.
10 – Qualcun altro *(Chi ancora)* vuole dare l'esame di fisica?

***

Soluzioni dell'esercizio 1

❶ I professori oggi non tengono esami *(non esaminano)*. ❷ Chi vuole sedersi? ❸ L'esame non [è] difficile. ❹ Il poliziotto non teme nulla. ❺ Prego, venite in camera. ❻ Rientriamo a casa [di] mattina?

harmincnyolc *[harmintsñolts]* • 38

2. gyakorlat – Egészítse ki

❶ Chi vuole dare l'esame di matematica?
   Ki .... matematikából?

❷ *(Signor)* Professore, non ho mal di testa.
   Tanár .., nem ... a ....

❸ Anche voi *(Lorsignori)* avete *(hanno)* paura del dottore?
   Önök is ...... az ..... tól?

❹ [Di] pomeriggio non voglio passeggiare.
   .... nem akarok ....

12

Tizenkettedik lecke *[tizɛnkɛttɛdik lɛtskɛ]*

Városnézés Budapesten

1 – **Ked**ves **tu**risták, a **Du**nánál **va**gyunk.
2 Ez a híd ¹ az **Er**zsébet-híd. A **Du**na két **part**ján, **Pes**ten is, **Bu**dán is kék **au**tóbuszok és **sár**ga **vil**lamosok **jár**nak.
3 Most **fel**megyünk a **Vár**ba. Ott **van**nak a nagy **mú**zeumok.
4 Ez a **Má**tyás **tem**plom. **Na**gyon **ré**gi. Az **a**blakok **kü**lönösen **szé**pek.
5 Most **meg**int **le**megyünk a **fo**lyóhoz.

Pronuncia

*va:rošne:ze:š bu*da*pɛšten 1 kɛd*vɛš *tu*rišta:k *a du*na:na:l *va*djunk 2 ɛz *a* hi:d *az ɛr*že:bɛt-hi:d. *a du*na ke:t *part*ja:n *pɛš*tɛn iš *bu*da:n iš ke:k *auto:bu*sok e:š *ša:r*ga *villa*mošok *ja:r*nak 3 mošt *fɛl*mɛdjünk *a va:r*ba. ott *van*nak *a* nadj *mu:*zɛumok 4 ɛz *a ma:tj*a:š *tɛm*plom. *nadj*on *re:*gi. *az a*blakok *kü*lönösɛn *sze:*pɛk 5 mošt *mɛg*int *lɛ*mɛdjünk *a fo*jo:hoz

39 • **harminckilenc** *[harmintskilɛnts]*

❺ A che ora va in banca tua moglie?
   Hány ...... megy a .... a bankba?
❻ Noi non diamo esami perché siamo professori.
   Mi nem ...., mert mi .... vagyunk.

Soluzioni dell'esercizio 2
❶ – akar vizsgázni – ❷ – úr – fáj – fejem ❸ – félnek – orvos –
❹ Délután – sétálni ❺ – órakor – feleséged – ❻ – vizsgázunk
– tanárok –

12 Dodicesima lezione

Visita guidata a Budapest

1 – Cari turisti, ci troviamo sul Danubio *(il Danubio-presso siamo)*.
2 Questo *(il ponte)* [è] il ponte Elisabetta. Sulle due rive del Danubio, a Pest come a Buda *(Pest-su anche, Buda-su anche)*, circolano autobus azzurri e tram gialli.
3 Ora saliamo *(Su-andiamo)* al Castello. Lì [ci] sono i grandi musei.
4 Questa [è] la chiesa [di] Mattia [Corvino]. [È] molto antica. Le finestre [sono] particolarmente belle.
5 Ora riscendiamo *(Adesso ancora giù-andiamo)* verso il fiume.

Note

1 In questa frase, l'aggettivo dimostrativo è seguito dall'articolo determinativo: **ez a híd**, *questo ponte* (lett. questo il ponte). L'omissione dell'articolo **a/az** cambierebbe completamente il senso della frase. **Ez híd** significa infatti: *questo [è un] ponte* (cfr. anche frasi 4 e 6).

negyven *[nɛdjvɛn]* • 40

12 / Tizenkettedik lecke

6 Jobbra, ez az **é**pület a **Par**lament. A **ku**polája **ne**ogótikus.
7 Balra fent, az ² a **Hil**ton **szál**loda és a **Ka**szinó.
8 – **El**nézést **ké**rek, **mi**ért **van**nak **mo**dern **é**pületek egy **ré**gi **vá**rosrészben?
9 – Mert itt is **em**berek **él**nek és **dol**goznak. A **ma**gyar **fő**városban **nem**csak **mű**emlékek **van**nak.
10 – **Há**nyan ³ **lak**nak **Bu**dapesten?
11 – **Bu**dapestnek **két**millió **la**kosa van. **Ma**gyarországnak **tíz**millió. ⁴
12 – **Höl**gyeim és **u**raim ⁵, a **vá**rosnézésnek **vé**ge. □

6 jobbra ɛz az e:pülɛt a parlamɛnt. a kupola:ja nɛogo:tikuš
7 balra fɛnt az a hilton sza:lloda e:š a kasino: 8 ɛlne:ze:št ke:rɛk mie:rt vannak modɛrn e:pülɛtɛk ɛdj re:gi va:rošre:sbɛn
9 mɛrt itt iš ɛmbɛrɛk e:lnɛk e:š dolgoznak. a madjar fö:va:rošban nɛmčak mü:ɛmle:kɛk vannak 10 ha:ñan laknak budapɛštɛn
11 budapɛštnɛk ke:tmillio: lakoša van. madjarorsa:gnak ti:zmillio:
12 höldjɛim e:š uraim a va:rošne:ze:šnɛk ve:gɛ

Note

2 Il dimostrativo di lontananza **az**, che coincide formalmente con una delle due varianti dell'articolo determinativo, corrisponde all'italiano *quello/a*, mentre **ez** è il dimostrativo di vicinanza, che si traduce con *questo/a*. **Ez Európa**, *Questa è l'Europa*. **Az Amerika**, *Quella è l'America*.

3 *Quanto?* si traduce con **hány?** La forma **hányan?** si usa solo quando la parola non è seguita dal nome a cui fa riferimento (quando, cioè, ha funzione pronominale). Così, *quanti bambini giocano in giardino?* si dirà **hány gyerek játzik a kertben?** e la risposta *tanti* sarà **sok (gyerek)**.

***

1. gyakorlat – Fordítsa le

❶ Jobbra, az nem a Kaszinó. ❷ A francia fővárosban vannak villamosok. ❸ Hányan dolgoznak az étteremben? ❹ Ti is lementek a Dunához? ❺ Elnézést kérek, hol van a szálloda? ❻ Ez a könyv különösen érdekes.

negyvenegy *[nɛdjvɛnɛdj]*

Dodicesima lezione / 12

6 Questo edificio sulla destra [è] il Parlamento. La sua cupola [è] neogotica.
7 Quelli in alto a sinistra [sono] l'hotel Hilton e il Casinò.
8 – Scusi *(Perdono chiedo)*, perché [ci] sono edifici moderni in un quartiere antico?
9 – Perché anche qui si vive e si lavora *(persone vivono e lavorano)*. Nella capitale ungherese non [ci] sono solo monumenti.
10 – Quanti abitanti ha Budapest *(Quanti-in abitano Budapest-su)*?
11 – Budapest ha due milioni di abitanti *(Budapest-a due-milione abitante-suo è)*. L'Ungheria ne ha dieci milioni *(Ungheria-a dieci-milione)*.
12 – Signore*(-mie)* e signori*(-miei)*, la visita è terminata *(città-visita-a fine-sua)*.

Ma in risposta ad **hányan játszanak a kertben?**, *in quanti giocano in giardino?*, **sok** muterà in **sokan**, *in tanti* (cfr. lezione 10, frase 2).

4 Come abbiamo già detto, il nostro verbo *avere* si realizza in ungherese tramite la costruzione **van + nome + suffisso possessivo** (**van időm**, *ho tempo*, lett. c'è tempo-mio). Quando il possessore non è rappresentato da un pronome personale (io, tu, ecc.) ma da un sostantivo, quest'ultimo sarà contrassegnato dal suffisso **-nak/-nek**. **Kissnének van gyereke**, *La signora Kiss ha [un] bambino* (lett. Kiss-signora-a c'è bambino-suo).

5 Le **i** in **hölgyeim** e **uraim** contrassegnano il plurale del possessivo. Su questo torneremo più avanti.

***

Soluzioni dell'esercizio 1

❶ Quello sulla destra non [è] il Casinò. ❷ Nella capitale francese [ci] sono tram. ❸ Quante persone *(Quanti-in)* lavorano al ristorante? ❹ Anche voi scendete *(giù-andate)* al Danubio? ❺ Scusi *(Perdono chiedo)*, dov'è l'hotel? ❻ Questo libro [è] particolarmente interessante.

negyvenkettő *[nɛdjvɛnkɛttöː]*

2. gyakorlat – Egészítse ki

❶ Questo edificio sulla destra [è] la banca.
.. az ...... jobbra a .....

❷ La capitale ha dieci milioni [di] abitanti.
A .... nak tíz millió ....

❸ La chiesa è lontana?
A .... van?

❹ I monumenti sono in alto.
A .... fent ....

❺ Scusi *(perdono chiedo)*, dove va quest'autobus?
.... kérek, hova megy .... autóbusz?

❻ Il poliziotto sale al terzo piano.
. rendőr .... a .... emelet ... .

Tizenharmadik lecke *[tizɛnharmadik lɛtskɛ]*

Magánügy

1 – Mit **cs**inál **V**irág **J**ózsef **r**eggeltől **e**stig [1]?
2 – **R**eggel **h**étkor **f**elkel. **M**osakszik [2], **f**elöltözik, **r**eggelizik és **ú**jságot **o**lvas.
3 **Az**tán **le**megy az **ut**cára. **Fel**száll az **au**tóbuszra és **le**száll a gyár **e**lőtt.

Pronuncia

maga:nüdj **1** *mit čina:l vira:g jo:žɛf rɛggɛltö:l ɛštig* **2** *rɛggɛl he:tkor fɛlkɛl. mošaksik fɛlöltözik rɛggɛlizik e:š u:jša:got olvaš* **3** *azta:n lɛmɛdj az utsa:ra. fɛlsa:ll az auto:busra e:š lɛsa:ll a dja:r ɛlö:tt*

Note

[1] Alla nostra correlazione *da… a…* (es. *da Roma a Budapest, dalle cinque alle sette* ecc.) corrisponde quella ungherese *…-tól/-től …-ig*. Il suffisso **-ig** è invariabile, non soggiace dunque alle norme dettate dall'armonia vocalica (cfr. anche frasi 4 e 9).

Soluzioni dell'esercizio 2

❶ Ez – épület – bank ❷ – főváros – lakosa van ❸ – templom messze – ❹ – műemlékek – vannak ❺ Elnézést – ez az – ❻ A – felmegy – harmadik – re

*Oltre ai luoghi menzionati all'interno di questa lezione, vale la pena visitare anche l'isola Margherita (**Margitsziget**), la piazza degli Eroi (**Hősök tere**) e le celebri stazioni termali, risalenti all'epoca del dominio turco. Viste dal Monte Gerardo (**Gellérthegy**) o dal Bastione dei Pescatori (**Halászbástya**), le rive del Danubio offrono un panorama meraviglioso, che l'UNESCO annovera tra i Patrimoni dell'Umanità.*

Tredicesima lezione

Affari suoi *(Privato-affare)*

1 – Cosa fa József Virág dalla mattina alla sera?
2 – [La] mattina [si] alza alle sette. [Si] lava, [si] veste, fa colazione e legge [il] giornale.
3 Poi scende in strada. Sale sull'autobus e scende davanti alla fabbrica.

---

2 Un gran numero di verbi ungheresi prende un suffisso **-ik** alla terza persona singolare dell'indicativo presente (cfr. frasi 4, 5 e 7). La loro coniugazione si differenzia leggermente da quella "canonica" che abbiamo visto insieme. Riprenderemo l'argomento nella prossima lezione, quella di ripasso. Non temete, si tratta di differenze minime e facili da ricordare.

negyvennégy [nɛdjvɛnneːdj]

13 / Tizenharmadik lecke

4 **Nyolc**tól **öt**ig **dol**gozik a **gyár**ban egy gép **mel**lett.
5 **Dél**ben, **pon**tosan **ti**zenkét **ó**rakor **e**bédel, majd iszik egy **ká**vét a **bü**fében.
6 **Dél**után már **na**gyon **fá**radt és **i**deges.
7 **Es**te **nyolc**kor **ha**zamegy, **va**csorázik, **té**vét néz [3], **le**vetkőzik, **le**fekszik.
8 **Éj**jel **ott**hon **al**szik.
9 – De mit **csi**nál **Vi**rág **Jó**zsef **dél**után **öt**től **es**te **nyolc**ig?
10 – Ez **ma**gánügy. □

4 ñoltsto:l ötig dolgozik a dja:rban ɛdj ge:p mɛllɛtt 5 de:lbɛn pontošan tizɛnke:t o:rakor ɛbe:dɛl majd isik ɛdj ka:ve:t a büfe:bɛn 6 de:luta:n ma:r nadjon fa:radt e:š idɛgɛš 7 ɛštɛ ñoltskor hazamɛdj vačora:zik te:ve:t ne:z lɛvɛtkö:zik lɛfɛksik 8 e:jjɛl otthon alsik 9 dɛ mit čina:l vira:g jo:žɛf de:luta:n öttö:l ɛštɛ ñoltsig 10 ɛz maga:nüdj

Note

3 L'abbreviazione familiare della parola **televízió** (*televisione*) è **tévé** (*tv* o *tivù*). Il verbo **néz**, che trovate in **tévét néz**, è lo stesso che trovate in **városnézés**, parola composta che compare nel titolo della nostra dodicesima lezione e che è possibile scomporre secondo il seguente schema: **város**, *città* + **néz**, *guardare* + **-és**, suffisso che trasforma un verbo in un sostantivo.

***

1. gyakorlat – Fordítsa le

❶ Ez az ember nem mosakszik. ❷ A kávé különösen jó. ❸ A tanár levetkőzik az orvosnál. ❹ Nincs büfé a gyárban. ❺ Háromtól hatig a templomban vagyok. ❻ Gyerekek, ki akar tévét nézni?

4 Dalle otto alle cinque lavora in fabbrica accanto a un macchinario.
5 A mezzogiorno, alle *(ore)* dodici in punto pranza, poi beve un caffè al bar.
6 [Il] pomeriggio [è] già molto stanco e nervoso.
7 Alle otto [di] sera rientra, cena, guarda [la] tv, [si] sveste [e] va a dormire *(si-corica)*.
8 [Di] notte dorme a casa.
9 – Ma cosa fa József Virág dalle cinque [di] pomeriggio alle otto [di] sera?
10 – Questi sono affari suoi *(Questo privato-affare)*.

***

Soluzioni dell'esercizio 1

❶ Quest'uomo non [si] lava. ❷ Il caffè [è] particolarmente buono. ❸ Dal medico, il professore si spoglia. ❹ In fabbrica non c'è [il] bar. ❺ Dalle tre alle sei sono in chiesa. ❻ Bambini, chi vuole guardare la tv?

2. gyakorlat – Egészítse ki

❶ La famiglia non dorme.
   A ...... nem ....

❷ Qui in molti parlano ungherese.
   Itt ..... beszélnek ....

❸ I mariti [sono] molto stanchi.
   . férjek ...... fáradt...

❹ Petike non vuole lavorare dalle nove alle dieci.
   Petike nem .... dolgozni kilenc... tíz...

❺ Il lavoro non è una questione personale *(privato-affare)*.
   A ..... nem ....

❻ Mia moglie non pranza e non cena.
   A feleségem nem ...... és nem ....

14

Tizennegyedik lecke *[tizɛnnɛdjɛdik lɛtskɛ]*

Ismétlés – Ripasso

Come già sapete, l'ungherese, a differenza dell'italiano, non appartiene alla famiglia linguistica indoeuropea. Di conseguenza, la sua grammatica è molto diversa rispetto alla nostra e potrà, sotto certi aspetti, sembrarvi strana, se non addirittura paradossale. Presto vi abituerete ai costrutti tipicamente ungheresi, come non tarderete a "pensare" in ungherese. Nel frattempo, eccovi un'altra piccola dose di teoria, forse ancora abbastanza astratta, ma assolutamente necessaria. Si tratta di semplici indicazioni che contribuiranno ad accelerare il vostro processo di assimilazione.

1 Il verbo

È un argomento che abbiamo già trattato alla settima lezione, ma su questa categoria grammaticale c'è ancora molto da dire.

1.1 I verbi composti

Abbiamo già visto i verbi **felszáll**, **leül**, **leszáll**, **megáll**, **felmegy** (nona lezione), **bemegy** (decima lezione), **bejön** (undicesima lezione), **lemegy** (dodicesima lezione), **felkel**, **felöltözik**,

Soluzioni dell'esercizio 2

❶ – család – alszik ❷ – sokan – magyarul ❸ A – nagyon – ak ❹ – akar – től – ig ❺ – munka – magánügy ❻ – ebédel – vacsorázik

*Analogamente all'italiano, la parola ungherese **dél** significa sia Sud che mezzogiorno. In questa seconda accezione, indica tendenzialmente l'arco temporale compreso tra le 12.00 e le 14.00. La giornata, **nap**, comprende **reggel**, il mattino, **délelőtt**, la tarda mattinata, **dél**, mezzogiorno (12.00-14.00), **délután**, il pomeriggio e infine **este**, la sera. Quest'ultima ricopre un intervallo più ampio e può anche essere impiegata in riferimento al tardo pomeriggio. Le formule di saluto **Jó reggelt!**, "Buon mattino" (questa espressione è assente in italiano, ma sicuramente riscontrerete una corrispondenza con l'inglese **Good morning** oppure con il tedesco **Guten Morgen**), **Jó napot!**, Buongiorno, e **Jó estét!**, Buonasera, si utilizzano in contesti abbastanza formali, tra persone che si danno del Lei. Lo stesso vale per **Kezét csókolom**, che letteralmente significa "Le bacio la mano", un'elegante formula di saluto, praticamente obbligatoria da parte di un uomo nei confronti di una donna.*

Quattordicesima lezione

levetkőzik, **lefekszik** (tredicesima lezione). Si tratta di verbi composti. Il primo elemento (**le, be, fel, meg**) è un **prefisso verbale**, mentre il secondo è il verbo vero e proprio. In generale, il prefisso tende a modificare leggermente il significato espresso dal verbo: **megy** significa *andare*, **felmegy** significa *salire*, mentre **lemegy** significa *scendere*.

Le, be e **fel** sono prefissi che indicano una direzione: *giù, dentro, su*. Li incontrerete spesso, perché sono termini di largo uso. **Meg**, invece, è il prefisso verbale più frequente in ungherese ed ha un impiego abbastanza vario. Generalmente rafforza il concetto di compimento dell'azione espressa dal verbo (per questo è definito anche "perfettivo"). Per il momento accontentatevi di individuarlo; le traduzioni che vi forniremo di volta in volta vi permetteranno di coglierne appieno il senso.

1.2 I verbi in *-ik*

Nella seconda nota della tredicesima lezione vi avevamo messo una pulce nell'orecchio in merito all'esistenza di un diverso modello di coniugazione riguardante i verbi che presentano la desinenza **-ik** alla terza persona singolare del presente indicativo. La differenza

rispetto alla coniugazione di **beszél** (cfr. lezione 7, paragrafo 1.3) interessa solamente la flessione delle tre persone singolari.
Eccovi qualche esempio:
reggelizem, *(io) faccio colazione*
reggelizel, *(tu) fai colazione*
reggelizik, *(lui/lei) fa colazione*
reggelizünk, *(noi) facciamo colazione*
reggeliztek, *(voi) fate colazione*
reggeliznek, *(loro) fanno colazione*

vacsorázom, *(io) ceno*
vacsorázol, *(tu) ceni*
vacsorázik, *(lui/lei) cena*
vacsorázunk, *(noi) ceniamo*
vacsoráztok, *(voi) cenate*
vacsoráznak, *(loro) cenano*

2 I suffissi

Riprendete ancora una volta il terzo paragrafo della settima lezione, dopodiché cominceremo ad arricchire la nostra serie di suffissi. Nel sistematizzarli, vi salterà all'occhio la loro tripartizione a seconda della direzione del movimento che indicano, a seconda, cioè, che questo movimento risponda alla domanda "dove?" (stato in luogo), "dove?" (moto a luogo) oppure "da dove?" (moto da luogo):

HOVA?/HOVÁ? *DOVE?* MOTO A LUOGO	HOL? *DOVE?* STATO IN LUOGO	HONNAN? *DA DOVE?* MOTO DA LUOGO
-ba/-be	-ban/-ben	-ból/-ből
-ra/-re	-n	-ról/-ről
-hoz/-hez/-höz	-nál/-nél	-tól/-től

Avete ben chiara la differenza fra **házból** (lett. dall'interno della casa), **házról** (lett. da sopra la casa, con riferimento al contatto con la superficie esterna della casa) e **háztól** (*da casa*, ma dall'esterno, senza contatto, in una relazione di adiacenza)? Sono tutte traduzioni approssimative, quelle che vi forniamo, poiché si tratta di sfumature che l'italiano tende a non cogliere o a non differenziare, ma che in ungherese hanno rilevanza estrema. Sarà la loro occorrenza a permettervi di coglierne le numerose sfaccettature.

3 I suffissi possessivi

Ogni promessa è debito: nella quinta nota della sesta lezione vi avevamo rassicurato che saremmo presto tornati sui suffissi possessivi. Eccovi la rassegna di due sostantivi che richiedono varianti diverse dello stesso suffisso, per ragioni di armonia vocalica: **könyv** e **ház**.

könyv-em, *(il) mio libro*	**ház-am**, *(la) mia casa*
könyv-ed, *(il) tuo libro*	**ház-ad**, *(la) tua casa*
könyv-e, *(il) suo libro*	**ház-a**, *(la) sua casa*
könyv-ünk, *(il) nostro libro*	**ház-unk**, *(la) nostra casa*
könyv-etek, *(il) vostro libro*	**ház-atok**, *(la) vostra casa*
könyv-ük, *(il) loro libro*	**ház-uk**, *(la) loro casa*

***

Ismétlő gyakorlat – Esercizio di ripasso

1 A bankban pénzt kérünk.
2 A turisták nem vizsgáznak.
3 Már a cukrászdában fájt a fogam.
4 Gyalog sétálok a hídon.
5 Délután négy órakor már nagyon éhes a magyartanár.
6 Mit csinálsz ma este? Ez magánügy.
7 Dolgoztam és fáradt vagyok.
8 Az orvos ma ideges.
9 Megállok az épület előtt.
10 Délelőtt a folyóhoz megyünk.

Traduzione

1 In banca chiediamo [del] denaro [contante]. **2** I turisti non danno esami. **3** Avevo mal di denti già in pasticceria. **4** Passeggio a piedi sul ponte. **5** Alle *(ore)* quattro [di] pomeriggio, il professore [di] ungherese ha già molta fame. **6** Che fai stasera? [Sono] affari miei. **7** Ho lavorato e sono stanco. **8** Oggi il dottore [è] nervoso. **9** [Mi] fermo davanti all'edificio. **10** [La] mattina andiamo al fiume.

***

Avete già fatto notevoli progressi nell'apprendimento della grammatica ungherese. Ad attendervi c'è ancora qualche altra sorpresina, ma siamo certi che sarà senz'altro di vostro gusto…

15

Tizenötödik lecke [tizɛnötödik lɛtskɛ]

Ma semmit nem találok

1 – **Drá**gám nem **tu**dod [1], hol van a **sze**müvegem?
2 – Nem **tu**dom. **Ta**lán **va**lahol az **új**ságok **mel**lett van.
3 – **Per**sze. **Kö**szönöm. **Mi**lyen **o**kos vagy!...
4   **Drá**gám, nem **tu**dod, hol van a **ma**i **új**ság?
5 – **Biz**tosan [2] az ágy **a**latt van.
6 – Nincs sem [3] az ágy **a**latt, sem az ágy **mö**gött.
7 – Nem **ér**tem, ma **sem**mit nem **ta**lálsz?
8 – Én sem **ér**tem, hogy **mi**ért **ke**resek ma **min**dent.
9 – Ott van az **új**ság is és a **sze**müveg is a **pol**con, az ágy **fe**lett. Nem **lá**tod?
10 – **Per**sze, hogy nem **lá**tom. **Sze**müveg **nél**kül nem **lá**tok. □

Pronuncia

mɑ **šɛm**mit nɛm **tɑ**lɑːlok 1 **drɑː**gɑːm nɛm **tu**dod hol vɑn ɑ sɛmüvɛgɛm 2 nɛm **tu**dom. **tɑ**lɑːn **vɑ**lɑhol ɑz **uː**jšɑːgok **mɛl**lɛtt vɑn 3 **pɛr**sɛ. **kö**sönöm. **mi**jɛn **o**koš vɑdj 4 **drɑː**gɑːm nɛm **tu**dod hol vɑn ɑ **mɑ**i **uː**jšɑːg 5 **biz**tošɑn ɑz **ɑː**dj ɑlɑtt vɑn 6 ninč šɛm ɑz **ɑː**dj ɑlɑtt šɛm ɑz **ɑː**dj **mö**gött 7 nɛm **ɛr**tɛm mɑ **šɛm**mit nɛm **tɑ**lɑːls 8 **eː**n šɛm **eː**rtɛm hodj **mi**ɛrt kɛrɛšɛk mɑ **min**dɛnt 9 ott vɑn ɑz **uː**jšɑːg iš **eː**š ɑ sɛmüvɛg iš ɑ **pol**tson ɑz **ɑː**dj fɛlɛtt. nɛm **lɑː**tod 10 **pɛr**sɛ hodj nɛm **lɑː**tom. sɛmüvɛg **neː**lkül nɛm **lɑː**tok

Note

1   Vi avevamo messi in guardia (nel par. 1.3 della settima lezione): in ungherese esistono due modelli di coniugazione! Dunque i verbi presentano una duplice forma, a seconda che nella frase in cui compaiono reggano un complemento oggetto "definito" (chiariremo in seguito cosa significa) oppure un complemento oggetto "indefinito". In questa lezione, per esempio, potete notare come la prima persona del verbo lát, vedere, si realizzi, in una stessa frase (frase 10), in due forme differenti, rispettivamente látok e látom. La forma látok compare all'in-

51 • ötvenegy [ötvɛnɛdj]

Quindicesima lezione

Oggi non trovo nulla

1 – Caro*(-mio)*, non *(lo-)*sai dove sono i miei occhiali *(dov'è l'occhiale-mio)*?
2 – Non lo so. Forse sono *(è)* da qualche parte vicino ai giornali.
3 – Certo. Grazie. Come sei intelligente…!
4 – Caro*(-mio)*, non *(lo-)*sai dov'è il giornale di oggi *(odierno)*?
5 – Sicuramente è sotto il letto.
6 – Non è né sotto il letto, né dietro il letto.
7 – Non capisco, oggi non trovi nulla?
8 – Neanch'io *(lo nemmeno)* capisco *(come)* perché oggi vado cercando *(cerco)* tutto.
9 – Sono *(È)* lì sia il giornale, sia gli occhiali *(il giornale anche e l'occhiale anche)*, **sullo scaffale, sopra il letto. Non li vedi?**
10 – Certo che non li vedo! Senza occhiali non [ci] vedo.

---

terno di una frase priva di complemento oggetto (*non ci vedo*); **látom** compare invece in una frase contenente un complemento oggetto "definito", anche se sottinteso (*non li vedo* = *non vedo gli occhiali*). In italiano, questa differenza si osserva grazie dall'impiego della forma clitica del pronome personale oggetto, che denota il concetto di "complemento oggetto definito": la dicotomia **látok/látom** corrisponde infatti a quella tra i nostri *ci vedo* e *lo/la/li/le vedo* (cfr. anche frasi 2, 4, 7, 8 e 10). Naturalmente riprenderemo questo discorso nella prossima lezione di ripasso (lezione 21).

2 Come avrete di certo notato, il suffisso **-n** aggiunto a un aggettivo lo rende un avverbio, proprio come si comporta il nostro suffisso *-mente*. **Pontos**, *puntuale, esatto* → **pontosan**, *puntualmente, esattamente* (lezione 9).

3 **is… is…**: *sia… sia…*
Sem… sem… è la negazione di **is… is…**, ovvero *né… né…* (cfr. anche frasi 8 e 9).

16 / Tizenhatodik lecke

1. gyakorlat – Fordítsa le
❶ Nem látom az ágyat. ❷ Ott van a szemüveg is és az újság is. ❸ Persze, hogy jól vagyok. ❹ Drágám, hova megyünk ma délelőtt? ❺ A polcon nincs semmi. ❻ Biztosan van pénzed.

***

2. gyakorlat – Egészítse ki
❶ [Ci] vedi senza occhiali?
..... szemüveg ......?

❷ Dov'è il giornale di oggi?
Hol ... a ... újság?

❸ Non trovano niente in camera.
Nem .... semmit a ....

❹ Non ci sono banche *(non-c'è banca)* né a sinistra, né a destra.
..... bank ... balra, sem ....

❺ Come [è] intelligente!
...... okos!

Tizenhatodik lecke *[tizɛnhatodik lɛtskɛ]*

Diszkóban

1 – **Mi**lyen jó ez a **ze**ne! És **mi**lyen jó **han**gja van az **é**nekesnek!
2 – A **ze**nekar is **ki**tűnő. Kár, hogy **sen**ki nem akar **tán**colni **ve**lem [1].

Pronuncia
disko:ban 1 **mi**jɛn jo: ɛz a **zɛ**nɛ! e:š **mi**jɛn jo: **han**gja van az **e:**nɛkɛšnɛk 2 a **zɛ**nɛkar iš **ki**tü:nö:. ka:r hodj **šɛn**ki nɛm akar **ta:**ntsolni **vɛ**lɛm

Note
[1] Il suffisso -val/-vel significa *con*. Se la parola alla quale si aggiunge termina in consonante, la -v di -val/-vel si assimila a essa, rendendola doppia.

Soluzioni dell'esercizio 1

❶ Non vedo il letto. ❷ Lì ci sono sia gli occhiali che il giornale. ❸ Certo che sto bene. ❹ Caro/a, dove andiamo stamattina? ❺ Sullo scaffale non c'è nulla. ❻ Sicuramente hai [dei] soldi.

***

❻ Non *(lo-)*so chi vuole dare l'esame.
   Nem ..... ki .... vizsgázni.

Soluzioni dell'esercizio 2

❶ Látsz – nélkül ❷ van – mai – ❸ – találnak – szobában ❹ Nincs – sem – jobbra ❺ Milyen – ❻ – tudom – akar –

Sedicesima lezione

In discoteca

1 – Che bella *(Come buona)* questa musica! E che bella *(come buona)* voce ha il cantante!
2 – Anche la band *(orchestra)* [è] fantastica *(eccellente)*. Peccato che nessuno voglia *(vuole)* ballare con me.

> Così, **mások**, *altri*: **mások + val → másokkal**, *con altri*; **Péter + vel → Péterrel**, *con Péter*. Molti suffissi ungheresi possono poi unirsi ai pronomi personali in questa simpatica combinazione: **vel-ünk**, *con noi*; **vel-e**, *con lui/lei* (cfr. anche frase 9). Come potete osservare, in questo caso il pronome personale italiano viene espresso, in ungherese, tramite il suffisso possessivo. State tranquilli, vi daremo ulteriori spiegazioni a riguardo; per il momento è sufficiente che iniziate a prendere confidenza con questo tipo di strutture, che chiameremo "possessive".

ötvennégy *[ötvεnne:dj]*

16 / Tizenhatodik lecke

3 – Ezek a **fi**úk **fél**nek a szép **lá**nyoktól.
4 – **Tu**dod, **Zsu**zsi, **ne**kem ² az a **ma**gas **bar**na **fi**ú **tet**szik.
5 – **Ne**ked is? És ez az **a**lacsony **sző**ke?
6 – Nem jól ³ **tán**col és **ros**szul **öl**tözik. **Ve**le nem akarok **meg**ismerkedni.
7 A **ma**gas **bar**na **fi**ú **kö**zeledik.
8 – **Szer**vusztok, **lá**nyok. **Mi**ért nem **tán**coltok?
9 – Mert a **fi**úk **má**sokkal ⁴ **szó**rakoznak és nem **ve**lünk.
10 – De **ne**kem ti **tet**szetek. Mi a **ne**vetek?
11 – Én **Zsu**zsi **va**gyok, ő **Á**gi. □

3 ɛzɛk a fiu:k fe:lnɛk a se:p la:ɲokto:l 4 tudod žuži nɛkɛm az a magaš barna fiu: tɛtsik 5 nɛkɛd iš? e:š ɛz az alačoɲ sö:kɛ 6 nɛm jo:l ta:ntsol e:š rossul öltözik. vɛlɛ nɛm akarok mɛgišmɛrkɛdni 7 a magaš barna fiu: közlɛdik 8 sɛrvustok la:ɲok. miɛ:rt nɛm ta:ntsoltok 9 mɛrt a fiu:k ma:šokkal so:rakoznak e:š nɛm vɛlünk 10 dɛ nɛkɛm ti tɛtsɛtɛk. mi a nɛvɛtɛk 11 e:n žuži vadjok ö: a:gi

***

1. gyakorlat – Fordítsa le

❶ Ez a zene tetszik nekem. ❷ Ki táncol jól? ❸ A fővárosban sokan szórakoznak. ❹ Egy szőke lánnyal vagyok a múzeumban. ❺ A turisták rosszul öltöznek. ❻ Most megismerkedünk az igazgatóval.

Sedicesima lezione / 16

3 – Questi ragazzi temono le belle ragazze.
4 – *(Lo-)*Sai, Zsuzsi, a me piace quel ragazzo alto, moro.
5 – Anche a te? E questo biondo, basso?
6 – Non balla bene e [si] veste male. Non lo voglio conoscere *(Con-lui non voglio fare-conoscenza)*.
7 Il ragazzo alto [e] moro [si] avvicina.
8 – Ciao, ragazze! Perché non ballate?
9 – Perché i ragazzi [si] divertono con altre e non con noi.
10 – Ma a me piacete voi. Come vi chiamate *(Cosa i nomi-vostri)*?
11 – Io sono Zsuzsi, lei [è] Ágy.

Note

2 Da **-nak/-nek** (suffisso che ha la funzione di complemento di termine) si ottengono **nek-em**, *a me*, **nek-ed**, *a te* ecc. (cfr. anche nota 1 e frasi 5 e 10).

3 La trasformazione di un aggettivo in avverbio (cfr. lezione 15, nota 3) avviene anche tramite il suffisso **-l**: **jó → jól**; **rossz → rosszul**.

4 L'assenza di genere può determinare ambiguità: in casi come questo sarà il contesto a fornire elementi interpretativi.

***

Soluzioni dell'esercizio 1

❶ Questa musica mi piace. ❷ Chi balla bene? ❸ Nella capitale si divertono in molti. ❹ Sono al museo con una ragazza bionda. ❺ I turisti si vestono male. ❻ Ora facciamo conoscenza con il direttore.

***

Per gli amanti della danza moderna segnaliamo il **Festival di Sziget**, *che si tiene sull'isola di Óbuda e che attira ogni anno migliaia e migliaia di turisti provenienti da tutto il mondo. Le danze tradizionali ungheresi (***csárdás***,* **palotás***,* **kállai kettős** *ecc.) sono tornate di moda grazie alle* **tánchaz**, *lett. sale da ballo, in realtà seminari di musica folk.*

ötvenhat *[ötvɛnhat]*

2. gyakorlat – Egészítse ki

❶ Questo ragazzo mi piace.
Ez a ………… nekem.

❷ Anche i bambini ballano bene.
A gyerekek …… táncol….

❸ Il nostro dentista [è] eccellente.
A ……… unk …….

❹ Con chi pranzate?
…… ebédel … (…)?

Tizenhetedik lecke [tizɛnhɛtɛdik lɛtskɛ]

Ibolya egy romantikus estéje

1 **Es**te van. A **Du**naparton **sé**tálunk **Ti**borral. ¹
2 **Le**megy a nap, **fel**jönnek a **csil**lagok, süt a hold.
3 **Néz**zük ² a **fo**lyó **vi**zét. **Min**den **csen**des.
4 – **Sze**retsz, **Ti**bor? Még **min**dig **sze**retsz? ³

Pronuncia
iboja ɛdj romantikuš ɛšte:jɛ 1 ɛštɛ van. a dunaparton še:ta:lunk tiborral 2 lɛmɛdj a nap fɛljönnɛk a čillagok šüt a hold 3 ne:zzük a fojo: vize:t. mindɛn čɛndɛš 4 sɛrɛts tibor? me:g mindig sɛrɛts

Note

1 Rileggete la nota 1 della lezione precedente.

2 Rileggete la nota 1 della lezione 15. Le due coniugazioni ungheresi hanno in serbo per voi ancora qualche piccola sorpresa. Sicuramente vi sarete accorti che in questa frase il complemento oggetto è "definito", poiché introdotto da un articolo determinativo. Ciò spiega la ragione per cui troviamo la forma **nézzük** in alternativa a **nézünk**: è la forma della **coniugazione oggettiva**. L'altra coniugazione, quella che già conosciamo e di cui abbiamo elencato le forme nella prima lezione di ripasso (lezione 7, paragrafo 1.3) è la **coniugazione soggettiva**.

❺ Quale *(cosa)* [è] il tuo nome?
   .. a .....?

❻ Come canta bene il cantante ungherese!
   ...... jól ...... a magyar ......!

Soluzioni dell'esercizio 2

❶ – fiú tetszik – ❷ – is jól – nak ❸ – fogorvos – kitűnő ❹ Kivel – nek (tek) ❺ Mi – neved ❻ Milyen – énekel – énekes

Diciassettesima lezione

Una serata romantica di Ibolya

1   È sera. [Io e] Tibor*(-con)* passeggiamo sulla riva del Danubio.
2   Il sole tramonta *(giù-va)*, sorgono *(su-vengono)* le stelle, la luna risplende.
3   Contempliamo *(Guardiamo)* l'acqua del fiume. Tutto tace *(silenzioso)*.
4 – [Mi] ami, Tibor? Mi ami ancora *(ancora sempre ami)*?

3   La frase interrogativa ungherese presenta due alternanze melodiche, a seconda che la domanda in questione sia chiusa o aperta, a seconda, cioè, che preveda una risposta del tipo "sì/no", oppure una risposta che contenga un elemento nuovo. In quest'ultimo caso, l'interrogativa inizia con un elemento specifico che ne costituisce il perno, ad esempio: **hol? hova? mit? miért?** ecc. Le due melodie possibili saranno quindi: **1) Ez a Holdfényszo**ná**ta?**, *È questa la* Sonata al chiaro di luna? (in cui l'accento è sulla penultima sillaba) e **2) Kit sze**retsz?, *Chi ami?*, con il regolare schema accentuale.

ötvennyolc *[ötvɛnnolts]*

17 / Tizenhetedik lecke

5 – **Sze**retlek, **I**bolya. **Per**sze, hogy **sze**retlek [4].
6 – **Én** is **na**gyon **sze**retlek. **Gye**re [5], **meg**csókollak.
7 **To**vább **sé**tálunk [6]. Egy **ká**véház **e**lőtt **meg**állunk. Szól [7] a **ze**ne.
8 A **ze**nekar a **Hold**fényszonátát **játs**sza.
9 **Mi**lyen **bol**dogok vagyunk és **mi**lyen szép az **é**let!
10 – **Gye**rünk, Tibor. **Ké**ső van. **Ha**zamegyünk.

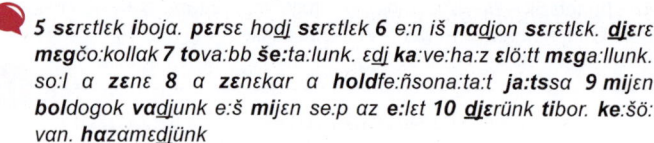

5 sɛrɛtlɛk iboja. pɛrsɛ hodj sɛrɛtlɛk 6 e:n iš nadjon sɛrɛtlɛk. djɛrɛ mɛgčo:kollak 7 tova:bb še:ta:lunk. ɛdj ka:ve:ha:z ɛlö:tt mɛga:llunk. so:l a zɛnɛ 8 a zɛnɛkar a holdfe:ñsona:ta:t ja:tssa 9 mijɛn boldogok vadjunk e:š mijɛn se:p az e:lɛt 10 djɛrünk tibor. ke:šö: van. hazamɛdjünk

Note

4 Se in una frase il soggetto è una prima persona singolare (*io*) e il complemento oggetto una seconda persona (singolare o plurale, quindi *tu* oppure *voi*), si ottiene una particolare costruzione per cui, alla radice del verbo, viene aggiunto il suffisso **-lak/-lek**. La differenza tra i nostri *amo* e *ti/vi amo* corrisponde perfettamente a quella tra **szeretek** e **szeretlek** (cfr. anche frase 6). Divertitevi ad applicare questa forma contratta a tutti i verbi che conoscete: **nézek**, *guardo*; **nézlek**, *ti/vi guardo* ecc.

5 Il verbo **jönni** forma l'imperativo a partire da una radice diversa da quella che appare all'indicativo: **gyer-**. Abbiamo dunque **gyere!**, **gyerünk!**, **gyertek!** Tuttavia, alla terza persona plurale, l'imperativo torna a utilizzare la radice **jön**, perciò avremo **jöjjenek!** Poiché in italiano l'imperativo è difettivo (non prevede, cioè, realizzazione per tutte le sei persone), questa forma si traduce con il cosiddetto congiuntivo "esortativo": *(che) vengano!* Simili "incidenti di percorso" capitano nello studio di qualsiasi lingua: si pensi al nostro verbo *andare*: *io vado*, ma *noi andremo* ecc.

***

1. gyakorlat – Fordítsa le

❶ Nincs késő, nem megyünk haza. ❷ Csendes este van. ❸ Még mindig sétálunk. ❹ Hol talállak hat órakor? ❺ Nézem a csillagokat. ❻ A Dunaparton várlak.

Diciassettesima lezione / 17

5 – Ti amo, Ibolya. Certo che ti amo.
6 – Anch'io ti amo tanto. Vieni, [che] ti bacio.
7   Continuiamo a passeggiare *(Oltre passeggiamo)*. **Ci fermiamo davanti a una caffetteria. Si sente della musica** *(suona la musica)*.
8   **L'orchestra esegue** *(gioca)* **la Sonata al chiaro di luna** *(luna-luce-sonata)*.
9   Come siamo felici e com'[è] bella la vita!
10 – Andiamo, Tibor! È tardi. Torniamo verso casa.

6 Spesso alla struttura ungherese del tipo: avverbio + verbo coniugato corrisponde quella italiana del tipo: verbo coniugato + verbo all'infinito: **tovább** (avverbio) **sétálunk** (verbo coniugato), *continuiamo* (verbo coniugato) *[a] passeggiare* (verbo all'infinito); **inkább** (avverbio) **hazamegyek**, (verbo coniugato), *preferisco* (verbo coniugato) *rientrare* (verbo all'infinito); **szívesen** (avverbio) **tanulok** (verbo coniugato), *mi piace* (verbo coniugato) *studiare* (verbo all'infinito) ecc.

7 **szól**, *dire*, *parlare*, ma anche *suonare*: **szól a telefon**, *suona il telefono*; **szól a rádió**, *la radio è accesa* (lett. suona la radio); **szól a zene**, *c'è della musica* (lett. suona la musica) ecc.

***

Soluzioni dell'esercizio 1
❶ Non è tardi, non andiamo a casa. ❷ È una serata tranquilla.
❸ Passeggiamo ancora *(sempre)*. ❹ Dove ti trovo alle *(ore)* sei?
❺ Guardo le stelle. ❻ Ti aspetto sulla riva del Danubio.

hatvan *[hatvan]* • 60

2. gyakorlat – Egészítse ki

❶ Oggi non ti vedo.
   Ma ... lát. ...

❷ La luna splende.
   Süt a .....

❸ Suona il telefono.
   .... a telefon.

❹ Andiamo (veniamo) [a] passeggiare!
   ...... sétálni.

Tizennyolcadik lecke [tizɛnñoltsadik lɛtskɛ]

Fogadás Budapesten

1 A **szál**lodában nagy **fo**gadás **kez**dődik.
2 **Fe**kete **a**utók **ér**keznek a **be**járat elé [1]. **Ele**gáns **u**rak és **höl**gyek **kö**zelednek.
3 Az **asz**talok **te**le [2] **van**nak **é**tellel, **i**tallal.
4 A **pin**cérek **pezs**gőt **hoz**nak [3]. **Hoz**zák a **ka**viárt is.
5 A **ma**gyar **mi**niszter **ke**zet fog egy **kül**földi **ven**déggel.
6 – **Ke**rekes **Gá**bor **va**gyok. Önt hogy **hív**ják?

Pronuncia

foɡadɑ:š budapɛštɛn **1** *a sa:lloda:ban nadj foɡada:š kɛzdö:dik* **2** *fɛkɛtɛ auto:k e:rkɛznɛk a bɛja:rat ɛlɛ:. ɛlɛga:nš urak e:š höldjɛk közɛlɛdnɛk* **3** *az astalok tɛlɛ vannak e:tɛllɛl itallal* **4** *a pintse:rɛk pɛžɡö:t hoznak. hozza:k a kavia:rt iš* **5** *a madjar minister kɛzɛt foɡ ɛdj külföldi vɛnde:ɡɡɛl* **6** *kɛrɛkɛš ɡa:bor vadjok. önt hodj hi:vja:k*

Note

[1] Rileggete il paragrafo 2 della lezione 14. Quanto detto per i suffissi, cioè che variano in funzione del tipo di azione che designano (un moto oppure uno stato), vale anche per le posposizioni: **elé**, *davanti a* (moto a luogo) vs **előtt**, *davanti a* (stato in luogo).

❺ Scendiamo al fiume.
   .. megyünk a folyó. . . .

❻ Non ti amo, ma ti bacio.
   Nem ...... lek, de meg. . . . .

Soluzioni dell'esercizio 2
❶ – nem – lak ❷ – hold ❸ Szól – ❹ Gyerünk – ❺ Le – hozù ❻ – szeret – csókollak

Diciottesima lezione

[Un] ricevimento a Budapest

1 In albergo sta iniziando *(inizia)* [un] grande ricevimento.
2 [Delle] auto nere arrivano davanti all'entrata. Eleganti signori e signore si avvicinano.
3 I tavoli sono pieni di viveri*(-con)* [e] bevande*(-con)*.
4 I camerieri portano [dello] spumante. Portano anche il caviale.
5 Il ministro ungherese stringe [la] mano a un ospite*(-con)* straniero.
6 – Sono Gábor Kerekes. Lei come si chiama *(come la-chiamano)*?

2 Troviamo **van** in presenza di aggettivi come **tele**, *pieno*; **zárva**, *chiuso*; **nyitva**, *aperto* ecc. La forma di questi aggettivi è invariabile: **tele** può significare sia *pieno/a* che *pieni/e*.

3 Il verbo **hoz**, *portare*, lo trovate qui prima nella sua forma soggettiva (**hoznak**) e poi in quella oggettiva (**hozzák**). La persona non cambia: è sempre la terza plurale (*portano*). A cambiare è il tipo di complemento oggetto: definito/indefinito.

hatvankettő *[hatvankεttö:]*

7 – Engem [4] Don Fernandeznek hívnak. Örülök, hogy találkozunk.
8 Miniszter úr, gyönyörű ez a város.
9 – Kedves Fernandez úr, köszönöm a bókot. Jól ismerem [5] az önök országát. Az is csodálatos.
10 A fogadásnak vége van. Az asztalok üresek. A vendégek a kijárat felé indulnak.
11 A magyar politikus és a spanyol vendég újra kezet fog.

7 ɛngɛm don fɛrnandɛznɛk hi:vnak. örülök hodj tala:lkozunk
8 ministɛr u:r djöñörü: ɛz a va:roš 9 kɛdvɛš fɛrnandɛz u:r kösönöm a bo:kot. jo:l išmɛrɛm az önök orsa:ga:t. az iš čoda:latoš 10 a fogada:šnak ve:gɛ van. az astalok ürɛšɛk. a vɛndɛ:gɛk a kija:rat fɛlɛ: indulnak 11 a madjar politikuš e:š a šañol vɛndɛ:g u:jra kɛzɛt fog

Note

4 I pronomi personali oggetto hanno, come per certi versi accade in italiano, una forma diversa dai pronomi personali soggetto: **engem**, *me*; **önt**, *lei* ecc. Ci ritorneremo nella prossima lezione di ripasso.

5 Le forme della coniugazione oggettiva sottintendono, per l'appunto, il complemento oggetto definito: **ismerem**, *lo conosco*.

***

1. gyakorlat – Fordítsa le

❶ A vizsga hétkor kezdődik. ❷ A hölgyek kezet fognak. ❸ Örülök, hogy hoztok kaviárt is. ❹ Jól ismerem a spanyol minisztereket. ❺ Ez a lány csodálatos szemüveg nélkül is. ❻ A férj és a felesége a kijárat felé indulnak.

Diciottesima lezione / 18

7 – **Io mi chiamo Don Fernandez** *(Me Don Fernandez-come chiamano).* **Lieto di incontrarla** *(Mi-rallegro, che ci-incontriamo).*
8 **Signor ministro, questa città [è] splendida.**
9 – **Caro signor Fernandez, grazie per il complimento** *(ringrazio il complimento).* **(Lo-)Conosco bene il vostro** *(Loro)* **paese. Anche quello [è] meraviglioso.**
10 **Il ricevimento termina** *(ha fine).* **I tavoli [sono] vuoti. Gli ospiti si dirigono** *(partono)* **verso l'uscita.**
11 **Il politico ungherese e l'ospite spagnolo si stringono** *(stringe)* **nuovamente [la] mano.**

***

Soluzioni dell'esercizio 1

❶ L'esame comincia alle sette. ❷ Le signore si stringono [la] mano. ❸ Sono felice che portiate *(portate)* anche [del] caviale. ❹ Conosco bene i ministri spagnoli. ❺ Questa ragazza [è] meravigliosa anche senza occhiali. ❻ *(Il)* marito e *(la)* moglie si dirigono verso l'uscita.

hatvannégy *[hatvanne:dj]* • 64

2. gyakorlat – Egészítse ki

❶ Il ragazzo si chiama János *(János-come lo-chiamano)*.
A fiút János… hív….

❷ [Dei] signori eleganti si incontrano al ricevimento*(-su)*.
Elegáns …. találkoznak a …….on.

❸ Le auto sono piene.
Az ….. tele ……..

❹ Chi [è che] sta arrivando *(arriva davanti)* all'entrata dell'albergo?
.. érkezik a …….. bejárata …?

Tizenkilencedik lecke *[tizɛnkilɛntsɛdik lɛtskɛ]*

Új lakásba költözünk

1 A **Ve**res **csa**lád új **há**romszobás [1] **la**kásba **köl**tözik.
2 Ma még **sem**mi nincs a **he**lyén, nagy **rend**etlenség van.
3 A **szü**lők **fel**hozzák a **könyv**espolcot az **ut**cáról, **be**viszik a **la**kásba, **le**teszik a **kony**hába, az **asz**tal **alá** [2].
4 A **zon**gorát **ki**hozzák a **für**dőszobából és **le**teszik a **kály**ha **mö**gé.

Pronuncia

u:j laka:šba költözünk 1 *a vɛrɛš čala:d u:j ha:romsoba:š laka:šba költözik* 2 *ma me:g šɛmmi ninč a hɛjɛ:n nadj rɛndɛtlɛnše:g van* 3 *a sülö:k fɛlhozza:k a könvɛšpoltsot az utsa:ro:l bɛvisik a laka:šba lɛtɛsik a koňha:ba az astal ala:* 4 *a zongora:t kihozza:k a fürdö:soba:bo:l e:š lɛtɛsik a ka:jha möge:*

Note

1 **háromszobás**: certamente sarete riusciti a scomporre in minimi termini questo parolone! **Három** *(tre)* + **szoba** *(stanza)* + **-s** (suffisso che forma un aggettivo a partire da un sostantivo) = *dotato di tre stanze*, dunque un *trilocale*.

❺ Non amo lo spumante ungherese.
   Nem .... a magyar ....

❻ Gli ospiti non vogliono avvicinarsi.
   A .... **nem akarnak** ....

Soluzioni dell'esercizio 2
❶ – nak – ják ❷ – urak – fogadás ❸ – autók – vannak ❹ Ki – szálloda – elé ❺ – szeretem – pezsgőt ❻ – vendégek – közeledni

Diciannovesima lezione

Ci trasferiamo in [un] nuovo appartamento

1 La famiglia Veres si trasferisce in [un] nuovo trilocale *(tre-stanza-di appartamento)*.
2 Oggi, niente è ancora al suo posto, c'è [un] gran disordine.
3 I genitori portano su dalla strada gli scaffali della libreria *(libro-di-scaffale)*, li portano dentro l'appartamento [e] li posano *(giù-lo-mettono)* in cucina, sotto al tavolo.
4 Il pianoforte lo fanno uscire *(fuori-lo-portano)* dal bagno e lo appoggiano *(giù-lo-mettono)* dietro alla stufa.

2 Rileggete il secondo paragrafo della quattordicesima lezione. La "tripartizione" locativa non riguarda esclusivamente i suffissi: anche le posposizioni **alá**, **mögé**, **mellé**, **fölé**, **közé** rispondono alla domanda *"verso dove?"* (moto a luogo), proprio come **alól** e **mellől** rispondono alla domanda *"da dove?"* (moto da luogo; cfr. anche frasi 4 e 9).

5 A **ké**peket **le**veszik a **fal**ról és **ki**viszik az **elő**szobába, az **ajtó mel**lé.

6 – A **fény**képeket az **ágy**unk **fö**lé **tes**szük, **mond**ja ³ a **ma**ma.

7 – A **sző**nyegeket **ki**hozzuk a **háló**szobából az **ablak alól** és **be**tesszük a **nap**pali **szo**bába, a **szek**rény **alá**, **mond**ja a **pa**pa.

8 – A **já**tékokat **be**hozzuk a **kony**hából a **gye**rekszobába, és **le**tesszük a **té**vé és a **rá**dió **kö**zé, **mond**ják a **gye**rekek.

9 A **kis**fiú ⁴ a **te**lefont az **író**asztal **mel**lé **te**szi, de a **kis**lány az **író**asztal **mel**lől az **elő**szobába **vi**szi a **tü**kör **alá**.

10 Az **apa le**viszi a **ré**gi **fo**teleket a **pin**cébe és az **anya fel**hozza az **új szé**keket **lif**ten a **lak**ásba. □

5 a ke:pɛkɛt lɛvɛsik a falro:l e:š kivisik az ɛlö:soba:ba az ajto: mɛlle: 6 a fe:ñke:pɛkɛt az a:djunk föle: tɛssük mondja a mama 7 a sö:ñɛgɛkɛt kihozzuk a ha:lo:soba:bo:l az ablak alo:l e:š bɛtɛssük a nappali soba:ba a sɛkre:ñ ala: mondja a papa 8 a ja:te:kokat bɛhozzuk a koñha:bo:l a djɛrɛksoba:ba e:š lɛtɛssük a te:ve: e:š a ra:dio: köze: mondja:k a djɛrɛkɛk 9 a kišfiu: a tɛlɛfont az i:ro:astal mɛlle: tɛsi dɛ a kišla:ñ az i:ro:astal mɛllö:l az ɛlö:soba:ba visi a tükör ala: 10 az apa lɛvisi a re:gi fotɛlɛkɛt a pintse:bɛ e:š az aña fɛlhozza az u:j se:kɛkɛt liftɛn a laka:šba

Note

3 *Mondja, mondják,* sono forme della coniugazione oggettiva (cfr. anche frasi 7 e 8). L'impiego di quest'ultima è obbligatorio quando il verbo *dire* introduce un discorso diretto.

***

1. gyakorlat – Fordítsa le

❶ Régi lakásba költözünk. ❷ Felhozod a foteleket az utcáról. ❸ A fényképeket levesszük a fürdőszoba faláról. ❹ A telefont a nappali szobába a szekrény mellé teszi. ❺ Kihozod a szőnyegeket az ágy alól? ❻ A szülők leteszik a zongorát a kályha és a rádió közé.

Diciannovesima lezione / 19

5 I quadri li tolgono *(giù-li-prendono)* dal muro e li mettono *(fuori-li-portano)* nell'ingresso, accanto alla porta.

6 – Le foto le appendiamo *(le-mettiamo)* [in alto] sopra il nostro letto, dice la mamma.

7 – I tappeti li tiriamo via *(fuori-li-portiamo)* da sotto la finestra della *(dalla)* camera da letto e li mettiamo in soggiorno, sotto l'armadio, dice il papà.

8 – I giocattoli li spostiamo *(dentro-li-portiamo)* dalla cucina in cameretta *(bambino-camera)*, *(e giù-li-mettiamo)* vicino alla tv e alla radio, dicono i bambini.

9 Il bambino *(piccolo-ragazzo)* mette il telefono vicino alla scrivania, ma la bambina *(piccola-ragazza)* da [lì] *(scrivania-vicino-da)* lo sposta *(lo-porta)* nell'ingresso, sotto lo specchio.

10 Il padre *(giù-le-)*porta in cantina le poltrone vecchie e la madre *(su-le-)*porta in ascensore le sedie nuove nell'appartamento.

4 **Kisfiú** e **kislány** contengono già lessicalmente il sesso d'appartenenza del bambino. **Gyerek** è invece la forma generica.

Soluzioni dell'esercizio 1

❶ Ci trasferiamo in [un] vecchio appartamento. ❷ *(Tu)* porti su le poltrone dalla strada. ❸ Le fotografie le togliamo *(giù-le-prendiamo)* dalla parete del bagno. ❹ Il telefono lo mette in soggiorno vicino all'armadio. ❺ Tiri fuori i tappeti da sotto il letto? ❻ I genitori *(giù-lo-)* mettono il pianoforte tra la stufa e la radio.

hatvannyolc [*hat*vannyolts]

2. gyakorlat – Egészítse ki

❶ Il bambino toglie i quadri dalla parete.
A ...... leveszi a .... a falról.

❷ I genitori *(giù-lo-)*portano gli scaffali *(scaffale)* della libreria in strada.
A szulök .... a könyvespolcot ....

❸ Oggi nel nostro appartamento c'è [un] gran disordine.
.. nagy .... van a ....

❹ Appoggiamo *(giù-lo-mettiamo)* il telefono sulla scrivania.
.... a telefont az ....

Huszadik lecke [husɑdik lɛtskɛ]

Uzsonna a nagymamánál

1 A **nagy**mama **vi**déken él egy kis **fa**luban.
2 **Ked**ves öreg **né**ni [1], **min**den **szom**széd **sze**reti őt [2].
3 Két **gye**reke és öt **u**nokája van [3]. **Min**den hét **vé**gén **meg**látogatják.
4 **Szom**bat van. **Dél**után **négy**kor **meg**érkeznek **au**tóval a **fi**atalok.

Pronuncia

*užonna a **nadj**mama:na:l **1** a **nadj**mama vide:kɛn e:l ɛdj kiš **fa**luban
2 kɛdvɛš öreg **ne**:ni mindɛn somse:d sɛrɛti ö:t **3** ke:t **djɛ**rɛkɛ e:š öt unoka:ja van. mindɛn he:t ve:ge:n mɛgla:togatja:k **4** sombat van. de:luta:n **ne:dj**kor mɛge:rkɛznɛk **au**to:val a **fi**atalok*

Note

1 **néni**, *zia*, designa tutte le donne di una certa età, così come il corrispettivo maschile **bácsi**, *zio*. Sono circa gli equivalenti dei nostri *signora* e *signore*, ma molto meno formali. Per i bambini ungheresi tantissimi signori e signore sono **bácsi** oppure **néni**... L'Ungheria è una grande famiglia!

❺ *(Giù-li-)*porti i giocattoli in cantina?
   Leviszed a .... a .... ?

❻ La sedia è vicino all'armadio.
   A .... a .... mellett .... .

Soluzioni dell'esercizio 2

❶ – kisfiú – képeket – ❷ – leviszik – az utcára ❸ Ma – rendetlenség – lakásunkban ❹ Letesszük – íróasztalra ❺ – játékokat – pincébe ❻ – szék – szekrény – van

Ventesima lezione

Merenda dalla nonna

1 La nonna vive in un piccolo villaggio di campagna*(-in)*.
2 [È una] cara vecchietta *(vecchia zia)*, tutti i vicini la amano *(ogni vicino ama lei)*.
3 Ha due figli *(bambini)* e cinque nipoti. Ogni fine settimana *(Ogni settimana fine-sua-su)* la vanno a trovare *(la-visitano)*.
4 È sabato. Alle quattro [di] pomeriggio i ragazzi *(giovani)* arrivano in macchina*(-con)*.

2 **őt**: rileggete la nota 4 della lezione 18. **Téged** (frase 10), **őt** e **titeket** significano rispettivamente *te*, *lui/lei* e *voi*: sono le forme toniche del pronome personale oggetto diretto. Vi sveleremo ulteriori dettagli nella prossima lezione!

3 Per la frase **két gyereke és öt unokája van**, cfr. lezione 7, paragrafo 1.5.

5 – Szervusz, **nagy**mama! **ki**áltják [4] **ne**ki **bol**dogan az **u**nokák.

6 – **Szer**vusztok, **gye**rekek. **Ö**rülök, hogy **lát**lak **ti**teket, **vá**laszolja **ne**kik a **né**ni.

7 – **Mi**kor **u**zsonnázunk? **kér**dezi az **e**gyik **u**noka. **Csi**nálsz **ne**künk **cso**koládé**tor**tát? **kér**dezi egy **má**sik.

8 – **Gye**rekek, nem **lát**játok, hogy **mi**lyen **fá**radt a **nagy**mama, **mond**ják a **szü**lők.

9 Az **u**zsonna ma is **na**gyon **fi**nom. A **ha**talmas **tor**ta **gyors**an **el**tűnik.

10 – **Na**gyi, mi úgy **sze**retünk **té**ged. A **jö**vő **hé**ten is **el**jövünk.

5 sɛrvus na__dj__mama! kia:ltja:k nɛki boldogan az unoka:k 6 sɛrvustok __dj__ɛrɛkɛk. örülök ho__dj__ la:tlak titɛkɛt va:lasolja nɛkik a ne:ni 7 mikor užonna:zunk? ke:rdɛzi az ɛ__dj__ik unoka. čina:ls nɛkünk čokola:de:torta:t? ke:rdɛzi ɛ__dj__ ma:šik 8 __dj__ɛrɛkɛk nɛm la:tja:tok ho__dj__ mijɛn fa:radt a na__dj__mama mondja:k a sülö:k 9 az užonna ma iš na__dj__on finom. a hatalmaš torta __dj__oršan ɛltü:nik 10 na__dj__i mi u:__dj__ sɛrɛtünk te:gɛd. a jövö: he:tɛn iš ɛljövünk

Note

4 Avete appena appreso (nota 3 della lezione 19) che il verbo che introduce un discorso diretto prende la coniugazione oggettiva. **Válaszolja**, *risponde*; **kérdezi**, *chiede* (cfr. frasi 6, 7 e 8) ecc.

***

1. gyakorlat – Fordítsa le

❶ Minden szomszéd szereti a tortámat. ❷ Örülök, hogy meglátogatjátok a nagypapát. ❸ Nem látjátok, hogy most ebédelek? ❹ A néni egy hatalmas házban él. ❺ Ma nem négykor uzsonnázom, hanem ötkor. ❻ Csinálsz nekem is tortát?

Ventesima lezione / 20

5 – Ciao, nonna! Esclamano *(Gridano a-lei)* gioiosamente i nipotini.
6 – Ciao, bambini. Sono felice di vedervi *(che vi-vedo voi)*, risponde loro la signora.
7 – Quando facciamo merenda *(merendiamo)*? domanda (l')uno [dei] nipoti. Ci fai [la] torta [al] cioccolato? domanda un altro.
8 – Bambini, non vedete *(che)* quanto *(come)* [è] stanca la nonna?, dicono i genitori.
9 La merenda anche oggi [è] squisita *(molto prelibata)*. L'enorme torta svanisce in un baleno *(rapidamente scompare)*.
10 – Nonnina, ti vogliamo così bene *(così amiamo te)*, noi! Verremo *(veniamo)* anche la settimana prossima!

***

Soluzioni dell'esercizio 1

❶ Tutti i vicini amano la mia torta. ❷ Sono felice che andiate a trovare *(visitate)* il nonno. ❸ Non vedete che ora sto pranzando *(pranzo)*? ❹ La signora *(zia)* vive in un'enorme casa. ❺ Oggi non faccio merenda alle quattro, ma alle cinque. ❻ Fai [una] torta anche per me?

2. gyakorlat – Egészítse ki

❶ I giovani arrivano in macchina *(-con)*.
   A .... jönnek.

❷ Siamo felici di vederVi *(3ª pers. plur. di cortesia)*.
   ...., hogy ...... önöket.

❸ Ciao nonnina, stai bene?
   .... nagyi, ... ?

❹ Anche oggi la cena [è] squisita.
   A .... ma is ....

Huszonegyedik lecke [huson*ɛ*dj*ɛ*dik l*ɛ*tsk*ɛ*]

Ismétlés – Ripasso

1 La coniugazione oggettiva

1.1 Le forme

È ora di cominciare a dare un senso logico a quello che avete intuito leggendo la nota 1 della lezione 15, la nota 2 della lezione 17 e le note 3 delle lezioni 18 e 19.

Dal momento che la coniugazione oggettiva di un verbo ha la funzione di metterne in rilievo il complemento oggetto, va da sé che si tratta di una coniugazione propria dei soli verbi transitivi. Questi ammettono dunque, in ungherese, una duplice variante che interessa il loro paradigma (coniugazione soggettiva VS coniugazione oggettiva). I verbi intransitivi, invece, possiedono la sola coniugazione soggettiva; non abbiamo visto, infatti, nessun paradigma oggettivo per verbi come **van** (*essere*), **megy** (*andare*), **jön** (*venire*) ecc. Ecco le forme della coniugazione oggettiva:

lát-om, *lo/la/li/le vedo*   **ismer-em**, *lo/la/li/le conosco*
lát-od, *lo/la/li/le vedi*   **ismer-ed**, *lo/la/li/le conosci*
lát-ja, *lo/la/li/le vede*   **ismer-i**, *lo/la/li/le conosce*
lát-juk, *lo/la/li/le vediamo*   **ismer-jük**, *lo/la/li/le conosciamo*
lát-játok, *lo/la/li/le vedete*   **ismer-itek**, *lo/la/li/le conoscete*
lát-ják, *lo/la/li/le vedono*   **ismer-ik**, *lo/la/li/le conoscono*

❺ Tutti i giorni vado a trovare *(visito)* mio nipote.
...... nap .... az ....

❻ Ai bambini piace *(Amano i bambini)* la torta [al] cioccolato?
.... a gyerekek a .... ?

Soluzioni dell'esercizio 2
❶ – fiatalok autóval – **❷** Örülünk – látjuk – **❸** Szervusz – jól vagy **❹** – vacsora – finom **❺** Minden – meglátogatom – unokámat **❻** Szeretik – csokoládétortát

Ventunesima lezione 21

Certo, le eccezioni sono sempre in agguato. I verbi che possiedono una radice che termina in **-s**, **-sz** o **-z** "assimilano" la **-j** delle desinenze "oggettive": **-ja**, **-juk/-jük**, **-játok**, **-ják**. Esempio: la prima persona plurale di **néz** è **nézzük**, non *nézjük.

1.2 Contesti d'uso

La coniugazione oggettiva contiene in sé, ovvero nella sua realizzazione morfo-fonologica, il complemento oggetto di terza persona, singolare o plurale, di un verbo (transitivo, come abbiamo detto). Finora sapevamo soltanto che questo complemento oggetto doveva essere "definito". Ma cosa si intende, esattamente, per "definitezza" del complemento oggetto? In ungherese, per esempio, un numerale non "definisce" il sostantivo che introduce: **három könyvet olvas**, *legge tre libri* (e non *három könyvet olvassa*). È invece "definito" un complemento oggetto introdotto da:
– un articolo determinativo: **látom a házat**, *vedo la casa*; **ismerem az orvost**, *conosco il medico*;
– un aggettivo dimostrativo: **olvasod ezt az újságot**, *leggi questo giornale*; **szereted azt a gyereket**, *ami quel bambino*.
– un suffisso possessivo: **kérem a szobámat**, *voglio la mia camera*; **keresed a feleségedet**, *cerchi tua moglie* ecc.;
Anche i nomi propri come **Pétert**, **Magyarországot** richiedono obbligatoriamente la coniugazione oggettiva: **látja Pétert**, *vede Péter*; **ismeri Magyarországot**, *conosce l'Ungheria*. Ce ne sarebbero ancora, ma per il momento fermiamoci qui.

hetvennégy *[hɛtvɛnneːdj]*

2 Le forme in *-lak/-lek*

Avevamo già accennato (nella nota 4 della lezione 17) al fatto che se, in una frase, il soggetto è una prima persona singolare e il complemento oggetto una seconda persona (singolare o plurale), il tutto viene sinteticamente espresso tramite il suffisso **-lak/-lek**. Se il soggetto è una persona diversa dalla prima, richiede l'uso della coniugazione soggettiva. Così **szeretlek** (**téged, titeket**), *ti/vi amo* (espressione che, ci auguriamo, formulerete o sentirete spesso), ma **szeretünk** (soggetto di prima persona plurale), *noi ti/vi amiamo*.

3 I pronomi personali oggetto

Come promesso (nella nota 4 della lezione 18 e nella nota 2 della lezione 20), approfondiamo anche questo argomento. Ecco l'elenco completo dei pronomi personali oggetto:

engem, *me*
téged, *te*
őt, *lui/lei*
önt, *Lei* (forma di cortesia)

minket, *noi*
titeket, *voi*
őket, *loro*
önöket, *Voi* (*Loro*, forma di cortesia)

***

▶ Ismétlő gyakorlat – Esercizio di ripasso

1. A nagymama nem találja a szemüvegét.
2. Érdekes a mai újság.
3. Az új lakásban táncolunk.
4. A könyvespolcok üresek.
5. Az unokák szeretik a játékokat.
6. Megismerkedünk a gyerekekkel.
7. A lakás ma nagyon csendes.
8. A fürdőszobában nincs szőnyeg.
9. Félek a minisztertől.
10. A fényképek a konyhában vannak.

4 Desinenze possessive in aggiunta ad altri suffissi

Per riprendere quanto detto nelle note 1 e 2 della lezione 16, ecco i paradigmi di due suffissi che prendono le desinenze "possessive", **-val/-vel** e **-nak/-nek**:

velem, *con me*
veled, *con te*
vele, *con lui/lei*
önnel, *con Lei*

velünk, *con noi*
veletek, *con voi*
velük, *con loro*
önökkel, *con Voi*

nekem, *a me*
neked, *a te*
neki, *a lui/lei*
önnek, *a Lei*

nekünk, *a noi*
nektek, *a voi*
nekik, *a loro*
önöknek, *a Voi*

Sarà nostra premura richiamare il più possibile la vostra attenzione sulle costruzioni più originali e interessanti dell'ungherese, facendovi riflettere sulla loro struttura (si tratta di una lingua estremamente logica!) ogniqualvolta ne incontreremo una.

***

Traduzione

1 La nonna non trova i suoi occhiali. **2** Il giornale di oggi [è] interessante. **3** Balliamo nel nuovo appartamento. **4** Gli scaffali della libreria sono vuoti. **5** I nipoti amano i giocattoli. **6** Facciamo conoscenza con i bambini. **7** Oggi l'appartamento è molto silenzioso. **8** In bagno non ci sono tappeti *(tappeto)*. **9** Ho paura del ministro. **10** Le fotografie sono in cucina.

Huszonkettedik lecke [husonkɛttɛdik lɛtskɛ]

Veszekedés a gyerekszobában

1. A kislányok ma nem akarnak iskolába menni és otthon játszanak.
2. – Az én babám [1] nagyon szép: fekete haja [2] és kék szeme van.
3. – Az enyém [3] okos, szőke haja és barna szeme van, de a tied csúnya és buta.
4. – A te babád beteg, telefonálni kell az orvosnak.
5. – Dehogy beteg, nagyon jól ebédelt [4]. A tied nem eszik semmit.
6. – Adok egy pofont neked, nem szeretlek.
7. – (Az egyik kislány megveri a másikat, aki sírni kezd. Bejönnek a szülők.)
8. – Mi van veled, Marika? Miért sírsz? Hát [5] nem tudtok szépen játszani?

Pronuncia

vɛsɛkɛdeːš a djɛrɛksoba:ban 1 a kišla:ñok ma nɛm akarnak iškola:ba mɛnni eːš otthon ja:tsanak 2 az eːn baba:m nadjon sɛ:p fɛkɛtɛ haja eːš keːk sɛmɛ van 3 az ɛñeːm okoš söːkɛ haja eːš barna sɛmɛ van dɛ a tiɛd ču:ña eːš buta 4 a tɛ baba:d bɛtɛg tɛlɛfona:lni kɛll az orvošnak 5 dɛhodj bɛtɛg nadjon jo:l ɛbeːdɛlt. a tiɛd nɛm ɛsik šɛmmit 6 adok ɛdj pofont nɛkɛd nɛm sɛrɛtlɛk 7 az ɛdjik kišla:ñ mɛgvɛri a ma:šikat aki šiːrni kɛzd. bɛjönnɛk a sülöːk 8 mi van vɛlɛd marika? mieːrt šiːrs? haːt nɛm tudtok sɛːpɛn ja:tsani

Note

[1] Per mettere in rilievo il possessore rispetto all'oggetto posseduto (es. *la mia bambola*), l'ungherese utilizza sia il suffisso possessivo (**-m, -d** ecc.) che marca ciò che è posseduto, sia il pronome personale soggetto che indica il possessore (**én, te** ecc., cfr. anche frasi 4 e 9).

Ventiduesima lezione

Disputa in cameretta

1 Le bambine oggi non vogliono andare a scuola e giocano a casa.
2 – La mia bambola [è] molto bella: ha i capelli neri e gli occhi azzurri.
3 – La mia [è] intelligente, ha i capelli biondi e gli occhi castani, invece *(ma)* la tua [è] brutta e stupida.
4 – La tua bambola [è] malata, bisogna telefonare al dottore.
5 – Macché malata, ha pranzato molto bene. La tua non mangia niente.
6 – Ti do uno schiaffo, non ti voglio bene.
7 – (Una delle bambine picchia l'altra, che comincia a piangere. Entrano i genitori).
8 – Che ti succede *(Cosa c'è con-te)*, Marika? Perché piangi? Ma non siete in grado di *(avete-saputo)* giocare in santa pace *(bellamente)*?

---

2 I nomi che indicano parti del corpo plurali, simmetriche o comunque non numerabili (braccia, mani, occhi, orecchie, capelli ecc.) sono sempre singolari (cfr. frase 3).

3 **enyém**, **tied** (*mio/a, tuo/a*) sono pronomi possessivi (cfr. anche frase 5).

4 Potete tirare un sospiro di sollievo: l'indicativo ungherese ha un solo passato! Si ottiene tramite l'aggiunta del suffisso **-t** al tema del verbo (cfr. anche frasi 9 e 10). Ne elencheremo il paradigma completo (coniugazioni soggettiva e oggettiva) nella prossima lezione di ripasso.

5 **hát** è un intercalare. Serve a conferire espressività all'enunciato, può quindi essere tradotto in vari modi a seconda del contesto.

hetvennyolc *[hɛtvɛɲolts]*

9 – Azt [5] **mond**ta **Ju**lika, hogy a **ba**bám **be**teg.
10 – **Gye**rekek, nem **ér**tem, hogy **mi**ért **ve**szekedtek. **E**zek **drá**ga **ba**bák, **Je**nő **bá**csi **küld**te őket **Flo**ridából. [6]

*9 azt **mond**ta julika hodj a **ba**ba:m **bɛ**tɛg 10 **djɛ**rɛkɛk nɛm **e:**rtɛm hodj **mie:**rt vɛsɛkɛdtɛk. ɛzɛk **dra:**ga **ba**ba:k jɛnö: **ba:**či **küld**tɛ ö:kɛt **flo**rida:bo:l*

Note

5 Le subordinate sono spesso introdotte da un elemento "anticipatorio" già presente nella proposizione principale, che può essere, come in questo caso, un pronome dimostrativo (**azt**). Questo "antecedente" spesso non si traduce in italiano, perché ridondante. Potrebbe sembrarvi una soluzione dispendiosa, ma a beneficiarne è la sintassi ungherese, che attraverso questo espediente migliora la coerenza del periodo stesso, facilitandone la comprensione.

***

1. gyakorlat – Fordítsa le

❶ A beteg megveri az orvost. ❷ Telefonálni kell a szülőknek. ❸ Nem tudod, hogy miért veszekedünk? ❹ Nem akarok Julikának pofont adni. ❺ Nem szeretem Floridát, mert nagyon messze van. ❻ Gyerekek, akartok iskolába menni?

***

2. gyakorlat – Egészítse ki

❶ Ho pranzato con la mia bambola.
A .... ebédeltem.

❷ Uno [dei due] bambini [è] intelligente, l'altro [è] stupido.
Az egyik ...., a másik ..... .

❸ [Lo] zio Jenő non [è] biondo nella fotografia.
Jenő ..... nem ..... a ....

❹ Chi ha mandato la bambina dal dottore?
.. küldte .... az .... ?

Ventiduesima lezione / 22

9 – *(Questo)* Julika ha detto che la mia bambola [è] malata.
10 – Bambine *(bambini)*, non capisco *(che)* perché litigate. [Sono] bambole costose, queste, [ce] le ha mandate [lo] zio Jenő dalla Florida.

GYEREKEK, AKARTOK ISKOLÁBA MENNI?

6 Oltre allo zio Jenő, circa cinque milioni di ungheresi vivono all'estero. Particolarmente importante è la presenza magiara negli Stati Uniti.

***

Soluzioni dell'esercizio 1

❶ Il paziente picchia il medico. ❷ Bisogna telefonare ai genitori. ❸ Non sai *(che)* perché litighiamo? ❹ Non voglio schiaffeggiare *(schiaffo dare)* Julika*(-a)*. ❺ Non amo [la] Florida perché è molto lontana. ❻ Bambini, volete andare a scuola?

***

❺ Un ministro piange dentro un'auto nera.
.... sír egy ...... autóban.

❻ I bambini piangono perché la nonna non ha fatto [la] torta [al] cioccolato.
A gyerekek .... a nagymama ... csinált ....

Soluzioni dell'esercizio 2
❶ – babámmal – ❷ – gyerek okos – buta ❸ – bácsi – szőke – fényképen ❹ Ki – kislányt – orvoshoz ❺ Egy miniszter – fekete – ❻ – sírnak mert – nem – csokoládétortát

Huszonharmadik lecke [husonharmadik lɛtskɛ]

Ki gazdag?

1 – **Tu**dod, mi **na**gyon **gaz**dagok **va**gyunk.
2 Van **nek**ünk **ház**unk [1], **nya**ralónk, **au**tónk és **na**gyon sok **pénz**ünk.
3 **Min**den **év**ben **kül**földre **u**tazunk.
4 **E**gyik **év**ben a **ten**gerparton **pi**henünk, a **má**sik **év**ben a **he**gyekben.
5 De ti **sze**gények **va**gytok, **nek**tek nincs **sem**mitek, - **mond**ja az **e**gyik **gye**rek.
6 – Na és? - **fe**leli a **má**sik. Az én **a**nyukám **min**dig szép volt [2] és most is **gyöny**örű.
7 Az én **a**pukám **na**gyon **so**kat **ta**nult és **min**dent tud.
8 **Nek**ünk nincs **szük**ségünk [3] **pénz**re, mi így is jól **é**lünk.

Pronuncia

ki gazdag 1 tudod mi nadjon gazdagok vadjunk 2 van nɛkünk ha:zunk ñaralo:nk auto:nk e:š nadjon šok pe:nzünk 3 mindɛn e:vbɛn külföldrɛ utazunk 4 ɛdjik e:vbɛn a tɛngɛrparton pihɛnünk a ma:šik e:vbɛn a hɛdjɛkbɛn 5 dɛ ti sɛge:ñɛk vadjtok nɛktɛk ninč šɛmmitɛk mondja az ɛdjik djɛrɛk 6 na e:š? fɛlɛli a ma:šik. az e:n añuka:m mindig se:p volt e:š mošt iš djönörü: 7 az e:n apuka:m nadjon šokat tanult e:š mindɛnt tud 8 nekünk ninč sükše:günk pe:nzrɛ mi i:dj iš jo:l e:lünk

Note

1 Cfr. lezione 6, note 4 e 5; lezione 12 e lezione 21 paragrafo 4. In ungherese la costruzione di possesso, come abbiamo già visto, segue questa struttura: c'è/non c'è + sostantivo + suffisso possessivo. Per porre in rilievo il possessore, qualora ce ne fosse il bisogno, occorre identificarlo

Ventitreesima lezione

Chi [è] ricco?

1 – Sai, noi siamo molto ricchi.
2   Abbiamo [una] casa, [una] seconda casa, [una] macchina e moltissimi soldi.
3   Ogni anno andiamo *(viaggiamo)* all'estero.
4   Un anno*(-in)* ci riposiamo in riva al mare, un altro *(anno-in)* in montagna *(i monti-in)*.
5   Voi invece siete poveri, voi non avete niente, dice un bambino.
6 – E allora? – risponde l'altro. La mia mamma *(mammina)* è sempre stata bella e anche ora [è] splendida.
7   Il mio papà *(papino)* ha studiato tantissimo e sa tutto.
8   Noi non abbiamo bisogno di soldi, *(noi)* viviamo bene anche così.

per mezzo del pronome personale dativo (suffisso **-nak/-nek**), a sua volta marcato dai suffissi possessivi: **nekem**, **neked** ecc. Esempi: **van házam**, *ho una casa*; **nekem van házam**, *io ho una casa* (cfr. anche frasi 5 e 8).

2 **volt** (3ª persona singolare) è il passato di **van**. Avrete sicuramente notato la **-t**, il suffisso del passato, sia in **volt** che in **tanult** (cfr. anche frase 7).

3 Memorizzate bene questa struttura: **van szüksége + ...-ra/-re** = *avere bisogno di…*

9 Mi nem **u**tazunk más **o**rszágba, de **so**kat me**s**élnek [4] **nek**ünk [5].
10 Mi is **sz**épek és **o**kosak **a**karunk **len**ni.

*9 mi nɛm **u**tazunk ma:š **o**rsa:gba dɛ **šo**kat mɛše:lnɛk **nɛk**ünk 10 mi iš **se**:pɛk e:š **o**košak **a**karunk **lɛn**ni*

Note

4 **mesélnek**, *raccontano*. La terza persona plurale di un verbo ha anche valore impersonale.

5 In questa frase **nekünk** non fa parte di una costruzione di possesso: la sua funzione sintattica è unicamente quella di complemento di termine (cfr. lezione 21, paragrafo 4).

***

1. gyakorlat – Fordítsa le

❶ A gazdagok a tengerparton pihennek. ❷ Nem volt szükséged pénzre? ❸ Gyönyörű a nyaralótok. ❹ Jenő bácsi külföldön tanult. ❺ A hegyekben nem vagyok ideges. ❻ Nekünk nincs autónk és nem is akarunk.

***

2. gyakorlat – Egészítse ki

❶ Mia mamma *(la mammina-mia)* mi ha mandato un assegno.
 . . . . küldött . . . . . egy . . . .

❷ Chi ha bisogno di un dentista?
 Kinek . . . . egy . . . . ?

❸ Ogni anno torno a casa.
 Minden . . . .

❹ Non ho studiato molto, ma non ho paura dell'esame.
 Nem . . . . . tanultam, de . . . . a vizsgától.

9 Noi non andiamo *(viaggiamo)* in altri paesi, però a noi raccontano un sacco di cose *(molto)*.
10 Anche noi vogliamo essere belli e intelligenti.

***

Soluzioni dell'esercizio 1
❶ I ricchi riposano in riva al mare. ❷ Non ti servivano soldi? ❸ La vostra seconda casa [è] splendida. ❹ [Lo] zio Jenő ha studiato all'estero. ❺ In montagna non sono nervoso/a. ❻ Noi non abbiamo la macchina e nemmeno [la] vogliamo.

***

❺ La famiglia va *(viaggia)* all'estero.
A család .... utazik.

❻ Noi non abbiamo nulla.
...... nincs ....

Soluzioni dell'esercizio 2
❶ Az anyukám – nekem – csekket ❷ – van szüksége – fogorvosra ❸ – évben hazamegyek ❹ – sokat – nem félek ❺ – külföldre – ❻ Nekünk – semmink

Huszonnegyedik lecke [husonnɛdjɛdik lɛtskɛ]

Egy este az Operában

1 – Na, **mi**lyen [1] volt az **el**őadás? **Tet**szett **nek**ed az új **o**pera?
2 – **Na**gyon szép volt az **es**te, sok [2] **ba**rátnőmmel ta**lál**koztam [3].
3 Ott volt **Gi**zi. **Teg**nap **ka**pott egy új **ka**bátot a **fér**jétől.
4 **Lát**tam **Ol**gát is, a **fe**kete **ru**hája **na**gyon **e**legáns.
5 **Ger**gelyék **ké**sőn **ér**keztek és most is **na**gyon **ros**szul **öl**töznek.
6 A kis **Jo**li a **kül**földi **ba**rátjával jött. Elég **szim**patikus a **pa**sas.
7 **Nek**em **e**gész **es**te fájt a **lá**bam [4], mert a **pi**ros **ci**pőm **na**gyon szűk.
8 A **ze**nekarban **csi**nos **fér**fiak **ját**szottak, az egyik **tel**jesen **ko**pasz.

Pronuncia

ɛdj **ɛš**tɛ az o**pɛ**raːban **1** na **mi**jɛn volt az **ɛ**löːadaːš? **tɛt**sɛtt **nɛk**ɛd az uːj **o**pɛra **2** **na**djon seːp volt az **ɛš**tɛ šok **ba**raːtnöːmmɛl ta**la**ːlkoztam **3** ott volt **gi**zi. **tɛg**nap **ka**pott ɛdj uːj **ka**baːtot a **fɛː**rjɛtöːl **4** **la**ːttam **ol**gaːt iš a **fɛ**kɛtɛ **ru**haːja **na**djon **ɛ**lɛgaːnš **5** **gɛr**gɛjeːk **kɛ**šöːn **ɛː**rkɛztɛk eːš mošt iš **na**djon **ro**ššul **öl**töznɛk **6** a kiš **jo**li a **kül**földi **ba**raːtjaval jött. **ɛ**lɛːg **šim**patikuš a **pa**šaš **7** **nɛk**ɛm **ɛ**gɛːs **ɛš**tɛ faːjt a **la**ːbam mɛrt a **pi**roš **tsi**pöːm **na**djon suːk **8** a **zɛ**nɛkarban činoš **fɛː**rfiak **ja**ːtsottak az **ɛ**djik **tɛ**jɛšɛn **ko**paš

Note

1 **milyen** può significare *come* in frasi quali **Milyen szép a város!**, *Com'è bella la città!*, **Milyen a város?**, *Com'è la città?* ma anche *che/che tipo di...?* in frasi come **Milyen városban lakik?**, *In che tipo di città vivi?* La

Ventiquattresima lezione

Una serata all'Opera

1 – Allora, com'era lo spettacolo? A te è piaciuta la nuova opera [lirica]?
2 – La serata è stata molto bella, ho incontrato tante mie amiche.
3 *(Là)* c'era Gizi. Ieri il marito le ha regalato un **cappotto nuovo** *(ha-ricevuto un nuovo cappotto il marito-suo-da).*
4 Ho visto anche Olga, il suo vestito nero [era] molto elegante.
5 I Gergely sono arrivati in ritardo e si vestono ancora malissimo.
6 La piccola Joli è venuta con il suo amico straniero. [È] abbastanza simpatico, il tipo.
7 A me tutta [la] sera hanno fatto male i piedi, perché le scarpe*(-mie)* rosse [mi stavano] molto strette.
8 Nell'orchestra c'erano *(suonavano)* dei bei ragazzi *(carini uomini)*, uno [di loro era] completamente calvo.

---

risposta deve però essere di tipo qualitativo (**szép városban lakom**, *abito in una bella città*) e non di tipo identificativo (**Budapesten lakom**, *abito a Budapest*).

2 Dopo **sok**, al pari degli altri quantificatori, i sostantivi vanno al singolare.

3 Il verbo **találkozik**, *incontrare*, regge il suffisso **-val/-vel**.

4 Come già sapete, il verbo **fáj** significa *dolere, fare male*. Il "dolorante" prende il suffisso **-nak/-nek**, mentre la parte del corpo che fa male è marcata dal suffisso possessivo: **Jánosnak fáj a feje**, lett. János-a duole la testa-sua, *János ha mal di testa*.

24 / Huszonnegyedik lecke

9 – Na [5] de, drágám, az operáról nem akarsz beszélni?
10 – Tudod jól, hogy soha nem szerettem az operát. □

9 nɑ dɛ drɑːgɑːm ɑz opɛrɑːroːl nɛm ɑkɑrs bɛseːlni 10 tudod joːl hodj šohɑ nɛm sɛrɛttɛm ɑz opɛrɑːt

Note
5 Anche **na** è un intercalare (cfr. lezione 21, paragrafo 5).

***

1. gyakorlat – Fordítsa le
❶ A barátom teljesen kopasz. ❷ Na de drágám, mindig későn érkezel! ❸ Ilonának soha nem fáj a feje. ❹ Szűk az új kabátod. ❺ Láttad a mai újságot? ❻ Tudom jól, hogy este fáradt.

***

2. gyakorlat – Egészítse ki
❶ Il nuovo spettacolo ti è piaciuto.
   Az .... tetszett ....

❷ Stamattina non voglio parlare di mio papà.
   .... nem ...... beszélni az ....

❸ Hai bisogno di un vestito elegante?
   ... szükséged ... elegáns ......?

❹ Tutti gli anni mi fanno male le gambe/i piedi.
   ...... évben ... a ....

❺ Ieri mi hanno raccontato un sacco di cose *(molto)*.
   Tegnap .... nekem.

❻ [Il] marito di Joli [è] molto simpatico.
   Joli .... szimpatikus.

Ventiquattresima lezione / 24

9 – Ma allora, cara*(-mia)*, dell'opera non [me ne] vuoi [proprio] parlare?
10 – Lo sai bene che non mi sono mai piaciute *(mai non ho-amato l'opera)*.

***

Soluzioni dell'esercizio 1

❶ Il mio amico [è] completamente calvo. ❷ Ma allora, cara, arrivi sempre in ritardo! ❸ Ilona non ha mai mal di testa. ❹ Il tuo cappotto nuovo [è] stretto. ❺ Hai visto il giornale di oggi? ❻ Lo so bene che [la] sera [è] stanco/a.

***

Soluzioni dell'esercizio 2

❶ – új előadás – neked ❷ Ma reggel – akarok – apukámról ❸ Van – egy – ruhára ❹ Minden – fáj – lábam ❺ – sokat meséltek – ❻ – férje nagyon –

25

Huszonötödik lecke [husonötödik lɛtskɛ]

Ki látta a balesetet?

1 **Bal**eset **tör**tént ma **dél**után **f**él **négy**kor [1] **Bu**dapesten, a **Rá**kóczi **ú**ton.
2 Az **em**berek, akik a **kör**nyéken **sé**táltak, **rög**tön **ren**dőrt **hív**tak [2].
3 – Ki **lát**ta a **bal**esetet? **kér**dezi a **ren**dőr a **já**rókelőktől [3].
4 Egy **ma**gas **fér**fi odamegy [4] a **ren**dőrhöz és **el**meséli, hogy mit **lá**tott.
5 – A zöld **ko**csi **ki**jött a **ga**rázsból, **be**fordult **job**bra és **meg**állt a **lám**pánál.
6 **U**tána **gyor**san **el**indult és **el**ütötte a **sze**gény **bá**csit.
7 A **ren**dőr a zöld **ko**csi **ve**zetőjéhez **for**dul és **meg**kérdezi **tő**le, hogy mi **tör**tént.

Pronuncia
ki la:tta a balɛšɛtɛt 1 balɛšɛt törte:nt ma de:luta:n fe:l ne:djkor budapɛštɛn a ra:ko:tsi u:ton 2 az ɛmbɛrɛk akik a körñe:kɛn še:ta:ltak rögtön rɛndö:rt hi:vtak 3 ki la:tta a balɛšɛtɛt? ke:rdɛzi a rɛndö:r a ja:ro:kɛlö:ktö:l 4 ɛdj magaš fe:rfi odamɛdj a rɛndö:rhöz e:š ɛlmɛše:li hodj mit la:tott 5 a zöld koči kijött a gara:žbo:l bɛfordult jobbra e:š mɛga:llt a la:mpa:na:l 6 uta:na djoršan ɛlindult e:š ɛlütöttɛ a sɛgɛ:ñ ba:čit 7 a rɛndö:r a zöld koči vɛzɛtö:je:hɛz fordul e:š mɛgkɛ:rdɛzi tö:lɛ hodj mi törte:nt

Note
1 Conoscete già l'espressione dell'ora: **egy órakor**, *all'una* ecc. Tuttavia, nella vita non tutto accade alle ore tonde. *Alle tre e mezza* si dice "mezza alle quattro". Come vedete, l'ungherese guarda al futuro!

Venticinquesima lezione

Chi ha visto l'incidente?

1 È avvenuto [un] incidente questa *(oggi)* mattina alle tre e mezza *(mezza quattro-a)* a Budapest, in viale*(-su)* Rákóczi.
2 Le persone che si trovavano *(passeggiavano)* nei dintorni hanno immediatamente chiamato la polizia *(poliziotto)*.
3 – Chi ha visto l'incidente? Chiede il poliziotto ai passanti.
4 Un signore *(uomo)* alto si dirige verso il poliziotto e [gli] racconta *(che)* cosa ha visto.
5 – La macchina verde è uscita dal garage, ha girato a destra e si è fermata al semaforo.
6 Poi è partita a razzo *(velocemente)* e ha investito il povero signore *(zio)*.
7 Il poliziotto si gira verso il conducente dell'auto verde e gli domanda *(che)* cosa è accaduto.

---

2 L'assenza dell'articolo determinativo in **rendőrt hívtak** non dovrebbe sorprendervi più di tanto, se pensiamo che anche in italiano vi sono espressioni cristallizzate come *prendere moglie*.

3 **Kérdezi a járókelőktől. Odamegy a rendőrhöz. A kocsi vezetőjéhez fordul.** Come avrete notato, ci sono verbi che reggono suffissi specifici. Negli esempi, il primo richiede l'uso di **-tól/-től**, il secondo e il terzo richiedono invece il suffisso **-hoz/-hez/-höz** (cfr. anche frasi 3, 4 e 7).

4 **Odamegy, elmeséli, elütötte, továbbmentem** sono verbi composti, i cui rispettivi prefissi sono **oda-, el-, tovább-** (cfr. anche frase 9).

25 / Huszonötödik lecke

8 – Nem a **ga**rázsból **jöt**tem ki [5], **ha**nem **bal**ról **ér**keztem.
9 Nem **for**dultam be **job**bra, **ha**nem **e**gyenesen **men**tem **to**vább és **sem**mit nem **lát**tam.
10 Nem én **üt**öttem el a **bá**csit, **ha**nem egy **szür**ke **au**tó, **a**melyik [6] **rög**tön **to**vábbment.

8 nɛm a gara:žbo:l jöttɛm ki hanɛm balro:l e:rkɛztɛm 9 nɛm fordultam bɛ jobbra hanɛm ɛdjɛnɛšɛn mɛntɛm tova:bb e:š šɛmmit nɛm la:ttam 10 nɛm e:n ütöttɛm ɛl a ba:čit hanɛm ɛdj šürkɛ auto: amɛjik rögtön tova:bbmɛnt

Note

5 Sfortunatamente, l'impiego dei prefissi verbali non sempre è indolore. In questa frase, per esempio, trovate il prefisso <u>dopo</u> il verbo e per giunta separato da quest'ultimo. Perché? La ragione risiede nel fatto che si

***

1. gyakorlat – Fordítsa le

❶ Nem a kocsi fordult be jobbra. ❷ Megálltunk a lámpánál. ❸ Én ütöttem el a nénit. ❹ A magas férfi továbbment. ❺ A rendőr semmit nem látott. ❻ Valahol történt egy baleset.

***

2. gyakorlat – Egészítse ki

❶ La macchina grigia ha investito il poliziotto.
   A .... elütötte a ....

❷ Anch'io ho visto l'incidente.
   .... láttam a ....

❸ Partiamo alle sei e mezza.
   .... elindulunk.

❹ I passanti si sono fermati davanti al garage.
   A .... megálltak a ...... előtt.

kilencvenegy *[kilɛntsvɛnɛdj]*

Venticinquesima lezione / 25

8 – Non stavo uscendo dal garage, ma arrivavo da sinistra.
9 Non ho girato a destra, ma stavo proseguendo diritto e non ho visto nulla.
10 Non ho investito io il signore, ma [è stata] un'auto grigia, che non si è fermata *(immediatamente ha-proseguito)*.

desidera porre in rilievo un particolare elemento del discorso, ma di questo ci occuperemo più avanti (cfr. anche frasi 9 e 10).

6 **amelyik** è un pronome relativo che si riferisce solamente agli oggetti, il cui corrispondente per le persone è **aki**. Si tratta della stessa differenza tra i pronomi relativi inglesi *which* e *who*.

***

Soluzioni dell'esercizio 1

❶ Non è stata la macchina a girare a destra. ❷ Ci siamo fermati al semaforo. ❸ Ho investito io la signora. ❹ L'uomo alto è andato avanti. ❺ Il poliziotto non ha visto nulla. ❻ Da qualche parte è avvenuto un incidente.

***

❺ *(Tu)* Giri velocemente a sinistra.
.... befordulsz ......

❻ La mia amica racconta l'opera che le è piaciuta.
A barátnőm .... az operát .... neki ....

Soluzioni dell'esercizio 2

❶ – szürke autó – rendőrt ❷ Én is – balesetet ❸ Fél hétkor – ❹ – járókelők – garázs – ❺ Gyorsan – balra ❻ – elmeséli – amelyik – tetszett

26 / Huszonhatodik lecke

26
Huszonhatodik lecke [husonhatodik lɛtskɛ]

Adjon enni a macskáknak!

1 A **szom**szédom **ked**ves, **szer**ény **em**ber. **Nem**rég **el**utazott **vi**dékre, **ro**konokhoz.
2 **El**utazás ¹ **el**őtt **be**jött **hoz**zám és a **követ**kezőket **mond**ta **nek**em:
3 – **Vi**gyázzon ² a **la**kásomra, **a**míg **vi**déken **va**gyok.
4 **Te**lefonáljon **nek**em, ha **ba**j van.
5 A **le**veleket és az **új**ságokat **hagy**ja az **elő**szobában!
6 **Min**den nap ³ **két**szer **ön**tözze a **vi**rágokat.

 Pronuncia

adjon ɛnni a mačka:knak 1 a somse:dom kɛdvɛš sɛre:ñ ɛmbɛr. nɛmre:g ɛlutazott vide:krɛ rokonokhoz 2 ɛlutaza:š ɛlö:tt bejött hozza:m e:š a követkɛző:kɛt mondta nɛkɛm 3 vidjazzon a laka:šomra ami:g vide:kɛn vadjok 4 tɛlɛfona:ljon nɛkɛm ha baj van 5 a lɛvɛlɛkɛt e:š az u:jša:gokat hadjja az ɛlö:soba:ban 6 mindɛn nap ke:tsɛr öntözzɛ a vira:gokat

 Note

1 In ungherese va molto forte la derivazione, un processo linguistico per cui una certa categoria grammaticale si trasforma in un'altra tramite l'aggiunta di prefissi o di suffissi. Tutti i verbi possono trasformarsi in sostantivi con l'aiuto del suffisso **-ás/-és**, che si aggiunge alla radice: **elutazik → elutazás**.

Ventiseiesima lezione

Dia [da] mangiare ai gatti!

1. Il mio vicino [è una] persona gentile [e] modesta. Non molto tempo fa è stato *(ha-viaggiato)* dai parenti, in campagna.
2. Prima [della] partenza è venuto *(è-entrato)* da me e mi ha detto quanto segue *(le seguenti)*:
3. – Controlli *(Badi)* il mio appartamento, mentre sono in campagna.
4. Mi telefoni, se c'è [qualche] problema.
5. La posta *(Le lettere)* e i giornali li lasci nell'ingresso.
6. Innaffi i fiori due volte al *(ogni)* giorno.

---

2 L'imperativo si ottiene per mezzo del suffisso **-j**, che si colloca dopo il tema del verbo, prima della flessione: **beszélek**, *parlo*; **beszéljek**, *(che) io parli!* Come potete notare, quello che abbiamo appena usato nella nostra traduzione è un congiuntivo; questo perché, in italiano, l'imperativo è un modo difettivo (si realizza soltanto nella seconda persona singolare e plurale). Possiamo dunque affermare che l'imperativo ungherese potrà essere tradotto in italiano a volte con l'imperativo e altre volte con il congiuntivo. In alcuni casi, sui quali torneremo nella lezione di ripasso, la **-j-** dell'imperativo si assimila alla consonante finale della radice del verbo: **öntözze** = **öntöz** + **je** (cfr. frasi 3 e 6).

3 Dopo **minden** e tutti gli altri quantificatori ricordate l'impiego del singolare (cfr. lezione 23).

kilencvennégy *[kilɛntsvɛnne:dj]*

26 / Huszonhatodik lecke

7 Ha **va**laki jön, **mond**ja meg **nek**i, hogy **va**sárnap **ér**kezem.
8 **Pén**teken jön a **ta**karítónő, **ad**ja **nek**i **o**da [4] a **kul**csot!
9 Ne **fe**lejtsen el **szom**baton **be**vásárolni. Friss **le**gyen a **ke**nyér!
10 És **ké**rem önt, hogy **ad**jon **en**ni mind a tíz **macs**kámnak [5].

*7 hɑ vɑlɑki jön mondjɑ mɛg nɛki hodj vɑšɑ:rnɑp e:rkɛzɛm
8 pe:ntɛkɛn jön ɑ tɑkɑri:to:nö: ɑdjɑ nɛki odɑ ɑ kulčot 9 nɛ fɛlɛjčɛn ɛl sombɑton bɛvɑ:šɑ:rolni. frišš lɛdjɛn ɑ kɛñe:r 10 e:š ke:rɛm önt hodj ɑdjon ɛnni mind ɑ ti:z mɑčkɑ:mnɑk*

Note
4 Cfr. lezione 25, frase 9 e nota 5.
5 Cfr. nota 3.

***

1. gyakorlat – Fordítsa le
❶ Ez a találkozás érdekes volt. ❷ Amíg vidéken dolgozom, vigyázzon a házamra. ❸ Kérem, ne öntözze a virágokat. ❹ Tudod, hogy a takarítónőd a tengerparton pihen? ❺ Hol van a nyaralónk kulcsa? ❻ A macska a babával játszik.

***

2. gyakorlat – Egészítse ki
❶ Da venerdì a domenica ero malato.
...... től .... ig ..... voltam.

❷ Mi dia un vestito nero.
Adjon ..... egy ....

❸ Non ho mai amato i gatti.
Soha .... a ....

❹ Al mio amico ho detto quanto segue.
A .... mondtam a ....

95 • **kilencvenöt** *[kilɛntsvɛnöt]*

Ventiseiesima lezione / 26

7 Se viene qualcuno, gli dica che torno *(arrivo)* domenica.
8 Venerdì viene la signora delle pulizie *(pulitrice-donna)*, le allunghi la chiave.
9 Non dimentichi [di] fare la spesa sabato. [Che] sia fresco il pane!
10 E la prego di dare *(che dia)* [da] mangiare a tutti i miei dieci gatti.

A MACSKA A BABÁVAL JÁTSZIK

Soluzioni dell'esercizio 1

❶ Questo incontro è stato interessante. ❷ Mentre lavoro in campagna, mi guardi la casa. ❸ Per favore, non innaffi i fiori. ❹ Sai che la signora delle pulizie si riposa in riva al mare? ❺ Dov'è la chiave della nostra seconda casa? ❻ Il gatto gioca con la bambola.

***

❺ Il mio papà ha i capelli biondi.
   A .... szőke .... van.

❻ Prima di partire *(della partenza)* ha dato uno schiaffo al vicino.
   Elutazás ..... adott egy ...... a ....

Soluzioni dell'esercizio 2

❶ Péntek – vasárnap – beteg – ❷ – nekem – fekete ruhát ❸ – nem szerettem – macskákat ❹ – következőket – barátomnak ❺ – papámnak – haja – ❻ – előtt – pofont – szomszédnak

kilencvenhat *[kilɛntsvɛnhat]* • 96

Huszonhetedik lecke [husonhɛtɛdik lɛtskɛ]

Ismételjünk!

1. Az előző leckékben sok új és nehéz szót tanultunk.
2. Ez a lecke legyen könnyű! Ismételjünk egy kicsit [1].
3. Mikor jön a takarítónő?
4. Pénteken.
5. Ön okos vagy szép?
6. Aki Assimilből tanul, nem lehet buta.
7. Szereti ön az operát?
8. Reméljük, hogy önnek a zene fontos és nem a ruhák.
9. Kié [2] volt a tíz macska?
10. A kedves szomszédé, aki elutazott a rokonokhoz.

Pronuncia

išmeːtɛljünk 1 az ɛlöːzö: lɛtskeːkbɛn šok uːj eːš nɛheːz soːt tanultunk 2 ɛz a lɛtskɛ lɛdjɛn kön̄n̄üː! išmeːtɛljünk ɛdj kičit 3 mikor jön a takaːriːtoːnö: 4 peːntɛkɛn 5 ön okoš vadj seːp 6 aki assimilböːl tanul nɛm lɛhɛt buta 7 sɛrɛti ön az opɛraːt 8 rɛmeːljük hodj önnɛk a zɛnɛ fontoš eːš nɛm a ruhaːk 9 kieː volt a tiːz mačka 10 a kɛdvɛš somseːdeː: aki ɛlutazott a rokonokhoz

Note

1. Nella quarta lezione avete imparato la parola **kis**, *piccolo/a*. Ora vi presentiamo **kicsi**, una sua variante formale. La differenza tra le due è che la prima ha funzione attributiva, la seconda ha funzione predicativa. Osservate gli esempi: **Ez (egy) kis ház**, *questa [è] una casa piccola* (funzione attributiva); **Ez a ház kicsi**, *questa casa [è] piccola* (funzione predicativa). **Egy kicsit**, *un po'*, è all'accusativo (come la forma **sokat**, *molto*, che abbiamo visto nella ventitreesima lezione).

Ventisettesima lezione

Ripassiamo (Ripetiamo)!

1 Nelle lezioni precedenti abbiamo imparato tante parole nuove e difficili.
2 [Che] questa lezione sia [un po' più] facile! Ripassiamo (Ripetiamo) un po'.
3 Quando viene la signora [delle] pulizie?
4 Venerdì.
5 Lei [è] intelligente o bello?
6 Chi studia con *Assimil*(-da) non può essere stupido.
7 A Lei piace l'opera [lirica]?
8 Ci auguriamo (Speriamo) che per Lei [sia] la musica [a essere] importante e non i vestiti.
9 Di chi erano i dieci gatti?
10 Del caro vicino che è andato dai parenti.

2 Nelle parole **kié** e **szomszédé** (frase 10), la **-é** finale è un suffisso possessivo. Si pensi, per un parallelismo, al genitivo sassone ("...'s").

1. gyakorlat – Fordítsa le

❶ Az előző szó nehéz volt. ❷ A kislány megverte a babát. ❸ Legyen ötkor az Opera előtt! ❹ A külföldiek Assimilből tanulnak. ❺ A kopasz férfi elütötte a rendőrt. ❻ A macska nem a bácsié, hanem az enyém.

2. gyakorlat – Egészítse ki

❶ Non amo gli schiaffi.
   Nem .... a ....

❷ Perché litigano le bambine?
   ..... veszekedtek a ....?

❸ Di chi [è] questa bella seconda casa?
   ... ez a ....?

❹ Noi siamo poveri, non abbiamo nulla.
   Mi .... vagyunk, ... nincs ....

Huszonnyolcadik lecke [husonñoltsadik lɛtskɛ]

Ismétlés – Ripasso

1 I giorni della settimana

State facendo passi da gigante, ma ogni tanto è utile e doveroso sistematizzare le preziose conoscenze che state immagazzinando. Avete recentemente appreso (lezione 26) i nomi degli ultimi tre giorni della settimana: **péntek**, *venerdì*; **szombat**, *sabato* e **vasárnap**, *domenica*. È il momento di completarne la sequenza: **hétfő**, *lunedì*; **kedd**, *martedì*; **szerda**, *mercoledì*; **csütörtök**, *giovedì*.

2 I numerali ordinali e cardinali

Vi imbatteste in un numerale ordinale ogni volta che affrontate una nuova lezione. **Huszonnyolcadik**, *ventottesimo/a*, viene da **huszonnyolc**, *ventotto*. Il suffisso **-dik**, preceduto dalla vocale ausiliaria, serve a formare un numero ordinale a partire da un numero cardinale.

99 • kilencvenkilenc *[kilɛntsvɛnkilɛnts]*

Soluzioni dell'esercizio 1

❶ La parola precedente era difficile. ❷ La bambina ha picchiato la bambola. ❸ Si faccia trovare *(sia)* alle cinque davanti all'Opera! ❹ Gli stranieri studiano con Assimil*(-da)*. ❺ Il signore *(uomo)* calvo ha investito il poliziotto. ❻ Il gatto non [è] del signore, ma [è] *(il)* mio.

❺ Anche loro hanno bisogno di soldi?
   Nekik is … szükségük …… ?

❻ Per Voi *(3ª pers. plur. di cortesia)* non [è] l'opera [a essere] importante.
   ……. nem …….. fontos.

Soluzioni dell'esercizio 2

❶ – szeretem – pofonokat ❷ Miért – kislányok ❸ Kié – szép nyaraló ❹ – szegények – nekünk – semmink ❺ – van – pénzre ❻ Önöknek – az opera –

Ventottesima lezione

Egy, *uno*, lo conoscete già. Seguono **kettő** (**két**, se ha funzione attributiva, come in **két ember**, *due persone*), poi **három, négy, öt, hat, hét, nyolc, kilenc, tíz**. Ed ecco la prima decina. Potrete trovare gli altri numeri cardinali sottraendo il suffisso **-dik** dagli ordinali che troverete all'inizio di ogni lezione. Altrimenti, più semplicemente, leggete i numeri di pagina. *Cento* si dice **száz**; *mille* si dice **ezer**. A proposito di **kétszer** (*due volte*, che avete imparato nella lezione 26), sappiate che, conformemente alle regole dell'armonia vocalica (cfr. lezione 7, paragrafo 4), il suffisso **-szer** può variare nelle forme **-szor** (**háromszor**, *tre volte*) e **-ször** (**ötször**, *cinque volte*).

3 Il passato

L'indicativo passato si forma tramite l'aggiunta di una **-t** alla radice del verbo, prima delle desinenze personali: **vár-t-am**, *ho aspettato*, **szeret-t-em**, *ho amato*.

28 / Huszonnyolcadik lecke

3.1 Coniugazione soggettiva

vártam, *ho aspettato*
vártál, *hai aspettato*
várt, *ha aspettato*
vártunk, *abbiamo aspettato*
vártatok, *avete aspettato*
vártak, *hanno aspettato*

kértem, *ho chiesto*
kértél, *hai chiesto*
kért, *ha chiesto*
kértünk, *abbiamo chiesto*
kértetek, *avete chiesto*
kértek, *hanno chiesto*

3.2 Coniugazione oggettiva

vártam, *lo/la/li/le ho aspettato/a/i/e*
vártad, *lo/la/li/le hai aspettato/a/i/e*
várta, *lo/la/li/le ha aspettato/a/i/e*
vártuk, *lo/la/li/le abbiamo aspettato/a/i/e*
vártátok, *lo/la/li/le avete aspettato/a/i/e*
várták, *lo/la/li/le hanno aspettato/a/i/e*

kértem, *lo/la/li/le ho chiesto/a/i/e*
kérted, *lo/la/li/le hai chiesto/a/i/e*
kérte, *lo/la/li/le ha chiesto/a/i/e*
kértük, *lo/la/li/le abbiamo chiesto/a/i/e*
kértétek, *lo/la/li/le avete chiesto/a/i/e*
kérték, *lo/la/li/le hanno chiesto/a/i/e*

Come abbiamo accennato nella nota 2 della lezione 26, questa è l'unica forma di passato che l'indicativo ungherese contempla: saranno dunque il contesto e/o altri elementi morfosintattici a suggerirvi la corretta interpretazione, ovvero se questo passato "generico" dovrà essere reso in italiano mediante un passato prossimo, un imperfetto, un trapassato prossimo, un passato remoto

o, infine, un trapassato remoto. Per ragioni di semplificazione, nei nostri elenchi abbiamo posto accanto a ciascuna forma verbale una sola tra tutte le traduzioni possibili.
In determinati contesti fonetici, la **-t** del passato si raddoppia, diventando **-tt**: **tetszett**, *è piaciuto*; **játszott**, *ha giocato*.

Non si è mai al riparo dai verbi irregolari! Il passato di **lenni**, *essere*, si costruisce sulla radice **volt-**:

voltam, *sono stato/a*
voltál, *sei stato/a*
volt, *è stato/a*
voltunk, *siamo stati/e*
voltatok, *siete stati/e*
voltak, *sono stati/e*

4 L'imperativo

Ecco un altro aspetto che rende l'ungherese più semplice rispetto all'italiano. L'imperativo assume, in alcuni casi, il ruolo del nostro congiuntivo, che in ungherese è assente.
La seconda persona singolare ammette due varianti formali: **tanulj** / **tanuljál!** (c. soggettiva), **tanuld** / **tanuljad!** (c. oggettiva).

4.1 Coniugazione soggettiva

tanuljak, *(che) impari*
tanulj / ál, *(che) impari / impara!*
tanuljon, *(che) impari*
tanuljunk, *(che) impariamo*
tanuljatok, *(che) impariate / imparate!*
tanuljanak, *(che) imparino*

beszéljek, *(che) parli*
beszélj / él, *(che) parli / parla!*
beszéljen, *(che) parli*
beszéljünk, *(che) parliamo*
beszéljetek, *(che) parliate / parlate!*
beszéljenek, *(che) parlino*

4.2 Coniugazione oggettiva

tanuljam, *(che) lo/la/li/le studi*
tanuld / jad, *(che) lo/la/li/le studi / studialo/la/li/le!*
tanulja, *(che) lo/la/li/le studi*
tanuljuk, *(che) lo/la/li/le studiamo*
tanuljátok, *(che) lo/la/li/le studiate / studiatelo/la/li/le!*
tanulják, *(che) lo/la/li/le studino*

beszéljem, *(che) lo/la/li/le parli*
beszéld / jed, *(che) lo/la/li/le parli / parlalo/la/li/le!*
beszélje, *(che) lo/la/li/le parli*
beszéljük, *(che) lo/la/li/le parliamo*
beszéljétek, *(che) lo/la/li/le parliate / parlatelo/la/li/le!*
beszéljék, *(che) lo/la/li/le parlino*

***

▶ Ismétlő gyakorlat – Esercizio di ripasso

1. A kislányok az előszobában játszanak.
2. Vasárnap érkezünk a tengerpartról.
3. Külföldről telefonál, mert baj van.
4. A takarítónő elmegy bevásárolni.
5. Rendőr vigyáz a szomszédomra.
6. A járókelők nem látták a balesetet.
7. A szürke autóval utazunk vidékre.
8. Nem tetszik nekem ez a macska.
9. Nem felejtem el ezt az estét.
10. A rokonok operába mentek.

Ventottesima lezione / 28

Vi abbiamo detto nella ventiseiesima lezione che, in alcuni contesti fonetici, la **-j-** dell'imperativo si assimila alla consonante finale del tema verbale. Alcuni esempi: **vigyázzak** = *vigyáz + jak; **vigyázz**, **vigyázzál** = *vigyáz + j, vigyáz + jál (*Attenzione!*).

Ecco, infine, l'imperativo del verbo *essere*, **lenni**, che, come abbiamo detto, fa anche da congiuntivo:

legyek, *(che io) sia*
légy / legyél, *(che tu) sia / sii!*
legyen, *(che) sia*
legyünk, *(che) siamo*
legyetek, *(che) siate / siate!*
legyenek, *(che) siano*

***

Traduzione

1 Le bambine giocano nell'ingresso. **2** Domenica arriviamo dal lungomare. **3** Telefona dall'estero perché c'è [qualche] problema. **4** La signora delle pulizie va [a] fare la spesa. **5** [Un] poliziotto sorveglia il mio vicino. **6** I passanti non hanno visto l'incidente. **7** [È] con l'auto grigia [che] andiamo in campagna. **8** Questo gatto a me non piace. **9** Non dimentico questa serata. **10** I parenti sono andati all'Opera.

***

Siamo pienamente consapevoli delle difficoltà derivanti da tutte queste forme da apprendere; avete tutto il diritto di sentirvi ancora un po' disorientati. I paradigmi non si imparano nel giro di due o tre giorni, ma attraverso una pratica quotidiana.
Per il momento, è importante che perseveriate in questo senso, consolidando il vostro metodo. Lo studio sistematico darà presto i suoi frutti e noi saremo sempre al vostro fianco!

száznégy *[sa:zne:dj]*

Huszonkilencedik lecke

A hentesnél

1 – **Ke**zét **csó**kolom [1], **I**lonka. Hogy van a **csa**lád?
2 – Jó **na**pot, **Mi**si. Jött **bor**júhús?
3 – **Saj**nos, nem **kap**tunk még, de **tu**dok mást ajánlani. [2]
4 – **Es**te **ven**dégek **jön**nek **hoz**zám és **va**lami **fi**nomat **sze**retnék [3] **fő**zni **bor**júból.
5 – Van **csir**ke, **mar**ha, **ser**tés, de **saj**nos nincs se **bor**jú, se máj.
6 – Kár. De **mond**ja, ha **ér**kezne **ké**sőbb **bor**júhús, **ad**na **ne**kem egy **ki**lót?
7 – **As**szonyom, **meg**próbálom, de nem **í**gérek **sem**mit.
8 – **Na**gyon **ké**rem, **Mi**si, **se**gítsen **ne**kem, **há**lás **len**nék **ön**nek.

Pronuncia

a **hɛn**tɛšne:l 1 **kɛ**ze:t **čo**:kolom ilonka. hodj van a **ča**la:d 2 jo: **na**pot **mi**ši. jött **bor**ju:hu:š 3 **šaj**noš nɛm **kap**tunk me:g dɛ **tu**dok ma:št **a**ja:nlani 4 **ɛš**tɛ **vɛn**de:gɛk **jön**nɛk **hoz**za:m e:š **va**lami finomat **sɛ**rɛtne:k **fö**:zni **bor**ju:bo:l 5 van **čir**kɛ **mar**ha **šɛr**te:š dɛ **šaj**noš **ninč** šɛ **bor**ju: šɛ ma:j 6 ka:r. dɛ **mond**ja ha **e:r**kɛznɛ **ke**:šö:bb **bor**ju:hu:š **ad**na **nɛ**kɛm **ɛdj ki**lo:t 7 **as**soñom **mɛg**pro:ba:lom dɛ nɛm ige:rɛk **šɛm**mit 8 **na**djon **ke**:rɛm **mi**ši **šɛ**gi:čɛn **nɛ**kɛm **ha**:la:š **lɛn**ne:k **ön**nɛk

Note

1 Se vorrete vivere tra gli ungheresi, dovrete necessariamente conoscere e padroneggiare la gamma delle loro formule di saluto. **Kezét csókolom**, *Le bacio la mano*, è praticamente d'obbligo per un uomo che si appresta a salutare una donna con una certa galanteria. **Jó napot** (frase 2), è impiegato con minore frequenza rispetto a quanto avviene in altre lingue.

Ventinovesima lezione

Dal macellaio

1 – Buongiorno *(Mano-sua bacio)*, Ilonka. Come sta la [sua] famiglia?
2 – Buongiorno, Misi. [Le] è arrivata *(venuta)* [la] carne [di] vitello?
3 – Purtroppo non è ancora arrivata *(non abbiamo-ricevuto)*, ma [le] posso *(so)* proporre altro.
4 – [Questa] sera ho *(vengono da-me)* ospiti e vorrei *(amerei)* cucinare qualcosa [di] prelibato a base di vitello*(-da)*.
5 – C'è [del] pollo, [del] manzo, [del] maiale, ma purtroppo non ho *(non-c'è)* né vitello, né fegato.
6 – Peccato. Ma [mi] dica, se più tardi [le] arrivasse *(arriverebbe)* [del] vitello*(-carne)*, me [ne] darebbe un chilo?
7 – Signora*(-mia)*, [ci] provo, ma non [le] prometto nulla.
8 – Per favore *(Molto la-prego)*, Misi, mi aiuti, gliene sarei grata.

2 Il dialogo rappresentato in questa lezione va collocato in un contesto che precede il 1989; oggi, di certo non farete alcuna fatica a trovare della carne di vitello, a prescindere dalla macelleria che sceglierete.

3 szeretnék, érkezne, adna, lennék, sono condizionali (cfr. frasi 6 e 8). Affronteremo l'argomento nella nostra prossima lezione di ripasso.

29 / Huszonkilencedik lecke

9 – Rendben van, **vá**rom önt ma **es**te **zá**rás [4] **e**lőtt.
10 **I**lonka **vis**szament a **hen**teshez: **ka**pott húst,
Misi **pe**dig **bor**ravalót.

9 rɛndbɛn van vaːrom önt ma ɛštɛ zaːraːš ɛlöːtt 10 ilonka vissamɛnt a hɛntɛšhɛz kapott huːšt miši pɛdig borravaloːt

Note
4 Per il processo di formazione della parola **zárás**, ovvero la derivazione, cfr. lezione 26, nota 1.

***

1. gyakorlat – Fordítsa le
❶ A hentes várja a borjúhúst. ❷ Asszonyom, nem tudok semmit ajánlani. ❸ Az apámnak nincs haja. ❹ Ha megverne, adnék önnek egy pofont. ❺ Kérem, segítsen egy kicsit nekem. ❻ Zárás előtt nem játszik a zenekar.

***

2. gyakorlat – Egészítse ki
❶ Sono riconoscente alla famiglia.
..... vagyok ....

❷ Agli ospiti non piacciono *(gli ospiti non amano)* né il manzo, né il maiale.
. vendégek nem .... se a ......, se a ....

❸ Se la signora delle pulizie viene *(verrebbe)*, le dia [una] mancia.
Ha .... jönne, adjon neki ....

❹ Non ho promesso nulla al vicino.
... igértem ...... a ....

❺ Vorrei *(amerei)* fare la spesa [di] pomeriggio.
.... bevásárolni.

9 – **D'accordo** *(Ordine-in è)*, **la aspetto stasera prima [della] chiusura.**
10 **Ilonka è tornata dal macellaio: [lei] ha ottenuto** *(ricevuto)* **[la] carne, Misi invece [una] mancia.**

Soluzioni dell'esercizio 1
❶ Il macellaio aspetta la carne [di] vitello. ❷ Signora, non [le] posso proporre nulla. ❸ Mio padre non ha capelli. ❹ Se [mi] picchiasse *(picchierebbe)*, le darei un ceffone. ❺ Per favore *(la-prego)*, mi aiuti un po'. ❻ Prima [della] chiusura, l'orchestra non suona.

***

❻ Peccato che [tu] non sappia *(sai)* cucinare.
 …, hogy nem … … .

Soluzioni dell'esercizio 2
❶ Hálás – a családnak ❷ A – szeretik – marhát – sertést ❸ – a takarítónő – borravalót ❹ Nem – semmit – szomszédnak ❺ Szeretnék délután – ❻ Kár – tudsz főzni

---

*Un **borravaló**, ovvero una mancia, è circa un 10 % che solitamente si accorda ai tassisti, al personale degli alberghi, ai camerieri di locali o ristoranti ecc. Anche i medici possono beneficiarne, specialmente in caso di interventi particolarmente delicati. In questo caso, la mancia prende il nome di **hálapénz** (lett. denaro di riconoscenza).*

30

Harmincadik lecke

Legyünk udvariasak!

1 Az előző leckében a hentes „kezét csókolom" -ot mond Ilonkának.
2 Ilonka pedig azt [1] feleli neki: „jó napot [2]".
3 A barátok, kollégák azt szokták [3] egymásnak mondani, hogy: „szervusz".
4 De ha udvariasak akarunk lenni, a nevet is hozzátesszük.
5 Például: „Kezét csókolom, Ilonka", vagy „Jó napot, Misi".
6 „Kezét csókolom" -ot csak nőknek szoktak mondani, de a gyerekek férfiaknak is mondják ezt.
7 Ha tanárral beszélünk, tegyük hozzá [4]: „tanár úr!".
8 Ha orvossal, „doktor úr!", ha újságíróval: „szerkesztő úr!".

Pronuncia

lɛdjünk udvariašak 1 az ɛlö:zö: lɛtske:bɛn a hɛntɛš kɛze:t čo:kolomot mond ilonka:nak 2 ilonka pɛdig azt fɛlɛli nɛki jo: napot 3 a bara:tok kolle:ga:k azt sokta:k ɛdjma:šnak mondani hodj šɛrvus 4 dɛ ha udvariašak akarunk lɛnni a nɛvɛt iš hozza:tɛssük 5 pe:lda:ul kɛze:t čo:kolom ilonka vadj jo: napot miši 6 kɛze:t čo:kolomot čak nö:knɛk soktak mondani dɛ a djɛrɛkɛk fe:rfiaknak iš mondja:k ɛzt 7 ha tana:rral bɛse:lünk tɛdjük hozza: tana:r u:r 8 ha orvoššal doktor u:r ha u:jša:gi:ro:val sɛrkɛstö: u:r

Note

1 Sull'impiego dell'antecedente **azt** come elemento che introduce una subordinata, cfr. frase 3 e lezione 22, nota 5. Visto che avete già "assaggiato" alcune prelibatezze della grammatica ungherese, non vi resta che rinfrescare di tanto in tanto la vostra memoria.

109 • százkilenc

Trentesima lezione

Un po' di cortesia *(Siamo cortesi)*!

1. Nella lezione precedente, il macellaio dice a Ilonka: "[Le] bacio [la] mano*(-sua)*".
2. Ilonka gli risponde invece *(questo)*: "buongiorno".
3. Gli amici [e i] colleghi *(questo)* sono soliti dir[si] l'un l'altro *(che)*: "ciao".
4. Ma se vogliamo essere cortesi, aggiungiamo anche il nome.
5. Per esempio: "Le bacio la mano, Ilonka", oppure "Buongiorno, Misi".
6. "Le bacio la mano" di solito si dice *(sono-soliti dire)* solamente alle donne, ma i bambini lo dicono *(dicono questo)* anche agli uomini.
7. Se stiamo parlando *(parliamo)* con [un] professore, aggiungiamo "signor professore".
8. Se [parliamo] con [un] medico, "signor dottore"; se [parliamo] con [un] giornalista, "signor redattore".

---

2 In alternativa a **jó napot**, naturalmente a seconda dell'ora, potrete utilizzare **jó reggelt**, **jó estét** oppure **jó éjszakát**.

3 La regolarità nello svolgere un'azione si esprime in ungherese attraverso un verbo che, dal punto di vista morfologico, si configura come un passato, ma che, concettualmente, può corrispondere a un presente: **szoktam** (+ infinito), *sono solito…*; **szoktál** (+ infinito), *sei solito…* (cfr. anche frase 6) ecc.

4 Per un ripasso dei verbi composti e della libertà di spostamento dei loro prefissi (in questo caso, a "muoversi" è il prefisso **hozzá-**), si torni alla quinta nota della venticinquesima lezione.

száztíz • 110

9 1945 előtt [5] volt „**nagy**ságos úr!", „**mél**tóságos úr!", „**nagy**ságos **as**szony!" és „**mél**tóságos **as**szony!" is.
10 De **ez**ek a **ki**fejezések **ki**mentek a **di**vatból. ☐

9 εzεrkilεntssa:znεdjvεnöt εlö:tt volt na**dj**ša:goš u:r me:lto:ša:goš u:r na**dj**ša:goš **as**soñ e:š me:lto:ša:goš **as**soñ iš **10** dε εzεk a kifεjεzε:šεk kimεntεk a divatbo:l

Note

5 La posposizione **előtt** significa sia *davanti* che *prima*.

***

1. gyakorlat – Fordítsa le

❶ Az újságíró udvarias akar lenni. ❷ A nőknek azt szoktam mondani, hogy főzzenek. ❸ Az előző kifejezést nem jól értettem. ❹ Vannak orvosok, akik semmit nem kérnek. ❺ A hentes májat tesz a borjúhoz. ❻ Ez a szék kiment a divatból.

***

2. gyakorlat – Egészítse ki

❶ Il giornalista è stato *(ha-viaggiato)* all'estero.
   Az .... utazott.

❷ Se parli con [un] professore, sii cortese.
   Ha .... beszélsz, ...(......) udvarias.

❸ Sei solito leggere con [gli] occhiali?
   Szemüveggel ....?

❹ Il medico e la signora delle pulizie non [sono] sempre cortesi l'uno con l'altra.
   Az ...... és a .... nem mindíg ....
   egymással.

Trentesima lezione / 30

9 Prima del 1945 c'erano *(c'era)* anche *"egregio signore"*, *"distintissimo signore"*, *"egregia signora"* e *"distintissima signora"*.
10 Ma queste espressioni sono passate *(uscite)* di moda*(-da)*.

***

Soluzioni dell'esercizio 1
❶ Il giornalista vuole essere cortese. ❷ Alle donne sono solito dire di cucinare *(che cucinino)*. ❸ Non ho capito bene l'espressione precedente. ❹ [Ci] sono medici che *(i-quali)* non chiedono nulla. ❺ Il macellaio aggiunge [del] fegato al vitello. ❻ Questa sedia è passata *(uscita)* di moda.

***

❺ Quante volte siamo soliti innaffiare i fiori?
Hányszor .... öntözni a ....?

❻ Ieri ho dimenticato [di] dire buongiorno ai colleghi.
...... elfelejtettem jó napotot .... a ....

Soluzioni dell'esercizio 2
❶ – újságíró külföldre – ❷ – tanárral – légy (legyél) – ❸ – szoktál olvasni ❹ – orvos – takarítónő – udvariasak – ❺ – szoktuk – virágokat ❻ Tegnap – mondani – kollégáknak

száztizenkettő • 112

Ci permettiamo di darvi un consiglio: imparate a memoria la bella poesia di Sándor Petőfi (1823-1849) che vi proponiamo in questa lezione.

Harmincegyedik lecke

Fa leszek...

1 Fa leszek [1], ha fának vagy virága.
2 Ha harmat vagy: én virág leszek.
3 Harmat leszek, ha te napsugár [2] vagy,
4 Csak hogy lényeink [3] egyesüljenek.
5 Ha, leányka, te vagy a mennyország:
6 Akkor én csillaggá [4] változom.
7 Ha, leányka, te vagy a pokol: hogy
8 Egyesüljünk, én elkárhozom.
9 Ezt a szép verset Petőfi Sándor, a nagy magyar költő írta 1845-ben.
10 A rádióban és a televízióban ma is gyakran lehet hallani. □

Pronuncia

fɑ lɛsɛk 1 fɑ lɛsɛk hɑ fa:nɑk vɑdj virɑ:gɑ 2 hɑ hɑrmɑt vɑdj e:n virɑ:g lɛsɛk 3 hɑrmɑt lɛsɛk hɑ tɛ nɑpšugɑ:r vɑdj 4 čɑk hodj le:ñyɛink ɛdjɛšüjɛnɛk 5 hɑ lɛa:ñkɑ tɛ vɑdj ɑ mɛññorsɑ:g 6 ɑkkor e:n čillɑggɑ: vɑ:ltozom 7 hɑ lɛa:ñkɑ tɛ vɑdj ɑ pokol hodj 8 ɛdjɛšüjünk e:n ɛlka:rhozom 9 ɛzt ɑ se:p vɛršɛt pɛtö:fi ša:ndor ɑ nɑdj mɑdjɑr költö: i:rtɑ ɛzɛrñoltssɑ:znɛdjvɛnötbɛn 10 ɑ ra:dio:bɑn e:š ɑ tɛlɛvi:zio:bɑn mɑ iš djɑkrɑn lɛhɛt hɑllɑni

Note

1 In ungherese, l'unico verbo che si può coniugare al futuro è proprio *essere*: leszek, *sarò*; leszel, *sarai* ecc. (cfr. anche frasi 2 e 3). Tenete a freno la vostra curiosità... nel giro di poche lezioni vi sveleremo perché!

113 • **száztizenhárom**

Dopotutto, i vantaggi del memorizzare un piccolo testo non vi sono sconosciuti...

Trentunesima lezione

Albero sarò...

1 Albero sarò, se dell'albero [tu] sarai *(sei)* [il] fiore.
2 Se sarai *(sei)* rugiada, io [un] fiore sarò.
3 Rugiada sarò, se tu sarai *(sei)* [un] raggio [di] sole,
4 [questo] soltanto perché [le] nostre anime *(essenze)* [si] uniscano.
5 Se, fanciulla, tu sarai *(sei)* il Paradiso,
6 *(allora)* io mi tramuterò *(mi-tramuto)* in [una] stella.
7 Se, fanciulla, tu sarai *(sei)* l'Inferno, pur
8 di unirmi a te *(purché ci-uniamo)*, io mi dannerò *(mi-danno)*.
9 Questa bella poesia fu scritta da *(la-scrisse)* Sándor Petőfi, *(il)* grande poeta ungherese, nel 1845.
10 Ancora *(anche)* oggi è *(spesso)* possibile sentirla alla radio e in televisione.

---

2 **napsugár** e **mennyország** (frase 5) sono parole composte (**nap + sugár**; **menny + ország**). In ungherese, oltre alla derivazione (cfr. lezione 26, nota 1), è molto produttiva anche la composizione, processo morfologico che forma una parola unica a partire da due parole preesistenti e autonome dal punto di vista semantico.

3 La **-i** di **lényeink** è la marca del plurale sul suffisso possessivo; torneremo anche su questo.

4 Come vi abbiamo anticipato all'interno della nota 3 della venticinquesima lezione, certi verbi reggono suffissi specifici. Per esempio, il verbo **változik** richiede obbligatoriamente l'uso del suffisso **-vá/-vé** sul sostantivo che accompagna (e la **-v** si assimila alla consonante finale del sostantivo in questione: **csillag + vá = csillaggá**; in Linguistica questo processo è noto come *assimilazione progressiva*).

1. gyakorlat – Fordítsa le

❶ A két bank egyesült. ❷ A mennyország messze van. ❸ A költő csillaggá változik. ❹ A pokolban nincs nap. ❺ Reggel a virágnak harmata van. ❻ Ha nem írsz, akkor szomorú leszek.

***

2. gyakorlat – Egészítse ki

❶ Dai vicini, spesso è possibile sentire [delle] liti *(lite)*.
   A .... gyakran lehet .... t.

❷ Ci sono molti alberi davanti alla seconda casa.
   Sok ..... a .... előtt.

❸ La fanciulla ha ricevuto una bella bambola.
   A .... kapott egy ....

❹ Oggi parliamo dei grandi poeti ungheresi.
   .. a nagy .... ről beszélünk.

❺ Ho visto il papà in televisione.
   ...... a ..... a ....

❻ Dal macellaio non è possibile sedersi.
   A .... nem ....

Harminckettedik lecke

Nem mentek holnap moziba?

1 – **A**nya, apa, **hol**nap mi lesz a **pro**gramotok?
2 – **Mi**ért **kér**dezed? Már **me**gint **szük**séged [1] lenne [2] a la**kás**ra?

Pronuncia

nɛm mɛntɛk holnap moziba 1 aña apa holnap mi lɛs a programotok 2 mie:rt ke:rdɛzɛd ma:r mɛgint sükše:gɛd lɛnnɛ a laka:šra

Note

1 **szükség**, *necessità, bisogno.* **Szüksége van valamire**, *ha bisogno di qualcosa,* oppure *gli/le serve qualcosa.*

Trentaduesima lezione / 32

Soluzioni dell'esercizio 1

❶ Le due banche si sono unite. ❷ Il paradiso è lontano. ❸ Il poeta si trasforma in [una] stella. ❹ All'inferno non c'è [il] sole. ❺ La mattina, i fiori hanno *(il fiore ha)* [la] rugiada. ❻ Se non [mi] scrivi, *(allora)* sarò triste.

***

Soluzioni dell'esercizio 2

❶ – szomszédoknál – hallani veszekedés – ❷ – fa van – nyaraló – ❸ – leányka – szép babát ❹ Ma – magyar költők – ❺ Láttam – papát – televízióban ❻ – hentesnél – lehet leülni

Trentaduesima lezione   32

Non andate al cinema, domani?

1 – Mamma, papà, che programmi avete per domani *(domani cosa sarà il programma-vostro)*?

2 – Perché [ce] lo domandi? Avresti *(già)* di nuovo bisogno dell'appartamento?

---

2 **lenne** e **szeretnénk** (frase 3) sono condizionali.

32 / Harminckettedik lecke

3 – **Ki**találtátok. **Meg**hívtam a **ba**rátaimat az egyetemről és **bu**lit **sze**retnénk itt **ren**dezni.

4 – Szó sem **le**het róla. **Múlt**kor is **na**gyon nagy volt a **ren**detlenség és a lakás **ret**tenetesen **pisz**kos volt.

5 – **Ne iz**guljatok, sok lány lesz és **min**denki fog ta**ka**rítani [3] és **mo**sogatni.

6 – Ne **foly**tasd, nincs **pro**gramunk és **itt**hon [4] **fo**gunk **ma**radni, te **pe**dig, ha **a**karsz, **el**mész a **ba**rátaidhoz [5].

7 – A **ba**rátaimnak sincs **la**kása és nem **fo**gunk egész **es**te az **ut**cán **mász**kálni.

8 – A lakás nem csak a **ti**éd, **ha**nem az **e**gész **csa**ládé és mi nem **fo**gunk **mi**attad **mo**ziba **men**ni.

9 – **Ret**tenetesek **vagy**tok, hát ti nem **vol**tatok **so**ha **fi**atalok?

10 – A mi **i**dőnkben a **fi**atalok még **ren**desek **vol**tak és nem **be**széltek így az öregekkel. □

3 kitalaːltaːtok. mɛghiːvtam a baraːtaimat az ɛdjɛtɛmrøːl eːš bulit sɛrɛtneːnk itt rɛndɛzni 4 soː šɛm lɛhɛt roːla. muːltkor iš nadjon nadj volt a rɛndɛtlɛnšeːg eːš a lakaːš rɛttɛnɛtɛšɛn piskoš volt 5 nɛ izgujatok šok laːɲ lɛs eːš mindɛnki fog takariːtani eːš mošogatni 6 nɛ fojtašd ninč programunk eːš itthon fogunk maradni tɛ pɛdig ha akars ɛlmɛːs a baraːtaidhoz 7 a baraːtaimnak šinč lakaːša eːš nɛm fogunk ɛgeːs ɛštɛ az uttsaːn maːskaːlni 8 a lakaːš nɛm čak a tiɛːd hanɛm az ɛgeːs čalaːdɛː eːš mi nɛm fogunk miattad moziba mɛnni 9 rɛttɛnɛtɛšɛk vadjtok haːt ti nɛm voltatok šoha fiatalok 10 a mi idøːnkbɛn a fiatalok meːg rɛndɛšɛk voltak eːš nɛm bɛsɛːltɛk iːdj az ørɛgɛkkɛl

Note

3 Rileggete la prima nota della lezione precedente. Vi avevamo detto che l'ungherese non dispone di una vera e propria coniugazione per quanto riguarda il futuro, se non per il verbo *essere* (**lenni**). Eppure esiste un futuro "perifrastico" composto dall'ausiliare **fog** (**fogok, fogsz** ecc.) e dal

Trentaduesima lezione / 32

3 – Avete indovinato. Ho invitato i miei amici dell'università *(-da)* e vorremmo organizzare [una] festa qui.

4 – Non se ne parla proprio *(Parola nemmeno essere-può su-questo)*. *(Anche)* L'altro giorno c'era un disordine pazzesco *(molto grande era il disordine)* e l'appartamento era terribilmente sporco.

5 – Non vi preoccupate, ci saranno molte ragazze e ognuno [di noi] farà le pulizie e laverà i piatti.

6 – Non insistere *(non continuare)*, non abbiamo [in] programma [di uscire] e resteremo a casa, mentre tu, se vuoi, [te ne] vai dai tuoi amici.

7 – Nemmeno i miei amici *(non)* hanno [un] appartamento e non passeremo [l']intera serata a vagabondare per strada *(non vagabonderemo strada-su)*.

8 – L'appartamento non è solo *(il)* tuo, ma dell'intera famiglia e noi non [ce ne] andremo al cinema a causa tua.

9 – Siete terribili, ma non siete mai stati giovani, voi?

10 – Ai nostri tempi, i giovani erano ancora educati e non si rivolgevano in questo modo ai più grandi *(non parlavano così gli anziani-con)*.

---

verbo all'infinito: **takarítani fog**, *farà le pulizie*, **maradni fogunk**, *rimarremo* ecc. (lo si osservi anche nelle frasi 6, 7 e 8). Troverete un'esaustiva rassegna del futuro ungherese nella prossima lezione di ripasso.

4 Conoscevate già **otthon** (lezione 3); il vostro intuito grammaticale ungherese, ormai sempre più competente, vi suggerirà che **itthon** potrebbe essere una sua variante. Ma c'è una differenza? Per provare a darvi una risposta, riflettete sugli avverbi di luogo **itt**, *qui*, *qua* e **ott**, *lì*, *là*, che avete incontrato nella prima lezione.

5 Per ragguagli sulle forme **barátaidhoz** e **barátaimnak** rileggete la nota 3 della lezione precedente e la frase 7.

1. gyakorlat – Fordítsa le

❶ Nem hívok meg piszkos embereket a bulira. ❷ Zárás előtt nagy a rendetlenség az étteremben. ❸ Ha akarsz, elmész, ha akarsz, itthon maradsz. ❹ Hálás lennék, ha ma a férjem mosogatna. ❺ Ne izgulj, a macskák kaptak enni. ❻ Kiss úrnak sincs programja.

2. gyakorlat – Egészítse ki

❶ Ci saranno molti ragazzi in discoteca.
   ... fiú .... a diszkóban.

❷ Abbiamo conosciuto *(Fatto-conoscenza)* persone educate*(-con)*.
   Megismerkedtünk ....

❸ Ai nostri tempi*(-in)*, non c'erano auto per le strade*(-su)*.
   A .... nem .... autó az ....

❹ A chi servirebbe [un] appartamento?
   .... szüksége lakásra?

❺ Studierò all'università*(-su)*.
   Az .... tanulni.

❻ I genitori della bambina hanno organizzato [una] festa.
   A .... szülei ..... rendeztek.

Harmincharmadik lecke

Hogyan „gyártunk"[1] szavakat?

1 A **ma**gyar **nyelv**ben sok **hos**szú és **bo**nyolult szó van,

Note

1 Questa "fabbrica" di parole non è altro che la già citata somma di processi morfologici (agglutinazione, derivazione, composizione ecc.) che l'ungherese utilizza per creare parole nuove o per modificare la struttura delle stesse. Avevamo già fatto cenno a questo aspetto nella Premessa e nella nota 5 dell'ormai lontana seconda lezione, nella quale avevamo definito l'ungherese una "lingua Lego".

Trentatreesima lezione / 33

Soluzioni dell'esercizio 1

❶ Non invito gente sporca *(sporche persone)* alla festa. ❷ Prima della chiusura, c'è un gran disordine *(grande è il disordine)* al ristorante. ❸ Se vuoi, vai, se [non] vuoi, rimani a casa. ❹ [Gli] sarei riconoscente se oggi mio marito lavasse i piatti. ❺ Non ti agitare, i gatti hanno mangiato *(ricevuto mangiare)*. ❻ Nemmeno il signor Kiss ha programmi.

Soluzioni dell'esercizio 2

❶ Sok – lesz – ❷ – rendes emberekkel ❸ – mi időnkben – volt – utcákon ❹ Kinek lenne – ❺ – egyetemen fogok – ❻ – kislány – bulit –

Trentatreesima lezione

Come si "fabbricano" *(fabbrichiamo)* [le] parole?

1 In ungherese *(La ungherese lingua-in)* ci sono tante parole lunghe e complicate,

Pronuncia

ho*dj*an **dj**a:rtunk **sa**vakat **1** a **ma**djar ñɛlvbɛn šok **hos**su: e:š **bo**ñolult so: van

33 / Harmincharmadik lecke

2 míg más **nyel**vekben a **sza**vak **gyak**ran **egy**szerűek ² és **rö**videk.
3 **Néz**zük **pél**dául a „rendetlenség" szót a **har**minckettedik **lec**kében.
4 A „rend" -ből **szár**mazik; ezt már a **nyol**cadik **lec**kében **meg**tanultuk.
5 **Eh**hez a **szó**hoz **tet**tünk **hoz**zá **né**hány **be**tűt; így **szü**letett **elő**ször a „**rend**etlen", majd **ez**után a „**rend**etlenség ³".
6 A „-tlen" és a „-ség " **jel**entését is meg ⁴ fogjuk **ma**gyarázni ⁵ egy **má**sik **lec**kében.
7 **Ér**dekes **ki**fejezése a **ma**gyar **nyelv**nek a „**ze**nekar". Két **rész**ből áll: **ze**ne és kar.
8 **Per**sze **vi**gyázzunk: „kar" itt nem azt a **test**részt **jel**enti, amelyik a **kéz fö**lött van,

🗨 2 miːg maːš ñɛlvɛkbɛn ɑ sɑvɑk djɑkrɑn ɛdjsɛrüːɛk eːš rövidɛk 3 neːzzük peːldɑul ɑ rɛndɛtlɛnšeːg soːt ɑ hɑrmintskɛttɛdik lɛtskeːbɛn 4 ɑ rɛndböːl sɑːrmɑzik ɛzt mɑːr ɑ ñoltsɑdik lɛtskeːbɛn mɛgtɑnultuk 5 ɛhhɛz ɑ soːhoz tɛttünk hozzɑ neːhɑñ bɛtüːt iːdj sülɛtɛtt ɛlöːsör ɑ rɛndɛtlɛn mɑjd ɛzutɑːn ɑ rɛndɛtlɛnšeːg 6 ɑ tlɛn eːš ɑ šeːg jɛlɛnteːšeːt iš mɛg fogjuk mɑdjɑrɑːzni ɛdj mɑːšik lɛtskeːbɛn 7 eːrdɛkɛš kifɛjɛzeːšɛ ɑ mɑdjɑr ñɛlvnɛk ɑ zɛnɛkɑr keːt reːsboːl ɑːll zɛnɛ eːš kɑr 8 pɛrsɛ vidjɑːzzunk kɑr itt nɛm ɑzt ɑ tɛštreːst jɛlɛnti ɑmɛyik ɑ keːz fölött vɑn

Note

2 Sapete già che il morfema -k del plurale si può aggiungere ad aggettivi come a sostantivi e che tale aggiunta può comportare alterazioni nella morfologia della parola, per esempio una variazione della radice della stessa (szó/szavak) o la comparsa di una vocale ausiliaria (egyszerű/egyszerűek, férfi/férfiak), cfr. titolo e frase 10.

Trentatreesima lezione / 33

2 mentre in altre lingue le parole spesso [sono] semplici e brevi.

3 Osserviamo *(Guardiamo)*, per esempio, la parola "rendetlenség" *[disordine]* della trentaduesima lezione*(-in)*.

4 Deriva da[lla parola] "rend" *[ordine]*; *(questa)* l'abbiamo già imparata nell'ottava lezione.

5 A questa parola abbiamo aggiunto qualche lettera; così è nata *(per-la-)*prima*(-volta)* la [parola] "rendetlen" *[disordinato]*, poi *(dopodiché)* "rendetlenség" *[disordine]*.

6 In un'altra lezione spiegheremo anche il significato di "-tlen" e di "-ség".

7 [Una] interessante espressione della lingua ungherese [è] la [parola] "zenekar". È composta *(si-erge)* da due parti: "zene" e "kar".

8 Naturalmente bisogna fare *(facciamo-)*attenzione: "kar" qui non significa *(quel-)*la parte del corpo che *(la-quale)* sta sopra la mano,

---

3 Richiamiamo ancora una volta la vostra attenzione sul "movimento" dei prefissi verbali, che si "staccano" dal verbo e... diventano parole autonome! Questo fenomeno non dovrebbe più stupirvi, l'abbiamo già visto diverse volte, tuttavia potreste avere ancora qualche perplessità. Abbiate ancora un po' di pazienza!

4 È il momento giusto per un ripasso dei verbi che conosciamo e che hanno in comune il prefisso meg-: **megáll, megcsókol, megérkezik, megismerkedik, megkérdez, megpróbál, megver**. Vi sveliamo che in tutti questi verbi, la funzione del prefisso **meg-** è quella di esprimerne la perfettività (cfr. anche frase 10).

5 L'ausiliare **fog**, necessario per formare il futuro, si posiziona spesso tra il verbo (all'infinito) e il suo prefisso: **meg fogjuk magyarázni**, *lo spiegheremo*; **be fogsz menni**, *entrerai*; **le fogjátok tenni**, *lo poserete*.

százhuszonkettő • 122

33 / Harmincharmadik lecke

9 hanem **em**bereket, **a**kik együtt **dol**goznak: énekkar, **böl**csészkar.
10 **Sze**rencsére **van**nak olyan **ma**gyar **sza**vak, amelyeket Ön szótár **nél**kül is **me**gért:
11 **tech**nika, energia, **par**füm, **fut**ball, garázs, **ka**baré, stb. □

9 hanɛm ɛmbɛrɛkɛt akik ɛdjütt dolgoznak e:nɛkkar bölče:skar
10 sɛrɛnče:rɛ vannak oyan madjar savak amɛyɛkɛt ön so:ta:r ne:lkül iš mɛge:rt 11 tɛhnika ɛnɛrgia parfüm futball gara:ž kabare: šatöbbi

***

1. gyakorlat – Fordítsa le

❶ Dolgozzunk együtt! ❷ Megtanultad a betűket? ❸ A takarítónő nem szereti a rendetlenséget. ❹ Az üzletben gyakran nincs borjúhús. ❺ A bölcsészkaron szavakat gyártanak. ❻ Ez a gyakorlat egy kicsit hosszú volt.

***

2. gyakorlat – Egészítse ki

❶ La lingua ungherese possiede *(ha)* molte parole.
 A .... nek ... szava van.

❷ Il braccio sta *(è)* sopra la mano.
 A ... a .... van.

❸ Parliamo con parole semplici.
 Egyszerű ....

❹ Con il tuo aiuto imparo l'ungherese.
 A .... tanulok ....

9 bensì persone che lavorano insieme: énekkar *[ének + kar = coro]*, bölcsészkar *[bölcsész + kar = facoltà di Lettere]*.
10 Per fortuna esistono *(tali)* parole ungheresi che *(le-quali)* **Lei comprende anche senza dizionario:**
11 *technika, energia, parfüm, futball, garázs, kabaré* ecc.

Soluzioni dell'esercizio 1
❶ Lavoriamo insieme! ❷ Hai imparato le lettere? ❸ La signora delle pulizie non ama il disordine. ❹ In negozio, spesso non hanno *(non-c'è)* la carne [di] vitello. ❺ Alla facoltà di Lettere [si] fabbricano parole. ❻ Questo esercizio era un po' lungo.

***

❺ Faremo un viaggio *(viaggeremo)* all'estero.
El ...... utazni ....

❻ Da dove deriva l'uomo?
Honnan .... az ..... ?

Soluzioni dell'esercizio 2
❶ – magyar nyelv – sok – ❷ – kar – kéz fölött – ❸ – szavakkal beszélünk ❹ – segítségeddel – magyarul ❺ – fogunk – külföldre ❻ – származik – ember

Harmincnegyedik lecke

Önéletrajz [1]

1 **Ko**vács **Jó**zse**f**nek **hív**nak [2], **ma**gyar **ál**lampolgár **va**gyok.
2 1950-ben **szü**lettem **Bu**dapesten [3].
3 A **szü**leim, **Ko**vács **Gás**pár és **Vö**rös Ilona **meg**haltak.
4 1968-ban **é**rettségiztem és **a**zóta **dol**gozom.
5 **Mun**kás **va**gyok egy **gyár**ban a **fő**várostól öt **ki**lométerre.
6 1972-ben **meg**nősültem, **f**eleségemet **Ko**vács **Jó**zsefnének [4] **hív**ják.
7 **Há**rom **gye**rekünk van. **Ju**ci, a **f**eleségem, **ne**velte őket; mert én **éj**jel-**nap**pal **dol**goztam.

Pronuncia

öne:lɛtrajz **1** kova:č jo:žɛfnɛk hi:vnak madjar a:llampolga:r vadjok **2** ɛzɛrkilɛntssa:zötvɛnbɛn sülɛttɛm budapɛštɛn **3** a süleim kova:č ga:špa:r e:š vörös ilona mɛghaltak **4** ɛzɛrkilɛntssa:zhatvañoltsban e:rɛttče:giztɛm e:š azo:ta dolgozom **5** munka:š vadjok ɛdj dja:rban a fö:va:rošto:l öt kilome:tɛrrɛ **6** ɛzɛrkilɛntssa:zhɛtvɛnkɛttö:bɛn mɛgnö:šültɛm fɛlɛše:gɛmɛt kova:č jo:žɛfne:nɛk hi:vja:k **7** ha:rom djɛrɛkünk van. jutsi a fɛlɛše:gɛm nɛvɛltɛ ö:kɛt mɛrt e:n e:jjɛl nappal dolgoztam

Note

1 Ancora parole composte: **önéletrajz** = **ön**, *auto-* (se vi può aiutare, pensate all'inglese "*self*"), + **élet**, *vita*, + **rajz**, *disegno*; **állampolgár** = **állam**, *stato*, + **polgár**, *cittadino* (frase 1).

2 Ripassate il terzo paragrafo della ventunesima lezione: **(engem) Jánosnak, Ferencnek hívnak**, *(io) mi chiamo János Ferenc*; **(téged) ...-nak/nek hívnak**, *(tu) ti chiami...*; **(öt) ...nak/nek hívják (!)**, *(lui/lei) si chiama...*; **(téged) hogy hívnak?**, *(tu) come ti chiami?*; **(Önt) hogy hívják?**, *(Lei) come si chiama?* (cfr. frase 6). Come vedete, la terza perso-

Trentaquattresima lezione

Autobiografia *(propria-vita-disegno)*

1. Mi chiamo József Kovács, sono cittadino ungherese.
2. Sono nato a Budapest nel 1950.
3. I miei genitori, Gáspár Kovács e Ilona Vörös, sono morti.
4. Mi sono diplomato nel 1968 e da allora lavoro.
5. Sono operaio in una fabbrica a cinque chilometri dalla capitale.
6. Mi sono sposato nel 1972, mia moglie si chiama Kovács Józsefné.
7. Abbiamo tre figli. [È] Juci, mia moglie, [che] li ha cresciuti, perché io lavoravo giorno e notte.

TAVALY A FŐVÁROSBAN SZÓRAKOZTUNK

na richiede l'impiego della coniugazione oggettiva. Il verbo **hív** regge il suffisso **-nak/-nek**.

3 Generalmente, i nomi delle città e dei Paesi prendono il suffisso **-ban/-ben** (**New Yorkban**, *a New York*; **Kanadában**, *in Canada*). Tuttavia, **Magyarország**, **Budapest** e altre città ungheresi prendono il suffisso **-on/-en/-ön**, come abbiamo visto nella seconda lezione: **Magyarországon**, *in Ungheria*, **Budapesten**, *a Budapest* ecc.

4 In Ungheria, una donna coniugata può scegliere tra ben 5 alternative per essere identificata anagraficamente. Prendiamo la nostra Judith,

8 Tavaly született az első unokánk, véletlenül van nálam [5] egy fénykép róla.
9 Jövőre nyugdíjba megyek. Sokat fogunk pihenni és szórakozni Jucival.
10 El lehet mondani [6] egy ember életét kilenc mondatban?

8 tɔvaj sülɛtɛtt az ɛlšö: unoka:nk ve:lɛtlɛnül van na:lam ɛdj fe:ñke:p ro:la 9 jövö:rɛ ñugdi:jba mɛdjɛk. šokat fogunk pihɛnni e:š so:rakozni jutsival 10 ɛl lɛhɛt mondani ɛdj ɛmbɛr e:lɛte:t kilɛnts mondatban

Note

che il marito József chiama affettuosamente *Juci*, di cui però non sappiamo il cognome da nubile. Ipotizziamo che sia **Szabó**. Potrà dunque scegliere, una volta sposata, se chiamarsi: 1) **Szabó Judith**, mantenendo il suo nome e cognome tali e quali; 2) **Kovács Józsefné** (cognome e nome del marito + suffisso **-né**, come ha in effetti scelto); 3) **Kovács Judith** (cognome del marito + il proprio nome); 4) **Kovácsné Szabó Judith** (cognome del marito + suffisso **-né** + cognome e nome da nu-

***

1. gyakorlat – Fordítsa le

❶ Nem nősültem meg, de vannak gyerekeim. ❷ Az unokái nem Budapesten születtek. ❸ Te mikor mész nyugdíjba? ❹ Az ember élete nagyon rövid. ❺ Nem minden magyar állampolgár érettségizik. ❻ Tavaly a fővárosban szórakoztunk.

2. gyakorlat – Egészítse ki

❶ [È stato] il marito [a crescere] *(ha-cresciuto)* i figli *(bambini)*.
. férj .... a ....

❷ Ci siamo incontrati per caso a due chilometri dalla città.
.... találkoztunk a .... két ....

❸ L'anno prossimo avrò [dei] nipoti.
...... lesznek ....

❹ Dopo la maturità *(da)* non hai lavorato.
.. érettségi óta ....

Trentaquattresima lezione / 34

8 L'anno scorso è nato il nostro primo nipote, guarda caso ho con me una sua foto.

9 L'anno prossimo vado in pensione. Ci riposeremo e ci divertiremo molto, [io e] Juci *(-con)*.

10 È possibile raccontare *(dire)* la vita di una persona in [sole] nove frasi?

bile); 5) **Kovács Jószefné Szabó Judith** (cognome e nome del marito + suffisso **-né** + cognome e nome da nubile). Tutto molto semplice e intuitivo, non trovate?

5 Per **nálam** e **róla** cfr. lezione 16, note 1 e 2 e lezione 21, paragrafo 4. Sono suffissi "possessivati", ovvero suffissi che, in questo caso, si comportano come parole lessicalmente autonome alle quali, giustamente, vengono aggiunti i suffissi possessivi. La base di **nálam**, naturalmente, è il suffisso **-nál/-nél**, mentre **róla** viene da **-ról/-röl**.

6 Ecco un altro bell'esempio di separazione del prefisso verbale dalla sua dolce metà, il verbo: **el lehet mondani**.

***

Soluzioni dell'esercizio 1

❶ Non *(mi)* sono sposato, ma ho figli. ❷ I suoi nipoti non sono nati a Budapest. ❸ Tu quando vai in pensione? ❹ La vita delle persone *(della persona)* [è] molto breve. ❺ Non tutti i cittadini ungheresi *(si)* sono diplomati. ❻ L'anno scorso ci siamo divertiti nella capitale.

❺ Dopo l'incidente, il poliziotto è morto.
A .... után a rendőr ....

❻ Hai con *(presso-)*te [dei] soldi *(denaro)*?
Van ....

Soluzioni dell'esercizio 2

❶ A – nevelte – gyerekeket ❷ Véletlenül – várostól – kilométerre ❸ Jövőre – unokáim ❹ Az – nem dolgoztál ❺ – baleset – meghalt ❻ – nálad pénz

> Nelle lezioni precedenti, specialmente in queste ultime, avete fatto notevoli passi avanti. In particolare, avete iniziato a prendere confidenza con la duttilità dell'ungherese, la permeabilità e l'elasticità con cui assembla le parole, accostandole e/o alterandone la morfologia. Vi permetteremo ora di compierne un altro,

Harmincötödik lecke

Ismétlés – Ripasso

1 Il condizionale presente

1.1 Coniugazione soggettiva

szeretnék, *amerei*
szeretnél, *ameresti*
szeretne, *amerebbe*
szeretnénk, *ameremmo*
szeretnétek, *amereste*
szeretnének, *amerebbero*

akarnék, *vorrei*
akarnál, *vorresti*
akarna, *vorrebbe*
akarnánk, *vorremmo*
akarnátok, *vorreste*
akarnának, *vorrebbero*

1.2 Coniugazione oggettiva

szeretném, *lo/la/li/le amerei*
szeretnéd, *lo/la/li/le ameresti*
szeretné, *lo/la/li/le amerebbe*
szeretnénk, *lo/la/li/le ameremmo*
szeretnétek, *lo/la/li/le amereste*
szeretnék, *lo/la/li/le amerebbero*

akarnám, *lo/la/li/le vorrei*
akarnád, *lo/la/li/le vorresti*
akarná, *lo/la/li/le vorrebbe*

altrettanto importante: d'ora in poi, all'interno dei nostri esercizi, vi verrà chiesto di "creare" parole, facendo vostri i processi grammaticali visti finora. Sarà l'occasione giusta per mettere alla prova la vostra abilità di pensare in ungherese, la vostra competenza di "fabbricanti di parole".

Trentacinquesima lezione

akarnánk, *lo/la/li/le vorremmo*
akarnátok, *lo/la/li/le vorreste*
akarnák, *lo/la/li/le vorrebbero*

N.B: Il morfema flessivo della prima persona singolare del condizionale nella coniugazione soggettiva non obbedisce alla regola dell'armonia vocalica (se necessario, rileggete il quarto paragrafo della settima lezione). Il suffisso è sempre -**nék**, a prescindere da quali siano le vocali presenti nella radice del verbo: **akarnék** e non (come sarebbe lecito aspettarsi) *akarnák.
Ed eccoci ai verbi irregolari! Il condizionale del verbo *essere* ha una duplice realizzazione, dal valore però identico: **lennék** e **volnék** (**lennél**, **volnál** ecc.). Da **megy** si ottiene **mennék**, da **tesz**, **tennék**, da **visz**, **vinnék** e così via. Consultate la nostra appendice grammaticale per una rassegna di tutte le coniugazioni.

2 Il futuro

Come promesso, eccovi il futuro. Se ricordate, nella prima nota della lezione 31 vi avevamo detto che solo il verbo *essere* possiede una vera e propria forma sintetica di futuro:

leszek, *sarò*
leszel, *sarai*
lesz, *sarà*
leszünk, *saremo*
lesztek, *sarete*
lesznek, *saranno*

Tutti gli altri verbi lo costruiscono analiticamente (in forma perifrastica), avvalendosi dell'ausiliare **fog** unito all'infinito del verbo.

százharminc • 130

2.1 Coniugazione soggettiva

írni **fogok**, *scriverò*
írni **fogsz**, *scriverai*
írni **fog**, *scriverà*
írni **fogunk**, *scriveremo*
írni **fogtok**, *scriverete*
írni **fognak**, *scriveranno*

2.2 Coniugazione oggettiva

írni **fogom**, *lo/la/li/le scriverò*
írni **fogod**, *lo/la/li/le scriverai*
írni **fogja**, *lo/la/li/le scriverà*
írni **fogjuk**, *lo/la/li/le scriveremo*
írni **fogjátok**, *lo/la/li/le scriverete*
írni **fogják**, *lo/la/li/le scriveranno*

È sempre e solo l'ausiliare **fog** a essere coniugato, il verbo in questione resta sempre all'infinito.

Anche un verbo al presente può avere valore futuro se è accompagnato dall'avverbio **majd**. **Majd jövök**, *verrò* (lett. poi vengo); **majd beszélünk**, *parleremo* (lett. poi parliamo) ecc.

3 Le relazioni di possesso

3.1 Focus sul possessore

Quando l'ungherese manifesta foneticamente anche il pronome personale del possessore (che va a interporsi tra l'articolo e la cosa posseduta), è perché il contesto richiede che venga messo in rilievo. In italiano, lo facciamo attraverso il tono, pronunciando con particolare enfasi l'aggettivo o il pronome possessivo. Così, **a házam** ha valore neutro e significa semplicemente *la mia casa*, mentre **az én házam** significa *la MIA casa* (lo stampatello maiuscolo corrisponde a un tono di voce che lo marca in modo netto). Quindi:

az én házam, *la MIA casa*
a te házad, *la TUA casa*
az ő háza, *la SUA casa*
a mi házunk, *la NOSTRA casa*
a ti házatok, *la VOSTRA casa*
az ő házuk, *la LORO casa*

Come potete osservare, nella terza persona plurale è presente un pronome che ha però la forma di una terza persona singolare: **ő**, non **ők**. Niente di estraneo alla logica dell'ungherese, lingua molto economica: se la pluralità è già espressa nel suffisso possessivo (in questo caso **-uk**), perché mai doverla segnalare ancora una volta?

3.2 I pronomi possessivi

(Az) enyém, *(il) mio/(la) mia*
(A) tied, *(il) tuo/(la) tua*
(Az) övé, *(il) suo/(la) sua*
(A) mienk, *(il) nostro/(la) nostra*
(A) tiétek, *(il) vostro/(la) vostra*
(Az) övék, *(il) loro/(la) loro*

3.3 Il suffisso possessivo *-é*

Oltre che a un sostantivo (**a bácsié**, *dello zio*), questo suffisso può essere aggiunto ai pronomi interrogativi **ki?** e **mi?**. La traduzione sarà dunque: *di chi?* **Kié ez a ház?**, *Di chi è questa casa?* – **Péteré**, *Di Péter*. **Kovács Jószefné**, come abbiamo visto nella lezione precedente, è *la moglie di József Kovács*.

3.4 Il suffisso possessivo plurale

L'indicatore che denota la pluralità di ciò che è posseduto è il suffisso **-i**:

(A) házaim, *(le) mie case*
(A) házaid, *(le) tue case*
(A) házai, *(le) sue case*
(A) házaink, *(le) nostre case*
(A) házaitok, *(le) vostre case*
(A) házaik, *(le) loro case*

Generalmente, le parole che terminano in consonante (come **ház**) aggiungono la **-i** del plurale alla terza persona singolare della forma possessiva (**háza**, *la sua casa*). Quelle che terminano in vocale la aggiungono direttamente alla forma base (**autó-i-m**, **autó-i-d** ecc.). Questi esempi vi fanno girare la testa? Non vi preoccupate, è perfettamente normale. Come sempre, sarà la pratica ad aiutarvi.

Ismétlő gyakorlat – Esercizio di ripasso

1. A vendégek is segítenek rendet csinálni.
2. Lányoknak is mondhatunk „kezét csókolom" -ot.
3. Unokánk zenekarban játszik.
4. Nincs szükségetek csirkére?
5. Az úr a pokolban is úr.
6. Barátaim mind érettségiztek.
7. Fényképem van a szüleimről.
8. Nincs minden szó a szótárban.
9. Meghívtam a hentest vacsorára.
10. Várom a munkásokat.

Harminchatodik lecke

Tornaórán

1. Ha egész nap dolgoztunk, ültünk vagy álltunk és fáradtak vagyunk,
2. este szeretnénk egy kicsit mozogni: sétálni, sportolni, tornázni. Gyerünk! Tornázzunk egyet!
3. A tornatanár hangosan számol: Egy! Kettő! Három! Lassabban! Gyorsabban ¹!

Pronuncia
2 ... torna:zzunk ...

Note
1 **Gyorsabban** è il comparativo dell'avverbio **gyorsan**, *velocemente*, e significa dunque *più velocemente*. Il suffisso **-bb** serve infatti a formare il grado comparativo sia degli aggettivi che degli avverbi. La vostra perspi-

Traduzione

1 Anche gli ospiti [ci] aiutano [a] mettere *(fare)* ordine. **2** "Kezét csókolom" si può *(possiamo)* dire anche alle ragazze. **3** Nostro nipote suona in [un']orchestra. **4** Non vi serve [del] pollo? **5** Un *(il)* signore, è signore anche all'inferno (proverbio ungherese). **6** [I] miei amici *(si)* sono tutti diplomati. **7** Ho [una] foto dei miei genitori. **8** Sul dizionario non ci sono tutte le parole. **9** Ho invitato a cena il macellaio. **10** Aspetto gli operai.

Potrete già testare il vostro progresso a partire dalla prossima lezione, che affronterete per la prima volta senza l'ausilio della pronuncia figurata. Per voi, ormai, la fonetica dell'ungherese non cela più alcun segreto: vi regaliamo quindi la soddisfazione di iniziare a camminare con le vostre gambe! Per non lasciarvi completamente abbandonati a voi stessi, riproporremo sotto il testo solamente le parole che, a nostro avviso, potrebbero ancora risultarvi indigeste (senza l'uso del grassetto, poiché sapete già fin troppo bene che l'accento, in ungherese, cade sempre sulla prima sillaba). Ma non temete, tra pochissimo nessun vocabolo magiaro sarà più un problema per voi!

Trentaseiesima lezione   36

A lezione di ginnastica *(ginnastica-ora-su)*

1 Se tutto *(intero)* [il] giorno abbiamo lavorato, siamo stati seduti, oppure in piedi, e siamo stanchi,

2 [la] sera vorremmo muoverci un pochino: passeggiare, praticare sport, fare ginnastica. Su *(veniamo)*! Facciamo un po' di ginnastica *(ginnastichiamo uno)*!

3 Il professore [di] ginnastica conta ad alta voce: Uno! Due! Tre! Più piano *(lenta-più-mente)*! Più veloce *(veloce-più-mente)*!

---

cacia, del resto, vi ha già permesso di identificare **jobban**, *meglio*, comparativo dell'avverbio **jól**, *bene* (frase 8) e anche **fáradtabbak**, *più stanchi*, comparativo dell'aggettivo qualificativo plurale **fáradtak** (frase 9).

36 / Harminchatodik lecke

4 Mi pedig együtt emeljük kezünket, lábunkat, vállunkat [2].
5 Jobbra vagy balra hajlítjuk térdünket, karunkat.
6 A nyakunkat és fejünket ide-oda forgatjuk.
7 Minden izomra külön gyakorlat van. Mindegyik jó nehéz. Izzadunk.
8 Másnap [3] nem érezzük jobban magunkat [4],
9 fáradtabbak vagyunk, mint előző nap. Mindenünk fáj.
10 De az ilyen fáradtságra mindenkinek szüksége [5] van! □

5 ... hajli:tjuk ... 10 ... fa:radtša:gra ...

Note

2 Vi ricordiamo che le parti del corpo plurali sono generalmente espresse al singolare (cfr. anche frase 5 e lezione 22, nota 2). Questo non significa certo che gli ungheresi siano mutilati!

3 **Másnap, előző nap**, si formano a partire da **nap**, *giorno*, *sole* e significano, rispettivamente, *il giorno dopo* e *il giorno prima*. Naturalmente, si tratta di concetti diversi rispetto a **tegnap**, *ieri* e a **holnap**, *domani*.

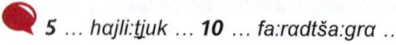

1. gyakorlat – Fordítsa le

❶ Számoljunk hangosan! ❷ Egész nap jól éreztem magamat. ❸ Ne ülj le a tornaórán! ❹ Másnap nem tudtam forgatni a fejemet. ❺ Lakásra minden családnak szüksége van. ❻ Pénteken lassabban dolgoztunk.

Trentaseiesima lezione / 36

4 Noi, invece, solleviamo insieme le mani *(mano-nostra)*, le gambe *(gamba-nostra)*, le spalle *(spalla-nostra)*.
5 Flettiamo a destra o a sinistra le ginocchia *(ginocchio-nostro)* e le braccia *(braccio-nostro)*.
6 Ruotiamo in entrambi i sensi *(qua-là)* il collo*(-nostro)* e [la] testa*(-nostra)*.
7 C'è un apposito esercizio per ogni muscolo*(-su)*. Ognuno [è] bello tosto *(ben difficile)*. Sudiamo.
8 Il giorno dopo non ci sentiamo meglio,
9 siamo più stanchi rispetto al *(giorno)* precedente. Abbiamo male dappertutto.
10 Ma tutti hanno bisogno di una stanchezza del genere *(tale)*!

4 Alcuni verbi riflessivi italiani si rendono in ungherese aggiungendo al verbo la forma tonica del pronome riflessivo (vi ricordiamo a questo proposito che il sistema pronominale ungherese non presenta forme clitiche): **magunkat**, *noi, noi stessi*, ma anche *ci*. Vi presenteremo il paradigma completo dei pronomi personali riflessivi nella prossima lezione di ripasso (lezione 42).

5 Cfr. lezione 23, nota 3.

***

Soluzioni dell'esercizio 1

❶ Contiamo ad alta voce! ❷ Mi sono sentito/a bene tutto [il] giorno. ❸ Non sederti durante l'ora di ginnastica! ❹ Il giorno dopo non riuscivo a *(sapevo)* muovere la testa*(-mia)*. ❺ Ogni famiglia ha bisogno di [un] appartamento. ❻ Venerdì abbiamo lavorato con più calma *(lenta-più-mente)*.

százharminchat • 136

2. gyakorlat – Egészítse ki

❶ Mi fa male il ginocchio *(duole il ginocchio-mio)*.
... a ....

❷ In riva al mare è possibile fare sport.
A .... lehet ....

❸ Questa *(oggi)* sera [ci] muoveremo.
.... fogunk.

❹ Il prof [di] ginnastica non [è] cittadino ungherese.
A .... nem magyar ....

❺ Cosa portano in spalla *(la spalla-loro-su)* gli operai?
Mit .... a munkások a ....?

❻ Il dentista ruota la testa del paziente.
A .... beteg ..... forgatja.

Harminchetedik lecke

Hurrá, utazunk!

1 – Mondd Jenő, hány órakor indul a vonat?
2 – Kilenckor és már hét óra van. Siess, Lujza!
3 – Hogy állsz [1] a csomagokkal? Mindent betettél a bőröndökbe?
4 – Minden megvan. Szólj a gyerekeknek, hogy indulunk.

Pronuncia

2 ... šiɛšš ... **3** ... čomagokkal ...

Note

[1] **Hogy állsz?**, lett. *come stai in piedi?*, equivale ai nostri *a che punto sei? come sei messo?* Come la maggioranza dei verbi a larga frequenza d'uso, **áll** possiede più significati.

Soluzioni dell'esercizio 2

❶ Fáj – térdem ❷ – tengerparton – sportolni ❸ Ma este mozogni – ❹ – tornatanár – állampolgár ❺ – visznek – vállukon ❻ – fogorvos a – fejét –

Trentasettesima lezione

Evvai! Si parte *(viaggiamo)*!

1 – Di' [un po'], Jenő, a che ora parte il treno?
2 – Alle nove e sono già le *(ore)* sette. Sbrigati, Lujza!
3 – A che punto sei con i bagagli? Hai messo tutto nelle valigie?
4 – C'è [già] tutto. Di' ai bambini che partiamo.

37 / Harminchetedik lecke

5 – Jenőkém [2], melyik [3] cipőt vegyem fel? A fehéret, a feketét, vagy a szürkét?
6 – A legszebbet [4], csak gyorsan! Hívtál taxit?
7 – Melyik telefonszámon kell kocsit rendelni?
8 – Nézd meg az Interneten [5] és ne felejts el nagy autót kérni!
9 – Szivem, melyik kalapot vegyem fel? A sárgát, a zöldet, vagy a kéket?
10 – A legnagyobbat és a legszebbet, csak ne késsük le újra a vonatot miattad [6].

7 ... tɛlɛfonsaːmon ...

Note

2 Anche se, non a torto, potrà sembrarvi strano, **Jenőke** è il diminutivo/vezzeggiativo di **Jenő**.

3 L'aggettivo interrogativo **melyik?**, *quale?* prevede una risposta che va selezionata tra più opzioni (cfr. anche frasi 7 e 9).

3 Formare il grado superlativo di aggettivi e avverbi è semplice: basta far precedere il comparativo dal prefisso **leg-**: **nagy, nagyobb, legnagyobb**, *grande, più grande, il più grande* (cfr. anche frase 10).

4 L'uso del computer è largamente diffuso anche in Ungheria: potrete infatti navigare indisturbati negli internet point (in ungherese **Internet kávézó**). Tenete a mente l'espressione **világháló**, *World Wide Web*, e il verbo **internetezik**, appunto *navigare in internet*.

***

1. gyakorlat – Fordítsa le

❶ Melyik vonattal utazunk Budapestre? ❷ Szólj a taxisofőrnek, hogy menjen egy kicsit lassabban. ❸ Betetted a kalapokat a bőröndbe? ❹ Az én feleségem a legszebb a faluban. ❺ Mondd, kislány, szereted a csokoládétortát? ❻ Miattam fogjuk lekésni az előadást.

Trentasettesima lezione / 37

5 – Jenuccio mio, quali scarpe [mi] metto? Quelle *(Le)* bianche, quelle *(le)* nere o quelle *(le)* grigie?
6 – Le più belle, ma *(solo)* veloce! Hai chiamato [il] taxi?
7 – Quale numero [di] telefono bisogna [chiamare per] prenotare *(ordinare)* [la] macchina?
8 – Guarda su*(ll')*internet e non dimenticar[ti] [di] chiedere [un']auto spaziosa *(grande)*!
9 – Tesoro *(Cuore-mio)*, quale cappello [mi] metto? Quello *(il)* giallo, quello *(il)* rosso o quello *(il)* blu?
10 – Quello *(il)* più grande e *(il)* più bello, ma *(solo)* non perdiamo nuovamente il treno a causa tua!

5 miattad, *a causa tua*, da **miatt**, *a causa di*, è una posposizione con suffisso possessivo (cfr. lezione 16, frasi 1 e 2; lezione 32, frase 8 e lezione 21, paragrafo 4).

***

Soluzioni dell'esercizio 1
❶ Con quale treno andiamo *(viaggiamo)* a Budapest? ❷ Di' al tassista *(taxi-autista)* di andare *(che vada)* un po' più piano. ❸ Hai messo i cappelli in valigia? ❹ *(La)* mia moglie [è] la più bella del villaggio*(-in)*. ❺ Di' [un po'], figliola *(bambina)*, ti piace *(ami)* la torta [al] cioccolato? ❻ A causa mia perderemo lo spettacolo.

2. gyakorlat – Egészítse ki

❶ Chiami il seguente numero [di] telefono.
..... a ....

❷ Quale libro ti piace?
.... tetszik .....?

❸ Il più bel paese [è] il paradiso.
A .... ország a ....

❹ Bambini, a che punto siete con i compiti *(le lezioni-vostre-con)*?
Gyerekek .... a leckétekkel?

Harmincnyolcadik lecke

Pesti [1] viccek

1 Kedves olvasó, egy pesti [1] eszpresszóban ülünk és vicceket mesélünk egymásnak. Ne felejtsen el nevetni!
2 Két kisgyerek beszélget:
3 – Az én papám a legjobb és a legokosabb bácsi [2], szól az egyik.
4 – Nekem mondod? Tavaly még nálunk volt papa.
5 Egy kisfiú és egy kislány találkozik:
6 – Ha én nagy leszek, olyan sok pénzt fogok keresni, mint a papám.

Pronuncia
... vittsɛk **3** ... lɛgokošabb ...

Note

[1] **Pest** è la riva sinistra di Budapest, ma talvolta si usa per riferirsi alla capitale ungherese nella sua interezza, in particolar modo quando si tratta di esaltare la mentalità o lo spirito dei suoi abitanti.

Trentottesima lezione / 38

⑤ Abbiamo davanti *(Va davanti-a-noi)* una macchina straniera.
Egy .... kocsi .... előttünk.

⑥ Ho ordinato [un] cappello elegante per la mia amica.
Elegáns .... a barátnőmnek.

Soluzioni dell'esercizio 2
❶ Hívja – következő telefonszámot **❷** Melyik könyv – neked
❸ – legszebb – mennyország **❹** – hogy álltok – **❺** – külföldi – megy –
❻ – kalapot rendeltem –

38
Trentottesima lezione

Barzellette budapestine

1 Caro lettore, ci troviamo *(siamo)* seduti in un bar di Budapest *(budapestino)* a raccontarci *(e raccontiamo)* barzellette *(uno-altro-a)*. Non *(si)* dimentichi [di] ridere!
2 Due bambini chiacchierano:
3 – Il mio papà [è] l'uomo *(zio)* più buono e *(il)* più intelligente, dice *(l')*uno.
4 – A me lo dici? L'anno scorso papà viveva *(era)* ancora da noi.
5 Un bambino e una bambina si incontrano:
6 – Quando *(Se io)* sarò grande, guadagnerò tanti soldi quanti *(come)* [ne guadagna] il mio papà.

2 Ricordate l'uso di **bácsi** e di **néni**? Qualora necessitiate di una rinfrescatina alla vostra memoria, rileggete la nota 1 della ventesima lezione.

száz negyvenkettő • 142

7 – Ha én nagy leszek, olyan sok pénzt fogok költeni, mint a mamám.
8 – Képzeld, ma délelőtt kihúzták [3] a fogamat.
9 – Na és fáj még?
10 – Nem tudom, a fogorvosnál maradt.

8 ... kihu:zta:k ...

Note
3 Come avete già potuto vedere, un soggetto impersonale si esprime in ungherese attraverso la terza persona plurale del verbo.

***

1. gyakorlat – Fordítsa le
❶ Pistike sok pénzt költ. ❷ Szeretsz viccet mesélni? ❸ Tavaly még fogorvos volt a papám. ❹ Sok olvasó szereti a magyar könyveket. ❺ Mennyi pénzt keres a pincér az eszpresszóban? ❻ A bácsinak kihúzták a fogait.

***

2. gyakorlat – Egészítse ki
❶ La nonna [se ne] sta seduta al bar tutto [il] giorno.
A .... egész nap .. az ....
❷ A causa delle barzellette hanno perso il treno.
A ...... miatt .... a ....
❸ Il giorno dopo ho guadagnato tanti soldi.
...... sok pénzt ....
❹ Dopo la lezione [di] ginnastica, nessuno *(non)* ride.
A tornaóra .... senki nem ....

Trentottesima lezione / 38

7 – Quando *(Se io)* sarò grande, spenderò tanti soldi quanti *(come)* [ne spende] la mia mamma.
8 – Pensa *(Immagina)*, questa *(oggi)* mattina [mi] hanno cavato un *(il)* dente*(-mio)*.
9 – E *(Allora)* [ti] fa ancora male?
10 – Non lo so, è rimasto dal dentista.

Soluzioni dell'esercizio 1
❶ Pistike spende molti soldi. ❷ Ti piace *(ami)* raccontare barzellette *(barzelletta)*? ❸ L'anno scorso mio padre era ancora dentista. ❹ Molti lettori amano i libri ungheresi. ❺ Quanti soldi guadagna il cameriere del bar*(-in)*? ❻ Hanno cavato i denti al signore *(zio)*.

***

❺ L'anno scorso non ho indossato il mio cappello bianco.
...... **nem vettem** ... **a fehér** ....

❻ [La] mattina sono stato da voi.
.... **voltam**.

Soluzioni dell'esercizio 2
❶ – nagymama – ül – eszpresszóban ❷ – viccek – lekésték – vonatot ❸ Másnap – kerestem ❹ – után – nevet ❺ Tavaly – fel – kalapomat ❻ Délelőtt nálatok –

Harminckilencedik lecke

Emlékek

1 – Mit szólsz ehhez [1] a szép időhöz? Végre nem esik sem az eső, sem [2] a hó.
2 – Hát igen, jólesik a séta ebben a tavaszi napsütésben.
3 – Emlékszel? Ebben az utcában ismerkedtünk meg negyven évvel ezelőtt [3].
4 – Rosszul emlékszel, nem itt találkoztunk először, hanem ott, azon a téren.
5 – Lehet, hogy igazad van [4], de régóta nem sétáltunk ezen a környéken.
6 – Ez előtt az üzlet előtt mondtad először, hogy tetszem neked.
7 – Szerintem [5] e között a két fa között csókoltalak meg másodszor.

Pronuncia
2 ... jo:lɛšik ... napšüte:šbɛn 3 ... išmɛrkɛdtünk ...

Note

1 Gli aggettivi dimostrativi **ez a...**, **az a...**, **ezek a...**, **azok a...**, prendono lo stesso suffisso o la stessa posposizione del sostantivo a cui si riferiscono. Quando vengono suffissati, la **-z** finale del dimostrativo singolare si assimila alla prima consonante del suffisso in questione. Questo processo linguistico è detto *assimilazione regressiva* ed è il fenomeno opposto rispetto all'*assimilazione progressiva* descritta nella nota 4 della lezione 31: **ebben a házban**, *in questa casa* e non *ezben a házban*; **abban az utcában**, *in quella via*, e non *azban az utcában*. Al plurale, invece, non vi è alcuna assimilazione: **ezekben a házakban**, *in queste case*; **azokban az utcákban**, *in queste vie* ecc. Anche le posposizioni vengono, a loro volta, "sdoppiate". Graficamente rimangono però separate dal dimostrativo: **ez előtt a ház előtt**, *davanti a questa casa*; **az alatt a fa alatt**, *sotto quell'albero*; **ezek előtt a házak előtt**, *davanti a queste case*; **azok alatt**

Trentanovesima lezione

Ricordi

1 – Che ne pensi *(Cosa dici)* di questo bel tempo?
 Finalmente ha smesso sia di piovere, che di nevicare *(non cade né la pioggia, né la neve)*.
2 – Eh sì, è piacevole passeggiare *(bene-cade la passeggiata)* nello splendore di questo sole primaverile *(questo-in primaverile sole-splendore-in)*.
3 – [Ti] ricordi? [È] in questa via [che] ci siamo conosciuti quarant'anni fa *(quaranta anni-con questo-prima)*.
4 – Ricordi male, non [è] qui [che] ci siamo incontrati la prima volta, ma lì, in quella piazza *(-su)*.
5 – Può essere che tu abbia ragione, ma [era] da tanto [che] non passeggiavamo in questa zona.
6 – [È] davanti a questo negozio [che mi] hai detto per la prima volta che ti piacevo *(piaccio)*.
7 – Secondo me [è] tra questi due alberi [che ti] ho baciata per la seconda volta.

---

a fák alatt, *sotto quegli alberi*. Quando la posposizione inizia per consonante, la **-z** del dimostrativo (singolare) cade: **e mellett az üzlet mellett**, *vicino a questo negozio*, e non *ez mellett az üzlet mellett; **a mögött a ház mögött**, *dietro a quella casa*, e non *az mögött a ház mögött (cfr. anche frasi dalla 2 alla 9).

2 **sem... sem** (oppure **se... se**), *né... né*.

3 Il valore temporale del nostro avverbio "fa" è espresso in ungherese tramite il suffisso **-val/-vel + ezelőtt, azelőtt**: **Két nap ezelőtt**, *due giorni fa*, lett. con due giorni prima di questo.

4 **Igaza van**, *ha ragione*.

5 **Szerintem** è la forma "suffissata" (con suffisso possessivo di prima persona singolare) della posposizione **szerint**, *secondo*.

8 – Az alatt a híd alatt kérted meg a kezemet.
9 – Jólesik nekem, hogy emlékszel ezekre a régi dolgokra.
10 – Látod, van mit mesélni az unokáinknak.

***

1. gyakorlat – Fordítsa le

❶ Mit szólsz az unokáimhoz? ❷ Végre tetszem neked! ❸ Ezen a környéken nincsenek üzletek. ❹ Az alatt a híd alatt találkozunk. ❺ Régóta nem esett az eső ebben a városban. ❻ A között a két garázs között történt a baleset.

2. gyakorlat – Egészítse ki

❶ Non amo questi ospiti.
...... a vendégeket nem ....

❷ [È] in questo ristorante [che] pranzerò.
..... az .... fogok ....

❸ È possibile che [tu] avessi *(avevi)* ragione.
Lehet, hogy ....

❹ A questa donna sono soliti dire "le bacio la mano".
Ennek ...... „kezét ...."-ot szoktak ....

❺ In questa lingua [ci] sono molte parole lunghe.
..... a .... sok .... van.

❻ [È] davanti a quell'albergo [che] stanno arrivando [delle] auto nere.
Az elé a .... érkeznek ...... autók.

Trentanovesima lezione / 39

8 – [È] sotto quel ponte [che] mi hai chiesto la mano*(-mia)*.
9 – Mi fa piacere *(Bene-cade a-me)* che ricordi queste vecchie cose.
10 – Vedi, [ne] abbiamo da *(cosa)* raccontare ai nostri nipoti!

***

Soluzioni dell'esercizio 1
❶ Che [ne] pensi *(che dici)* dei miei nipoti? ❷ Finalmente ti piaccio! ❸ In questa zona non ci sono negozi. ❹ Ci siamo incontrati sotto quel ponte. ❺ [Era] da tanto [che] non pioveva in questa città. ❻ [È] tra questi due garage [che] è avvenuto l'incidente.

Soluzioni dell'esercizio 2
❶ Ezeket – szeretem ❷ Ebben – étteremben – ebédelni ❸ – igazad volt ❹ – a nőnek – csókolom – mondani ❺ Ebben – nyelvben – hosszú szó – ❻ – szálloda elé – fekete –

Negyvenedik lecke

Néhány szó a magyar történelemről

1. A magyar nép a IX. század végén, 896-ban érkezett Ázsiából Közép-Európába.
2. Szent István volt az első magyar király. A királyi korona a Magyar Nemzeti Múzeumban látható [1].
3. Mátyás király alatt, a XV. században, Magyarország Európa egyik legnagyobb és legfejlettebb országa volt.
4. Az országot később törökök foglalták el; ma is sok fürdő és más török emlék található a magyar városokban.
5. Rákóczi Ferenc fejedelem a XVIII. század elején már az osztrákok ellen harcolt.
6. Kossuth Lajos és Petőfi Sándor (egy versét már ismerjük!), az 1848-as forradalom és szabadságharc hősei voltak.
7. 1867 az osztrák-magyar monarchia születésének éve.
8. Magyarország az első és a második világháborút is elvesztette.

Pronuncia

3 … lɛgnadjobb … 6 … sabadča:gharts …

Note

1 Le forme **látható** e **található** sono state create, rispettivamente, a partire dai temi verbali **lát**, *vede*, e **talál**, *trova*, ai quali sono stati aggiunti, prima, il suffisso **-hat** (che, come vedrete, ha la funzione del nostro verbo servile *potere*), infine **-ó** (torneremo anche su questo), suffisso che forma il participio presente. Dunque: **látható**, *che si può vedere, visibile* e **található**, *che si può trovare, reperibile*.

Quarantesima lezione

Qualche parola sulla storia dell'Ungheria *(ungherese)*

1. Il popolo ungherese giunse in Europa centrale dall'Asia nell'896, alla fine del secolo IX.
2. Santo Stefano fu il primo re d'Ungheria *(ungherese)*. La corona reale [è] esposta *(visibile)* al Museo Nazionale Ungherese.
3. Sotto [il regno di] re Mattia [Corvino], nel secolo XV, l'Ungheria fu uno dei paesi più grandi e sviluppati d'Europa.
4. In seguito il paese fu occupato dai Turchi *(turchi lo-occuparono)*; ancora oggi, nelle città ungheresi, è possibile trovare molti bagni [turchi] e altre vestigia *(turco ricordo)*.
5. Già agli albori *(inizio-su)* del secolo XVIII [il] principe Ferenc Rákóczi combatteva contro gli Austriaci.
6. Lajos Kossuth e Sándor Petőfi (una sua poesia la conosciamo già!) furono gli eroi della Rivoluzione del 1848 e della guerra d'Indipendenza.
7. [Il] 1867 [fu] l'anno di nascita della monarchia austro-ungarica.
8. L'Ungheria perse sia la Prima che la Seconda *(la Prima e la Seconda)* guerra mondiale.

9 1949 és 1989 között Magyarországon egypártrendszer volt; 1989 óta parlamentáris demokrácia van.
10 Ha érdekli önt ennek a kis népnek a történelme, olvasson a mi leckénknél [2] komolyabb írásokat is. ☐

🗨 10 ... törte:nɛlmɛ ...

Note

2 Il suffisso -**nál/-nél** si usa spesso per identificare il secondo termine di una comparazione di maggioranza o di minoranza: **Péter nagyobb Pálnál**, *Péter [è] più grande di Pál*. Ne parleremo nuovamente nella prossima lezione di ripasso.

***

1. gyakorlat – Fordítsa le

❶ A nagyapám a szabadságharc hőse volt. ❷ Itt látható az első magyar király koronája. ❸ Európában sok fejlett ország található. ❹ Ismered a budapesti török fürdőket? ❺ Nem lesz harmadik világháború. ❻ Elfelejtettem a fejedelem születésének évét.

***

2. gyakorlat – Egészítse ki

❶ Gli Ungheresi sono arrivati da[ll']Asia.
A .... Ázsiából ....

❷ La storia mi interessa da dieci anni.
Tíz év .... engem a ....

❸ Sono molto vecchio, ma non [mi] ricordo di re Mattia.
Nagyon .... vagyok, de .... Mátyás ....

❹ Péter occupa il bagno e non vuole venire fuori.
Péter .... a .... és nem .... kijönni.

Quarantesima lezione / 40

9 Tra [il] 1949 e [il] 1989, l'Ungheria conobbe un regime a partito unico *(Ungheria-in uno-partito-sistema fu)*; dal 1989 vige *(c'è)* [una] democrazia parlamentare.

10 Se le interessa la storia di questo piccolo paese *(popolo)*, legga anche scritti più autorevoli *(seri)* rispetto a [quelli contenuti] nelle nostre lezioni.

ITT SOK FÜRDŐ ÉS MÁS TÖRÖK EMLÉK TALÁLHATÓ

Soluzioni dell'esercizio 1

❶ Mio nonno fu l'eroe della guerra d'Indipendenza. ❷ Qui [è] esposta *(visibile)* la corona del primo re d'Ungheria *(ungherese)*. ❸ In Europa si trovano *(è-possibile-trovare)* molti paesi sviluppati. ❹ Conosci i bagni turchi di Budapest *(budapestini)*? ❺ Non ci sarà [una] Terza guerra mondiale. ❻ Ho dimenticato l'anno [di] nascita del principe.

***

❺ Ieri ho letto le poesie del principe.
...... olvastam a fejedelem ....

❻ [È] nel bagno turco [che] hai perso la chiave?
A török .... el a ....?

Soluzioni dell'esercizio 2

❶ – magyarok – érkeztek ❷ – óta érdekel – történelem ❸ – öreg – nem emlékszem – királyra ❹ – elfoglalja – fürdőszobát – akar – ❺ Tegnap – verseit ❻ – fürdőben vesztetted – kulcsot

százötvenkettő • 152

Negyvenegyedik lecke

Egy furcsa álom

1 – Ma éjjel furcsa álmom [1] volt.
2 Ismeretlen helyen találtam magam [2]. Egy idegen városban, ahol [3] még soha nem jártam.
3 Olyanok voltak a házak, mint [4] a torták, és olyanok voltak a járókelők, mint a narancsok.
4 Én is úgy néztem ki, mint egy narancs, de volt szám, fülem és orrom is.
5 Úgy sétáltam a hatalmas, szigorú torták között, mintha az iskolába mennék.
6 Minden ház előtt megálltam, mert nagyon szerettem volna [5] megkóstolni valamelyiket.
7 De a torták erősebbek voltak nálam és nem engedték, hogy közel menjek hozzájuk [6].
8 Szomorúan néztem a többi narancsot: mindegyiknek tele volt a szája, csak én voltam éhes.

Pronuncia
... furča ... 3 ... ja:ro:kɛlö:k ... 8 ... mindɛdjiknɛk ...

Note

1 Alcune parole presentano alterazioni interne alla propria radice: **álom**, *sogno*, accoglie certi suffissi su una variante (**álm-**) della sua radice.
2 A proposito di **magamat**, rileggete la nota 4 della lezione 36.
3 **ahol**, *dove*, pronome relativo da non confondere con l'avverbio **hol?**, *dove?*
4 **Olyan... mint, olyanok... mint, úgy... mintha**. Una peculiarità sintattica dell'ungherese esige che i periodi contenenti proposizioni subordinate abbiano, nella principale, un elemento anticipatorio assente in italiano (cfr. lezione 22, nota 5). **Olyan** esprime una qualità, **úgy** una maniera ecc.

Quarantunesima lezione

Uno strano sogno

1 – Stanotte *(Oggi notte-con)* **ho fatto** *(avuto)* [uno] strano sogno.
2 Mi trovo in un luogo sconosciuto. In una città straniera in cui *(dove)* non ero *(ancora)* mai stato *(andato)*.
3 Le case erano torte *(Tali erano le case, come le torte)* e i passanti arance *(tali erano i passanti, come le arance)*.
4 Anch'io ero *(così apparivo come)* un'arancia, ma avevo [la] bocca, [le] orecchie e anche [il] naso.
5 *(Così)* camminavo tra le torte enormi [e] minacciose *(severe)* come se stessi andando *(andrei)* a scuola.
6 Mi fermavo davanti a ogni casa perché avrei tanto voluto assaggiar[n]e qualcuna.
7 Ma le torte erano più forti di me e non permettevano che mi avvicinassi *(vicino andassi)* a loro.
8 Guardavo tristemente le altre *(ulteriori)* arance: avevano tutte la bocca piena, solo io avevo fame *(affamato ero)*.

Quanto a **mint** e a **mintha** (frasi 4, 5 e 11), si tratta di elementi che introducono la subordinata. Non temete: presto esauriremo debitamente l'argomento.

5 Szerettem volna, lettem volna (frase 10) sono condizionali passati. Questo tempo verbale si ottiene unendo all'indicativo passato del verbo in questione l'ausiliare **volna**. Per il condizionale presente cfr. lezione 35, paragrafo 1.

6 Hozzájuk è la forma "possessiva" (contenente il suffisso possessivo di terza persona plurale) del suffisso **-hoz/-hez/-höz**.

százötvennégy • 154

9 Hirtelen elkezdett esni az eső, először csak a szél fújt, majd jött a vihar.
10 A narancsok úgy elszaladtak, mintha ott sem lettek volna és a torták is szép lassan elolvadtak.
11 Olyan volt ez az álom, mint egy szép mese. Sajnos felébredtem és soha nem fogom megtudni, hol jártam.

***

1. gyakorlat – Fordítsa le
❶ Törökország nem olyan, mint Magyarország. ❷ A fürdőszobában felébredtem. ❸ A fejedelem úgy harcolt, mint egy hős. ❹ Ha olvastad volna ezt a könyvet, érdekelne téged a történelem. ❺ Hirtelen elkezdett fújni a szél. ❻ A hó tegnap elolvadt.

***

2. gyakorlat – Egészítse ki
❶ Il prof [di] ginnastica non ci ha permesso di sederci *(non ha-permesso che ci-sedessimo)*.
A .... nem .... hogy leüljünk.

❷ Se fosse stato stanco, non avrebbe lavorato.
Ha fáradt ...., nem ....

❸ Secondo il bambino, l'arancia [è] *(tale)* come il sole.
A gyerek .... a ...., mint a ....

❹ In questo sogno era tutto strano.
..... az .... minden ...... volt.

❺ Il nipote aveva la bocca piena.
Az .... tele .... a ......

❻ Nella città straniera ho assaggiato una torta.
Az ...... városban .... egy ....

Quarantunesima lezione / 41

9 All'improvviso ha iniziato [a] piovere *(cadere la pioggia)*, in un primo momento tirava solo *(il)* vento, poi è venuto il temporale.

10 Le arance *(così)* sono fuggite come se non fossero *(sarebbero)* mai state lì e anche le torte, a poco a poco *(belle lente)*, si sono sciolte.

11 Questo sogno *(tale)* è stato come una bella favola. Purtroppo mi sono svegliato e non saprò mai dove sono stato *(andato)*.

***

Soluzioni dell'esercizio 1

❶ [La] Turchia non [è] *(tale)* come [l']Ungheria. ❷ Mi sono svegliato in bagno. ❸ Il principe *(così)* ha combattuto da *(come un)* eroe. ❹ Se [tu] avessi letto questo libro, la Storia ti interesserebbe. ❺ All'improvviso ha iniziato a tirare *(il)* vento. ❻ La neve si è sciolta ieri.

***

Soluzioni dell'esercizio 2

❶ – tornatanár – engedte – ❷ – lett volna – dolgozott volna ❸ – szerint – narancs olyan – nap ❹ Ebben – álomban – furcsa – ❺ – unokának – volt – szája ❻ – idegen – megkóstoltam – tortát

Negyvenkettedik lecke

Ismétlés – Ripasso

1 Il grado comparativo e superlativo di aggettivi e avverbi

Cfr. lezione 36, nota 1; lezione 37, nota 3 e lezione 40, nota 2. Sapete già che il grado comparativo di un aggettivo o di un avverbio si ottiene tramite l'aggiunta del suffisso **-bb**, mentre il grado superlativo si ottiene invece aggiungendo, al comparativo dell'aggettivo o dell'avverbio in questione, il prefisso **leg-**.
Esempi:
magas, *alto*, **magasabb**, *più alto*, **legmagasabb**, *il più alto*;
fekete, *nero*, **feketébb**, *più nero*, **legfeketébb**, *il più nero*;
elegánsan, *in modo elegante*, **elegánsabban**, *in modo più elegante*, **legelegánsabban**, *nel modo più elegante*.
Tuttavia, ecco alcune eccezioni:
hosszú, *lungo*, **hosszabb**, *più lungo*, **leghosszabb**, *il più lungo*;
könnyű, *facile, leggero*, **könnyebb**, **legkönnyebb**;
jó, *buono*, **jobb**, **legjobb**;
szép, *bello*, **szebb**, **legszebb**;
sok, *molto*, **több**, **legtöbb**;
kicsi, kis, *piccolo*, **kisebb**, **legkisebb**.
Nella seconda nota della quarantesima lezione ci eravamo serviti dell'esempio **Péter nagyobb Pálnál** per illustrare l'impiego del suffisso **-nál/-nél** nell'ambito di una comparazione. Il secondo termine di paragone può essere altrimenti espresso tramite la congiunzione **mint**: **Péter nagyobb, mint Pál**. Non vi è alcuna differenza semantica tra le due frasi.

2 Pronomi riflessivi

Cfr. lezione 36, nota 4 e lezione 41, nota 2. Ecco l'elenco completo dei pronomi personali riflessivi nella loro forma tonica (sappiamo già che quella clitica non esiste, cfr. lezione 36, nota 4):

Quarantaduesima lezione

magam, *me / me stesso / mi*
magad, *te / te stesso / ti*
maga, *sé / se stesso / si*
magunk, *noi / noi stessi / ci*
magatok, *voi / voi stessi / vi*
maguk, *sé / se stessi / si*

Nulla impedisce a un pronome riflessivo di combinarsi con un suffisso oppure con una posposizione: **magamat**, **magamban**, **magadnak**, **maga mögött**, **maga mellett** ecc.

3 Posposizioni con suffisso possessivo

Il concetto di "suffissazione possessiva" è stato illustrato all'interno del quarto paragrafo della ventunesima lezione. Sapete anche che lo stesso fenomeno interessa le posposizioni: **miattam, szerintem**. Eccovi il paradigma completo di queste due posposizioni con suffissazione possessiva:

miattam, *a causa mia*
miattad, *a causa tua*
miatta, *a causa sua*
miattunk, *a causa nostra*
miattatok, *a causa vostra*
miattuk, *a causa loro*

szerintem, *secondo me*
szerinted, *secondo te*
szerinte, *secondo lui/lei*
szerintünk, *secondo noi*
szerintetek, *secondo voi*
szerintük, *secondo loro*

4 Il condizionale passato

Cfr. lezione 41, nota 5. Vi avevamo detto (e ve lo confermiamo) che la sua costruzione è semplice: basta prendere l'indicativo passato (di cui, come ben sapete, esiste una sola forma) del verbo che si desidera volgere al condizionale passato e poi aggiungere l'ausiliare **volna**, il quale non è altro che… la terza persona singolare del condizionale presente di **lenni**, *essere*!

4.1 Coniugazione soggettiva

szerettem volna, *avrei amato*
szerettél volna, *avresti amato*
szeretett volna, *avrebbe amato*
szerettünk volna, *avremmo amato*
szerettetek volna, *avreste amato*
szerettek volna, *avrebbero amato*

***

▶ Ismétlő gyakorlat – Esercizio di ripasso

1. A tornatanár taxit hív.
2. Gyorsabban mozogjunk!
3. A bőröndökben cipők és kalapok vannak.
4. Szép időben sokat utazunk.
5. A híd alatt nem esik a hó.
6. Az üzlet előtt találkozunk.
7. Emlékszem ezekre az utcákra.
8. Ennél a fánál megálltunk.
9. Sok pénzt keres, de nem gazdag.
10. Törökök voltak nálunk.

4.2 Coniugazione oggettiva

szerettem volna, *lo/la/li/le avrei amato/a/i/e*
szeretted volna, *lo/la/li/le avrei amato/a/i/e*
szerette volna, *lo/la/li/le avrebbe amato/a/i/e*
szerettük volna, *lo/la/li/le avremmo amato/a/i/e*
szerettétek volna, *lo/la/li/le avreste amato/a/i/e*
szerették volna, *lo/la/li/le avrebbero amato/a/i/e*

Quanto al nostro **lenni**, il suo condizionale passato si presenta nella seguente forma:

lettem volna, *sarei stato/a*
lettél volna, *saresti stato/a*
lett volna, *sarebbe stato/a*
lettünk volna, *saremmo stati/e*
lettetek volna, *sareste stati/e*
lettek volna, *sarebbero stati/e*

***

Traduzione

1 L'insegnante [di] ginnastica chiama [un] taxi. **2** Muoviamoci più in fretta! **3** Nelle valigie ci sono scarpe e cappelli. **4** Con il *(nel)* bel tempo viaggiamo molto. **5** Sotto il ponte non nevica *(non cade la neve)*. **6** Ci troviamo *(incontriamo)* davanti al negozio. **7** Mi ricordo di queste strade. **8** Ci siamo fermati accanto a quest'albero. **9** Guadagna molti soldi, ma non [è] ricco. **10** Da noi sono arrivati *(ci sono stati)* [i] Turchi.

Negyvenharmadik lecke

Karcsi féltékeny

1 Sárika a tükör előtt szépítgeti [1] magát, rúzst tesz a szájára és púdert az arcára.
2 Karcsi a ház előtt sétálgat. Nagyon türelmetlen.
3 A lány végre elkészül és lesiet [2] az utcára a barátjához.
4 – Hol voltál ilyen sokáig? Mit csináltál? Biztosan telefonon beszélgettél valakivel!
5 – Ne kérdezgess, ne találgass. Inkább azt mondd meg, hogy hova megyünk.
6 – Ide az eszpresszóba. Mit rendeljek neked?
7 – Kávét habbal és néhány süteményt. Te is iszol valamit?
8 – Én is egy feketét fogok kérni, de egy pohár rummal.
9 Karcsi a kávéját kavargatja és hallgat. Sárika sem szólal meg, a süteményt eszegeti.
10 Miért féltékeny Karcsi? Van oka a féltékenységre? Ezt megtudjuk a következő leckéből.

Pronuncia
5 ... tala:lgašš ... 9 ... kavargatja ... 10 ... kövɛtkɛzö: ...

Note
1 Szépítgeti, sétálgat, beszélgettél, kérdezgess, találgass, kavargatja: il suffisso iterativo/frequentativo -gat/-get (cfr. in italiano *saltare* → *saltellare*, ma anche *sorseggiare, centellinare, canticchiare, fischiettare*) esprime l'idea del ripetersi di un'azione, ma anche del suo svolgersi in una maniera particolare (cfr. anche i verbi nelle frasi 1, 2, 4, 5, 9).

Quarantatreesima lezione

Karcsi [è] geloso

1 Sárika si fa bella davanti allo specchio, [si] mette [il] rossetto sulle labbra *(la bocca-sua-su)* e [la] cipria sul viso *(-suo)*.
2 Karcsi passeggia [avanti e indietro] davanti a *(-lla)* casa [sua]. [È] molto impaziente.
3 La ragazza finalmente [è] pronta e scende rapidamente *(giù-si-affretta)* in strada verso il suo fidanzato *(l'amico-suo-da)*.
4 – Dove sei stata tutto questo tempo *(così tanto-fino-a)*? Cosa hai fatto? Sicuramente eri *(parlavi)* al telefono con qualcuno.
5 – Non farmi l'interrogatorio *(non interrogare)*, non crearti castelli in aria *(non fantasticare)*. Piuttosto di[mmi] *(che)* dove andiamo.
6 – Qui, al bar. Cosa ti ordino?
7 – [Un] caffè con panna e qualcosa di dolce *(qualche dolciume)*. Anche tu bevi qualcosa?
8 – Anch'io prendo *(chiederò)* [un] caffé *(nero)*, ma con un bicchiere [di] rum.
9 Karcsi rimescola il suo caffè e rimane in silenzio *(ascolta)*. Nemmeno Sárika spiccica parola, smangiucchia il [suo] dolce.
10 Perché [è] geloso, Karcsi? Ha motivo di esserlo *(C'è motivo-suo la gelosia-su)*? Lo scopriremo *(Questo lo-impariamo)* nella prossima lezione *(-da)*.

---

2 Il verbo **lesiet** è preceduto dal prefisso **le**, *giù*. Si tende spesso a tradurre la combinazione ungherese **prefisso direzionale + verbo** con quella italiana **verbo + avverbio**: **lesiet**, *scendere in fretta*, **kisiet**, *uscire in fretta*, **besiet**, *entrare in fretta* ecc.

1. gyakorlat – Fordítsa le

❶ Egy féltékeny fiú siet az utcán. ❷ Az eszpresszóban a vendégek türelmesek. ❸ Miért kavargatod a feketédet? ❹ Rendelek neked egy kis pohár rumot. ❺ Nem szeretjük, ha kérdezgetnek minket telefonon. ❻ Tükör előtt szépítgetem magam.

***

2. gyakorlat – Egészítse ki

❶ Non mettevo [la] panna nel caffè *(-mio)* da trentacinque anni.
 .... év óta ... tettem ..... a ....

❷ Nel mio sogno restavo in silenzio *(ascoltavo)*, non spiccicavo parola.
 .... hallgattam, nem .... meg.

❸ Ha parlato della guerra mondiale al telefono.
 .... beszélgetett a ....

❹ Mia madre [si] è messa [il] rossetto sulle labbra *(bocca-sua-su)* e ha raccontato barzellette.
 Az .... tett a .... és .... mesélt.

❺ Che ne pensi *(cosa dici)* di questo dolce?
 Mit .... a süteményhez?

❻ Eravamo finalmente pronti/e e siamo scesi/e velocemente al bar.
 Végre .... és .... az eszpresszóba.

Soluzioni dell'esercizio 1

❶ Un ragazzo geloso si affretta per strada. ❷ Al bar i clienti [sono] pazienti. ❸ Perché rimescoli il tuo caffè *(nero)*? ❹ Ti ordino un bicchierino *(piccolo bicchiere)* [di] rum. ❺ Non ci piace che ci venga fatto l'interrogatorio *(se domandano-di-continuo noi)* al telefono. ❻ Mi faccio bello/a davanti allo specchio.

***

Soluzioni dell'esercizio 2

❶ Harmincöt – nem – habot – kávémba ❷ Álmomban – szólaltam – ❸ Telefonon – világháborúról ❹ – anyám rúzst – szájára – vicceket – ❺ – szólsz ehhez – ❻ – elkészültünk – lesiettünk –

Negyvennegyedik lecke

Karcsi féltékeny (második rész)

1 – Mi bajod van? kérdezi Sárika Karcsitól.
2 A fiatalember nem válaszol, csak a hamutartót tologatja és a kanalat forgatja [1].
3 – Tudod, nem szeretem, ha egy fél óráig kell rád [2] várni. Mindíg rosszra gondolok.
4 – Buta vagy. Tudod, hogy csak téged szeretlek.
5 – A múltkor hiába vártalak és most se tudom, hogy hol jártál.
6 – Utálom, ha nem bízol bennem.
7 Olyan hangosan beszélnek, hogy minden vendég őket nézi.
8 – Ne haragudj rám, de nagyon fontos vagy nekem.
9 – Én nem haragszom rád. Próbáljunk meg felnőttként [3] viselkedni.
10 Karcsi megfogja Sárika kezét és boldogan simogatja.

Pronuncia
2 ... hamutarto:t ... 7 ... hangošan ... 10 ... šimogaṭja

Note

1 Ecco altri contesti verbali in cui possiamo trovare il suffisso frequentativo **-gat/-get** (cfr. anche frase 10).

2 **Rád**, **bennem** sono, rispettivamente, forme possessive dei suffissi **-ra/-re** e **-ban/-ben** (cfr. anche frasi 6 e 9).

3 **Felnőttként**, *da adulti*. Vi presentiamo un altro suffisso: **-ként**, *da*, *in qualità di*, che si aggiunge alla base lessicale **felnőtt**, *adulto*.

165 • **százhatvanöt**

Quarantaquattresima lezione

Karcsi [è] geloso (seconda parte)

1 – Che problemi hai *(Cosa guaio-tuo è)*? domanda Sárika a Karcsi*(-da)*.
2   Il giovane*(-uomo)* non risponde, sposta solamente il posacenere [in qua e in là] e rigira il cucchiai[n]o.
3 – Lo sai, non mi piace *(Non amo, se bisogna)* aspettarti per *(una)* mezz'ora*(-fino)*. Penso sempre male*(-su)*.
4 – Sei [uno] sciocco. Lo sai che amo solo te.
5 – L'altro giorno ti ho aspettata inutilmente e non so ancora *(e adesso neanche so che)* dove sei stata *(andata)*.
6 – Mi disgusta il fatto che tu non abbia fiducia in me *(Odio se non confidi in-me)*.
7   Parlano così forte che tutti i clienti *(ospiti)* li guardano.
8 – Non avercela con me, *(ma)* [tu] per me sei importantissima *(molto importante)*.
9 – Io non ce l'ho con te. Proviamo [a] comportarci da adulti.
10 Karcsi prende la mano di Sárika e la accarezza felice*(-mente)*.

1. gyakorlat – Fordítsa le

❶ A felnőttek egy óráig várták a gyerekeket. ❷ Hiába szépítgettem magamat a tükör előtt. ❸ A nagymama boldogan simogatta unokáit. ❹ Ezt a hamutartót Törökországból hoztam. ❺ A szomszédunk apja hősként halt meg a háborúban. ❻ Hol jártál ebben az esőben?

2. gyakorlat – Egészítse ki

❶ L'insegnante odia chi non ha fiducia *(se non confidano)* in lui.
A .... ha .... benne.

❷ Se [mi] avessi *(avresti)* aspettato/a, non sarei arrabbiato/a con te*(-su)*.
Ha ...., nem .... rád.

❸ In tutti i paesi evoluti *(sviluppati)*, le persone mangiano con [il] cucchiaio.
Minden .... országban az .... esznek.

❹ Finalmente non pensi male*(-su)*!
..... nem .... rosszra!

Negyvenötödik lecke

Vásárolj be!

1 – Lacikám, már majdnem felnőtt vagy, tanulj meg bevásárolni helyettem [1].
2 – Anyu, kérlek [2], magyarázd el, hogy mit hol lehet kapni és mi mennyibe kerül?
3 – Meg fogod látni, hogy ez a legegyszerűbb dolog a világon.

Note

1 **helyettem** è una posposizione con suffisso possessivo: **helyett**, *al posto di*.
2 **kérlek**, forma di cortesia, letteralmente significa "ti prego".

Soluzioni dell'esercizio 1

❶ Gli adulti hanno aspettato i bambini per un'ora*(-fino)*. ❷ Invano mi sono fatto/a bello/a davanti allo specchio. ❸ La nonna ha accarezzato tutta contenta *(felicemente)* i suoi nipoti. ❹ Questo posacenere l'ho preso in *(l'ho-portato)* Turchia*(-da)*. ❺ Il padre del nostro vicino è morto in guerra da eroe. ❻ Dove sei stato/a *(andato/a)* con questa pioggia*(-in)*?

❺ Questa barzelletta [è] talmente seria che non siete riusciti a *(avete-saputo)* ridere.

Ez a ……… komoly, hogy … tudtok ……….

❻ Mia figlia *(La ragazza-mia)* lavora all'estero come medico.

A …… orvos …. dolgozik ……….

Soluzioni dell'esercizio 2

❶ – tanár utálja – nem bíznak – ❷ – vártál volna – haragudnék – ❸ – fejlett – emberek kanállal – ❹ Végre – gondolsz – ❺ – vicc olyan – nem – nevetni ❻ – lányom – ként – külföldön

Quarantacinquesima lezione

Fai la spesa!

1 – Mio piccolo Laci, sei *(già)* quasi [un] adulto, è ora che impari *(impara!)* [a] fare la spesa al mio posto.
2 – Mamma, per favore, spiega[mi] *(che)* dove si trovano le cose *(cosa dove è-possibile ricevere)* e quali sono i prezzi *(cosa quanto costa)*.
3 – Vedrai che è la cosa più semplice del mondo*(-su)*.

Pronuncia
3 … lɛgɛdjsɛrü:bb …

4 A tejet, a kenyeret, a vajat, a sajtot és a felvágottat az üzletben kell megvenni, jobbra a kis téren.

5 Húst annál a hentesnél találsz, amelyik [3] balra a szomszéd utcában van. Egy kiló száz forintba kerül.

6 A papának vegyél gyufát és cigarettát a trafikban.

7 Nekem hozz a háztartási boltból mosóport, fogkrémet, szappant.

8 – Anyu, nekem szükségem lenne füzetre, tollra, ceruzára [4].

9 – A sarkon van egy papírüzlet, ott mindent megtalálsz.

10 Ennyi elég lesz. Holnap abba az áruházba mész majd, amelyikben a múltkor együtt voltunk. ☐

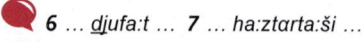
6 ... _djufa:t_ ... 7 ... _ha:ztarta:ši_ ...

Note

3 Rileggete la nota 4 della lezione 41. Il pronome relativo **amelyik**, _che, il quale_ ha nella proposizione principale il proprio elemento anticipatorio (cfr. anche frase 10).

4 Ricordate il singolare collettivo, vero (cfr. anche frasi 4 e 6)?

***

1. gyakorlat – Fordítsa le

❶ Hozz nekem rúzst az üzletből. ❷ Ebben az utcában van a város legnagyobb áruháza. ❸ Rendeljünk a hentesnél húst. ❹ Neked is volt szükséged cigarettára? ❺ Laci hiába várta a barátnőjét a trafik előtt. ❻ A gyufa a hamutartó mellett található.

Quarantacinquesima lezione / 45

4 Il latte, il pane, il burro, il formaggio e gli affettati bisogna prender[li] nel negozio sulla destra, nella piazza piccola.

5 [La] carne [la] trovi dal macellaio che sta *(è)* sulla sinistra, nella via adiacente *(vicina)*. Un chilo costa cento fiorini.

6 Per papà prendi [i] fiammiferi e [le] sigarette in tabaccheria.

7 Per me prendi nel *(porta)* negozio*(-da)* di casalinghi *(casalingo negozio)* [il] detersivo, [il] dentifricio [e il] sapone.

8 – Mamma, a me servirebbero [dei] quaderni, [delle] penne [e delle] matite.

9 – All'angolo c'è una cartoleria, lì troverai *(trovi)* tutto.

10 Basta così *(Tanto sufficiente sarà)*. Domani andrai al *(quello-in)* supermercato in cui *(quale-nel)* siamo stati insieme l'altro giorno.

Soluzioni dell'esercizio 1
❶ Prendimi *(portami)* [il] rossetto al negozio*(-da)*. ❷ Il più grande supermercato della città si trova *(è)* in questa via. ❸ Ordiniamo [della] carne dal macellaio! ❹ Anche tu hai bisogno di sigarette? ❺ Laci ha aspettato invano la sua ragazza davanti alla tabaccheria. ❻ È possibile trovare i fiammiferi accanto al posacenere.

2. gyakorlat – Egészítse ki

❶ Secondo te questi affettati [sono] freschi?
.... friss ... felvágott?

❷ *(Il)* papà mangia molto pane con poco burro.
A papa .... eszik ..... vajjal.

❸ Dove si può comprare *(ricevere)* [il] formaggio qui, nei dintorni *(in questa zona)*?
Hol ..... kapni sajtot ..... környéken?

❹ Non prendere [il] sapone, [ce n'])è a casa.
Ne ...... szappant, van ....

Negyvenhatodik lecke

Négy évszak

1 – Á, jó napot, Herceg úr, ezer éve [1] nem láttam! [2]
2 – Ez talán túlzás Király úr, szerintem pontosan egy éve nem találkoztunk.
3 – Tehát tavaly tavasszal [3] láttuk egymást!
4 – Igen, márciusban, vagy április elején [4]. Már szép idő volt, csak fújt a szél.
5 – Kár, hogy idén ilyen hideg van, bárcsak sütne a nap.

Pronuncia
2 ... pontošan ... 5 ba:rčak

Note

[1] Il nostro "*da + riferimento temporale* (*un anno, tre ore* ecc.)" trova corrispondenza in ungherese nella struttura *riferimento temporale + suffisso* **-a/-e** (che in alcuni contesti fonetici si manifesta come **-ja/-je**): **két perce**, *da due minuti*; **egy éve**, *da un anno*; **három hónapja**, *da tre mesi*. La posposizione **ezelőtt** preceduta dal suffisso **-val/-vel** corrisponde alla nostra combinazione "*riferimento temporale + fa*": **három évvel ezelőtt**, *tre anni fa*. Anche **óta** si traduce con *da*: **két év óta nem dohányzik**, *non fuma da due anni / sono due anni che non fuma*.

171 • százhetvenegy

❺ Se [tu] facessi la spesa *(compreresti)* al mio posto, andrei al cinema.
.. bevásárolnál .... elmennék moziba.

❻ Mi arrabbio con te, se fumi *(*sigaretti)*.
.... rád, .. cigarettázol.

Soluzioni dell'esercizio 2
❶ Szerinted – ez a – ❷ – sok kenyeret – kevés – ❸ – lehet – ezen a – ❹ – vegyél – itthon ❺ Ha – helyettem – ❻ Haragszom – ha –

46
Quarantaseiesima lezione

Quattro stagioni

1 – Oh, buongiorno, signor Herceg, [sono] secoli *(mille anno-da)* [che] non la vedo!
2 – Forse esagera *(Questa forse esagerazione)*, signor Király, secondo me non ci vediamo *(ci-siamo-incontrati)* da un anno esatto *(esattamente)*.
3 – Quindi ci siamo visti *(uno-altro)* lo scorso anno in primavera*(-con)*!
4 – Sì, a marzo oppure all'inizio di aprile. Faceva *(Era)* già bel tempo, c'era *(tirava)* solo il vento.
5 – Peccato che quest'anno faccia così freddo *(è)*, se solo ci fosse *(splenderebbe)* il sole!

2 Come potete vedere, vi è l'omissione del pronome personale oggetto di terza persona singolare **önt**, *Lei* (forma di cortesia). Per un ripasso tornate al terzo paragrafo della lezione 21.

3 Fate attenzione alle quattro stagioni: non vogliono tutte lo stesso suffisso! **Tavasszal**, *in primavera*, **nyáron**, *in estate*; **ősszel**, *in autunno*; **télen**, *in inverno*.

4 **elején**, *all'inizio di*; **közepén**, *a metà (di)*; **végén**, *alla fine di* (frase 9).

százhetvenkettő • 172

6 – Szörnyű volt a tél is, állandóan esett a hó. Képzelje, a feleségem eltörte a lábát és még mindíg fekszik.

7 – Szegényke! Remélem, hogy nyáron már fog tudni járni. Hova mennek nyaralni?

8 – A baleset miatt nem megyünk nyaralni. Majd ősszel elutazunk valahova. És önök?

9 – Május közepén, vagy végén, ha szép lesz az idő, IBUSZ társasutazással Szlovákiába megyünk, a Tátrába.

10 Herceg úr, miért beszélünk mi mindíg csak az időről? Jöjjenek el hozzánk valamelyik nap egy kávéra! ☐

9 ... 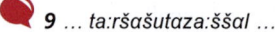 ta:ršašutaza:ššal ...

***

1. gyakorlat – Fordítsa le

❶ Se nyáron, se télen nem volt szép idő. ❷ Kár, hogy tavasszal eltörtem a lábamat. ❸ Jöjjetek el hozzám egy feketére! ❹ Bárcsak tudnék felnőttként viselkedni! ❺ Társasutazáson ismertem meg a feleségemet. ❻ Majd ha öreg leszek, utazgatni fogok.

Quarantaseiesima lezione / 46

6 – Anche l'inverno è stato tremendo, ha nevicato *(la neve è caduta)* ininterrottamente. Pensi, mia moglie si è rotta una gamba *(ha-rotto la gamba-sua)* ed è ancora allettata *(ancora sempre giace)*.
7 – Poverina! Spero che in estate sia già in grado di *(saprà)* camminare. Dove andrete *(andranno)* in vacanza?
8 – A causa dell'incidente non andremo in vacanza. [Ci] andremo *(partiremo)* più avanti *(poi)*, in autunno*(-con)*. E voi *(Loro)*?
9 – A metà maggio, oppure alla fine, se il tempo sarà bello, andremo *(andiamo)* in Slovacchia, sui [monti] Tatra, con un viaggio organizzato [dell']IBUSZ[1].
10 Signor Herceg, perché noi parliamo [sempre e] solo del tempo? Un giorno *(qualunque)* venite *(vengano)* da noi per un caffè *(un nero-su)*!

[1] *la più grande agenzia di viaggi ungherese*

Soluzioni dell'esercizio 1
❶ Né d'estate, né d'inverno ha fatto bel tempo. ❷ Peccato che [mi] sia *(sono)* rotta la gamba in primavera. ❸ Venite da me per un caffè *(nero)*! ❹ Se solo sapessi comportarmi da adulto/a! ❺ Ho conosciuto mia moglie durante un viaggio organizzato*(-in)*. ❻ Quando *(poi se)* sarò vecchio, viaggerò spesso.

2. gyakorlat – Egészítse ki

① [È] all'inizio di agosto [che] il tempo [è] *(il)* più bello.
   .... elején .... az idő.

② Quello che dice [è] sempre esagerato *(esagerazione)*.
   Amit ő ...., az ....

③ Oggi il vento era tremendo.
   .... volt a szél.

④ Erano secoli che *(mille anno-da)* non *(la-)*vedevamo questa ragazza al bar.
   Ezer ... nem ...... ezt a ..... az eszpresszóban.

47 Negyvenhetedik lecke

Ismeri ön Magyarországot?

1 Magyarország Közép-Európában fekszik.
2 Szomszédai: délen Szerbia és délkeleten Románia.
3 Nyugaton Ausztria, északon Szlovákia, keleten Ukrajna.
4 Az ország éghajlata kontinentális, a nyarak [1] nagyon melegek és a telek gyakran hidegek.
5 Két nagy folyója van: a Duna és a Tisza.
6 A Balaton nagy tó az ország nyugati részén, Európa egyik legnagyobb tava.

Pronuncia
3 ... slova:kia ...

Note

[1] La vocale lunga presente in una radice lessicale si abbrevia uniformandosi alla vocale ausiliaria (anch'essa breve) che a sua volta si manifesta in concomitanza dell'aggiunta di un suffisso (di conseguenza vi è anche una mutazione interna al contesto sillabico): **nyár/nyarak**, **tél/telek**, **név/neve** ecc.

❺ Il signore *(zio)* [si] è rotto la gamba*(-sua)* perché ha bevuto [del] rum.
A bácsi ……… ……… …, rumot ivott.

❻ Quest'anno c'è *(splende)* spesso il sole.
…. gyakran … . nap.

Soluzioni dell'esercizio 2
❶ Augusztus – a legszebb – ❷ – mond – mindíg túlzás ❸ Ma szörnyű – ❹ – éve – láttuk – lányt – ❺ – eltörte a lábát mert – ❻ Idén – süt a –

Quarantasettesima lezione

Lei conosce [l']Ungheria?

1 [L']Ungheria si trova *(giace)* in Europa centrale.
2 Confina *(Vicini-suoi:)* a sud [con la] Serbia e a sud-est [con la] Romania.
3 A ovest [con l']Austria, a nord [con la] Slovacchia, a sud [con l']Ucraina.
4 Il clima del paese [è] continentale, le estati [sono] molto calde e gli inverni [sono] spesso freddi.
5 Ha due grandi fiumi, il Danubio e il Tibisco.
6 Il Balaton [è un] grande lago [situato] nella parte occidentale del paese, [è] uno dei laghi più grandi d'Europa.

A MI HÁZUNKBAN HARMINCNYOLCAN ÉLNEK

7 Az ország nagy része síkság: a legmagasabb hegy neve: Kékestető, 1015 (ezertizenöt) méter.
8 Magyarországnak [2] több, mint tízmillió lakosa van.
9 A fővárosban, Budapesten [3], kétmillióan [4] élnek.
10 A többi nagy város: Miskolc, Debrecen, Szeged, Pécs, Győr.

7 ... εzεrtizεnöt ... 8 ma<u>dj</u>arorsa:gnak ...

Note

2 Ricordate la costruzione possessiva, vero? La nostra struttura *"qualcuno ha qualcosa"* corrisponde a quella ungherese *"a qualcuno c'è qualcosa di suo"*, ovvero -nak/-nek... van: **Magyarországnak tízmillió lakosa van**, *L'Ungheria ha dieci milioni di abitanti*.

3 **Budapesten**, ma **Debrecenben**; **Szegeden**, **Pécsen**, ma anche **Pécsett**; **Győrben**, ma anche **Győrött**! Non tormentatevi alla ricerca di una logica che governi l'uso dei suffissi con i nomi di città (ci sarà sempre qualche eccezione!), rileggetevi magari la quarta nota della seconda lezione.

***

1. gyakorlat – Fordítsa le

❶ Mexikó Közép-Amerikában fekszik. ❷ Ebben az országban nincsenek hegyek. ❸ A gyerekek a tóban játszanak. ❹ A mi házunkban harmincnyolcan élnek. ❺ Fiatalok sétálgatnak a folyónál. ❻ Petőfi, a nagy költő, szerette a síkságot.

***

2. gyakorlat – Egészítse ki

❶ Nella capitale [ci] sono tante case alte.
   A .... sok magas ....

❷ [Il] Giappone è molto lontano.
   Japán ....

❸ In Serbia le estati [sono] spesso calde.
   .... a ...... gyakran ....

❹ A nessuno piace *(nessuno non ama)* il clima di questo paese.
   Senki .... ennek az .... éghajlatát.

7 Il paese [è] in gran parte pianeggiante *(pianura)*. Il monte più alto (1015 m) si chiama Kékestető.
8 [L']Ungheria ha più di dieci milioni [di] abitanti.
9 Due milioni*(-in)* vivono nella capitale, Budapest*(-a)*.
10 Le altre *(ulteriori)* grandi città [sono] Miskolc, Debrecen, Szeged, Pécs [e] Győr.

4 Quando un numerale ha funzione pronominale (senza quindi essere accompagnato dal sostantivo cui si riferisce), può prendere il suffisso **-n**: **kétmillióan**, *in due milioni*. Anche in italiano, come vedete, esiste questa possibilità: **hatan**, *in sei*. Attenzione, però: questa costruzione è possibile solamente se ci si riferisce a persone (cfr. lezione 12, nota 3).

***

Soluzioni dell'esercizio 1

❶ Il Messico si trova *(giace)* in America centrale. ❷ In questo paese non ci sono montagne. ❸ I bambini giocano nel lago. ❹ Nella nostra casa [ci] vivono in trentotto. ❺ [Dei] giovani passeggiano al fiume. ❻ Petőfi, *(il)* grande poeta, amava la pianura.

***

❺ Se fa *(è)* bel tempo, i nostri vicini scendono in piazza.
   Ha .... a szomszédaink .... a térre.
❻ Anche la montagna più piccola [è] più grande del bimbo più grande.
   A .... hegy is ...., mint a legnagyobb ....

Soluzioni dell'esercizio 2

❶ – fővárosban – ház van ❷ – nagyon messze van ❸ Szerbiában – nyarak – melegek ❹ – nem szereti – országnak az – ❺ – szép idő van – lemennek – ❻ – legkisebb – nagyobb – gyerek

százhetvennyolc • 178

Negyvennyolcadik lecke

Randevú

1 – Halló, te vagy az, Kálmán? Itt Karola [1] beszél.
2 – Jaj, de jó, hogy hívsz, már többször [2] kerestelek. Mikor találkozunk?
3 – Ma egész nap a hivatalban vagyok és este hattól [3] ráérek [4].
4 – Nekem az egyetemen órám van fél hétig, de utána szabad vagyok. Menjünk hétkor szinházba.
5 – Most jut eszembe, megigértem a barátnőmnek, hogy felmegyek hozzá háromnegyed nyolckor.
6 – Akkor ne szinházba menjünk, hanem egy kellemes budai kertmoziba. Negyed tízkor játsszák a „Vidám fantomok"-at.

Pronuncia
4 … ɛdjɛtɛmɛn … 5 … ha:romnɛdjɛd …

Note

[1] Non vi abbiamo ancora detto nulla riguardo all'importanza dell'ordine delle parole all'interno della frase. Tuttavia avrete sicuramente notato che, in molti casi, la posizione del verbo in ungherese spesso non corrisponde a quella canonica italiana: **többször kereslek**, *ti ho cercato/a più volte*. La ragione risiede nel fatto che, in ungherese, l'elemento frasale che si desidera porre in rilievo (ovvero l'elemento contenente l'informazione nuova, il *rema*) va collocato immediatamente prima del verbo. In **Itt Karola beszél** è **Karola** l'elemento rematico. In effetti **Kálmán** sa bene che c'è qualcuno all'altro capo del telefono (e **beszél** è un elemento povero di informazione, quasi superfluo); la sua incertezza riguarda solamente l'identità di chi gli sta parlando. L'elemento portatore d'informazione nuova, lo ripetiamo, in ungherese compare sempre immediatamente prima del verbo. È questo il modo per metterlo in rilievo. Ecco finalmente risolto l'enigma della separazione del prefisso verbale! **Péter kiment**, *Péter è uscito* ha un significato ben diverso da **Péter ment**

Quarantottesima lezione

[Un] appuntamento

1 – Pronto, sei tu *(quello)*, **Kálmán? Sono** *(qui parla)* Karola.
2 – Oh, che bello sentirti *(ma buono, che mi-chiami)*, ti ho *(già)* cercata più volte. Quando ci vediamo *(incontriamo)*?
3 – Oggi sono tutto [il] giorno in ufficio e ho tempo [a partire] dalle sei di sera.
4 – Io ho lezione all'università fino alle sei e mezza, ma dopo sono libero. Andiamo a teatro alle sette!
5 – Mi viene in mente ora [che] ho promesso alla mia amica che sarei andata a trovarla *(salgo da-lei)* alle otto meno un quarto.
6 – Allora non andiamo a teatro, ma in un delizioso cinema all'aperto *(giardino-cinema)* a Buda. Alle nove e un quarto proiettano *Gli allegri fantasmi*.

---

ki, *È Péter che è uscito*. In quest'ultimo caso si è voluto porre l'accento sul fatto che sia stato proprio **Péter** a uscire (e non qualcun altro), mentre la prima frase evidenziava semplicemente il fatto che fosse uscito. Ecco perché nella seconda frase **Péter** ha occupato il posto del prefisso, facendolo "slittare" dopo il verbo.

2 Il suffisso **-szor/-szer/-ször** si aggiunge ai numerali e agli avverbi di quantità **sok**, *molto*, **több**, *più* ecc. per indicarne la molteplicità. Corrisponde perlopiù al nostro *(x) volte*: **háromszor**, *tre volte* (cfr. lezione 28, paragrafo 2).

3 L'espressione dell'ora sarà spiegata dettagliatamente nella lezione successiva (cfr. anche frasi 5, 6, 7, 8 e 10).

4 Il verbo **ráér** è composto da una base suffissale (**rá**) e significa *avere tempo*. Durante il vostro soggiorno in Ungheria non vi sfuggiranno certo domande come **ráér?**, *ha tempo?*; **nem érsz rá?**, *non hai tempo / non sei libero/a?*

7 – Most hány óra van? Nálam öt perccel múlt három.
8 – Az én órámon öt perc múlva lesz három.
9 Vigyázz, ne késs el a moziból, az előadás mindíg pontosan kezdődik.
10 – Remélem, hogy hamar befejeződik a film, mert éjfélkor tánc és zene van a klubban.

10 ... bɛfɛjɛzö:dik ...

***

1. gyakorlat – Fordítsa le

❶ A miniszternek órája van az egyetemen. ❷ Most jut eszembe, hogy már három óra van. ❸ Karola öt kávét iszik a hivatalban. ❹ Vigyázz, ne késs el a munkahelyedről. ❺ Az Operában az előadás mindig pontosan kezdődik. ❻ Megigértem a barátaimnak, hogy felmegyek hozzájuk.

***

2. gyakorlat – Egészítse ki

❶ Ci vediamo *(incontriamo)* a mezzanotte al cinema.
.... találkozunk a ....

❷ Ho tempo [a partire] dalle otto di sera.
Este ....

❸ Non andiamo all'estero, ma al Balaton!
Ne .... menjünk, ... a Balatonra.

❹ [Mi] ha chiamato/a più volte, ma non [mi] ha trovato/a.
.... hívott, de ... talált meg.

❺ Faccio le due meno due.
Nálam ... perc ..... kettő ..... .

❻ Avete ballato in un delizioso locale di Buda.
Egy .... budai .... táncoltatok.

Quarantottesima lezione / 48

7 – Adesso che ore sono? Io faccio le tre e cinque *(Da-me cinque minuto-con passato tre)*.
8 – Il mio orologio segna le tre meno cinque *(L'orologio-mio-su cinque minuto fra sarà tre)*.
9 Fai attenzione [a] non arrivare tardi al cinema*(-dal)*, lo spettacolo inizia sempre puntuale *(puntualmente)*.
10 – Spero che il film finisca *(finisce)* presto, perché a mezzanotte nel locale fanno musica e si balla *(ballo e musica c'è)*.

***

Soluzioni dell'esercizio 1
❶ Il ministro ha lezione all'università. ❷ Mi viene in mente adesso che sono già le *(ore)* tre. ❸ Karola beve cinque caffè in ufficio. ❹ Fai attenzione [a] non arrivare tardi sul *(tuo)* luogo di lavoro*(-dal)*. ❺ All'Opera lo spettacolo inizia sempre puntuale. ❻ Ho promesso ai miei amici di andare a trovarli *(che salgo da-loro)*.

Soluzioni dell'esercizio 2
❶ Ejfélkor – moziban ❷ – nyolctól ráérek ❸ – külföldre – hanem – ❹ Többször – nem – ❺ – két – múlva – lesz ❻ – kellemes – klubban –

Come ormai sapete bene, la città di Budapest è attraversata dal Danubio. **Buda** *sorge sulla riva destra ed è più antica di Pest, che si trova invece sulla riva sinistra, per questo è considerata abbastanza elitaria. Nel linguaggio colloquiale,* **Pest** *può sostituire Budapest. Spesso, però,* **Pest** *è sinonimo di cinismo e volgarità. L'aggettivo* **pesti**, *di Pest, può caratterizzare la mentalità e lo spirito caustico degli abitanti della riva sinistra del Danubio.*

Negyvenkilencedik lecke

Ismétlés – Ripasso

In questa lezione vi proponiamo una rassegna di termini ed espressioni particolarmente utili alla comunicazione quotidiana.

1 I numerali

1.1 Numerali cardinali

egy (1), **kettő** (2), **három** (3), **négy** (4), **öt** (5), **hat** (6), **hét** (7), **nyolc** (8), **kilenc** (9), **tíz** (10), **tizenegy** (11), **tizenkettő** (12)... → **húsz** (20), **huszonegy** (21), **huszonkettő** (22) ... → **harminc** (30), **harmincegy** (31)... → **negyven** (40)... → **ötven** (50)... → **hatvan** (60)... → **hetven** (70)... → **nyolcvan** (80)... → **kilencven** (90)... → **száz** (100)... → **ezer** (1.000)... → **tízezer** (10.000)... → **százezer** (100.000)... → **egy millió** (1.000.000)... → ∞

A partire da **harminc** i nomi dei numeri sono il risultato del semplice accostamento degli elementi che li compongono:
1867, **ezernyolcszázhatvanhét**; 954, **kilencszázötvennégy**

1.2 Numerali ordinali

Ormai dovrebbero esservi più che familiari, avendoli incontrati all'inizio di ogni nuova lezione. Come avrete notato, si formano aggiungendo ai numeri cardinali il suffisso **-dik** (invariabile e preceduto, se necessario, da una vocale eufonica). **Első**, *primo/a* e **második**, *secondo/a* sono irregolari. Anche altre forme potrebbero darvi la medesima impressione; in realtà, subiscono aggiustamenti fonetici: <u>h</u>árom → <u>h</u>armadik, <u>n</u>égy → <u>n</u>egyedik.

1.3 Il suffisso *-an/-en*

Si può aggiungere ai numeri cardinali (eccetto **egy**) e ha funzione pronominale; può infatti sostituire i sostantivi **személy** ed **ember**, *persona*, in contesti come **Hatan vannak a szobában**, *Sono in sei dentro la stanza* (cfr. lezione 47, nota 4).

Quarantanovesima lezione

1.5 Il suffisso -os/-es/-ös/-as

Il suffisso **-os/-es/-ös/-as** qualifica il numerale al quale viene aggiunto. Può corrispondere a ciò che in italiano etichettiamo come *numero (x)*, per esempio **hetes autóbusz**, *autobus n.7*, ma non solo: **az Ötös évek**, *gli anni Cinquanta*; **Egyperces novellák**, le spassose *Novelle da un minuto* di István Örkény (1912-1979).

2 Le ore

2.1 L'ora e i minuti

Alla domanda **Hány óra van?**, *Che ore sono?*, si può rispondere nei seguenti modi:

• **Egy óra van, két óra van**, *È l'una, sono le due* ecc.
• Nel caso di frazioni d'ora, l'ungherese fa riferimento all'ora che verrà, facendola precedere dal riferimento temporale in questione: **negyed**, *un quarto*; **fél**, *mezza*; **három negyed**, *tre quarti*. **Háromnegyed négy**, *le tre e tre quarti / le quattro meno un quarto*, lett. "tre quarti le quattro"; **negyed öt**, *le quattro e un quarto*, lett. "un quarto le cinque" ecc.
• **Öt perc múlva három**, *le tre meno cinque*, lett. "tra cinque minuti saranno le tre"; **nyolc perc múlva háromnegyed hét**, lett. "tra otto minuti saranno le sei e tre quarti", quindi *le sei e trentasette* ecc.
• **Öt perccel múlt három**, *le tre e cinque*, lett. "da cinque minuti passate le tre". **Hat perccel múlt negyed kilenc**, lett. "da sei minuti passate le otto e un quarto", quindi *le otto e ventuno*.

2.2 L'ora: con o senza *óra*?

Hánykor? / Hány órakor?, *A che ora?* A questa domanda potrete rispondere:

háromkor / három órakor, *alle tre*;
negyed négykor, *alle tre e un quarto*;
fél ötkor, *alle quattro e mezza*;
háromnegyed hatkor, *alle cinque e tre quarti / alle sei meno un quarto*. In questi casi nella risposta si dovrà omettere il termine **óra**.

2.3 Nota bene!

Hét óra után három perccel, *alle sette e tre (minuti)*, lett. "con tre minuti dopo le ore sette";
háromnegyed tíz előtt négy perccel, *alle nove e quarantuno*, lett. "con quattro minuti prima delle nove e tre quarti".

3 Indicazioni temporali

dél, *mezzogiorno*; **délben**, *a mezzogiorno*;
éjfél, *mezzanotte*; **éjfélkor**, *a mezzanotte*.

3.1 I giorni della settimana

Conoscete già i giorni della settimana (cfr. lezione 28, paragrafo 1). In funzione avverbiale prendono tutti il suffisso **-n** (**hétfőn, kedden, szerdán** ecc.) eccetto **vasárnap**, *domenica*, che resta tale e quale.

3.2 I mesi

Sono abbastanza semplici, data l'etimologia latina: **január, február, március, április, május, június, július, augusztus, szeptember, október, november, december.**
In funzione avverbiale, per esempio *a gennaio*, prendono il suffisso **-ban/-ben** (**januárban, decemberben** ecc.).

***

▶ Ismétlő gyakorlat – Esercizio di ripasso

1. A fiatalember féltékeny.
2. Mindig rosszra gondolunk.
3. A papírüzletben nincs kenyér.
4. Hideg van, nem utazom.
5. Egy budai kertmoziban találkozunk.
6. Képzeld, ma láttam egy fantomot.
7. Fél hétkor színházban vagyok.
8. Elkéstem a randevúról.
9. Ebben a városban kétmillióan élnek.
10. Karcsi hallgat és nem eszik.

4 Altre indicazioni temporali

ma, *oggi*
tegnap, *ieri*
tegnapelőtt, *l'altro ieri*
két nappal ezelőtt, *due giorni fa*
két napja, *due giorni fa*
holnap, *domani*
holnapután, *dopodomani*
három nap múlva, *tra tre giorni*
ezen a héten, *questa settimana*
a múlt héten, *la settimana scorsa*
a jövő héten, *la settimana prossima*
két héttel ezelőtt, két hete, *due settimane fa*
két hét múlva, *tra due settimane*
ebben a hónapban, *questo mese*
ebben az évben, *quest'anno*
idén, *quest'anno*
tavaly, *l'anno scorso*
jövőre, *l'anno prossimo*
elseje, *il primo (del mese)*
másodika, *il due*
huszadika, *il venti*

***

Traduzione

1 Il giovane*(-persona)* [è] geloso. **2** Pensiamo sempre male. **3** In cartoleria [il] pane non c'è. **4** Fa freddo, non parto *(viaggio)*. **5** Ci vediamo *(incontriamo)* in un cinema all'aperto di Budapest. **6** Pensa, oggi ho visto un fantasma. **7** Alle sei e mezza sono a teatro. **8** Sono arrivato in ritardo al mio appuntamento. **9** In questa città [ci] vivono due milioni*(-in)* [di persone]. **10** Karcsi resta in silenzio e non mangia.

Eccovi giunti al termine della fase passiva; a partire dalla cinquantesima lezione entrerete nella fase attiva. Finora avete ascoltato, letto e tradotto principalmente dall'ungherese all'italiano: questo vi ha permesso di familiarizzare con le peculiarità morfosintattiche della lingua ungherese. Da questo momento, avrete il piacere di testare personalmente il vostro salto di qualità: sarete in grado di "produrre" voi stessi espressioni in ungherese! Ogni

Ötvenedik lecke

Félúton

1 Kedves tanuló [1], ön negyvenkilenc leckét tanult meg eddig magyarul.
2 Gratulálunk. Ez nagyon szép eredmény. Csak így tovább!
3 Ha minden szövegünket elolvasta és a gyakorlatokat is megcsinálta, akkor ön már beszél magyarul.
4 Persze, még nem tud mindent, de kezdi érteni a magyar nyelvet és a magyarok is kezdik önt érteni.
5 Azt ajánljuk, hogy [2] olvassa el újra az eddigi [3] leckéket, ismételje szorgalmasan a nyelvtant.
6 Látni fogja, hogy honnan indult és hova érkezett ez alatt a rövid idő alatt.

Note

1 **tanuló**, *studente*, lett. colui che impara/studia; si tratta del participio presente del verbo **tanul**, *imparare/studiare*. Non temete: ci torneremo.
2 **Azt ajánljuk, hogy...** ecco un altro esempio di subordinata introdotta da un elemento prolettico (**azt**) nella proposizione principale.

giorno, oltre alla consueta lezione, riprendetene una tra quelle già fatte, cominciando dalla prima, traducendo sia il dialogo che gli esercizi dall'italiano all'ungherese. Sarà nostra premura indicarvi, alla fine di ogni nuova lezione, quale sarà quella da "rispolverare". Avrete finalmente prova della qualità del vostro progresso (frutto di così poche settimane di studio): quale immensa soddisfazione sarà vedere ricompensati tutti i vostri sforzi!

Cinquantesima lezione

A metà strada

1 Caro/a studente/essa, Lei ha finora appreso [ben] quarantanove lezioni di ungherese*(-in)*.
2 Congratulazioni *(Ci-congratuliamo)*! [È un] ottimo *(molto bello)* risultato. Purché continui in questa direzione *(solo così oltre)*!
3 Se ha letto tutti i nostri testi facendo *(e ha-fatto)* anche gli esercizi, *(allora)* Lei parla già ungherese*(-in)*.
4 Certo, non sa ancora tutto, ma inizia [a] comprendere la lingua ungherese e anche gli ungheresi iniziano [a] capire Lei.
5 Le consigliamo di rileggere *(Questo consigliamo, che legga nuovamente)* le lezioni precedenti *(fino-a-qui-di)* [e] di ripassare *(che ripassi)* scrupolosamente la grammatica.
6 Vedrà *(che)* da dove è partito/a e dove è arrivato/a in così breve tempo *(questo-sotto il breve tempo-sotto)*.

---

3 **Eddigi**, **további** (frasi 5 e 10). Il suffisso **-i** forma aggettivi a partire da avverbi e, naturalmente, anche da nomi: **budapesti**, *budapestino* ecc.

7 Ezentúl mi is bátrabbak [4] leszünk: kicsit hosszabb szövegeket és nehezebb gyakorlatokat is fog találni leckéinkben.

8 Ne felejtse el, hogy ha jól megtanulja ezt a nyelvet, akkor nemcsak Magyarországon fogja magát megértetni [5],

9 hanem mindenütt, ahol magyarok élnek: így Romániában, Szlovákiában, Horvátországban és Szerbiában is.

10 Sok sikert kívánunk a szép magyar nyelv további tanulásához.

Note

4 **bátrabb**: grado comparativo dell'aggettivo **bátor** con caduta della vocale dell'ultima sillaba, come avete già avuto occasione di notare in **három → hármat, sarok → sarkon** ecc.

5 **mégérteti magát**, *si fa capire*. La fattitività (*far fare, far leggere* ecc.) si esprime attraverso i suffissi **-at/-et, -tat/-tet**. In questo caso: **megért + et**. Avremo presto occasione di riprendere l'argomento.

***

1. gyakorlat – Fordítsa le

❶ A tanuló minden szöveget elolvasott? ❷ Magyarul nemcsak Európában beszélnek, hanem sok amerikai városban is. ❸ Aki idegen nyelveket tanul, mindenütt megérteti magát. ❹ Száz lecke sokkal több, mint ötven lecke. ❺ A könyv írója azt ajánlja a tanulóknak, hogy folytassák a tanulást. ❻ Nem elég tanulgatni ezt a nyelvet, szorgalmasan kell tanulni.

Cinquantesima lezione / 50

7 D'ora in avanti anche noi saremo più audaci: nelle nostre lezioni troverà testi [un] po' più lunghi ed *(anche)* esercizi più difficili.

8 Non [si] dimentichi che se impara bene questa lingua, *(allora)* si farà comprendere non solo in Ungheria, ma anche *(bensì)* in tutti i luoghi *(dappertutto)* dove vivono [degli] ungheresi: *(così)* in Romania, in Slovacchia, in Croazia e anche in Serbia.

10 Le auguriamo di proseguire con successo *(Molto successo auguriamo)* l'*(ulteriore)* apprendimento*(-in)* della bella lingua ungherese.

***

Soluzioni dell'esercizio 1

❶ Lo studente ha letto tutti i testi? ❷ Si parla ungherese non solo in Europa, ma anche in molte città americane. ❸ Chi studia [le] lingue straniere si fa capire dappertutto. ❹ Cento lezioni sono molto più di cinquanta *(lezioni)*. ❺ L'autore *(scrittore)* del libro consiglia agli studenti di proseguire *(questo consiglia, che proseguano)* l'apprendimento. ❻ Questa lingua non è sufficiente studiacchiarla: bisogna studiarla assiduamente.

2. gyakorlat – Egészítse ki

❶ Comincio [a] capire la grammatica.
Kezdem ...... a ....

❷ L'insegnante augura molto successo agli studenti.
A ..... sok .... a ....

❸ L'atleta ha [dei] bei risultati.
A sportoló........ eredményei ....

❹ Le lezioni [fatte] finora sono state facili.
.... leckék könnyűek ....

51

Ötvenegyedik lecke

Száz éves a nagypapa (tévériport)

1 – Kedves nézőink, Feri bácsi ma ünnepli [1] századik születésnapját.
2 Az egész család, mindenki, aki még él, eljött ide, Gulyáspusztára.
3 Itt van ön körül [2] harmincnyolc közeli és távoli rokon, négy sógor, öt sógornő, unokatestvérek, barátok és a polgármester.
4 Feri bácsi, mit szól ehhez a sok emberhez? Örül a fiataloknak?
5 – Édes fiam, én már azt se tudom, ki kicsoda [3]

Note

1 **ünnepel**, *festeggiare*, da **ünnep**, *festa*. I suffissi si aggiungono alla forma "breve" del tema **ünnepl-**. Lo stesso accade con il verbo **érdekel**, *interessare*, che avete incontrato nella 40ª lezione e che, nella coniugazione oggettiva, diviene **érdekli**. Questa elisione vocalica interessa la terza persona singolare dell'indicativo presente di alcuni verbi se questi terminano in **-el**: **énekel**, *cantare*, **ezt a dalt énekli**, *canta questa canzone*.

❺ Le prossime saranno più difficili.
   A .... ak .... lesznek.

❻ La lingua non occorre solo capir[la], ma anche parlar[la].
   A .... nemcsak ......, hanem .... is .....

Soluzioni dell'esercizio 2
❶ – érteni – nyelvtant ❷ – tanár – sikert kíván – tanulóknak ❸ – nak szép – vannak ❹ Az eddigi – voltak ❺ – további – nehezebbek – ❻ – nyelvet – érteni – beszélni – kell

Seconda ondata: 1ª lezione

Cinquantunesima lezione — 51

Il nonno compie cent'anni
(centenario il nonno) **(telecronaca)**

1 – Cari [tele]spettatori*(-nostri)*, [il] signor Feri festeggia oggi [il] suo centesimo compleanno.
2   Tutta la sua *(l'intera)* famiglia, coloro che sono ancora in vita *(ancora vivono)*, sono venuti qui a Gulyáspuszta.
3   Qui intorno a Lei ci sono trentotto parenti prossimi e lontani, quattro cognati, cinque cognate, cugini, amici e il sindaco.
4   Signor Feri, cosa dice di tutta questa gente *(persone)*? È felice di [vedere] i giovani*(-per)*?
5 – Figliolo *(dolce figlio-mio)*, io non so nemmeno più chi [è] chi,

2 **ön körül**, *intorno a Lei*. Il paradigma di questa posposizione con suffisso possessivo (cfr. lezione 42, paragrafo 3) è: **körülöttem, körülötted, körülötte** ma **ön körül**. Ricordate?

3 **kicsoda?**, lett. chi-miracolo?, è impiegato come pronome interrogativo e cooccorre con **ki?**. Analogamente, il corrispettivo **micsoda** può essere utilizzato insieme a **mi**, *cosa*.

6 de azt látom, hogy [4] a húgom, aki Kanadában él és az ausztráliai bátyám [5] nem jött el.

7 – Feri bácsinak bátyja van Ausztráliában? Hány éves?

8 – Ha jól emlékszem, három évvel idősebb, mint én, a húgom pedig hat évvel fiatalabb.

9 – Ebben a családban mindenki ilyen sokáig él? Mi a hosszú élet titka?

10 – Én egész életemben dolgoztam, nem ittam, nem dohányoztam és hűséges voltam szegény Borihoz, a feleségemhez.

Note

[4] **Azt... hogy**... Si rilegga la seconda nota della lezione precedente.

[5] **nővér**, *sorella maggiore*; **húg**, *sorella minore*; **báty**, *fratello maggiore*; **öcs**, *fratello minore*; **testvér**, *fratello/sorella*, lett. corpo-sangue.

***

1. gyakorlat – Fordítsa le

❶ Idén leszek hatvanöt éves. ❷ Két húgom már sajnos nem él. ❸ A hosszú élet titka a hűség. ❹ A polgármester meg fog nősülni. ❺ Ünnepeljük meg együtt a születésnapomat. ❻ Mit szólsz az új filmhez?

***

2. gyakorlat – Egészítse ki

❶ Tutti coloro che sono ancora in vita sono *(li)* al ricevimento.
Mindenki ..... él ott van ....

❷ L'insegnante non sa chi [è] chi nella [sua] famiglia.
A ..... nem ..... ki .... a családban.

❸ Io ho molti amici, ma pochi parenti.
Nekem .... van, de kevés ....

❹ Gli atleti *(questo)* hanno esclamato: viva [l']Australia!
A sportolók ....: Éljen ....!

❺ Hai lavorato e fumato tutta la vita *(-tua-in)*.
Egész .... dolgoztál és ....

Cinquantunesima lezione / 51

6 ma vedo che mia sorella*(-minore)* che vive in Canada e mio fratello*(-maggiore)* dall'Australia *(australiano)* non sono venuti.

7 – [Il] signor Feri ha un fratello maggiore in Australia? Quanti anni ha?

8 – Se ricordo bene, ha tre anni più *(tre anni-con attempato-più)* di me, mia sorella*(-minore)* invece è più giovane di sei anni*(-con)*.

9 – In questa famiglia vivono tutti così a lungo? Qual è il segreto della longevità *(lunga vita)*?

10 – Io ho lavorato tutta la vita*(-mia-in)*, non ho [mai] bevuto, non ho [mai] fumato e sono [sempre] stato fedele alla povera Bori, mia moglie*(-a)*.

Soluzioni dell'esercizio 1

❶ Quest'anno compio sessantacinque anni *(sarò sessantacinquenne)*. ❷ Purtoppo *(già)* due mie sorelle*(-minori)* non sono più in vita. ❸ Il segreto della longevità *(lunga vita)* [è] la fedeltà. ❹ Il sindaco si sposerà. ❺ Festeggiamo insieme il mio compleanno! ❻ Che ne pensi *(cosa dici)* del nuovo film?

***

❻ Noi abbiamo otto anni in meno dei bimbi del vicino.
Mi ………… fiatalabbak ………, mint a szomszéd ……….

Soluzioni dell'esercizio 2

❶ – aki – a fogadáson ❷ – tanár – tudja – kicsoda – ❸ – sok barátom – rokonom ❹ – azt kiáltották – Ausztrália ❺ – életedben – dohányoztál ❻ – nyolc évvel – vagyunk – gyerekei

Seconda ondata: 2ª lezione

Ötvenkettedik lecke

Énekeljünk!

1 – Lisztnek, Bartóknak, Kodálynak és más nagy zeneszerzőknek köszönhetően [1]
2 mindenki hallott már magyar zenét.
3 – Ebben a leckében megtanulunk egy magyar népdalt,
4 de hogy olaszul is énekelhessék, a költői fordításunkat is közöljük.
5 – Tavaszi szél vizet áraszt,
virágom, virágom,
6 Minden madár társat választ,
virágom, virágom.
7 Hát én immár kit válasszak,
virágom, virágom?
8 Te engemet, s én tégedet [2],
virágom, virágom.

***

9 – A hanganyag segítségével,
10 meghallgathatja ezt a dalt egy énekkar előadásában.

Note

1 **Énekelhessék** (frase 4), *possiate cantarlo*. In questa parola tanto lunga è presente il suffisso potenziale **-hat/-het**. Quanto a **köszönhetően**, si può scomporre in **köszön**, *ringraziare* + **-het** (suffisso potenziale) + **-ő** (suffisso del participio presente) + **-(e)n** (suffisso formativo di avverbi): significa *grazie a*. Torneremo anche su questo.

2 In **engemet** e **tégedet** la **-t** dell'accusativo è ridondante, in quanto la funzione sintattica di complemento oggetto è già espressa lessicalmente in **engem** e **téged**, che sono le forme del pronome personale oggetto. Ve le ricordate? Si tratta, in questo caso, di forme popolari.

Cinquantaduesima lezione
Cantiamo!

1 – Grazie a [Ferenc] Liszt (1811-1886), a [Béla] Bartók (1881-1945), a [Zoltán] Kodály (1882-1967) e ad altri grandi compositori,
2 chiunque conosce *(ha-sentito già)* [la] musica ungherese.
3 – In questa lezione impareremo *(impariamo)* un canto popolare ungherese,
4 ma affinché possiate cantarlo anche in italiano, [vi] forniremo *(pubblichiamo)* anche la nostra traduzione poetica.
5 – Il vento di primavera solleva [le] acque *(acqua)*, fiore mio, fiore mio,
6 Ciascun uccello sceglie [il proprio] compagno, fiore mio, fiore mio.
7 Chi mai dovrei sceglier'io, fiore mio, fiore mio?
8 Tu [sceglierai] me e io [sceglierò] te, fiore mio, fiore mio.

***

9 Con l'aiuto delle registrazioni *(voce-materiale)*
10 potrete *(potete)* ascoltare questo canto interpretato da una corale *(un coro interpretazione-sua-in)*.

1. gyakorlat – Fordítsa le

① Milyen magyar zeneszerzőt ismersz? ② Ezt a leckét is meghallgathatja. ③ A legszebb virágot választottam, úgy hívják, hogy Sárika. ④ Ebben a szélben nem tudok énekelni. ⑤ Könyvünknek köszönhetően ön már beszél magyarul. ⑥ A magyarok úgy szórakoznak, hogy népdalokat énekelnek.

***

2. gyakorlat – Egészítse ki

① Il/la mio/a compagno/a è lontano/a.
A .... van.

② Quale armadio avete scelto? Quello *(il)* marrone o quello *(il)* nero?
...... szekrényt ....? A ...... vagy a feketét?

③ Ho imparato il testo di tutte le canzoni.
Minden .... megtanultam.

④ Quando *(se)* sarò grande, sarò [un] traduttore.
Ha ...., fordító ....

Ötvenharmadik lecke

Levél Amerikából

1 Drágáim! Emlékeztek még rám?
2 Én vagyok a Rózsi férje ¹ unokahúgának a sógornője.
3 Június harmadikán Budapestre érkezem. Remélem, örültök.

Note

1 Ecco per voi in questa frase una bella sfilata di genitivi! Il genitivo si può costruire accostando al nome del possessore la cosa posseduta (a cui si aggiunge il suffisso possessivo di terza persona singolare: **Rózsi férje**, *il marito di Rózsi*, lett. Rózsi marito-suo), oppure mettendo il suffisso

Soluzioni dell'esercizio 1

❶ Quali compositori *(compositore)* ungheresi conosci? **❷** È possibile ascoltare anche questa lezione. **❸** Ho scelto il fiore più bello, si chiama *(così la-chiamano, come)* Sárika. **❹** Con questo vento*(-in)* non riesco [a] cantare. **❺** Grazie al nostro libro Lei parla già ungherese*(-in)*. **❻** Gli ungheresi si divertono cantando canzoni popolari *(così si-divertono, che popolo-canti cantano)*.

***

❺ Nemmeno tu hai mai sentito [dei] canti popolari romeni?
Te sem .... román népdalokat?

❻ [È] fedele a sua moglie.
A .... hűséges.

Soluzioni dell'esercizio 2

❶ – társam messze – **❷** Melyik – választottátok – barnát – **❸** – dal szövegét – **❹** – nagy leszek – leszek **❺** – hallottál soha – **❻** – feleségéhez –

Seconda ondata: 3ª lezione

Cinquantreesima lezione

Lettera da[ll']America

1 Miei cari, [vi] ricordate *(ancora)* di me?
2 Io sono la cognata della nipote del marito di Rószi.
3 Il tre *(terzo di)* giugno*(-su)* arrivo a Budapest. Spero ne siate felici *(gioite)*.

---

anche al possessore (in questo caso, occorre anche l'articolo determinativo): **-nak a… / -nek a…**: **Rózsinak a férje**, *il marito di Rózsi* lett. Rózsi-a il marito-suo. Nel caso in cui vi sia un nesso di genitivi, l'ultimo è quello che presenta la struttura **-nak a / -nek a** (o, naturalmente, **-nak az / -nek az** a seconda del contesto fonetico).

53 / Ötvenharmadik lecke

4 Odafelé Bécsig repülővel jövök és onnan másnap szárnyashajóval Pestig.
5 Régóta vágyom arra [2], hogy láthassam [3] a Dunakanyart [4].
6 Visszafelé vonattal utaznék Ausztriába, majd újra repülőre szállnék [5].
7 Az útlevelet már kiváltottam, a vízumra alig kellett várni a konzulátuson.
8 Nem is tudjátok elképzelni, mennyire várom, hogy találkozhassam veletek.
9 Kidobtam a régi ruháimat és új kosztümöt, nadrágot és szoknyát csináltattam [6] magamnak.
10 A fiam azt mondja, hogy teljesen megőrültem, de ő nem értheti, hogy egy öreg asszonynak mit jelent egy ilyen utazás.
11 Lehet, hogy most jövök utoljára az életben Magyarországra,
12 abba az országba, ahol hetvennyolc évvel ezelőtt születtem.

Note

2 **arra** è l'elemento che introduce la subordinata. Il verbo **vágyik** regge il suffisso **-ra/-re**: ecco il perché di questa forma (**az + ra = arra**).

3 Nei verbi **láthassam**, **találkozhassam** (frase 8), **értheti** (frase 10) è presente il suffisso potenziale (che vi illustreremo nel secondo paragrafo della lezione 56).

4 Quella dell'ansa del Danubio è una regione molto pittoresca. Il fiume, in quel punto, passa dalla direzione ovest-est alla direzione nord-sud.

5 Il verbo **száll**, *volare*, significa anche *viaggiare con un mezzo di trasporto*. Regge il suffisso **-ra/-re** e il sostantivo a cui fa riferimento può essere privo di articolo: **vonatra repülőre, stb. száll**, *prendere il treno, l'aereo* ecc.

Cinquantatreesima lezione / 53

4 All'andata *(Là-verso)* prendo *(vengo)* [l']aereo*(-con)* fino a Vienna e da lì, il giorno dopo, [arrivo] a Budapest in aliscafo*(-con)*.

5 Da tantissimo tempo desidero vedere *(che possa-vedere)* l'ansa del Danubio.

6 Al ritorno*(-verso)* prendo *(viaggerei)* il treno*(-con)* per [l']Austria*(-in)*, poi di nuovo l'aereo *(aereo-su volerei)*.

7 Il passaporto l'ho già fatto *(ritirato)*, per il visto ho dovuto attendere giusto un po' *(appena)* al consolato.

8 Non potete nemmeno immaginare quanto sia impaziente di vedervi *(quanto-su aspetto, che incontrarmi-possa con-voi)*.

9 Ho buttato via i miei vecchi vestiti e mi sono fatta fare [un] nuovo completo, [dei nuovi] pantaloni e [una nuova] gonna.

10 Mio figlio dice che sono completamente impazzita, ma lui non può capire *(che)* cosa significa un viaggio del genere per una signora anziana.

11 [Questa] potrebbe essere*(-può)* l'ultima volta che vengo *(che adesso vengo ultima-volta-su la vita-in)* in Ungheria,

12 nel paese in cui sono nata settantotto anni fa.

RÉGÓTA VÁGYOM ARRA, HOGY HAJÓVAL UTAZHASSAM A TENGEREN

6 csináltat, *far fare*; **-tat/-tet** è il suffisso fattitivo. Sarà oggetto della nostra prossima lezione di ripasso.

kétszáz • 200

1. gyakorlat – Fordítsa le

❶ Hol kell kiváltani az útlevelet? ❷ Odafelé vonattal, visszafelé repülővel utazott. ❸ Vannak országok, ahova vizum nélkül is lehet utazni. ❹ Régóta vágyom arra, hogy hajóval utazhassam a tengeren. ❺ Most jöttünk utoljára ebbe az étterembe. ❻ Nem is tudod elképzelni, mennyire tetszik nekem a szoknyád.

***

2. gyakorlat – Egészítse ki

❶ Ricordi ancora quello che ti ho detto?
Emlékszel ……… hogy mit …………?

❷ Il ministro ha messo alla porta (la) sua cognata.
A ……………… a sógornőjét.

❸ Spero sia lieto/a di vedermi (che vede me).
………… annak, hogy … engem.

❹ Molti paesi hanno un consolato a Budapest.
Sok ……… van ………a Budapest…

❺ È possibile che (io) sia completamente impazzito/a?
Lehet, hogy ……………………?

Ötvenegyedik lecke

Levél Budapestről

1 Édes fíam, szerencsésen megérkeztem Európába, tegnap óta Budapesten vagyok.
2 Képzeld, itt sokan beszélnek angolul.
3 Mostanáig az út nagyon szép volt, csak néhány apró kellemetlenség [1] történt velem.

Note

1 **kellemetlenség** può essere scomposto in **kellem**, *gradevolezza* + **-tlen** (suffisso privativo, che corrisponde al nostro *senza*) + **-ség** (suffisso formativo di sostantivi a partire da aggettivi). La stessa radice, unita al

Soluzioni dell'esercizio 1

❶ Dove si ritira *(bisogna ritirare)* il passaporto? ❷ All'andata ha preso *(ha viaggiato con)* il treno, al ritorno l'aereo*(-con)*. ❸ Ci sono paesi in cui *(dove)* si può andare *(viaggiare)* anche senza visto. ❹ Da tanto desidero *(poter)* viaggiare in nave*(-con)*, sul mare. ❺ [Questa] *(adesso)* è l'ultima volta che veniamo *(siamo-venuti)* in questo ristorante. ❻ Non puoi nemmeno immaginare quanto mi piaccia *(piace)* la tua gonna.

***

❻ Nessuno *(non)* può capire cosa significhi *(significa)* per noi questo incontro.
   Senki . . . . hogy mit jelent . . . . . . ez a találkozás.

Soluzioni dell'esercizio 2

❶ – még arra – mondtam neked ❷ – miniszter kidobta – ❸ Remélem örül – lát – ❹ – országnak – konzulátus – en ❺ – teljesen megőrültem ❻ – nem értheti – nekünk –

Seconda ondata: 4ª lezione

Cinquantaquattresima lezione 54

Lettera da Budapest

1 Mio dolce figliolo *(figlio)*, qui in Europa tutto bene *(felicemente sono-arrivata)*, **sono a Budapest da ieri.**
2 Pensa, qui in tanti parlano inglese*(-in)*.
3 Finora il viaggio è stato molto bello, ho avuto *(è-accaduto)* **solo qualche piccolo inconveniente** *(con-me)*.

suffisso **-s**, forma **kellemes**, *piacevole*. **Történik** significa *accadere, succedere*; con il suffisso **-val/-vel**, acquista il senso di *a qualcuno succede qualcosa*, **valami valakivel történik**.

54 / Ötvennegyedik lecke

4 A repülőn leöntöttem kávéval az új kosztümömet, de nem baj [2], majd kitisztíttatom [3].
5 Bécsben nem találtam olcsó szállodát és kénytelen voltam a repülőtéren aludni egy fotelben.
6 Budapesten a hajóállomáson senki nem várt, a rokonok állítólag [4] nem kapták meg a levelemet.
7 Szerencsére tudtam a címüket és taxival elmentem hozzájuk.
8 Nagy meglepetést okoztam, talán azt hitték, már régen meghaltam.
9 De most megtudták, hogy élek és hogy vidáman utazgatok [5] a világban.
10 Az [6] az érzésem, hogy nem tudják pontosan, ki vagyok.
11 De nagyon kedvesek, a magyarok szeretik a külföldieket.
12 Vigyázz magadra! Sok szeretettel csókol, Anyád. □

Note

2 **nem baj**, lett. no guaio, equivale ai nostri *non fa niente, non importa*.

3 Analizziamo **kitisztíttatom**: **ki-** (prefisso verbale che indica movimento verso l'esterno: *fuori*, *via*), **tiszt** (da **tiszta**, *pulito*), **-ít** (suffisso "causativo") – che avevamo già incontrato nella lezione 43 con **szépít(get)** da **szép** (*bello*), *rendere bello*, *abbellire* –, **-tat/-tet** (suffisso fattitivo, *fare* (cfr. lezione 50, nota 6) e **-(o)m** (suffisso flessivo, che esprime la prima persona singolare dell'indicativo presente alla coniugazione oggettiva). Il tutto significa *lo farò pulire*. È grazie a questa enorme capacità condensativa che la lingua ungherese è annoverata, a buon diritto, tra le lingue cosiddette "agglutinanti".

4 **állítólag** viene da **állít**, *affermare*, **-ó** è il suffisso del participio presente, mentre **-lag/-leg** un suffisso formativo di avverbi. **Állítólag**, *presumibilmente*.

Cinquantaquattresima lezione / 54

4 Sull'aereo ho rovesciato [del] caffè*(-con)* [su]l mio completo nuovo, ma non fa niente, lo farò pulire *(poi lo-faccio-pulire)*.

5 A Vienna non ho trovato un albergo a buon mercato e sono stata costretta [a] dormire in aeroporto, su una poltrona*(-in)*.

6 Al porto di Budapest*(-a)* non c'era nessuno ad attendermi *(nessuno non mi-aspettava)*, presumibilmente i [miei] parenti non hanno ricevuto la *(mia)* lettera.

7 Per fortuna conoscevo *(sapevo)* il loro indirizzo e sono andata da loro in taxi*(-con)*.

8 Ho fatto *(causato)* [loro una] grande sorpresa, forse credevano fossi *(ero-)*morta *(già)* da un pezzo.

9 Ma ora hanno saputo che sono viva e che vado in giro *(viaggio)* allegramente per il mondo*(-in)*.

10 Ho la sensazione *(questa la sensazione-mia)* che non sappiano *(sanno)* esattamente chi sia *(sono)*.

11 Ma [sono] molto gentili, gli ungheresi amano gli stranieri.

12 Abbi cura di te! Ti bacio *(bacia)* con *(tanto)* affetto, [la] tua mamma.

5 Avete riconosciuto il suffisso frequentativo **-gat** in **utazgat**?

6 Ancora un esempio di subordinata introdotta dal dimostrativo **az**.

kétszáznégy • 204

1. gyakorlat – Fordítsa le

❶ Szeretek olcsó szállodában lakni. ❷ Anyám leöntötte teával a nadrágját. ❸ Amikor megérkeztem Magyarországra, kénytelen voltam magyarul beszélni. ❹ Történt veled valami? ❺ Mindenki azt hitte, hogy a nagymama már régen meghalt. ❻ Szerencsére senki nem várt a repülőtéren.

***

2. gyakorlat – Egészítse ki

❶ Va' da loro in taxi*(-con)*!
Menj .... val.

❷ Mio figlio ha fatto *(causato)* [una] grande sorpresa a scuola.
A .... nagy .... okozott az ....

❸ Questo vestito è stato *(lo-hanno)* presumibilmente pulito ieri.
Ezt a .... lag kitisztították ....

❹ Anche a Vienna ci sono ungheresi.
.... is ...... magyarok.

Ötvenötödik lecke

Öröklakás a Rózsadombon

1 Eladnám két szoba hallos összkomfortos rózsadombi [1] öröklakásomat,
2 négyzetméterenként [2] négyszázötvenezer forintért. Virág utca 3. III. emelet 8.

Note

[1] Il **Rózsadomb**, la *Collina delle Rose*, è uno dei quartieri più chic di Budapest.

Soluzioni dell'esercizio 1

❶ Mi piace *(amo)* alloggiare *(abitare)* in alberghi *(albergo)* a buon mercato. ❷ Mia madre si è rovesciata *(ha-versato)* [del] tè sui pantaloni*(-suoi)*. ❸ Quando sono stato/a *(sono-arrivato/a)* in Ungheria, sono stato/a costretto/a [a] parlare ungherese*(-in)*. ❹ Ti *(con-te)* è successo qualcosa? ❺ Tutti credevano che la nonna fosse *(già)* morta da un pezzo. ❻ Per fortuna non c'era nessuno ad attendermi *(nessuno non mi-aspettava)* all'aeroporto.

***

❺ Mamma, ho fame. Non fa niente.
   Mama, ... vagyok. Nem .....

❻ Abbiate cura del cane. Vi bacio con tanto affetto.
   Vigyázzatok a .... Sok .... csókollak ....

Soluzioni dell'esercizio 2

❶ – hozzájuk taxi – ❷ – fiam – meglepetést – iskolában ❸ – ruhát állító – tegnap ❹ Bécsben – vannak – ❺ – éhes – baj ❻ – kutyára – szeretettel – titeket

Seconda ondata: 5ª lezione

55
Cinquantacinquesima lezione

[Un] immobile *(appartamento)*
[in com]proprietà sul *Rózsadomb*

1 Vendo *(Venderei)* [il] mio *(appartamento)* bilocale [dotato di] un'ampia entrata, [completo] di ogni comfort [e situato sul] *Rózsadomb*
2 a quattrocentocinquantamila fiorini*(-per)* al metro quadrato. Via Virág 3, 3º piano, [interno] 8.

2 **-nként** è un suffisso distributivo: **fejenként**, *a testa, a persona*.

55 / Ötvenötödik lecke

3 Megtekinthető [3] minden nap reggel 8 és 10 között.

4 – Tessék befáradni! Most az előszobában vagyunk, innen nyílik a konyha és a vécé, a fürdőszobába a hallból lehet bemenni.

5 A szobák tágasak, világosak. Menjünk ki az erkélyre!

6 Innen az egész várost lehet látni. Uram, elhiheti nekem, ez a város legszebb lakása.

7 – Úgy látom, hogy a falak nagyon piszkosak és a padló is rossz állapotban van.

8 – Ez kérem semmiség, meg kell csináltatni egy munkással.

9 – Ki ez az idős hölgy a sarokban? A kedves édesanyja [4]?

10 – Nem, a néni itt lakik a lakásban, nagyon csendes és jól főz.

11 – Nem értem, miért mondja ezt nekem, én a feleségemmel és a lányommal akarok itt lakni és nem vele.

12 – Nagyon sajnálom, hogy nem tudtunk megegyezni. Pedig biztosan megszerették volna egymást.

Note

[3] Scomponiamo **megtekinthető**: **meg-** (prefisso verbale che esprime perfettività) + **tekint**, *contemplare, guardare* + **-het** (suffisso potenziale *"si può"*) + **-ő** (suffisso del participio presente). Una struttura analoga è quella di **található**, che abbiamo visto nella quarantesima lezione.

[4] L'ungherese è una lingua molto dolce e affettuosa: per le parole **anya**, *madre*, e **apa**, *padre*, contempla infatti le varianti **édesanya** (lett. dolce madre) ed **édesapa** (lett. dolce padre). Non c'è differenza di significato: si tratta di forme contraddistinte da una particolare connotazione affettiva.

Cinquantacinquesima lezione / 55

3 Lo si può visitare tutti i giorni tra [le] 8 e [le] 10 [del] mattino.

4 – Prego, si accomodi! Ora ci troviamo *(siamo)* nell'ingresso, che dà sulla cucina e sul bagno di servizio *(da-qui apre la cucina e il WC)*, al bagno si accede *(è-possibile accedere)* dall'entrata.

5 Le stanze [sono] ampie [e] luminose. Spostiamoci *(usciamo)* sul balcone!

6 Da qui si può vedere tutta la città. Signore*(-mio)*, mi creda, *(questo)* [è] l'appartamento più bello della città.

7 – Mi sembra *(così vedo)* che le pareti [siano] molto sporche e [che] anche il parquet sia *(è)* in pessimo stato.

8 – Andiamo *(la-prego)*, [è] una cosa da nulla, bisogna farlo [ri]fare da un operaio*(-con)*.

9 Chi [è] questa signora anziana nell'angolo? *(La)* Sua *(cara)* madre?

10 – No, la signora vive *(abita)* qui, nell'appartamento. [È] molto silenziosa e cucina bene.

11 – Non capisco perché mi dica *(dice)* questo, io voglio [venire ad] abitare qui con mia moglie e mia figlia, *(e)* non con lei.

12 – Mi dispiace molto che non siamo riusciti a trovare un accordo. *(Invece)* sicuramente vi sareste affezionati reciprocamente *(l'un-l'altro)*.

1. gyakorlat – Fordítsa le

❶ A hallból nem lehet kimenni az erkélyre. ❷ Szomszéddal csináltattam az új ruhámat. ❸ A lakás megtekinthető minden szombat este. ❹ Innen semmit nem lehet látni. ❺ Úgy látom, hogy az előszoba is tágas. ❻ Nagyon sajnáljuk, hogy önök nem dohányoznak.

***

2. gyakorlat – Egészítse ki

❶ Il mio appartamento [è] più grande di dieci metri *(-con)* quadrati rispetto al suo.
   Az én .... tíz .... nagyobb, mint az ....

❷ Vorrei festeggiare il compleanno di mia figlia sul *Rózsadomb*.
   A .... szeretném .... a lányom
   ....

❸ Chi [è che] canta *(qui)* in quest'angolo?
   Ki ...... itt ...... sarokban?

❹ Le pareti del bagno [di servizio sono] molto sporche.
   A .... falai ....

Ötvenhatodik lecke

Ismétlés – Ripasso

1 Il suffisso fattitivo

Cfr. lezione 50, nota 6; lezione 53, nota 6 e lezione 54, nota 3.
In ungherese è possibile esprimere la fattitività attraverso l'impiego di uno di questi suffissi: **-at/-et** oppure **-tat/-tet**. Si utilizza **-at/-et** con un verbo monosillabico oppure che termina in consonante + **-t**:
vár, *aspettare* → **várat**, *far aspettare*
ír, *scrivere* → **irat**, *far scrivere*
választ, *scegliere, eleggere* → **választat**, *far scegliere, far eleggere*
ver, *picchiare* → **veret**, *far picchiare*;

Soluzioni dell'esercizio 1

❶ Dall'entrata non è possibile accedere al balcone. ❷ Ho fatto fare al vicino(-con) il mio nuovo vestito. ❸ Si può visitare l'appartamento ogni sabato sera. ❹ Da qui non si vede (non è-possibile vedere) niente. ❺ Mi sembra (così vedo) che anche l'ingresso [sia] spazioso. ❻ Ci dispiace molto che non fumiate (fumino) più.

***

❺ Tutti i miei parenti abitano in via Virág.
A ..... utcában ..... minden ....

❻ Non guardi il parquet perché è in pessimo stato.
.. nézze a ......, mert nagyon .... van.

Soluzioni dell'esercizio 2

❶ – lakásom – négyzetméterrel – övé ❷ – Rózsadombon – ünnepelni – születésnapját ❸ – énekel – ebben a – ❹ – vécé – nagyon piszkosak ❺ – Virág – lakik – rokonom ❻ Ne – padlót – rossz állapotban –

Seconda ondata: 6ª lezione

Cinquantaseiesima lezione

-tat/-tet si aggiunge a verbi plurisillabici e a quelli che terminano in vocale + **-t**:

vizsgáz(ik), *dare un esame*	**vizsgáztat**, *far dare un esame*
süt, *cuocere*	**süttet**, *far cuocere*
csinál, *fare*	**csináltat**, *far fare*
keres, *cercare*	**kerestet**, *far cercare*
Ma:	
ül, *stare seduto*	**ültet**, *far sedere, piantare*
lép, *fare un passo*	**léptet**, *far fare un passo*

Verbi irregolari:
eszik, *mangiare* — **etet**, *nutrire*
iszik, *bere* — **itat**, *far bere*
tesz, *mettere* — **tetet**, *far mettere*
visz, *portare* — **vitet**, *far portare*
vesz, *prendere, acquistare* — **vetet**, *far prendere, far acquistare*
hisz, *credere* — **hitet**, *far credere*
alszik, *dormire* — **altat**, *addormentare*
fekszik, *stare coricato* — **fektet**, *coricare*

Jön, **megy** e **van** non prendono suffissi fattitivi. **Hozat**, *far venire, far portare*, **járat**, *far andare*.

2 Il suffisso potenziale

Cfr. lezione 52, nota 1; lezione 53, nota 3 e lezione 55, nota 3.
Eccolo qui: **-hat/-het**
vár, *aspetta* – **várhat**, *può aspettare*

2.1 Coniugazione soggettiva

várhatok, *posso aspettare*
várhatsz, *puoi aspettare*
várhat, *può aspettare*
várhatunk, *possiamo aspettare*
várhattok, *potete aspettare*
várhatnak, *possono aspettare*

2.2 Coniugazione oggettiva

várhatom, *lo/la/li/le posso aspettare*
várhatod, *lo/la/li/le puoi aspettare*
várhatja, *lo/la/li/le può aspettare*
várhatjuk, *lo/la/li/le possiamo aspettare*
várhatjátok, *lo/la/li/le potete aspettare*
várhatják, *lo/la/li/le possono aspettare*
várhatlak, *ti/vi posso aspettare*

2.3 Coniugazione soggettiva

kér, *chiedere*

kérhetek, *posso chiedere*
kérhetsz, *puoi chiedere*
kérhet, *può chiedere*
kérhetünk, *possiamo chiedere*
kérhettek, *potete chiedere*
kérhetnek, *possono chiedere*

2.4 Coniugazione oggettiva

kérhetem, *lo/la/li/le posso chiedere*
kérheted, *lo/la/li/le puoi chiedere*
kérheti, *lo/la/li/le può chiedere*
kérhetjük, *lo/la/li/le possiamo chiedere*
kérhetitek, *lo/la/li/le potete chiedere*
kérhetik, *lo/la/li/le possono chiedere*
kérhetlek, *te/ve lo posso chiedere*

2.5 Verbi irregolari

tesz → **tehet**
visz → **vihet**
van → **lehet**
iszik → **ihat**
megy → **mehet**
fekszik → **fekhet**
vesz → **vehet**
hisz → **hihet**
eszik → **ehet**
jön → **jöhet**
alszik → **alhat**
dohányzik → **dohányozhat**

Naturalmente i suffissi fattitivi e potenziali possono comparire in tutti i modi e tempi.

3 Il participio presente

Cfr. lezione 50, nota 1 e lezione 55, nota 3.
Si forma tramite l'aggiunta del suffisso **-ó/-ő**:
néz, *guarda* → **néző**, lett. *colui che guarda*, *spettatore*;
fut, *corre* → **futó**, lett. *colui che corre*, *corridore* ecc.

Il verbo **van** ha due participi presenti: **való** e **levő**.
Spesso, in ungherese, il participio presente indica il luogo in cui avviene l'azione espressa dal verbo: **fürdőszoba** (*bagno*, lett. stanza in cui si fa il bagno). Potrete imbattervi in insegne quali **borozó**, *vineria* (da **bor**, *vino*, **boroz(gat)**, *bere vino*, **borozó**, *chi beve vino*

***

▶ Ismétlő gyakorlat – Esercizio di ripasso

1. Egy nyelvtankönyből tanulok franciául.
2. Későn érkeztem a repülőtérre.
3. A családban mindenki dolgozik.
4. Két sógornőm jött Kanadából.
5. Nem olcsó ez a lakás.
6. Az idős hölgyet a hajóállomáson várom.
7. Péter egy dalt énekel.
8. Nagyon csendes vagy ma.
9. A budapesti címemre írt.
10. Én a legszebb lányok közül téged választalak.

→ *luogo in cui si beve vino*), **söröző**, *birreria* (da **sör**, *birra*, **söröz(get)**, *bere birra*, **söröző**, *chi beve birra* → *luogo in cui si beve birra*).
Alcuni sostantivi sono veri e propri participi presenti: **tanító** (da **tanít**), *insegnare* → *insegnante*; **vevő** (da **vesz**, *comprare, acquistare* → *cliente, acquirente*); **eladó** (da **elad**) *vendere* → *venditore*.

***

Traduzione

1 Studio il francese*(-in)* su un libro*(-da)* [di] grammatica. **2** Sono arrivato/a tardi all'aeroporto. **3** In famiglia lavorano tutti. **4** Sono arrivate *(venute)* due mie cognate dal Canada. **5** Questo appartamento non [è] a buon mercato *(economico)*. **6** [È] l'anziana signora [che] sto aspettando al porto. **7** Péter canta una canzone. **8** Oggi sei molto silenzioso/a. **9** [Mi] ha scritto al mio indirizzo di Budapest. **10** Tra le ragazze più belle io ho scelto te.

Seconda ondata: 7ª lezione

Ötvenhetedik lecke

Szavak, szavak...

1 Indul a vonat, mondtuk valamelyik leckében.
2 Tegyük hozzá: a vonat akkor indul, amikor [1] indítják [2].
3 Jólesik mozogni, olvashatták a tornaóráról szóló [3] szövegben.
4 Persze nemcsak mozogni lehet: a bútorokat mozdítják, de amelyik nehéz, az nem mozdul.
5 A kocsi jobbra fordul akkor, amikor a kormányt jobbra fordítjuk.
6 A külföldi magyarul tanul, a tanár pedig magyarul tanítja a külföldit.
7 Azt az épületet, amelyik lassan épül, rossz munkások építik.
8 Kitűnő vacsora készül: a nagymama paprikáskrumplit készít sok hagymával.
9 Az ön magyar tudása egyre jobb, tehát rendszeresen javul,
10 de ha valamelyik gyakorlatot rosszul csinálja, mi azonnal javítjuk.

Note

1 Le subordinate sono introdotte da un elemento presente nella proposizione principale: **akkor... (amikor)**, **azt... (amelyik)** (cfr. frase 5).

2 Alcuni verbi prendono il suffisso **-ít** per formare la cosiddetta *costruzione causativa*: in questi casi, il soggetto è causa dell'azione espressa dal verbo (cfr. anche frasi da 4 a 10). Il suffisso **-ul/-ül**, invece, non fornisce informazioni riguardanti tale causa: l'azione espressa dal verbo è compiuta da un agente sconosciuto o non specificato. L'impiego di questa coppia di suffissi **-ít/** e **-ul/ül** è estremamente frequente in ungherese, per questo merita una lezione specifica.

Cinquantasettesima lezione — 57

Parole, parole...

1 Il treno sta partendo *(parte)*, abbiamo detto qualche lezione fa *(qualche lezione-in)*.
2 [Ora] aggiungiamo: il treno *(allora)* parte quando lo fanno partire.
3 Muoversi fa bene *(bene-cade)*, avete *(hanno)* potuto leggere nel testo che parlava *(parlante)* della lezione [di] ginnastica.
4 Naturalmente, non solo ci si può *(è-possibile)* muovere: si spostano *(muovere-fanno)* [anche] i mobili, ma non quelli pesanti *(il-quale pesante, quello non si-muove)*.
5 La macchina gira a destra *(allora)* quando giriamo il volante a destra.
6 Lo straniero studia l'ungherese*(-in)*, invece l'insegnante insegna l'ungherese*(-in)* [al]lo straniero.
7 Quell'edificio che *(il-quale)* [è] lentamente in costruzione *(costruisce)*, lo stanno costruendo *(costruiscono)* [dei] pessimi operai.
8 Stanno preparando *(si-prepara)* [una] cena squisita: la nonna prepara le patate alla paprika *(papricata-patata)* con tanta cipolla.
9 La Sua conoscenza [dell']ungherese va sempre meglio *(continuamente migliore)*, quindi migliora sistematicamente,
10 ma se fa male qualche esercizio, noi lo correggiamo immediatamente.

3 Conoscete già il verbo **szól**, il cui uso è abbastanza vario: **Szól a zene**, *fanno musica*; **Szólj a gyerekeknek**, *Avverti i bambini*; **Mit szólsz ehhez az időhöz?**, *Che ne pensi di questo tempo?* Quando regge il suffisso **-ról/-ről**, significa *parlare, trattare di qualcosa* e introduce il classico "complemento di argomento". In questa frase, come avrete notato, il verbo è coniugato al participio presente.

1. gyakorlat – Fordítsa le

❶ Egy olyan épületről olvastam, amelyik lassan épül. ❷ A paprikáskrumplit hagyma nélkül kérem. ❸ A kormány jobbra is, balra is fordul. ❹ Nem akarom, hogy a bútorokat elmozdítsátok. ❺ Jólesik egy kicsit mozogni a vonatban. ❻ A külföldiek tudása rendszeresen javul.

2. gyakorlat – Egészítse ki

❶ La lezione che parlava *(parlante)* del ministro mi è piaciuta molto.
A .... ről ..... lecke nagyon .... nekem.

❷ La Sua conoscenza [dell']ungherese migliora.
Az ön ....

❸ Se qualche treno non parte, [ne] fanno partire un altro.
Ha valamelyik ..... nem ....., egy .... indítanak.

❹ Non capisco *(che)* perché il volante non gira a sinistra.
Nem ....., hogy miért nem ...... a .... balra.

❺ Chi non sa insegnare, *(quello)* non insegni.
Aki nem ...., az ne ....

❻ Nella via adiacente *(vicina)* hanno costruito una nuova casa.
A szomszéd .... egy .. ház ..... .

Ötvennyolcadik lecke

Énekeljünk újra!

1 A csitári hegyek alatt régen leesett a hó.
2 Azt hallottam, kis angyalom, véled [1] esett el a ló.
3 Kitörted a kezedet, mivel ölelsz engemet?

Note

1 **véled**: forma popolare di **veled**, *con te*.

Soluzioni dell'esercizio 1

❶ Ho letto di un *(tale)* edificio che [è] in lenta costruzione *(lentamente si-costruisce)*. ❷ Le patate alla paprika le vorrei *(chiedo)* senza cipolla. ❸ Il volante si gira sia a destra che a sinistra. ❹ Non voglio che spostiate i mobili. ❺ È bene muoversi un po' in treno. ❻ La competenza *(conoscenza)* [linguistica] degli stranieri migliora sistematicamente.

Soluzioni dell'esercizio 2

❶ – miniszter – szóló – tetszett – ❷ – magyar tudása javul ❸ – vonat – indul – másikat – ❹ – értem – fordul – kormány – ❺ – tud tanítani – tanítson ❻ – utcában – új – épült

Seconda ondata: 8ª lezione

Cinquantottesima lezione

Cantiamo ancora!

1 Ai piedi dei monti Csitár *(sotto)*, tanto tempo fa ha nevicato *(giù-è-caduta la neve)*.
2 *(Questo)* Ho sentito, angioletto *(piccolo angelo)* mio, [che] sei caduta a cavallo *(con-te è-caduto il cavallo)*.
3 Ti sei rotta la mano *(Hai-rotto la mano-tua)*, con cosa mi abbraccerai *(abbracci)*?

4   Igy hát kedves kis angyalom, nem lehetek a tied.
5   Amott [2] látok az ég alatt egy madarat repülni.
6   De szeretnék a rózsámnak egy levelet küldeni!
7   Repülj madár, ha lehet, vidd el ezt a levelet,
8   Mondd meg az én galambomnak, ne sirasson [3] engemet.
9   Amoda le [4] van egy erdő, jaj de nagyon messze van!
10 Kerek erdő közepében két rozmaring-bokor van.
11 Egyik hajlik vállamra, a másik a babáméra,
12 Igy hát, kedves kisangyalom, enyém leszel valaha.

Note

2 **amott**, *laggiù*, indica un luogo lontano. **Itt**, *qui*; **ott**, *là*; **emitt**, *qui, vicino*; **amott**, *laggiù, là verso...*

3 **sirasson** è l'imperativo del verbo **sirat**, che significa *piangere qualcuno* (uso transitivo). I verbi che terminano in **-t** preceduta da vocale breve formano l'imperativo in **-ss**: **szeret** → **szeress** (2ª persona), **szeressen** (3ª persona).

4 **amoda le** è una forma obsoleta, ancora più arcaica di **amott lent**. Non occorre che la memorizziate.

***

1. gyakorlat – Fordítsa le

❶ Azt hallottam, hogy levelet kaptál. ❷ A galambom már nem sirat. ❸ Ki törte el a poharat? ❹ A magyar mesékben az erdő mindíg kerek. ❺ A feleségemnek régóta nem mondom azt, hogy kisangyalom. ❻ A ló elesett a bokor mellett.

Cinquantottesima lezione / 58

4 *(Così,)* Dunque, angioletto *(piccolo angelo)* mio, non potrò essere *(il)* tuo.
5 Là verso il cielo *(laggiù il cielo sotto)* vedo volare un uccello.
6 *(Ma)* Vorrei tanto mandare una lettera alla mia rosa!
7 Vola, uccellino *(uccello)*, se riesci *(è-possibile)*, porta *(via)* questa lettera,
8 di' alla mia colombina *(colomba)* di non piangermi *(non pianga me)*.
9 Laggiù c'è una foresta, oh, *(ma)* è tanto lontana!
10 Al centro della foresta rotonda [ci] sono due cespugli [di] rosmarino.
11 Uno [si] protenderà *(protende)* verso [le] mie spalle, l'altro verso [quelle] della mia piccolina *(bambola)*,
12 così *(dunque)*, mio caro angioletto *(piccolo angelo)*, un giorno sarai mia.

Soluzioni dell'esercizio 1

❶ *(Questo)* ho sentito che hai ricevuto [una] lettera. ❷ La mia colomba non piange più *(già)*. ❸ Chi ha rotto il bicchiere? ❹ Nelle fiabe ungheresi la foresta [è] sempre circolare. ❺ Da tanto tempo non chiamo *(dico)* più mia moglie*(-a che)* "angioletto mio". ❻ Il cavallo è caduto vicino al cespuglio.

2. gyakorlat – Egészítse ki

❶ Digli/lle che nevica *(cade la neve)*.
..... meg .... hogy .... a hó.

❷ Un uccellino *(piccolo uccello)* vola sui monti*(-nei)*.
Egy kis .... a hegyekben.

❸ Vi abbraccio. Arrivederci.
.... titeket. .... ra.

❹ Apprezzo *(amo)* molto quando *(se)* metti tanto rosmarino nelle pietanze *(cibo)*.
Nagyon szeretem, ha .... teszel az ....

Ötvenkilencedik lecke

Min nevetnek [1] a magyarok?

1 Újgazdagék vendégségbe mennek a szomszéd villába, ahol hatalmas vacsora várja őket.
2 Bőrkanapé, házimozi, inasok, elegáns hölgyek és urak.
3 Éjfélkor a háziasszony és a lánya négykezest játszanak a fehér zongorán.
4 Újgazdagék irigyen figyelik, hogy milyen jól megy [2] a szomszédoknak.
5 De a férj hirtelen a felesége felé fordul és boldogan súgja a fülébe:
6 – „Látod, kezd nekik rosszul menni".

Note

1 Il verbo **nevet**, *ridere*, regge il suffisso **-n**: in ungherese si ride *su* qualcosa.

2 Tenete bene a mente queste espressioni: **jól megy/rosszul megy**... **-nak/-nek**, *a qualcuno va bene/male* oppure *qualcuno se la passa bene/male* (cfr. anche frase 6).

❺ In piazza*(-su)* ci sono *(passeggiano)* tanti colombi.
   A ..... sok ...... sétal.

❻ A Natale un angelo è volato sulla finestra.
   .... kor egy ...... be ...... az ablakon.

Soluzioni dell'esercizio 2
❶ Mondd – neki – esik – **❷** – madár repül – **❸** Ölellek – Viszontlátás – **❹** – sok rozmaringot – ételbe **❺** – téren – galamb – **❻** Karácsony – angyal – repült –

Seconda ondata: 9ª lezione

Cinquantanovesima lezione

Cosa fa ridere gli ungheresi?

1 La famiglia Újgazdag è ospite *(invito-su vanno)* nella villa adiacente, dove [una] cena strepitosa *(mastodontica)* li attende.
2 [Ci sono] divani [in] cuoio, home theatre *(casalingo-cinema)*, domestici, signore e signori eleganti.
3 A mezzanotte la padrona di casa *(casa-di-signora)* e *(la)* sua figlia suonano [a] quattro mani il pianoforte bianco*(-su)*.
4 Gli Újgazdag osservano invidiosi *(invidiosamente)* il benessere *(che come bene va)* dei vicini*(-ai)*.
5 Ma tutt'a un tratto il marito [si] gira verso la moglie *(-sua)* e [le] sussurra felice*(-mente)* all'orecchio*(-suo)*:
6 – "Vedi, cominciano a passarsela male".

7 – Hogyhogy? kérdezi [3] tőle csodálkozva [4] a feleség.
8 – Nem vetted észre, hogy ketten játszanak egy zongorán?

***

9 Két csontváz találkozik a Nagykörúton [5].
10 – Kolléga úr, maga [6] mikor halt meg?
11 – Ó, én még jóval az áremelések előtt. És ön mióta halott?
12 – Hogyhogy én? Nem látja, hogy én még élek? □

Note

3 **kér** e **kérdez** significano rispettivamente *chiedere (per ottenere)* e *chiedere (per sapere)*, *domandare*. **Kérek tőle egy cigarettát**, *Gli/le chiedo una sigaretta*; **Azt kérdezem tőle, hogy mit csinál vasárnap**, *Gli/le domando cosa fa domenica*. Entrambi reggono il suffisso **-tól/-től**.

4 **csodálkozva**, lett. *meravigliandosi*. Si tratta di un gerundio; su questo torneremo a breve.

5 Il **Nagykörút**, *Gran Boulevard* di Budapest, è una sorta di circonvallazione, composta in realtà da cinque viali. Lungo questa grande arteria si trovano negozi, caffè, ristoranti e cinema.

6 **maga** e **maguk** sono pronomi di cortesia di terza persona, ma meno formali di **ön** e di **önök**.

***

1. gyakorlat – Fordítsa le

❶ A rendőr csontvázakat talált a lakásban. ❷ Amióta megvásároltuk a házimozit, nem játszom a zongorán. ❸ Miért figyeled azt, hogy mások hogyan élnek? ❹ Áremelés után mindenkinek rosszul megy. ❺ Hatalmas vacsorát ettünk egy étteremben a Nagykörúton. ❻ Ne súgj semmit a fülembe, beszélj hangosan.

Cinquantanovesima lezione / 59

7 – Ma come *(Come-come)*? Gli domanda la moglie, meravigliata.
8 – Non ti sei accorta che suonano un pianoforte*(-su)* in due?

***

9 Due scheletri si incontrano sul *Nagykörút*.
10 – *(Signor)* collega, Lei quando è morto?
11 – Oh, io ben prima *(ancora buono-con)* dell'aumento [dei] prezzi. E Lei da quanto [tempo] è morto?
12 – Come*(-come)*, io? Non vede che io [sono] ancora vivo?

***

Soluzioni dell'esercizio 1

❶ Il poliziotto ha trovato [degli] scheletri nell'appartamento. ❷ Da quando abbiamo preso l'home video non suono [più] il pianoforte. ❸ Perché fai caso [a] come vivono [gli] altri? ❹ Dopo [un] aumento [dei] prezzi tutti se la passano male. ❺ Abbiamo mangiato una cena strepitosa in un ristorante sul *Nagykörút*. ❻ Non sussurrar[mi] *(niente)* all'orecchio*(-mio)*, parla ad alta voce.

2. gyakorlat – Egészítse ki

❶ Gli ospiti arrivano nella villa adiacente.
A .... villába .... érkeznek.

❷ In quale negozio si possono *(è-possibile)* acquistare *(prendere)* divani in cuoio?
Melyik .... lehet ....?

❸ A mezzanotte hanno suonato [a] quattro mani.
.... négykezest ....

❹ Quando ero giovane, spesso andavo in discoteca.
Amikor ...... voltam, gyakran ...... diszkóba.

60

Hatvanadik lecke

Választási beszéd egy képzelt [1] köztársaságban

1 Tisztelt választók [2]! Hölgyeim és uraim!
2 Szeptember 10-én, vasárnap, választás lesz hazánkban!
3 Új képviselők kerülnek [3] a Parlamentbe, új kormány fogja vezetni az országot.
4 Kérem önöket, szavazzanak az A pártra és ne a B-re.
5 Ők sokat ígérnek, de keveset tesznek az emberekért.

Note

1 **képzelt** è il participio passato di **képzel**, *immaginare*, mentre **tisztelt** (frase 1) è quello di **tisztel**, *rispettare*, *onorare*; **elmúlt** (frase 6) è quello di **elmúl(ik)**, *passare*, *scorrere*. Ne riparleremo.

225 • **kétszázhuszonöt**

❺ I nuovi ricchi [sono] più invidiosi dei vecchi *(ricchi)*.
Az .... irigyebbek, ... a .... gazdagok.

❻ Tutti sono felici se i propri amici se la passano bene *(che gli amici-suoi-a bene va)*.
.... annak, hogy .... nak ... megy.

Soluzioni dell'esercizio 2

❶ – szomszéd – vendégek – ❷ – üzletben – bőrkanapét venni ❸ Éjfélkor – játszottak ❹ – fiatal – jártam – ❺ – újgazdagok – mint – régi – ❻ Mindenki örül – a barátai – jól –

Seconda ondata: 10ª lezione

Sessantesima lezione

Discorso elettorale in una repubblica immaginaria

1 Stimati elettori, signore e signori,
2 domenica 10 settembre *(decimo-di-su)*, nella nostra patria avranno luogo le elezioni *(scelta ci-sarà)*.
3 Nuovi deputati arriveranno in Parlamento [e un] nuovo governo guiderà il paese.
4 Vi chiedo di votare *(che votiate)* per il partito A e non per il [partito] B.
5 Promettono tanto, loro, ma fanno poco per le persone.

2 **választó**, **képviselő** (frase 3), **lakó** (frase 8), **következő** (frase 8) sono participi presenti. Certamente li avrete riconosciuti. Rileggete il terzo paragrafo della lezione 56.

3 **kerül** non significa solo *costare*. In questo contesto, il suo significato è quello di *arrivare*, *giungere*.

6 Tudják, hogy pártunk, az A párt, nagy eredményeket ért el az elmúlt négy évben.
7 Új bölcsőde [4] és óvoda épült ebben a kerületben a mi pártunknak köszönhetően.
8 A következő években folytatjuk eddigi politikánkat: uszodát, sportpályát és parkokat kapnak a kerület [5] lakói.
9 Jelszavaink nem változtak: Éljen a béke, a biztonság!
10 Nem akarunk háborút. Azt szeretnénk, ha mindenki boldog és szabad lenne.

Note

[4] **bölcsőde, óvoda, uszodát** (frase 8). Come avrete notato, si tratta di termini che indicano ambienti nei quali hanno luogo diverse attività. Il suffisso **-da/-de** risale al secolo XIX, epoca in cui vi fu un'importante riforma linguistica dell'ungherese; ha dovuto lottare per imporsi nell'uso quotidiano e per dare vita a parole quali **iroda**, *ufficio*; **nyomda**, *tipografia*; **szálloda**, *albergo*; **cukrászda**, *pasticceria*.

[5] **kerület** (frase 7) significa piuttosto *circoscrizione*. Ognuno suddivide le proprie città in base alla forma che preferisce.

***

1. gyakorlat – Fordítsa le

❶ A párt sokat tett az emberekért. ❷ Öt év óta nem épült uszoda a kerületben. ❸ Az én családom mindíg konzervatív volt. ❹ Egy szép jelszó még nem eredmény. ❺ A gyerekek is szavaznak vasárnap? kérdezi Petike. ❻ Kérem önöket, folytassák eddigi munkájukat.

Sessantesima lezione / 60

6 Sapete *(Sanno)* che [il] nostro partito, il partito A, ha ottenuto grandi risultati negli ultimi quattro anni.
7 Grazie al nostro partito, in questo quartiere sono stati costruiti [un] nuovo asilo nido e [una nuova] scuola materna.
8 Negli anni a venire *(seguenti)*, proseguiremo la nostra politica *(finora-di)*: i residenti del quartiere avranno *(ricevono)* una piscina, uno campo sportivo e [dei] parcheggi.
9 Il nostro slogan *(Segno-parole-nostre)* non è mutato: viva la pace [e] la sicurezza!
10 Non vogliamo guerre. Vogliamo che tutti siano felici e liberi *(Questo vorremmo, se ognuno felice e libero sarebbe)*.

***

Soluzioni dell'esercizio 1

❶ Il partito ha fatto tanto per la gente *(le persone)*. ❷ Da cinque anni nel quartiere non costruiscono una piscina. ❸ La mia famiglia è sempre stata conservatrice. ❹ Un bello slogan non [è] ancora [un] risultato. ❺ Anche i bambini votano domenica? domanda Petike. ❻ Vi chiedo di proseguire il lavoro svolto finora *(Chiedo Loro, continuino finora-di lavoro-loro)*.

2. gyakorlat – Egészítse ki

❶ Il mondo intero lotta per la pace.
   Az egész ..... harcol a .... ért.

❷ Sono arrivati in Parlamento [dei] deputati intelligenti.
   .... képviselők .... a Parlament ...

❸ I residenti del quartiere hanno richiesto [una] nuova scuola materna.
   A .... lakói új ....

❹ Questo governo non sa cosa vuole la gente *(vogliono le persone)*.
   Ez a .... nem ..... mit .... az ....

❺ Grazie al[lavoro del]la tipografia, questo libro è venuto molto bene *(molto bello)*.
   A .... köszönhetően ez a ..... nagyon ..... .

61

Hatvanegyedik lecke

Értesítés

1 „Értesítünk titeket, hogy tegnap, tehát március elsején reggel hat órakor
2 világra jöttünk a budapesti János kórház szülészeti ¹ osztályán.
3 Szüleink legnagyobb meglepetésére és örömére ketten vagyunk.
4 Egyikünk ² súlya 2 kiló 20 deka, másikunké 2 kiló 30 deka.

Note

1 Eccovi una rassegna di parole ottenute per derivazione (cfr. lezione 26, nota 1): **szülészet**, *ostetricia*, deriva da **szül**, *partorire*, e da **szülész**, *ostetrica*. **Szülő** (participio presente di **szül**) significa letteralmente "colui/colei che partorisce, genera", dunque *genitore*. **Születik**, *nascere*; **újszülött**, *neonato* (lett. nuovo nato).

❻ Per quale partito voti?
   Melyik ………… ol?

Soluzioni dell'esercizio 2
❶ – világ – béké – ❷ Okos – kerültek – be ❸ – kerület – óvodát kértek ❹ – kormány – tudja – akarnak – emberek ❺ – nyomdának – könyv – szép ❻ – pártra szavaz –

Seconda ondata: 11ª lezione

Sessantunesima lezione

Avviso

1 "Vi informiamo che ieri, ovvero *(dunque)* il primo *(di)* marzo, alle *(ore)* sei [del] mattino
2 siamo venuti al mondo nel reparto maternità *(ostetrico)* dell'ospedale *János* di Budapest.
3 Con *(la più)* grande sorpresa e gioia dei nostri genitori, siamo in due.
4 Uno di noi pesa 2,2 kg *(2 kg 20 dag)*, l'altro 2,3 kg *(2 kg 30 dag)*.

2 **Egy**, *uno*; **egyik** indica un singolo individuo oppure un singolo oggetto facente parte di un insieme. **Más**, *altro, diverso*; **másik**, *un altro*; **egyikünk**, *uno di noi due*.

5 Mindketten 49 centiméter hosszúak és kékszeműek [3] vagyunk.
6 Hajunk még nincs, de különben szépek vagyunk és mindenünk megvan [4].
7 Amikor nem alszunk, felváltva sírunk és sok tejecskét [5] iszunk.
8 Anyukánk egészséges és boldog, hogy ikrei vannak.
9 Apukánk nagyon büszke arra, hogy egyszerre két fia született,
10 de egy kicsit fél attól, hogy nem tud majd minket megkülönböztetni.
11 Egy hét múlva otthon leszünk. Benedek Jancsika és Robika."

Note

3 **kékszemű**, *dagli occhi blu* (**kék**, *blu*; **szem**, *occhio*). In ungherese è possibile formare aggettivi a partire da più parti del discorso mediante il suffisso **-ú/-ű**.

4 C'è differenza tra **van** e **megvan**. Sapete già che il prefisso verbale **meg-** esprime perfettività. Unito a **van**, conferisce valore di certezza a ciò che per un determinato tempo o per qualche ragione è stato messo in dubbio. Se troverete qualcosa dopo averlo cercato a lungo, esclamerete: **megvan!**, *Eccolo!* Alla domanda **Hogy van?**, *Come sta?*, potrete rispondere: **Köszönöm, jól vagyok**, ma anche, se non vi sentite benissimo: **Megvagyok**, che più o meno corrisponde al nostro *si tira avanti*.

***

1. gyakorlat – Fordítsa le

❶ Az ikreket senki nem tudja megkülönböztetni. ❷ Mennyi ennek a gyereknek a súlya? ❸ Nekem a kékszemű fiúk tetszenek. ❹ Aki egészséges, annak születhetnek gyerekei. ❺ A szülészeti osztályon felváltva sírnak az újszülöttek. ❻ Az apám legnagyobb örömére letettem a matematika vizsgát.

Sessantunesima lezione / 61

5 Tutti e due misuriamo *(lunghi)* **49** centimetri e abbiamo gli occhi azzurri.
6 Non abbiamo ancora i capelli, ma siamo comunque belli e non ci manca nulla *(tutto-nostro c'è)*.
7 Quando non dormiamo, piangiamo a turno e beviamo tanto lattuccio.
8 [La] nostra mammina sta bene *(sana)* ed [è] felice di avere *(che ha)* [dei] gemelli.
9 [Il] nostro paparino [è] molto fiero di avere avuto *(che sono nati)* due figli in un colpo solo,
10 ma ha un po' paura di non riuscire *(che non sa poi)* [a] distinguerci,
11 Tra una settimana saremo a casa. Jancsi e Robika Benedek."

5 I suffissi **-ka/-ke**, **-cska/-cske**, **-i** e **-u** formano diminutivi e/o vezzeggiativi. **Tejecske** lo usano i bambini. **Apuka** (frase 9) e **anyuka** (frase 8) sono addirittura diminutivi doppi, in quanto **apu** e **anyu** sono già i diminutivi di **apa** e di **anya**. La maggior parte dei nomi propri ungheresi ha un proprio diminutivo "canonico", come per esempio **Jancsika** (frase 11) per **János**, **Ferike** per **Ferenc**, **Rózsi** per **Rózsa**, **Laci** per **László**. Se entrerete in confidenza con gli autori, un giorno potrete chiamarli **Gyuri** o **Gyurika** (da **György**) e **Tomi** o **Tomika** (da **Tamás**)…

***

Soluzioni dell'esercizio 1

❶ I gemelli nessuno *(non)* sa distinguerli. ❷ Quanto pesa questo bambino *(quanto questo-di il bambino-di il peso-suo)*? ❸ A me piacciono i ragazzi con gli occhi azzurri. ❹ Chi è in buona salute *(sano)* può avere figli *(partorire bambini-suoi)*. ❺ Al reparto maternità, i neonati piangono a turno. ❻ Con *(la più)* grande sorpresa di mio padre, ho passato *(giù-messo)* l'esame [di] matematica.

kétszázharminckettő • 232

2. gyakorlat – Egészítse ki

❶ Sono felice di poter *(che posso-)*essere a casa.
...... vagyok, hogy ...... lehetek.

❷ [La] mattina dormiamo fino alle *(ore)* otto.
...... nyolc ... ig ....

❸ Ho paura delle sorprese.
..... a .... től.

❹ Uno di noi beve [il] latte, l'altro [il] vino.
.... tejet ....., másikunk .....

❺ Tra una settimana partiamo *(viaggiamo)*.
...... múlva ....

❻ La ragazza ha i capelli lunghi.
A .... nak ...... haja ....

62 Hatvankettedik lecke

Diavetítés

1 – Gyertek, vetítek nektek. Végre elkészültek a magyarországi diák.
2 – Ezt a képet a Keleti pályaudvaron készítettem. Oda érkeznek a vonatok Nyugat-Európából.
3 – Ebben a szép, modern villában laktunk a Rózsadombon [1]. Tudjátok [2], a magánlakás sokkal olcsóbb, mint a szálloda.

:Note

[1] Se non vi ricordate più cos'è il **Rózsadomb**, date un'occhiata alla prima nota della lezione 55.

Soluzioni dell'esercizio 2

❶ Boldog – otthon – ❷ Reggel – órá – alszunk ❸ Félek – meglepetések – ❹ Egyikünk – iszik – bort ❺ Egy hét – elutazunk ❻ – kislány – hosszú – van

Seconda ondata: 12ª lezione

Sessantaduesima lezione

Proiezione [di] diapositive

1 – Venite, vi proietto [delle diapositive]. Le diapositive del viaggio in Ungheria *(ungheresi)* sono finalmente pronte.

2 – Ho scattato *(preparato)* questa foto *(immagine)* alla Stazione *(dell')*Est. I treni provenienti dall'Europa occidentale *(Ovest-Europa-da)* arrivano lì.

3 – Abbiamo alloggiato in questa bella villa moderna sul *Rózsadomb*. Sapete, l'appartamento*(-privato)* [è] molto più economico dell'albergo.

---

2 **tudjátok**: coniugazione oggettiva, perché la subordinata che introduce ha la funzione di complemento oggetto definito.

kétszázharmincnégy • 234

4 – Egyik nap lementünk a Dunához. Az utolsó percben, futva [3] értük el a sétahajót.

5 – Nézzétek, milyen csodálatos a panoráma a folyóról, a Halászbástya mögött a távolban látszanak a budai hegyek.

6 – A Városligetben [4] sétálva, megismerkedtünk ezzel a családdal. Kiderült, hogy itt laknak Párizsban, nem messze tőlünk.

7 – Ezen a képen a gyerekek állnak az Állatkert bejárata előtt. Sajnos átépítés miatt zárva volt.

8 – Sietve mentünk a Hősök terére, hogy még nyitva találjuk a Szépművészeti Múzeumot.

9 – A most következő diákat bent a múzeumban vásároltuk. Szebbek, mintha én fényképeztem volna.

10 – Utolsó este magyar barátaink meghívtak minket ebbe az étterembe. Mátyás pincének hívják.

11 – Annyi bort ittunk evés közben, hogy énekelve mentünk haza.

Note

[3] -va/-ve è il suffisso del gerundio: **sétálva**, *passeggiando* (frase 6), **sietve**, *affrettandosi* (frase 8). Dal punto di vista semantico, però, può corrispondere anche al nostro participio passato: **nyitva**, *aperto*, **zárva**, *chiuso* (frase 7), **fizetve**, *pagato* ecc. Vi daremo ulteriori spiegazioni nella prossima lezione.

***

1. gyakorlat – Fordítsa le

❶ Nem messze tőlünk új szálloda épült. ❷ Elkészült már a rózsadombi lakásod? ❸ Siessünk, mert zárva lesz az áruház. ❹ Evés közben ne beszélj annyit. ❺ Magyar gyerekekkel ismerkedtem meg az Állatkertben. ❻ Ezt a képet az utolsó percben készítettük.

Sessantaduesima lezione / 62

4 – Un giorno siamo scesi al Danubio. Abbiamo raggiunto all'ultimo minuto*(-nel)*, di corsa *(correndo)*, il battello turistico *(passeggiata-battello)*.

5 – Guardate quanto *(come)* [è] meraviglioso il panorama [visto] dal fiume. Dietro al Bastione dei Pescatori si vedono *(appaiono)* in lontananza le colline *(montagne)* di Buda.

6 – Passeggiando nel *Városliget*, abbiamo fatto conoscenza con questa famiglia. È venuto fuori che abitano qui a Parigi, non lontano da noi.

7 – In questa foto*(-su)*, i bambini sono*(-in-piedi)* davanti all'entrata dello Zoo *(animale-giardino)*. Purtroppo era chiuso per lavori di ristrutturazione *(a-causa-di)*.

8 – Ci siamo precipitati *(Affrettandoci siamo-andati)* in Piazza degli Eroi per trovare *(affinché trovassimo)* ancora aperto il Museo delle Belle Arti.

9 – Le *(ora)* seguenti diapositive le abbiamo acquistate al museo. [Sono] più belle [di quelle] che avrei [potuto] fare *(fotografato)* io.

10 – [L']ultima sera [i] nostri amici ungheresi ci hanno invitato in questo ristorante. Si chiama *[La] cantina di Mattia*.

11 – Durante [la] cena *(il pasto)* abbiamo bevuto [talmente] tanto vino, che siamo rincasati cantando.

4 Il **Városliget** è il parco cittadino di Budapest. Si trova nel cuore della città, vicino alla Piazza degli Eroi.

***

Soluzioni dell'esercizio 1

❶ Non lontano da noi hanno costruito [un] nuovo albergo. ❷ È già pronto il tuo appartamento sul *Rózsadomb*? ❸ Sbrighiamoci, perché il supermercato sta chiudendo *(chiuso sarà)*. ❹ Non parlare *(tanto)* mentre mangi *(pasto durante)*. ❺ Allo Zoo abbiamo fatto conoscenza con [dei] bambini ungheresi. ❻ Questa foto *(immagine)* l'abbiamo scattata *(preparata)* all'ultimo minuto*(-nel)*.

kétszázharminchat • 236

2. gyakorlat – Egészítse ki

1. Il treno [è] più economico dell'aereo.
   A ...., mint a ....

2. Questa (oggi) mattina ho fotografato [dei] bei bambini.
   Ma .... fényképeztem.

3. Si possono (è-possibile) acquistare diapositive al museo.
   Lehet .... a múzeumban.

4. Il giro [in] battello termina (si-ferma) davanti al Bastione dei Pescatori.
   A .... megáll a .... előtt.

5. L'ultimo giorno scendiamo dal *Rózsadomb* [per andare] al *Városliget*.
   Az ...... nap .... a .... ról a .... be.

6. In albergo i turisti bevono vino.
   A .... bort ....

63

Hatvanharmadik lecke

Ismétlés – Ripasso

Nella scorsa lezione di ripasso abbiamo introdotto il participio presente. Ora tratteremo le altre cosiddette "forme nominali" del verbo.

1 Il participio passato

Rileggete la prima nota della lezione 60. Il participio passato di un verbo ungherese coincide, dal punto di vista formale, con la terza persona singolare dell'indicativo passato del verbo stesso (dunque è contraddistinto dal suffisso **-t/-tt**). **Ismer**, *conoscere*; **ismert költő**, *[un] poeta noto*; **olvasott könyv**, *[un] libro letto*.
Generalmente si utilizza per designare una qualità del sostantivo che accompagna: **a tegnap vetített diák**, *le diapositive proiettate*

Soluzioni dell'esercizio 2

❶ – vonat olcsóbb – repülőgép ❷ – reggel szép gyerekeket – ❸ – diákat vásárolni – ❹ – sétahajó – Halászbástya – ❺ – utolsó – lemegyünk – Rózsadomb – Városliget – ❻ – szállodában – isznak a turisták

Le escursioni in battello sul Danubio sono molto apprezzate dai turisti. Partendo da Budapest è possibile raggiungere altre città ungheresi che sorgono sulla riva del fiume. Tra queste, le più gettonate sono Visegrád, con il suo castello medievale, ed Esztergom, famosa per la sua basilica.

Seconda ondata: 13ª lezione

Sessantatreesima lezione

ieri; **a Városligetben megismert család**, *la famiglia conosciuta al Városliget*; **az étterembe meghívott barátok**, *gli amici invitati al ristorante*.
Come in molte altre lingue, il participio passato ha spesso funzione aggettivale o nominale; **használt ruha** significa dunque *vestito usato* (dal verbo **használ**, *usare, servirsi di*), **sült hús**, *carne arrostita* (da **sül**, *arrostire*), come anche **sült** (impiegato anche da solo, come sostantivo), *arrosto*. **Múlt héten**, *[la] settimana scorsa*. **Mit tudsz a múltamról?**, *Cosa sai del mio passato?*

2 L'infinito

Fate un tuffo nel passato e tornate alla terza nota della sesta lezione. L'infinito, come ormai saprete più che bene, si ottiene aggiungendo il suffisso **-ni** alla forma base del verbo (la quale corrisponde, come

kétszázharmincnyolc • 238

saprete altrettanto bene, alla terza persona singolare dell'indicativo presente del verbo in questione). Quando questa termina con due consonanti (**mond**, *dire*; **kiált**, *credere*) oppure in **-ít** (**tanít**, *insegnare*; **segít**, *aiutare*), il suffisso **-ni** è preceduto da una vocale eufonica: **mondani, kiáltani, tanítani, segíteni**.

Vi ricordiamo che l'infinito di **van** è **lenni** e che sono irregolari, come di consueto, i verbi **megy** → **menni**, *andare*; **eszik** → **enni**, *mangiare*; **iszik** → **inni**, *bere*; **tesz** → **tenni**, *mettere, fare*; **vesz** → **venni**, *prendere*; **hisz** → **hinni**, *credere* e **visz** → **vinni**, *portare*. Approfondiremo ulteriormente l'infinito nella prossima lezione di ripasso, all'interno della quale verranno trattate anche le sue forme "possessive".

3 Il gerundio

Rileggete la nota 4 della lezione 59 e la nota 3 della lezione 62. Il gerundio si forma aggiungendo il suffisso **-va/-ve** alla forma base del verbo. Qualche caso particolare: **megy**, *andare*, **menve**, *andando*; **fekszik**, *giacere*, **fekve**, *giacendo*; **vesz**, *prendere*, **véve**, *prendendo* ecc. Alcuni gerundi sono impiegati come posposizioni: **holnaptól kezdve**, *a partire* (lett. partendo) *da domani*; **két óra múlva**, *tra* (lett. passando) *due ore*. Vi sono contesti in cui, quando il verbo è dotato di un prefisso, l'ausiliare **van** si interpone tra verbo e prefisso verbale: **Péter el van utazva**, *Péter è partito*, **a hús meg van sütve**, *la carne è cotta*. Alcuni puristi contestano la legittimità di queste forme, che sono tuttavia frequenti nel parlato.

4 L'ordine delle parole all'interno della frase

Va detto che questo argomento costituisce una delle maggiori difficoltà nell'apprendimento dell'ungherese come L2. Avrete già intuito (a giusta ragione) che l'ordine delle parole in questa lingua è estremamente vario; secondo qualcuno sarebbe addirittura "libero". Purtroppo, le cose non stanno esattamente così. Ogni minima variazione comporta una sfumatura sintattica più o meno significativa, che proveremo a verificare insieme nel paragrafo seguente, servendoci di alcuni esempi. Per facilitarvene la comprensione, troverete l'accento di frase segnalato da un apice, inoltre abbiamo scritto in stampatello maiuscolo quelle parole che in italiano pronunciamo con un tono decisamente più marcato.

4.1 L'ordine delle parole nelle frasi interrogative e negative

János olvas, *János legge.*
János 'nem olvas, *János non legge.*
'Mit olvas János?, *Cosa legge János?*
János 'könyvet olvas, *János legge un libro.*
'Ki olvas könyvet?, *Chi sta leggendo un libro?*
'János olvas könyvet, *JÁNOS sta leggendo un libro.*
'János olvas könyvet?, *JÁNOS legge un libro?*
'Nem János olvas könyvet, *Non è János che legge un libro.*
'Könyvet olvas János?, *János legge UN LIBRO?*
János 'nem könyvet olvas, *János non legge UN LIBRO.*

4.2 La focalizzazione

János 'olvasni akar, *János vuole leggere.*
János 'nem akar olvasni, *János non vuole leggere.*
'Mit akar olvasni János?, *Cosa vuole leggere János?*
János 'könyvet akar olvasni, *János vuole leggere UN LIBRO.*
'Ki akar könyvet olvasni?, *Chi vuole leggere un libro?*
'János akar könyvet olvasni, *JÁNOS vuole leggere un libro.*
'János akar könyvet olvasni?, *JÁNOS vuole leggere un libro?*
'Nem János akar könyvet olvasni, *Non è János che vuole leggere un libro.*
'Könyvet akar olvasni János?, *János vuole leggere UN LIBRO?*
János 'nem könyvet akar olvasni, *János non vuole leggere UN LIBRO.*

Come potete vedere, l'ordine delle parole all'interno della frase è in funzione di ciò che il parlante desidera mettere in rilievo nel contesto comunicativo. Quest'elemento critico precederà immediatamente il verbo. Ecco dunque spiegata la differenza tra **János 'könyvet olvas**, *János legge UN LIBRO*, e **'János olvas könyvet**, *JÁNOS legge un libro*. Negli esempi sopraelencati trovate anche un verbo all'infinito, **olvasni**, *leggere,* a sua volta retto da **akar**, *vuole*. È quest'ultimo che fa testo! Tenete bene a mente che in contesti perifrastici, è immediatamente prima dell'ausiliare che dovrà essere posto l'elemento che si vuole focalizzare.

Questa è una regola fondamentale nella sintassi ungherese. Comporta anche delle conseguenze, ovvero ulteriori spostamenti di parole nella frase. Ma non vi preoccupate: per ora basta così, torneremo nuovamente sull'argomento tra altre sette lezioni.

▶ Ismétlő gyakorlat – Esercizio di ripasso

1. A háziasszony ma nem főz.
2. Építik az uszodát.
3. A Keleti pályaudvarról indulunk vidékre.
4. Erdő mellett nem jó lakni.
5. Elesett a barátom.
6. János tornaórára készül.
7. Folytatjuk a hatalmas vacsorát.
8. Már látszik a Duna.
9. A képviselő vendégségbe megy.
10. Nagyon büszke a fehér zongorájára.
11. A férj elment szavazni.

64
Hatvannegyedik lecke

▶ Tudni illik, hogy mi illik

1. Bizonyára észrevette, hogy nem elég egy idegen nyelvet jól beszélni: külföldön viselkedni is tudni kell.
2. Ezért [1] elhatároztuk, hogy ebben a leckében megtanítjuk önt néhány nagyon fontos kifejezésre[3].
3. Étkezés előtt a magyarok azt mondják egymásnak: „Jó étvágyat kívánok".
4. Amikor koccintunk Magyarországon, illik azt mondani: „Egészségére", ha magázódunk, vagy: „Egészségedre", ha tegeződünk.

Note

1 C'è differenza tra **ezért**, *è per questo che*..., e **azért**... **mert**, *perché*....

Traduzione

1 La padrona [di] casa oggi non cucina. **2** Stanno costruendo *(costruiscono)* la piscina. **3** [Per andare] in campagna partiamo dalla stazione *(dell')*Est. **4** Non [è] bene abitare vicino a [una] foresta. **5** Il mio amico è caduto. **6** János si prepara per [la] *(sua)* lezione [di] ginnastica. **7** Proseguiamo la [nostra] cena mastodontica. **8** Si vede già il Danubio. **9** Il deputato è stato invitato *(invito-su va)*. **10** [È] molto fiero/a del suo pianoforte bianco*(-su)*. **11** Il marito è andato [a] votare.

Seconda ondata: 14ª lezione

Sessantaquattresima lezione

Conviene sapere *(che)* cosa è convenevole *(conviene)*

1 Avrà sicuramente *(ha-)*notato che non [è] sufficiente parlare bene una lingua straniera: all'estero bisogna anche sapere [come] comportar[si].
2 Per questo abbiamo deciso di insegnarle *(che la istruiamo)* in questa lezione alcune espressioni molto importanti*(-su)*.
3 Prima di mangiare *(Pasto prima)* gli ungheresi *(questo)* [si] dicono l'un l'altro: "Buon appetito *(auguro)*".
4 In Ungheria, quando si brinda *(brindiamo)* è bene *(conviene)* dire *(questo)*: "Alla Sua salute", se ci si dà del lei, oppure "Alla tua salute", se ci si dà del tu.

kétszáz negyvenkettő • 242

64 / Hatvanegyedik lecke

5 Érdekes módon, ugyanezt kell kívánni annak is, aki tüsszent.
6 Ha cigarettázni akar, előbb meg kell kérdeznie ³: „Rágyújthatok? ⁴" vagy „Szabad itt cigarettázni?"
7 „Bocsánat (vagy: elnézést) a zavarásért", így szólítunk meg egy ismeretlent az utcán, aztán folytatjuk:
8 „Kérem, meg tudná mondani, hol van a posta, a kórház, a pályaudvar, az áruház, stb. ⁵?"
9 A választ meg kell köszönnünk: „köszönöm vagy köszönjük a segítséget".
10 Vannak persze egyéb helyzetek is. Lássuk például a leghétköznapibb esetet:
11 „Kisasszony, a világért sem szeretném zavarni. Megengedi, hogy hazakísérjem ⁶"?

Note

3 meg kell kérdeznie, *deve chiedere*; **meg kell köszönnünk**, *dobbiamo ringraziare* (frase 9). Contrariamente a quanto accade in italiano, l'infinito può prendere le desinenze flessive. È una tra le tante peculiarità dell'ungherese a cui vi abituerete presto. Riprenderemo comunque l'argomento nella prossima lezione di ripasso.

4 Rágyújthatok?, leghétköznapibb. Ecco due parole la cui analisi vi permetterà di arricchire il vostro bagaglio grammaticale: innanzitutto il tema è **gyújt**, *accendere*; **-hat** è il suffisso potenziale, mentre **-(o)k** la prima persona singolare della flessione. Quanto al prefisso verbale, deriva chiaramente dal suffisso **-ra/-re**. **Leghétköznapibb** (frase 10): **nap**, *giorno, sole*; **hét**, *settimana*, **hétköznap**, *giorno della settimana*, **-i** suffisso formativo di aggettivi a partire da nomi; **leg...-bb** è la forma del superlativo (relativo).

243 • **kétszáznegyvenhárom**

Sessantaquattresima lezione / 64

5 Cosa interessante *(Interessante modo-su)*, auguriamo *(bisogna augurare)* lo stesso a chi *(a quello anche, il-quale)* starnutisce.

6 Se desidera *(vuole)* fumare, prima dovrà *(deve)* chiedere: "Posso accendere?" oppure: "Si può *(permesso)* fumare qui?".

7 "[Chiedo] scusa (o perdono) per il disturbo", [è] così [che] ci rivolgiamo [a] uno sconosciuto per strada*(-in)*, dopodiché proseguiamo:

8 "Per favore *(lo-chiedo)*, potrebbe dir[mi] dove si trova *(è)* la posta, l'ospedale, la stazione, il supermercato ecc.?"

9 Dobbiamo [poi] ringraziare [per] la risposta: "Grazie *(la-ringrazio o la-ringraziamo)* [per] il Suo aiuto".

10 Naturalmente possono verificarsi *(ci sono)* anche altre situazioni. Osserviamo *(Vediamo)*, per esempio, il caso più frequente all'ordine del giorno:

11 "Signorina, non vorrei disturbarla per niente al mondo. Mi permette di riaccompagnarla *(Lo-permette, che la-accompagni)* a casa"?

5 stb. (pronunciato šatöbbi) significa *eccetera* e deriva da és a többi, lett. *e il resto* (cfr. lezione 33, frase 11).

6 hazakísérjem è un imperativo.

kétszáznegyvennégy • 244

1. gyakorlat – Fordítsa le

❶ Elnézést, hogy megzavartalak étkezés közben. ❷ Ha akarjátok, ma nem gyújtok rá. ❸ Mit kell kívánnunk a nagymamának? ❹ Tanulj meg minden helyzetben viselkedni. ❺ Azért tüsszentett, mert hideg van. ❻ Meg tudják nekünk mondani, hol van a Nyugati pályaudvar?

***

2. gyakorlat – Egészítse ki

❶ Non è bene *(convenevole)* fumare al supermercato.
Az .... nem ..... cigarettáz ...

❷ Mi sono rivolto/a a uno sconosciuto per strada.
.... egy .... t az utcán.

❸ Abbiamo brindato tre volte.
.... koccintott....

❹ Quando mia moglie ha acceso [una sigaretta], ho starnutito.
Amikor a .... rá ...., ...

65

Hatvanötödik lecke

Szállodában

1 – Halló, a Csillag Szállodával beszélek? Itt a Vizfejimpex. Szobát szeretnénk foglalni holnaptól négy éjszakára egy külföldi vendégünk részére [1].

2 – Tehát március elsejétől március ötödikéig. Kérem, ennek semmi akadálya. Legyen szíves, betűzze a vendég nevét.

Note

[1] **részére**, *per, per conto di*. Questa posposizione deriva dalla parola **rész**, *parte*, alla quale si aggiunge prima il suffisso possessivo e poi il suffisso **-ra/-re**: **részemre**, *per me*, **részedre**, *per te* ecc.

Soluzioni dell'esercizio 1

❶ [Chiedo] perdono se *(che)* ti/vi ho disturbati/e durante il pasto.
❷ Se volete, oggi non fumo. ❸ Cosa dobbiamo augurare alla nonna?
❹ Impara a comportarti [bene] in ogni situazione. ❺ Ha starnutito perché fa freddo. ❻ Sapete *(Sanno)* dirci dov'è la stazione *(dell')*Ovest?

***

❺ La signorina non aveva appetito.
A .... nem volt ....

❻ Potreste *(sapreste)* dir[mi] dove si trova *(è)* la frontiera?
Meg ..... mondani, hol ... a .....?

Soluzioni dell'esercizio 2

❶ – áruházban – illik – ni ❷ Megszólítottam – ismeretlen –
❸ Háromszor – unk ❹ – feleségem – gyújtott, tüsszentettem
❺ – kisasszonynak – étvágya ❻ – tudná – van – határ

Seconda ondata: 15ᵃ lezione

Sessantacinquesima lezione

In albergo

1 – Pronto, parlo con l'albergo Csillag? Siamo della *(qui la)* Vizfejimpex. Vorremmo prenotare *(occupare)* una camera per conto di un nostro cliente straniero *(parte-sua-su)* per quattro notti [a partire] da domani.
2 – Quindi dall'1 *(primo)* al 5 *(quinto di)* marzo. Perfetto *(nessun ostacolo)*. Per favore *(sia cordiale)*, mi dica, lettera per lettera, il cognome del vostro cliente.

65 / Hatvanötödik lecke

3 – Úgy hívják, hogy Vicento. V, mint Vilmos, I, mint István, C, mint Cecil, E, mint Elemér, N, mint Nándor, T, mint Timea, O, mint Olga. A keresztneve Marco [2].

4 Lehetőleg [3] fürdőszobás [4] vagy zuhanyozós szobát kérünk V. úr részére. Mennyi az ára egy éjszakára reggelivel?

5 – Az első emeleten minden szoba 15.000 forintba kerül. A reggeli benne van az árban.

6 – A második emeleten vannak olcsóbb szobáink is, de a zuhanyozó és a WC a folyosón van.

***

7 – Jó napot kívánok. Vicento Marconak hívnak. Egy vállalat foglalt részemre szobát mától csütörtökig.

8 – Örülünk, hogy rendben megérkezett. Legyen olyan kedves, töltse ki a bejelentőlapot. Az útlevelét holnap visszaadjuk.

9 Parancsoljon, ez a szoba kulcsa. A liftet ott találja szemben. A csomagokat majd felvitetem [5].

Note

2 Se dovesse capitarvi di dover fare lo spelling di un nome, ricordate che in ungherese si usano i nomi propri. I più gettonati (esclusi quelli menzionati nel dialogo) sono: A **András**, B **Béla**, D **Dóra**, F **Ferenc**, G **Gizella**, H **Hajnalka**, J **János**, K **Katalin**, L **Luca**, M **Mátyás**, P **Piroska**, R **Róbert**, S **Sarolta**, U **Ubul**, Z **Zoltán**.

3 **lehetőleg** si può scomporre in **lehet**, *è possibile*, **-ő** (suffisso del participio presente), infine **-lag/-leg**, suffisso che troverete anche in parole come **állítólag**, *presumibilmente, stando a quanto si dice…*; **viszonylag**, *relativamente*; **végleg**, *definitivamente*; **tényleg**, *effettivamente, in effetti*, **főleg**, *soprattutto*.

Sessantacinquesima lezione / 65

3 – Si chiama *(Così lo-chiamano, come)* Vicento. V come Vilmos, I come István, C come Cecil, E come Elemér, N come Nándor, T come Timea, O come Olga. Il suo nome [è] Marco.

4 Possibilmente vorremmo per lui *(V. signore)* una camera con il bagno o la doccia. Qual [è] il prezzo per una notte, compresa la colazione*(-con)*?

5 – Al primo piano tutte le camere costano 15.000 fiorini. La colazione è inclusa *(dentro)* nel prezzo.

6 – Al secondo piano abbiamo anche camere più economiche, ma i bagni e le docce si trovano nel corridoio.

***

7 – Buongiorno *(auguro)*. Mi chiamo *(chiamano)* Marco Vicento*(-come)*. Ha prenotato per me un'azienda, da oggi fino a giovedì.

8 – Siamo lieti che il suo viaggio sia andato bene *(ordine-in è-arrivato)*. Sia *(così)* gentile da compilare *(compili)* il modulo. [Le] renderemo il passaporto*(-suo)* domani.

9 Ecco a Lei *(Comandi, questa)* la chiave della camera. Troverà *(Trova)* l'ascensore *(lì)* di fronte [a Lei]. Poi le farò *(faccio)* portare su i bagagli.

Bejelentőlap (frase 8), *modulo*, è formato da **be-**, prefisso che indica movimento verso l'interno (**jelent**, *significare*), **bejelent**, *dichiarare*, **-ő** (suffisso del participio presente) e infine **lap**, *pagina, foglio*.

4 fürdőszobás, zuhanyozós, kétágyas, egyágyast (frase 10): si tratta di parole che in origine erano sostantivi e che poi sono divenuti aggettivi per mezzo del suffisso **-s**, *dotato di*, che conoscete già.

5 felvitetem, altató: ecco i suffissi fattitivi **-at/-et, -tat/-tet**. Felvisz, *portare su*, felvitet, *far portare su*; alszik, *dormire*, altat, *far dormire*; altató, *ciò che fa dormire*, *sonnifero*.

kétszáznegyvennyolc • 248

10 – Reklamálni szeretnék. Én egy tágas, világos, kétágyas szobát kértem, de egy szűk, sötét egyágyast kaptam.
11 Éjszaka olyan zaj volt, hogy alig tudtunk a feleségemmel elaludni, pedig önök azt ígérték, hogy a legcsendesebb, parkra néző szobát adják.
12 És ez mind semmi. Nem elég, hogy csak egy ágy van, de az is kényelmetlen [6] és a szomszédban szünet nélkül valamilyen furcsa nyelven veszekednek.
13 – Ha gondolják, szívesen kicseréljük a szobát. Vagy adjunk inkább altatót?

Note

6 kényelmetlen deriva da **kényelem**, *comodità*; **-tlen** è un suffisso privativo. La parola **kényelmes**, *comodo* si ottiene attraverso la regola illustrata nella nota 4.

***

1. gyakorlat – Fordítsa le

❶ A vendégek előtt lehetőleg ne veszekedjetek. ❷ A feleségem visszaadta az útlevelemet. ❸ Mennyibe kerül egy zuhanyozós szoba WC nélkül? ❹ Örülsz, hogy az ágyban reggelizhetsz? ❺ Legyen olyan kedves, foglaljon egy asztalt ma estére a családunknak. ❻ A ti lakásotok is a parkra néz?

10 – Vorrei fare un reclamo *(reclamare)*. Io avevo chiesto una camera spaziosa, luminosa, matrimoniale *(due-letto-di)* e *(ma)* [ne] ho ricevuta una angusta, buia [e] singola *(un-letto-di)*.

11 La notte c'era un *(tale)* chiasso, che a stento io e mia moglie*(-con)* siamo riusciti a *(abbiamo-saputo)* addormentarci, mentre Voi [ci] avevate promesso *(questo, che la-diano)* la camera più silenziosa, con vista *(guardante)* sul parco.

12 E tutto questo [è] niente. Non [era] sufficiente che ci fosse un letto solo *(è)*, ma *(quello)* [era] pure scomodo e nella [camera] accanto litigavano senza tregua *(pausa)* in [una] *(qualche)* lingua strana.

13 – Se lo desiderate *(lo-pensano)*, [Vi] cambiamo volentieri di *(la)* stanza. O preferite *(diamo piuttosto)* [un] sonnifero?

Soluzioni dell'esercizio 1

❶ Possibilmente non litigate davanti ai clienti. ❷ Mia moglie [mi] ha restituito *(indietro-ha-dato)* il passaporto*(-mio)*. ❸ Quanto costa una camera con la doccia, senza bagno? ❹ Sei felice di poter fare colazione a letto? ❺ Sia così gentile da prenotare *(prenoti)* un tavolo per questa *(oggi)* sera a [nome della] nostra famiglia. ❻ Anche il vostro appartamento dà *(guarda)* sul parco?

2. gyakorlat – Egészítse ki

❶ L'ascensore si ferma solo al secondo piano.
  A .... csak a .... meg.

❷ Prima di partire *(della partenza)* abbiamo fatto cambiare le chiavi dell'appartamento.
  Elutazás ..... kicserél...... a ....

❸ Nessuno *(non)* sa perché ci fosse *(era)* [un] tale chiasso venerdì sera.
  ..... nem ..... miért .... olyan .... este.

❹ Se a casa non hai *(è)* [del] sonnifero, chiedi[lo] al vicino*(-da)*.
  Ha ...., kérj a .... tól.

66

Hatvanhatodik lecke

A lecsó [1] receptje

1 Hozzávalók [2]: fél kiló zöldpaprika, 10 deka vöröshagyma, 25 deka paradicsom.
2 3 deka disznózsír, kávéskanálnyi [3] pirospaprika, kevés só.
3 Először zsíron megpirítjuk a karikákra vágott [4] vöröshagymát,
4 majd hozzákeverjük a pirospaprikát, a negyedekre vágott zöldpaprikát és végül a paradicsomot.

Note

1 Il **lecsó** è un piatto tipico ungherese, una sorta di peperonata.
2 **hozzávaló** (frasi 1 e 9) si può scomporre in **hozzá**, che già conoscete, e **való**, una delle due forme di participio presente di **van**.

Sessantaseiesima lezione / 66

❺ Le chiedo di dirmi il suo *(croce-)*nome lettera per lettera.
   Kérem .... a .... is.

❻ È arrivato un grosso pacco per la ditta *(parte-sua-su)*.
   Nagy .... a vállalat ....

Soluzioni dell'esercizio 2
❶ – lift – második emeleten áll – ❷ – előtt – tettük – lakás kulcsait
❸ Senki – tudja – volt – zaj péntek – ❹ – nincs itthon altató –
szomszéd – ❺ – önt betüzze – keresztnevét – ❻ – csomag érkezett
– részére

Seconda ondata: 16ª lezione

Sessantaseiesima lezione 66

La ricetta del *lecsó*

1 Ingredienti: mezzo chilo [di] peperoni verdi,
100 grammi *(10 dag)* [di] cipolla rossa, 250 grammi
(25 dag) [di] pomodori.

2 30 grammi *(3 dag)* [di] strutto *(maiale-grasso)*, circa un
cucchiaino *(caffè-da-cucchiaio)* di *(rossa-)*paprika, un
po' di *(poco)* sale.

3 Per prima cosa fate rosolare *(rosoliamo)* nel grasso la
cipolla rossa tagliata a rondelle,

4 poi aggiungete *(amalgamiamo)* la paprika, il peperone
verde tagliato [a] cubetti *(quadrati)* e infine il
pomodoro.

---

3 -nyi è un suffisso che indica una quantità approssimativa. **Percnyi**, *circa un minuto, un minutino*; **kilométernyi**, *più o meno un km*, **tengernyi**…: *una marea (di…)*.

4 Per i participi passati **vágott** e **füstölt**, cfr. lezione 63, paragrafo 1.

kétszázötvenkettő • 252

5 Kevés sót teszünk rá, ezután fedő alatt 20-30 percig pároljuk.
6 Vannak, akik füstölt szalonnát és kolbászt is tesznek bele.
7 Rizzsel is szokták készíteni. Mindig melegen tálaljuk.
8 Igyunk hozzá egy jó hideg fröccsöt (bor + szódavíz).
9 A lecsó olcsó és finom étel; reméljük a hozzávalókat megtalálja a piacon.
10 Ha ízlik, hívja meg egyszer lecsóra a barátait. □

***

1. gyakorlat – Fordítsa le

❶ Nem minden finom étel olcsó. ❷ Mit kell a vöröshagymához keverni? ❸ Kisfiam, vegyél egy kilónyi zöldpaprikát. ❹ Hoztam a barátaimnak kolbászt Budapestről. ❺ Vágjuk negyedekre a paradicsomot. ❻ Az orvos azt tanácsolta, hogy semmibe ne tegyek sót.

***

2. gyakorlat – Egészítse ki

❶ Il latte lo si beve freddo *(lo-solevano freddamente bere).*
A ..... hidegen .... inni.

❷ Mia moglie conosce tutte [le] ricette economiche.
A .... ismer .... receptet.

❸ A mezzogiorno ho mangiato solo pancetta e salsiccia.
Délben .... és kolbászt ......

❹ Al mio cane non piace *(il cane-mio non ama)* il pomodoro.
A ...... nem .... a ....

Sessantaseiesima lezione / 66

5 Aggiungete *(Aggiungiamo)* un po' di *(poco)* sale, dopodiché coprite *(coperchio sotto)* [e] lasciate cuocere *(lo-bolliamo)* per 20-30 minuti*(-fino)*.
6 C'è *(Sono)* chi aggiunge *(mettono dentro)* anche [della] pancetta e [della] salsiccia affumicate.
7 Lo si fa *(Lo-solevano-preparare)* anche con [il] riso. Va servito *(serviamolo)* sempre caldo*(-su)*.
8 Bagnatelo *(Beviamo da-lui)* [con] un buon *fröccs* (vino + soda) freddo.
9 Il *lecsó* [è] un piatto *(cibo)* squisito ed economico; speriamo [che lei] trovi [tutti] gli ingredienti al mercato.
10 Se [le] piace, inviti un giorno *(una-volta)* i suoi amici a provarlo *(per un lecsó)*.

***

Soluzioni dell'esercizio 1

❶ Non tutti i piatti *(cibo)* prelibati [sono] a buon mercato *(economico)*. **❷** Cosa bisogna aggiungere *(mescolare)* alla cipolla rossa? **❸** *(Piccolo-)* figlio mio, vai a prendere *(compra)* un chilo*(-circa)* [di] peperoni verdi. **❹** Ho portato da Budapest [della] salsiccia per i miei amici. **❺** Tagliamo il pomodoro a cubetti. **❻** Il medico [mi] ha consigliato *(questo,)* di non salare gli alimenti *(che niente-in non metta sale)*.

***

❺ Gli ungheresi bevono spesso il vino con [la] soda*(-acqua)*.
A .... gyakran ...... a bort ....

❻ Ai miei amici stranieri piace il *lecsó*.
A lecsó ..... a külföldi ....

Soluzioni dell'esercizio 2

❶ – tejet – szokták – **❷** – feleségem – minden olcsó – **❸** – csak szalonnát – ettem **❹** – kutyám – szereti – paradicsomot **❺** – magyarok – isszák – szódavízzel **❻** – ízlik – barátaimnak

Seconda ondata: 17ᵃ lezione

Hatvanhetedik lecke

Szegény vagyok...

1. Szegény vagyok, szegénynek [1] születtem,
2. A rózsámat igazán szerettem.
3. Az irígyek elrabolták tőlem [2],
4. Most lett szegény igazán belőlem.
5. Elmennék én messze földre lakni,
6. Ahol engem nem ismer majd senki.
7. Úgy elmegyek a világ végére,
8. Hogy [3] ne legyek senkinek terhére [4].
9. Ennek a szép magyar népdalnak létezik egy másik változata is:
10. Rozmaringot ültettem cserépbe,
11. Betettem a kertem közepébe.
12. Rozmaringszál felnőtt az ég felé,
13. Gyenge vagyok a szeretőm mellé.

Note

[1] **szegénynek**: il predicativo del soggetto e dell'oggetto è contraddistinto dal suffisso **-nak/-nek**. Eccovi alcuni esempi: **látszik**, *sembrare*; **nagynak látszik**, *sembra grande*; **néz**, *guardare, considerare*: **hülyének nézel?**, *mi prendi per un imbecille?*; **hív**, *chiamare*: **ezt a növényt rozmaringnak hívják**, *questa pianta si chiama rosmarino* (cfr. anche lezione 34, nota 2).

***

1. gyakorlat – Fordítsa le

❶ A világ végén is van rozmaring. ❷ Ha nem tanulsz, szegény ember lesz belőled. ❸ Aki gazdagnak születik, gazdagon hal meg. ❹ A szeretőmet senki nem ismeri. ❺ Ezzel a teherrel nem tudok elmenni. ❻ Hoztam neked egy szál virágot a kertemből.

Sessantasettesima lezione

Sono povero...

1 Sono povero, sono nato povero,
2 La mia rosa l'ho amata con tutto il cuore *(veramente)*.
3 Gli invidiosi *(da-)*me l'hanno rubata,
4 Ora sì che sono *(è-diventato)* veramente povero *(da-dentro-me)*.
5 Me ne andrei ad abitare in una terra*(-su)* lontana,
6 Dove non mi conoscerà nessuno.
7 *(Così)* me ne andrò *(vado)* in capo al mondo *(il mondo fine-sua-su)*,
8 Per non essere *(Affinché non sia)* di peso a nessuno.
9 Esiste anche un'altra variante di questo bel canto popolare ungherese, [che recita]:
10 Ho piantato [del] rosmarino in [un] vaso,
11 L'ho messo al centro del mio giardino.
12 Il suo fusto *(rosmarino-fusto)* è cresciuto in direzione del cielo *(verso)*,
13 La vicinanza della mia amata mi indebolisce *(debole sono la amante-mia vicino-a)*.

2 tőlem e belőlem (frase 4) non dovrebbero più meravigliarvi: si tratta semplicemente delle forme "possessive" dei suffissi **-tól/-től** e **-ból/-ből**: tőlem ← -tól/-től; belőlem ← -ból/-ből ecc.

3 Úgy... hogy: *in modo da..., affinché...*

4 terhére ← terhe ← teher.

***

Soluzioni dell'esercizio 1

❶ Anche in capo al mondo c'è [del] rosmarino. ❷ Se non studi, diverrai [un] pover'uomo *(povera persona diverrà da-dentro-te)*. ❸ Chi nasce ricco, muore ricco. ❹ Il/La mio/a amato/a *(amante)* non lo/a conosce nessuno. ❺ Non posso andarmene con questo fardello. ❻ Ti ho portato un fiore *(stelo fiore)* del mio giardino*(-dal)*.

kétszázötvenhat • 256

2. gyakorlat – Egészítse ki

❶ Ieri hanno rapito *(rubato)* il figlio del milionario.
Tegnap .... a milliomos ..... .

❷ Non ci piacciono *(amiamo)* gli invidiosi.
Nem .... az ....

❸ Ciò che piantiamo nel vaso cresce sempre.
Amit el........ a ...., mindíg ....

❹ Mi piacciono *(amo)* queste rose al centro del tuo giardino.
.... ezeket .... a ...... közepén.

❺ Il/la mio/a amante [è] *(talmente)* debole come la rugiada.
A .... olyan ......, mint a ....

❻ Ho messo la pancetta nel *lecsó*.
.... a .... a lecsóba.

68
Hatvannyolcadik lecke

Munkát keresek

1 – Kérem fáradjon be, az igazgató ur már várja önt.
2 – Szóval ön az, aki szeretne nálunk elhelyezkedni. Milyen végzettsége [1] van?
3 – Az érettségi után elvégeztem a műszaki egyetemet, gépészmérnök vagyok.
4 Azóta több tanfolyamon vettem részt [2] és értek a számítógépekhez.

Note

[1] **végzettség** si può scomporre in **vég**, *fine*, **végez**, **elvégez**, *finire*, *terminare*, **végzett**, *finito* oppure *ha finito*, e **-ság/-ség** suffisso formativo di sostantivo. **Legkorszerűbb** (frase 5): **kor**, *epoca*, **-szerű** *relativo a*, **leg... bb**, *il/la più...*

Soluzioni dell'esercizio 2

❶ – elrabolták – fiát ❷ – szeretjük – irigyeket ❸ – ültetünk – cserépbe – felnő ❹ Szeretem – a rózsákat – kerted – ❺ – szeretőm – gyenge – harmat ❻ Betettem – szalonnát –

Seconda ondata: 18ª lezione

Sessantottesima lezione

Cerco lavoro

1 – Prego, si accomodi, il *(signor)* direttore La sta aspettando *(già aspetta Lei)*.
2 – Dunque *(parola-con)* [è] Lei *(quello)* [che] vorrebbe venire a lavorare *(sistemarsi)* da noi. Qual è il Suo titolo di studio *(che-tipo-di qualifica-Sua è)*?
3 – Dopo la maturità mi sono laureato *(ho-finito)* [al] Politecnico, sono ingegnere meccanico.
4 Da allora ho frequentato *(preso parte)* numerosi *(più)* corsi e me ne intendo di informatica.

---

2 **vettem részt**, *ho preso parte*, *ho partecipato*, dalla locuzione **részt vesz** (**rész**, *parte*; **vesz**, *prendere*). L'inversione dei due lessemi che la compongono è dovuta al fatto che, in quel contesto frasale, l'elemento in rilievo era **tanfolyam**, *corso*. Sapete infatti che questo occupa la posizione che precede immediatamente il verbo (cfr. lezione 63).

5 – Ennek örülök, mert a mi vállalatunk a legkorszerűbb berendezésekkel foglalkozik.
6 Hol dolgozott mostanáig? Van-e [3] gyakorlata programok írásában?
7 – Több nagy állami vállalatnál és egy kisebb szövetkezetnél is dolgoztam.
8 Sajnos programot önállóan még soha nem készítettem, de szeretném ezt is megtanulni.
9 – Tud-e angolul? Mert az angol nyelv nélkül nálunk nehezen boldogul.
10 – Két hónapja beiratkoztam egy intenzív angol nyelvtanfolyamra és jövőre szeretnék vizsgát tenni.
11 – Köszönöm, hogy jelentkezett. Az életrajzát mindenesetre hagyja a titkárnőmnél.
12 Levélben értesíteni fogjuk arról, hogy felvesszük-e és ha igen, milyen munkakörbe.

Note

3 -e è una particella interrogativa che vi presenteremo nella nostra prossima lezione di ripasso (lezione 70). Cfr. anche frasi 9 e 12.

***

1. gyakorlat – Fordítsa le

❶ Mostanáig egy szövetkezetnél dolgoztam. ❷ A magyar nyelv nélkül senki nem boldogul. ❸ Miben van még gyakorlatod? ❹ A vállalatnak korszerű berendezései vannak. ❺ Az én gyerekeim mindenhez értenek. ❻ Engem is felvettek a műszaki egyetemre.

Sessantottesima lezione / 68

5 – Questo mi fa piacere *(mi-rallegro)*, poiché la nostra ditta si occupa degli impianti*(-con)* più moderni.
6 Dove ha lavorato finora? Ha dimestichezza *(pratica)* con la programmazione *(programmi-scrittura-in)*?
7 – Ho lavorato presso numerose *(più)* [e] grandi aziende statali e anche presso una piccola*(-più)* cooperativa.
8 Purtroppo non ho ancora *(mai)* programmato *(programma ho-preparato)* autonomamente, ma vorrei imparare anche questo.
9 – Sa l'inglese*(-in)*? Perché senza *(la lingua)* inglese, [qui] da noi difficilmente se la caverà *(cava)*.
10 – Due mesi fa [mi] sono iscritto a un corso intensivo [di] inglese e vorrei dare *(fare)* l'esame l'anno prossimo.
11 – Grazie per essersi presentato *(che si-è-presentato)*. Lasci comunque *(tutto-caso-su)* il suo curriculum *(vita-disegno)* alla mia segretaria*(-presso)*.
12 La informeremo *(la-avviseremo)* per lettera se intenderemo assumerla *(che la-assumiamo)* e, se sì, su quali saranno le sue mansioni *(quale settore-in)*.

Soluzioni dell'esercizio 1

❶ Finora ho lavorato in una cooperativa. ❷ Nessuno se la cava senza [conoscere] la lingua ungherese. ❸ Cos'altro sai fare *(cosa-in è ancora pratica-tua)*? ❹ L'azienda dispone di *(ha)* impianti moderni. ❺ I miei figli *(bambini)* si intendono di tutto. ❻ Anch'io sono stato assunto *(me anche hanno-assunto)* al Politecnico.

kétszázhatvan • 260

2. gyakorlat – Egészítse ki

❶ La segretaria si è laureata *(ha-finito)* [al] Politecnico.
   A .... elvégezte a ....

❷ In questa cooperativa*(-presso)* perfino *(ancora)* il direttore parla inglese*(-in)*.
   Ennél a .... még az .... is ...... angolul.

❸ Ho dimestichezza *(pratica)* nel redigere *(scrivere)* curriculum vitae *(vita-disegno)*.
   Van .... om .... ok ....

❹ I giovani d'oggi *(odierni)* fanno fatica a trovare lavoro *(difficilmente sanno sistemarsi)*.
   A .... nehezen ...... el............ .

Hatvankilencedik lecke

Néhány szó a gazdaságról

1 A két világháború között Magyarország Európa fejletlen ¹ országai közé ² tartozott.
2 A mai magyar gazdaság közepesen fejlett, az ipar fontos szerepet játszik.
3 Bár az ország nyersanyagban szegény, a mérnökök és a különböző szakemberek munkájának köszönhetően

Note

1 Ancora un po' di derivazione! Abbiamo **fejletlen**, lett. non sviluppato, dunque *sottosviluppato* vs **fejlett** (frase 2), *sviluppato, evoluto*; **fejlődik** (frase 7) e **fejlődnie** (frase 9), *svilupparsi*; **fejlődő**, lett. che si sta sviluppando (frase 8), quindi *in via di sviluppo*. Potete facilmente dedurre il significato di **fejlődés**, *sviluppo, progresso*, **fejlettség**, *qualità di chi/ciò che è sviluppato* ecc.

❺ In ogni caso di' a tua madre che sono a Budapest.
.... **mondd meg** ...., **hogy** ....

❻ Vorrei essere assunto *(se assumerebbero)* l'anno prossimo in questo settore lavorativo.
........., **ha** .... **jövőre** .... **a** ....

Soluzioni dell'esercizio 2

❶ – titkárnő – műszaki egyetemet ❷ – szövetkezetnél – ígazgató – beszél ❸ – gyakorlat – életrajz – írásában ❹ – mai fiatalok – tudnak – helyezkedni ❺ Mindenesetre – az anyádnak – Budapesten vagyok ❻ Szeretném – felvennének – ebbe – munkakörbe

Seconda ondata: 19ª lezione

Sessantanovesima lezione

Qualche parola sull'economia

1 Nel periodo interbellico *(Le due mondo-guerra tra)*, [l']Ungheria era *(apparteneva)* tra [i] paesi sottosviluppati d'Europa.
2 L'attuale *(odierna)* economia ungherese [è] mediamente sviluppata, l'industria gioca [un] ruolo importante.
3 Nonostante il paese [sia] povero [di] materie prime *(grezzo-materiale)*, grazie al lavoro di ingegneri e di differenti professionisti

---

2 **közé**: *tra, in mezzo a* (moto a luogo). Vi ricordiamo la "tripartizione" dell'orientamento spaziale in ungherese. **Között**, *tra, in mezzo a* (stato in luogo), **közül**, **da in mezzo a* (moto da luogo). **Két könyv között pénzt találtam**, *Ho trovato [dei] soldi in mezzo a due libri.* **A könyvek közül kivettem azt, amelyiket már olvastam**, *Ho tolto via da(*in mezzo a)i libri quello che ho già letto.*

kétszázhatvankettő • 262

69 / Hatvankilencedik lecke

4 külföldön is ismerik a magyar járműveket, gyógyszereket, játékokat.
5 Ugye ismeri a Rubik-kockát, amelyet órákon át kell forgatnunk [3] ahhoz, hogy a színek a helyükre kerüljenek?
6 A mezőgazdaság sok kiváló terméke ismert a határokon túl: tokaji bor, szegedi szalámi, gyulai kolbász, kalocsai paprika.
7 Évről évre fejlődik az idegenforgalom és a külkereskedelem [4].
8 Jelentősek a kapcsolatok mind a keleti, mind a nyugati, mind az úgynevezett fejlődő országokkal.
9 A belkereskedelemnek még sokat kell fejlődnie ahhoz, hogy a humoristák kevesebbet foglalkozzanak vele.
10 A közlekedést segítik az egyre modernebb utak, a vasút, a repülőgépek,
11 a városokban pedig az autóbuszok, a villamosok, a trolibuszok és Budapesten a Metró.
12 A termelés célja nemcsak a mennyiség, hanem a jó minőség.

Note

[3] **forgatnunk** e **fejlődnie kell** (frase 9) sono infiniti con suffissi possessivi (cfr. lezione 64, nota 3).

[4] **keres**, *cercare, guadagnare*; **kereskedik**, *commerciare*; **kereskedő**, *commerciante*; **kereskedelem**, *commercio*; **belkereskedelem** (frase 9), *commercio interno*; **külkereskedelem**, *commercio estero*. Avete indovinato il significato di **kereskedelmi**? Ve lo sveleremo in uno dei nostri esercizi.

Sessantanovesima lezione / 69

4 i veicoli, [i] prodotti farmaceutici *(medicine)* [e i] giocattoli ungheresi sono noti *(li-conoscono)* anche all'estero.

5 *(Lo-)*Conosce, vero, il cubo [di] Rubik, [quello] che bisogna *(dobbiamo)* girare ore e ore *(ore-su attraverso)* perché i colori tornino *(si-incastrino)* al loro posto?

6 Numerosi prodotti agricoli di prim'ordine *(dell'agricoltura)* [sono] noti *(conosciuti)* oltre i confini: [il] vino di Tokaj, [il] salame di Szeged, [la] salsiccia di Gyula, [la] paprika di Kalocsa.

7 Il turismo *(straniero-circolazione)* e il commercio estero evolvono *(si-sviluppano)* di anno in anno.

8 [Il paese ha] *(i)* rapporti considerevoli *(significativi)* sia *(tutto)* con i paesi dell'Est, sia *(tutto)* con [quelli] dell'Ovest e *(tutto)* con i paesi cosiddetti emergenti.

9 Il commercio interno deve migliorare *(svilupparsi)* ancora un bel po' *(molto)* perché la satira *(gli umoristi)* se ne occupi*(no)* meno.

10 Le strade sempre più nuove *(moderne)*, le linee ferroviarie *(ferrovia)* e aeree *(gli aerei)*,

11 contribuiscono a migliorare *(aiutano)* la circolazione, mentre in città [lo fanno] gli autobus, i tram, i filobus e, a Budapest, la metro.

12 L'obiettivo della produzione non [è] soltanto la quantità, ma [anche] la *(buona)* qualità.

A VÁROS IPARA ÉVRŐL ÉVRE FEJLŐDIK

kétszázhatvannégy • 264

1. gyakorlat – Fordítsa le

❶ Külföldön is ismerik a magyar szakembereket. ❷ A város ipara évről évre fejlődik. ❸ Az újságok sokat foglalkoznak a fejlődő országokkal. ❹ Ez az út keletről nyugatra vezet. ❺ Szüleim a mezőgazdaságban dolgoznak. ❻ A közlekedés is segíti a gazdasági fejlődést.

***

2. gyakorlat – Egészítse ki

❶ Il cubo [di] Rubik è noto *(lo-conoscono)* in qualsiasi paese del mondo.
A ..... valamennyi .... ismerik a ....

❷ Tu devi fare ancora qualche progresso *(a-te ancora sviluppare-tuo deve)* per comprendere *(affinché tu-capisca)* questo poeta.
..... még ...... nöd kell ahhoz, ... megértsd ... .

❸ Ági ha cucinato il *lecsó* per ore e ore, ma non è piaciuto a nessuno.
Ági ...... át ..... a lecsót, de .... nem ízlett.

❹ Di cosa si occupano i professionisti del commercio che arrivano domani *(i domani arrivante commerciale professionisti)*?
Mivel .... a ...... érkező kereskedelmi ....?

Hetvenedik lecke

Ismétlés – Ripasso

1 L'ordine delle parole

Vi ricordiamo che, in ungherese, l'elemento della frase che si desidera porre in rilievo dev'essere collocato immediatamente prima del verbo (cfr. lezione 63). L'applicazione di questa regola può avere ripercussioni all'interno del contesto frasale, come la separazione del prefisso verbale dal verbo in questione.

1.1 La posizione dell'elemento in rilievo
(sugli apici e sui sintagmi in stampatello maiuscolo *cfr. lezione 63).*

János bemegy a szobába, *János entra in camera.*
János 'nem megy be a szobába, *János non entra in camera.*

Soluzioni dell'esercizio 1

❶ I professionisti ungheresi sono noti *(li-conoscono)* anche all'estero.
❷ L'industria cittadina *(della città)* cresce *(si-sviluppa)* di anno in anno.
❸ I giornali si occupano molto dei paesi in via di sviluppo. ❹ Questa via porta *(conduce)* da est a ovest. ❺ [I] miei genitori lavorano nel settore agricolo *(agricoltura-in)*. ❻ Anche i trasporti favoriscono *(aiutano)* lo sviluppo economico.

***

❺ Il salame che si può acquistare a Szeged *(il Szeged-su ricevibile salame)* [è] di buona qualità.

A .... kapható .... jó .... ű.

❻ L'ingegnere ha comprato la salsiccia.

A ...... megvette a ....

Soluzioni dell'esercizio 2

❶ – világ – országában – Rubik-kockát ❷ Neked – fejlődj – hogy – ezt a költőt ❸ – órákon – főzte – senkinek – ❹ – foglalkoznak – holnap – szakemberek ❺ – Szegeden – szalámi – minőség – ❻ – mérnök – kolbászt

Seconda ondata: 20ª lezione

Settantesima lezione

'**Ki megy be a szobába?**, *Chi entra in camera?*
'**János megy be a szobába**, *JÁNOS entra in camera.*
'**Hova megy be János?**, *DOVE entra János?*
János a 'szobába megy be, *János entra IN CAMERA.*
'**János megy be a szobába?**, *JÁNOS entra in camera?*
'**Nem János megy be a szobába**, *Non è JÁNOS che entra in camera.*
A 'szobába megy be János?, *János sta entrando IN CAMERA?*
János 'nem a szobába megy be, *János non sta entrando IN CAMERA.*

1.2 Il verbo e il prefisso verbale

János 'be akar menni a szobába, *János vuole entrare in camera.*
János 'nem akar bemenni a szobába, *János non vuole entrare in camera.*

'**Hova akar bemenni János?**, DOVE vuole entrare János?
János a 'szobába akar bemenni, János vuole entrare IN CAMERA.
'**János akar bemenni a szobába?**, JÁNOS vuole entrare in camera?
'**Nem János akar bemenni a szobába**, Non è János che vuole entrare in camera.
A 'szobába akar bemenni János?, Vuole entrare IN CAMERA, János?
János 'nem a szobába akar bemenni, János non vuole entrare IN CAMERA.

Poiché la posizione "canonica" del prefisso verbale è quella che precede immediatamente il verbo, in contesti di focalizzazione il prefisso "cede il posto" all'elemento da porre in rilievo, "slittando" perciò dopo il verbo, nella prima posizione disponibile. In presenza di un ausiliare, l'ordine non marcato (neutro) prevede che esso sia collocato tra il prefisso verbale e il verbo. **János be akar menni a szobába**, János vuole entrare in camera.

2 L'infinito e i suffissi possessivi

Si rileggano le terze note delle lezioni 64 e 69. Sapete già che alcuni verbi impersonali (**kell**, bisogna, occorre; **illik**, è convenevole ecc.) oppure aggettivi che formano il predicato nominale (**szabad**, [è] permesso; **szükséges**, [è] necessario; **felesleges**, [è] inutile; **fontos**, [è] importante ecc.), reggono l'infinito. A quest'ultimo, però, possono essere aggiunti i suffissi possessivi che forniscono informazioni riguardanti il soggetto: **fontos dolgozni**, lavorare [è] importante, ma **fontos dolgoznunk**, [è] importante [che] lavoriamo. Eccovi il paradigma:

(**nekem**) **dolgoznom kell**, (io) devo lavorare / bisogna che (io) lavori
(**neked**) **dolgoznod kell**, (tu) devi lavorare / bisogna che (tu) lavori
(**neki**) **dolgoznia kell**, (lui/lei) deve lavorare / bisogna che (lui/lei) lavori
(**nekünk**) **dolgoznunk kell**, (noi) dobbiamo lavorare / bisogna che (noi) lavoriamo
(**nektek**) **dolgoznotok kell**, (voi) dovete lavorare / bisogna che (voi) lavoriate
(**nekik**) **dolgozniuk kell**, (loro) devono lavorare / bisogna che (loro) lavorino

(nekem) szabad beszélnem, *a me è / mi è permesso parlare*
(neked) szabad beszélned, *a te è / ti è permesso parlare*
(neki) szabad beszélnie, *a lui/lei è / gli/le è permesso parlare*
(nekünk) szabad beszélnünk, *a noi è/ci è permesso parlare*
(nektek) szabad beszélnetek, *a voi è/vi è permesso parlare*
(nekik) szabad beszélniük, *a loro è permesso/è permesso loro parlare*

Trovate tra parentesi il pronome personale dativo (**nekem, neked** ecc.) perché ridondante, dunque facoltativo. Se invece il soggetto non è un pronome personale, l'uso del suffisso **-nak/-nek** è obbligatorio. **Kinek kell dolgoznia?**, *Chi deve lavorare?*; **Péternek kell dolgoznia**, *PÉTER deve lavorare*.

3 La particella interrogativa *-e*

Si rilegga la terza nota della lezione 68. Occorre distinguere tra due differenti contesti.

3.1 La particella *-e* in una proposizione principale

Van-e gyereke?, *Ha figli?*; **Beszélsz-e magyarul?**, *Parli ungherese?* In questo caso, l'impiego della particella è facoltativo e questa ha soltanto valore rafforzativo: *ma tu lo parli, l'ungherese?*

3.2 La particella *-e* in una subordinata

Se invece è presente all'interno di una subordinata, la particella **-e** sottolinea il fatto che si tratta di un'interrogativa indiretta.
Nem tudjuk, hogy beszél-e ön magyarul, *Non sappiamo se Lei parla ungherese*;
Kíváncsi vagyok, hogy van-e gyereke, *Sono curioso/a [di sapere] se ha figli*;
Nem emlékszem, hogy szép-e az új ruhád, *Non ricordo se il tuo nuovo vestito è bello*.
Di seguito ecco altri due esempi che illustrano questa differenza.

Megkérdezem az apámtól: "Jössz moziba?"
Chiedo a mio padre: "Vieni al cinema?"
Megkérdezem az apámtól, hogy jön-e moziba.
Chiedo a mio padre se viene al cinema.

71 / Hetvenegyedik lecke

▶ Ismétlő gyakorlat – Esercizio di ripasso

1. A kórházban ágyak vannak.
2. Nem illik veszekedni.
3. Ez a szegény ember nem ismer itt senkit.
4. A szállodában nem olcsók a szobák.
5. Kicseréltük a számítógépünket.
6. A kulcs nem nyitja az ajtót.
7. Észrevetted, hogy ma milyen gyenge vagyok?
8. Részt vettem a választáson.
9. A múzeum kedden zárva van.
10. Az igazgató angolul válaszol.

71

Hetvenegyedik lecke

Altató [1]

1. Lehunyja kék szemét az ég, lehunyja sok szemét a ház,
2. dunna alatt alszik a rét – aludj [2] el szépen, kis Balázs...
3. Szundít a labda, meg a síp, az erdő, a kirándulás
4. a jó cukor is aluszik – aludj el szépen, kis Balázs.
5. A távolságot, mint üveggolyót megkapod, óriás
6. leszel, csak hunyd le kis szemed – aludj el szépen, kis Balázs.

Note

[1] Conoscete già **altató**, parola (derivata) che viene da **alszik**, *dormire* (cfr. lezione 65, frase 13 e nota 5). **Altat** significa *far dormire, addormentare*; ma "ciò che fa dormire", **altató**, non è soltanto il *sonnifero* (cfr. lezione 65, frase 13)! Non sempre, infatti, occorrono le maniere forti: a volte una *ninna nanna* è più che sufficiente.

Traduzione

1 In ospedale ci sono letti. **2** Non è bene *(conviene)* litigare. **3** Questo pover'uomo qui non conosce nessuno. **4** Le camere d'albergo*(-in)* non [sono] a buon mercato *(economiche)*. **5** Abbiamo cambiato *(il)* computer*(-nostro)*. **6** La chiave non apre la porta. **7** Hai notato quanto sono debole oggi? **8** Ho preso parte alle elezioni. **9** Di martedì, il museo è chiuso. **10** Il direttore risponde in inglese.

Seconda ondata: 21ª lezione

Settantunesima lezione

Ninna nanna

1. Il Cielo chiude [i] suoi occhi *(occhio-suo)* blu, la Casa chiude i suoi mille *(molti)* occhi,
2. il Prato dorme sotto [la] trapunta – fai la nanna *(dormi bene)*, piccolo Balázs.
3. Riposa[no] il Pallone, il Fischietto, il Bosco, la Scampagnata,
4. dorme anche il dolce *(buono)* Zucchero – fai la nanna *(dormi bene)*, piccolo Balázs.
5. Diverrai *(sarai)* [un] gigante, avrai in pugno *(ricevi)* gli abissi *(la lontananza)*, come biglie di vetro *(vetro-biglia)*,
6. basta solo che tu chiuda *(solo chiudi)* i tuoi occhietti *(piccolo occhio-tuo)* – fai la nanna *(dormi bene)*, piccolo Balázs.

2 All'interno del paradigma, il verbo **alszik** ammette la variante **aluszik**, *dorme* (frase 4). La seconda persona singolare dell'imperativo è **aludj** oppure **aludjál**.

71 / Hetvenegyedik lecke

7 Tűzoltó leszel s katona! Vadakat terelő juhász!
8 Látod, elalszik anyuka – aludj el szépen, kis Balázs.
9 József Attila, aki ezt a verset írta, 1905-ben született és 1937-ben halt meg.
10 Őt tekintik a huszadik század egyik legnagyobb magyar költőjének [3].
11 Műveiben gyakran szól a munkásokról, de olvashatunk tőle halhatatlan szerelmes verseket is.
12 Nincsen [4] olyan magyar iskola, ahol ne tanítanák [5]
13 és nincs olyan magyar város vagy falu, ahol ne viselné nevét tér, út, vagy utca.

Note

[3] Cfr. lezione 67, nota 1: dopo alcuni verbi come **tekint**, *considerare*, il predicativo prende il suffisso **-nak/-nek**.

[4] **Nincsen** è una variante di **nincs**.

[5] **Tanítanák** e **viselné** sono condizionali (cfr. frase 13), si traducono però come congiuntivi.

***

1. gyakorlat – Fordítsa le

❶ Szép kirándulást tettünk az erdőben. ❷ A halhatatlan költő lehunyta szemét. ❸ Ha elalszol, holnap kapsz egy üveggolyót. ❹ Május elsején munkások énekeltek a téren. ❺ Az a szép, akinek a szeme kék, mondják Magyarországon. ❻ A mi utcánk egy xix. században élt tűzoltó nevét viseli.

7 Diverrai *(Sarai)* pompiere, *(e)* soldato! [Sarai il] pastore [che] ammansirà *(guiderà)* [le] fiere!

8 Vedi? [Anche la tua] mammina sta per dormire *(si-addormenta)* – fai la nanna *(dormi bene)*, piccolo Balázs.

9 Attila József, l'autore di *(il-quale ha-scritto)* questa poesia, nacque nel 1905 e morì nel 1937.

10 È considerato *(Lui lo-considerano)* uno dei più grandi poeti ungheresi del ventesimo secolo.

11 Nelle sue opere compaiono *(spesso parla di)* gli operai, ma si possono *(possiamo)* anche leggere *(da-lui)* [le] sue immortali poesie d'amore *(amorose)*.

12 [In Ungheria] non esiste *(non-c'è tale)* scuola *(ungherese)* nella quale non lo si insegni *(dove non lo-insegnerebbero)*

13 e non esiste *(non-c'è tale)* città o villaggio *(ungherese)* in cui *(dove)* [una] piazza, [un] viale o [una] via non porti *(lo-porterebbe)* [il] suo nome.

Soluzioni dell'esercizio 1

❶ Abbiamo fatto [una] bella gita nel bosco. ❷ Il poeta immortale ha chiuso gli occhi *(occhio-suo)*. ❸ Se ti addormenti, domani ti regalo *(ricevi)* una biglia [di] vetro. ❹ Il primo *(di)* maggio [alcuni] operai hanno cantato in piazza. ❺ Bello [è] chi ha gli occhi blu, dicono gli ungheresi *(lo-dicono Ungheria-in)*. ❻ La nostra via porta [il] nome di un pompiere vissuto nel secolo XIX.

2. gyakorlat – Egészítse ki

❶ Fai la nanna *(addormentati bellamente)*, bambino mio.
..... el ....

❷ In lontananza si vedono [dei] boschi.
A .... látszanak.

❸ Ho scritto una ninna nanna per il mio amore.
..... egy .... a szerelmem... .

❹ *(Questo lo-)***so** *(che)* quando sono nato.
Azt ..... hogy ..... születtem.

Hetvenkettedik lecke

Cédula a kapun

1 Ezt a címet adta Nagy Lajos egyik 1927-ben írt [1] novellájának. Ime egy rövid részlet belőle [2]:
2 A napokban érdekes feliratot láttam egy ház kapuján: „Agy kiadó" [3].

Note

[1] Richiamiamo la vostra attenzione sui nessi qualificativi **1927-ben írt**, *scritto nel 1927*, e **vissza nem térő**, *che non si ripresenterà più* (cfr. frase 9), che si riferiscono, rispettivamente, a **novellájának** e a **lehetőség**. Il primo nesso contiene un participio passato, il secondo un participio presente.

[2] **belőle**, forma possessiva del suffisso **-ból/-ből**.

❺ *(Questo)* **Non** *(lo-)***sappiamo** *(che)* **quando moriremo.**
  Azt … tudjuk, …. mikor …… meghalni.

❻ **[L']Ungheria è considerata** *(la-considerano)* **un paese***(-come)* **mediamente sviluppato.**
  Magyarországot ……… fejlett …… nak ……….

Soluzioni dell'esercizio 2

❶ – Aludj – szépen gyerekem ❷ – távolban erdők – ❸ Írtam – altatót – nek ❹ – tudom – mikor – ❺ – nem – hogy – fogunk – ❻ – közepesen – ország – tekintik

Seconda ondata: 22ª lezione

Settantaduesima lezione

[Un] biglietto sul portone

1 [È] questo il titolo [che] Lajos Nagy ha dato a una delle sue novelle scritte nel 1927. Ecco[ne] un breve estratto:

2 In [questi] giorni, sul portone di un'abitazione *(casa)*, ho visto [una] scritta interessante: "Affittasi cervello".

3 **kiadó**, participio presente del verbo **kiad**, *affittare* (lett. *dare fuori*). Il participio presente, come abbiamo visto, può indicare chi compie una determinata azione (**borozó férfi**, *un uomo che sta bevendo vino*; **lakását kiadó család**, *famiglia che affitta il proprio appartamento*), il luogo in cui avviene un'azione (**borozó**, *vineria*; **kiadó**, *casa editrice*) o, ancora, una professione (**kiadó**, *editore*; **eladó**, *venditore* (ma anche *in vendita*).

3 Azonnal megértettem, hogy itt apró hibáról van szó és természetesen nem agyat, hanem ágyat akar [4] valaki kiadni.
4 De hátha én tévedtem? Mit lehet tudni a mai világban?
5 Lehet, hogy tudós vagy újságíró kínálja az eszét másoknak.
6 Talán van olyan ember, akinek más agyára van szüksége.
7 Akkor pedig ezt a szöveget kellett volna a kapun elhelyezni:
8 „Agy kiadó. Agy tulajdonosa hajlandó szerény összegért bármilyen gondolatot kitalálni és leírni.
9 Kiadók, szerkesztők, igazgató urak figyelem! Soha vissza nem térő lehetőség!
10 Minden további felvilágosításért [5] forduljanak a házmesterhez!"

Note

[5] In ungherese la *Consecutio temporum* è assente, per questo troviamo un presente (**akar**, cfr. frase 3) laddove ci si aspetterebbe un passato.

[6] È possibile scomporre **felvilágosításért** in **világos**, *chiaro*; **világosít**, *chiarire*; **világosítás**, *chiarimento*; **felvilágosítás**, *ragguaglio, informazione*; **-ért**, *per*.

***

1. gyakorlat – Fordítsa le

❶ Az újságíró visszatért külföldről. ❷ Mit kínált neked az igazgató? ❸ A házmester nyáron ki fogja adni a lakását. ❹ A mai világban kinek ne lenne szüksége nyaralásra? ❺ Nem tudott senki felvilágosítást adni a pályaudvaron. ❻ A tanár csak az apró hibákat javította ki.

Settantaduesima lezione / 72

3 Ho capito immediatamente che si trattava di un piccolo *(minuscolo)* errore e [che], naturalmente, non [era un] cervello, ma [un posto] letto [che] qualcuno desiderava *(vuole)* affittare.

4 Ma se fossi io ad avere torto *(forse io ho-sbagliato)*? Com'è possibile averne la certezza *(cosa è-possibile sapere)*, visti i tempi che corrono *(l'odierno mondo-in)*?

5 Può darsi *(è-possibile)* che [uno] scienziato oppure [un] giornalista metta *(offra)* il proprio ingegno *(mente-sua)* [a disposizione] degli altri*(-a)*.

6 Forse c'è qualcuno *(tale persona)* che necessita di un cervello altrui *(altro)*.

7 In tal caso *(allora invece)*, sul portone avrebbero dovuto affiggere *(collocare)* questo testo:

8 "Affittasi cervello. [Il] proprietario *(del cervello)* [è] disposto per [una] cifra modica *(povera)* [a] inventare e cedere *(scrivere)* ogni sorta [di] idea *(pensiero)*.

9 *(Signori)* editori, redattori, direttori, attenzione! È un'occasione unica *(Mai indietro non tornante possibilità)*!

10 Per qualsivoglia *(tutte)* ulteriore informazione, rivolgersi *(si-rivolgano)* in portineria *(portiere-a)*!"

Soluzioni dell'esercizio 1

❶ Il giornalista è rientrato *(tornato)* dall'estero. ❷ A te cosa ha proposto *(offerto)* il direttore? ❸ D'estate, il portiere affitterà la sua casa. ❹ Visti i tempi che corrono *(l'odierno mondo-in)*, chi non ha *(avrebbe)* bisogno di vacanze? ❺ In stazione nessuno è riuscito a *(ha-saputo)* dar[ci] informazioni. ❻ L'insegnante ha corretto solamente gli errori insignificanti *(minuscoli)*.

2. gyakorlat – Egészítse ki

❶ In questa via si affittano tutte le case.
   Ebben .... minden ....

❷ [Tu] *(lo)* hai capito *(indovinato, che)* da quale cancello*(-su)* bisogna entrare?
   Kitaláltad, ... melyik kapun ....?

❸ Ci sono persone che non sbagliano mai.
   Vannak .... akik ....

❹ In questi giorni *(i giorni-in)* abbiamo guadagnato una modesta somma presso un editore.
   A .... összeget kerestünk egy ..... nál.

73

Hetvenharmadik lecke

Három régi népszokás

1 Húsvéthétfőn a férfiak elmennek a lányokhoz, asszonyokhoz, és így köszönnek nekik:
2 „Zöld erdőben jártam, kék ibolyát láttam, el akart hervadni [1], szabad-e [2] locsolni [3]?"
3 Ezután következik a locsolás (régen egy vödör hideg vízzel, manapság egy-két csepp kölnivel).
4 A locsolókat általában megajándékozzák festett tojással, süteménnyel, pár forinttal.

Note

[1] **el akart hervadni**: qui l'ausiliare **akar** si interpone tra il verbo e il prefisso verbale.

[2] **szabad-e?** Vi ricordiamo il valore rafforzativo della particella **-e** nelle interrogative dirette (si rilegga il paragrafo 3.1 della lezione 70).

[3] Ecco un'altra famiglia di parole derivate: **locsol**, *innaffiare*; **locsolás**, *innaffiatura* (frase 3); **locsoló**, *innaffiatore* ma anche *innaffiatoio* (frase 4).

❺ Il proprietario ha *(si-è-)*incontrato lo scienziato*(-con)* in vineria.
  A .... találkozott a .... a ....

❻ A chi bisogna rivolgersi per [ricevere] informazioni?
  Kihez .... fordulni .... ?

Soluzioni dell'esercizio 2
❶ – az utcában – ház kiadó ❷ – hogy – kell bemenni ❸ – emberek – soha nem tévednek ❹ – napokban szerény – kiadó – ❺ – tulajdonos – tudóssal – borozóban ❻ – kell – felvilágosításért

Seconda ondata: 23ª lezione

Settantatreesima lezione

Tre antiche usanze popolari

1 Il giorno di Pasquetta *(Pasqua-lunedì-su)* gli uomini si presentano *(vanno)* dalle ragazze e dalle donne sposate *(signore)* salutandole così *(e così salutano a-loro)*:
2 "Sono stato in [un] bosco verde [e] ho visto [una] violetta blu. Stava per *(voleva)* appassire, è permesso innaffiar[la]?"
3 Dopodiché ha luogo *(segue)* l'"innaffiatura" (anticamente con un secchio d'acqua fredda, oggigiorno con una-due gocce [d'acqua] di Colonia).
4 In genere, [a]gli "innaffiatori" [si] regalano uova dipinte *(-con)*, dolci*(-con)*, [oppure] qualche *(paio)* fiorino*(-con)*.

5 Sok helyen sajnos előkerül [4] a pálinkás üveg. Az iszogatásnak [5] aztán meg is van az eredménye [6].

6 Nem véletlen, hogy ezen a napon a szokottnál több dolguk van a mentőknek.

7 Egyes vidékeken a fiúk májusfát szoktak állítani annak az ablaka alá, akinek udvarolnak.

8 A fát színes papirokkal díszítik, de gyakran kerül alá bor, csokoládé és más ajándék.

9 Hajnalig illik őrizni, nehogy valamelyik féltékeny udvarló ellopja és a magáét állítsa fel helyette.

10 Falun nagy ünnep a disznóölés. Rokonok, ismerősök érkeznek messziről, hogy segítsenek.

11 Együtt töltik a kolbászt, füstölik a húst és csomagolják a kóstolót azok részére, akik nem tudnak részt venni az esti disznótoron.

12 A gyerekek kíváncsian nézik, hogy mit csinálnak a felnőttek és közben ezt éneklik:

13 „Itt ma disznót sütnek, jól érzem a szagát, talán nekem adják a hátulsó combját".

Note

4 Il verbo **kerül** è abbastanza difficile da tradurre. Senza prefisso verbale può significare *ritrovarsi, evitare*, ma anche *valere*: **Mennyibe kerül?** *Quanto costa?* Con i prefissi verbali può assumere svariati significati, come **előkerül**, lett. ritrovarsi davanti, cioè *apparire, risalire in superficie, saltare fuori, essere rinvenuto*; **elkerül valahova**, *arrivare da qualche parte*; **újra bekerül a bajnokságba**, *rimontare in classifica*; **Gagarin megkerülte a földet**, *Gagarin 'circumnavigò' la Terra* ecc.

5 **iszogatás**: **iszik**, *bere*; **iszogat**, *sbevazzare* (suffisso frequentativo! Qui si intende il bere a piccoli sorsi ma per tanto tempo), **iszogatás**, *lo sbevazzare*.

6 **meg is van az eredménye**. **Is** in questo contesto ha valore rafforzativo.

Settantatreesima lezione / 73

5 In molte località*(-su)*, purtroppo, ci scappa anche l'acquavite *(acquavitata bottiglia)*. Il risultato di [tutto quello] sbevazzare non tarda a manifestarsi *(dopodiché anche c'è)*.

6 Non [è un] caso che in quei *(questi)* giorni le ambulanze *(i salvatori)* abbiano *(hanno)* più lavoro del solito.

7 In certe regioni i ragazzi piantano *(sono-soliti innalzare)* [un] albero della cuccagna *(maggio-albero)* sotto la finestra [della ragazza] che *(la-quale-a)* corteggiano.

8 L'albero viene decorato *(lo-decorano)* con [pezzi di] carta *(carte)* colorata, ma spesso ai suoi piedi *(sotto)* vi si trovano [del] vino, [della] cioccolata e altri doni.

9 È bene *(conviene)* sorveglia[lo] fino all'alba [per evitare] che *(non-affinché)* qualche spasimante *(corteggiatore)* geloso lo rubi e lo sostituisca con il proprio *(lo-metta-su al-posto-suo)*.

10 In campagna *(villaggio-su)*, l'uccisione [del] maiale [è una] gran festa. Parenti [e] conoscenti arrivano [anche] da lontano per dare una mano *(affinché aiutino)*.

11 Insieme preparano *(riempiono)* la salsiccia, la carne affumicata *(la-affumicano)* e mettono da parte *(impacchettano)* [degli] assaggi per chi non potrà *(quelli i-quali non sanno)* prendere parte al banchetto serale [a base di] maiale.

12 I bambini osservano curiosi *(curiosamente lo-guardano)* che cosa fanno gli adulti e nel frattempo cantano *(questo)*:

13 "Qui oggi si cucina *(cucinano)* [il] maiale, [ne] sento bene l'odore*(-suo)*, forse il prosciutto *(la posteriore coscia-sua)* lo daranno *(la-danno)* a me!".

74 / Hetvennegyedik lecke

1. gyakorlat – Fordítsa le

❶ A gyerekek hajnalig locsolták az utcát vízzel. ❷ A Húsvét nagy katolikus ünnep. ❸ A barátaim megajándékoztak egy üveg pálinkával. ❹ Érzem a konyhában sülő hús szagát. ❺ Ennek a lánynak a szokottnál több udvarlója van. ❻ Hétfőn csak hideg víz volt a fürdőszobában.

2. gyakorlat – Egészítse ki

❶ In campagna *(villaggio-su)* ancora oggi [si] *(le-)*dipingono le uova.
..... még ma is ...... a ....

❷ È bene donare *(conviene dare)* qualche *(paio)* fiorino alle persone povere.
A .... embereknek ..... pár .... adni.

❸ Il marito geloso è andato*(-in-viaggio)* lontano.
A .... férj ....

❹ Secondo te, perché tanti adulti bevono [l']acquavite?
Szerinted .... annyi ....t?

❺ I boschi [sono] sempre verdi e le violette [sono] sempre blu.
Az ..... mindíg ...... és az ....

❻ Gli operai hanno regalato [dell'acqua di] Colonia*(-con)* [al]la direttrice.
.... megajándékozták az .... nőt ....

Hetvennegyedik lecke

Mit tegyek [1]?

1 „Válaszolunk hallgatóinknak": ez a címe egy sikeres [2] éjszakai rádióműsornak.

Note

1 **Tegyek** è la prima persona singolare dell'imperativo.

2 **sikeres**, **magányos** (frase 3), **diplomás** (frase 9). Ancora una derivazione: **siker**, *successo;* **-(e)s**, suffisso formativo di aggettivi a partire da sostantivi, che ha pressappoco il significato di *dotato/provvisto/fornito*

281 • kétszáznyolcvanegy

Settantaquattresima lezione / 74

Soluzioni dell'esercizio 1

❶ I bambini hanno innaffiato la strada *(con dell'acqua)* fino all'alba. ❷ La Pasqua [è una] grande festa cattolica. ❸ I miei amici [mi] hanno regalato una bottiglia d'acquavite*(-con)*. ❹ Sento l'odore della carne che sta cuocendo in cucina. ❺ Questa ragazza ha più corteggiatori del solito. ❻ Lunedì in bagno usciva *(c'era)* solo acqua fredda.

Soluzioni dell'esercizio 2

❶ Falun – festik – tojásokat ❷ – szegény – illik – forintot ❸ – féltékeny – elutazott messzire ❹ – miért iszík – felnőtt pálinká – ❺ – erdők – zöldek – ibolya mindíg kék ❻ A munkások – igazgató – kölnivel

In Ungheria, la festa nazionale del 15 marzo commemora l'inizio della Rivoluzione del 1848, che portò il paese a dichiarare l'indipendenza dal dominio austro-ungarico. Il 23 ottobre si commemora invece la Rivoluzione del 1956, anno in cui l'Ungheria, guidata dal suo Primo ministro Imre Nagy, insorse contro l'Unione Sovietica. Questa lotta per l'indipendenza, che durò fino all'11 novembre, fu duramente repressa dall'intervento armato delle truppe sovietiche. In Ungheria è festa anche il 20 agosto, anniversario della canonizzazione di Santo Stefano (avvenuta nel 1083), primo re d'Ungheria. Si festeggiano poi Capodanno, il Lunedì dell'Angelo (**húsvéthétfő**), *la Festa del Lavoro, il Lunedì di Pentecoste* (**pünkösdhétfő**), *la Festa d'Ognissanti* (**Mindenszentek**) *e il 25 e 26 di dicembre (festività natalizie).*

Seconda ondata: 24ª lezione

Settantaquattresima lezione

Che faccio?

1 "Rispondiamo ai nostri ascoltatori": *(questo)* [è] il nome *(titolo)* di una trasmissione radiofonica *(radio-programma)* notturna di successo.

di; **magány**, *solitudine, ritiro,* **-(o)s**, *medesimo suffisso;* **diplomás**, lett. provvisto di diploma, *diplomato.* **Nős**, lett. provvisto di donna, quindi *ammogliato;* **házas**, lett. dotato di casa, quindi *accasato;* **családos**, lett. dotato di famiglia, *che ha famiglia.*

74 / Hetvennegyedik lecke

2 A hallgató [3] otthonról, a telefon mellől [4] kérdez és a műsorvezető a stúdióból válaszol, ha tud.

3 Általában magányos emberek telefonálnak, akik nem tudják, hogy kihez forduljanak

4 nehezen megoldható problémáikkal. Például:

5 – A férjem évekkel ezelőtt meghalt. Nem akarok újra férjhez menni.

6 Szeretnék gyereket, de a önkormányzatban azt mondják, hogy egyedül nem fogadhatok örökbe senkit.

7 – Önnek is meg kell tanulnia egyedül élni. Vagy keressen magának társaságot.

8 – Nemrég feladtam egy házassági [5] hirdetést. Két szimpatikus férfi jelentkezett.

9 Az egyik művelt, diplomás, nálam jóval idősebb. A másik olyan fiatal mint én, de nem végzett semmilyen iskolát.

10 – Mindenkinek magának kell döntenie. Próbálja elképzelni, melyikkel lennének kellemesebbek a hétköznapjai.

***

11 – Tizenkét évi boldog házasság után a feleségem megcsalt, pedig a legjobb férj és családapa voltam.

Note

3 **hallgató**, **megoldható**, **műsorvezető** sono participi presenti. Hallgat, *ascoltare*; **hallgató**, *ascoltatore* (lett. ascoltante, colui che ascolta); **megold**, *risolvere*; **megoldhat**, *poter risolvere*; **megoldható**, *che si può risolvere, risolvibile* (frase 4); **műsor**, *programma*; **vezet**, *condurre, dirigere, guidare*, **műsorvezető**, *presentatore, conduttore*.

4 **mellől**: ricordate la tripartizione locativa: **Honnan?** *da dove?* (moto da luogo); **Hol?**, *dove?* (stato in luogo); **Hova/Hová?** *dove?* (moto a luogo)? Interessa anche le posposizioni! **Mellől**, **da accanto a* (moto da luogo);

Settantaquattresima lezione / 74

2 L'ascoltatore ci fa delle domande da casa *(casa-da, il telefono vicino-da chiede)* e il conduttore [gli] risponde dallo studio, se ne è in grado *(sa)*.
3 In genere telefonano persone sole, che non sanno a chi rivolger[si]
4 per i loro problemi*(-con)* a stento risolvibili. Per esempio:
5 – *(Il)* Mio marito è morto [tanti] anni fa *(questo-prima)*. Non voglio sposarmi *(marito-a andare)* nuovamente.
6 Vorrei [un] bambino, ma in comune *(auto-governo)* dicono *(questo,)* che da sola non posso adottare nessuno.
7 – Anche Lei deve imparare a vivere sola. Oppure si cerchi *(Lei-a)* [una] compagnia.
8 – Recentemente ho pubblicato un'inserzione matrimoniale. Hanno risposto *(si-sono-presentati)* due simpatici uomini.
9 *(L')*Uno [è] colto, laureato, più vecchio *(attempato)* di me di un bel po' *(buono-con)*. L'altro ha la mia età *(tanto giovane quanto me)*, ma non ha alcun titolo di studio *(non ha-finito nessun-tipo-di scuola)*.
10 – Ognuno deve decidere per sé. Provi [a] immaginare con quale [dei due] la sua routine *(i giorni-della-settimana)* sarebbe*(ro)* più piacevole.

***

11 – Dopo dodici anni [di] felice matrimonio, mia moglie [mi] ha tradito. Eppure sono stato il miglior marito e [il miglior] padre [di] famiglia [che lei potesse desiderare].

mellett, *accanto a* (stato in luogo); mellé, *accanto a* (moto a luogo).

5 házassági: ház, *casa*; házas, *accasato*; házasság, *matrimonio*; házassági, *matrimoniale*. Hétköznapjai (frase 10): hét, *settimana*; köz, *tra*; nap, *giorno*; -ja (suffisso possessivo di terza persona singolare di chi possiede), -i (suffisso possessivo di ciò che è posseduto).

kétszáznyolcvannégy • 284

12 Azt mondja, még mindig szeret, de én nem tudok neki megbocsátani. Váljak el tőle?
13 – Aki megnősül, annak tudnia kell, hogy egy házasságban ez előfordulhat.

***

1. gyakorlat – Fordítsa le

❶ Adj fel egy házassági hirdetést. ❷ Mindenkinek vannak megoldhatatlan problémái. ❸ Egy házasságban a hétköznapok nem mindig kellemesek. ❹ A feleségem megcsalt, de én megbocsátok neki. ❺ A jövő héten megnősülök. ❻ A szomszéd család örökbe fogadott egy gyereket.

***

2. gyakorlat – Egészítse ki

❶ Mia figlia *(La ragazza-mia)* non vuole sposarsi *(marito-a andare)*.
A ...... nem .... menni.

❷ Questa persona colta non ha studiato *(finito nessun-tipo-di scuola)*.
Ez .... nem .... iskolát.

❸ Tante persone sole mi telefonano.
.... ember ....

❹ Qual *(Cosa)* [è] il segreto del matrimonio perfetto *(riuscito)*?
... titka .... nak?

❺ Ho ascoltato una trasmissione radiofonica interessante sui giovani.
Hallottam ... érdekes .... a ....

❻ Amiamo così [tanto] i bambini che [ne] adottiamo uno tutti gli anni.
Úgy .... a ...., hogy ...... évben örökbe ....

Settantaquattresima lezione / 74

12 Dice *(questo,)* [che mi] ama ancora *(sempre)*, ma io non riesco a *(so a-lei)* perdonar[la]. Divorzio *(da-lei)*?

13 – Chi si sposa deve sapere *(Colui-il-quale moglie-prende, quello-a sapere-suo bisogno)* che queste *(questo)* [sono cose che] in un matrimonio possono *(può)* verificarsi.

***

Soluzioni dell'esercizio 1

❶ Pubblica un'inserzione matrimoniale! ❷ Tutti hanno problemi irrisolvibili. ❸ In un matrimonio la routine non [è] sempre piacevole. ❹ Mia moglie [mi] ha tradito, ma io la perdono *(a-lei)*. ❺ La settimana prossima mi sposo. ❻ I vicini *(la famiglia vicina)* hanno *(ha)* adottato un bambino.

***

Soluzioni dell'esercizio 2

❶ – lányom – akar ferjhez – ❷ – a művelt ember – végzett semmilyen – ❸ Sok magányos – telefonál nekem ❹ Mi a – a sikeres házasság – ❺ – egy – rádióműsort – fiatalokról ❻ – szeretjük – gyerekeket – minden – fogadunk egyet

Seconda ondata: 25ᵃ lezione

Hetvenötödik lecke

Turistagondok

1 – Uram, meg tudná mondani, hol van a közelben bank, vagy utazási iroda? Pénzt szeretnék váltani.
2 – Menjen egyenesen a sarokig. Ott forduljon jobbra, majd a harmadik utcánál balra talál egy bankot.
3 – Jó napot kívánok. Foglalkoznak önök pénzváltással? Forintra lenne szükségem.
4 – Természetesen. Bármilyen külföldi valutát, utazási csekket és hitelkártyát elfogadunk.
5 – Akkor legyen szíves, váltsa be nekem ezt az összeget forintra. Ha lehet, adjon aprópénzt (tizeseket, huszasokat, százasokat) is.

6 – Kisasszony, hánytól hányig van nyitva az önök postahivatala?
7 – Munkanapokon reggel nyolctól este hatig. De hétvégén és ünnepnapokon zárva vagyunk.
8 – Ezeket a leveleket szeretném feladni. Mennyi bélyeget kell tennem a borítékra és a képeslapra?
9 – Az attól függ, hogy belföldre vagy külföldre küldi-e? Ajánlva, vagy légipostán persze drágább.

10 – Segítsen nekem, külföldi vagyok és nem tudom, hogyan kell ajánlott levelet feladni.

Settantacinquesima lezione

Crucci [da] turista

1 – Signore*(-mio)*, potrebbe dir[mi] dov'è la banca più vicina *(dintorni-in)* oppure [un']agenzia *(ufficio)* di viaggi? Vorrei cambiare [dei] soldi.

2 – Vada diritto fino all'angolo. Poi *(là)* giri a destra, quindi *(poi)* nella terza via sulla sinistra troverà *(trova)* una banca.

3 – Buongiorno *(auguro)*. Voi *(Loro)* vi occupate di cambio valute *(denaro-cambio-con)*? Avrei bisogno di fiorini.

4 – Naturalmente. Accettiamo qualsiasi valuta straniera, *traveller's cheque* e carta [di] credito.

5 – Allora mi cambi per favore *(sia gentile)* quest'importo in fiorini*(-su)*. Se è possibile, [mi] dia anche [degli] spiccioli (da dieci, da venti, da cento).

6 – Signorina, da che ora a che ora *(quanto-da quanto-fino-a)* è aperto l'ufficio postale*(-suo)*?

7 – Nei giorni feriali *(lavoro-giorni-su)* dalle otto [del] mattino *(fino-)*a[lle] sei [di] sera. Ma nel week-end *(settimana-fine-sua-su)* e nei festivi *(festa-giorni-su)* siamo chiusi.

8 – Vorrei spedire queste lettere. Quanti francobolli devo mettere sulla busta e sulla *(illustrata-)*cartolina?

9 – *(Questo quello-da)* dipende se *(che)* vuole spedirla *(la-spedisce)* all'interno del paese *(interna-terra-su)* oppure all'estero. Per raccomandata *(raccomandando)* oppure tramite posta aerea*(-su)* [è] certamente più caro.

10 – Mi aiuti, sono straniero e non so come si fa a *(bisogna)* spedire [una] *(lettera)* raccomandata.

kétszáznyolcvannyolc • 288

11 – Töltse ki az űrlapot [1] nyomtatott betűvel.
12 Ide írja a feladó nevét és címét, oda pedig a címzettét. Holnap, vagy holnapután biztosan megkapják.
13 – Akkor inkább telefonálnék abból a fülkéből. Remélem, nem kell sokáig várni és működik a készülék.

Note

1 **űrlap**: **űr**, *vuoto, spazio,* + **lap**, *foglio, pagina*. Si notino anche i composti **űrhajó**, *astronave* e **űrkutatás**, *ricerca astronomica*.

***

1. gyakorlat – Fordítsa le

❶ Pénzt a bankban lehet váltani. ❷ Nincs a közelben postahivatal. ❸ Ezt a levelet ajánlva szeretném feladni. ❹ Külföldi valutával is lehet fizetni. ❺ A második utcában balra van az utazási iroda. ❻ Ennek a levélnek nem én vagyok a feladója.

2. gyakorlat – Egészítse ki

❶ Al ristorante accettano anche la carta [di] credito.
Az .... ben elfogadják a .... is.

❷ Mi servirebbero [dei] francobolli.
.... re lenne ....

❸ Il tassista *(taxi-autista)* chiede [degli] spiccioli.
A .... sofőr .... kér.

❹ [Il] martedì [è un] giorno feriale, [la] domenica [un] *(giorno)* festivo.
Kedd ...., vasárnap ....

❺ Ho messo la lettera dentro [una] busta.
A .... ba tettem.

❻ Ha ricevuto la *(lettera)* raccomandata.
Megkapta az ....

11 – Compili il modulo in stampatello *(stampato-lettera-con)*.
12 Scriva qui il nome e l'indirizzo del mittente, lì invece quello del destinatario. Arriverà *(la-riceveranno)* sicuramente domani o dopodomani.
13 – In questo caso *(allora)*, preferirei telefonare *(piuttosto telefonerei)* da quella cabina. Spero di non dover attendere troppo *(non bisogna molto-fino-a aspettare)* e [che] l'apparecchio funzioni *(funziona)*.

***

Soluzioni dell'esercizio 1
❶ [I] soldi si possono cambiare in banca. ❷ Non ci sono uffici postali nei dintorni. ❸ Vorrei spedire questa lettera tramite raccomandata *(raccomandando)*. ❹ Si può pagare anche con valuta straniera. ❺ L'agenzia di viaggi si trova *(è)* nella seconda via sulla sinistra. ❻ Non sono io il mittente di questa lettera.

Soluzioni dell'esercizio 2
❶ – étterem – hitelkártyákat – ❷ Bélyegek – szükségem ❸ – taxi – aprópénzt – ❹ – hétköznap – ünnepnap ❺ – levelet boríték – ❻ – ajánlott levelet

Seconda ondata: 26ª lezione

Hetvenhatodik lecke

Mi a futball?

1 – Csúcsforgalomban szoktak ennyien utazni a villamosokon és az autóbuszokon. Hova megy ez a rengeteg ember? És miért olyan hangosak?
2 – Hát te nem tudod? Nagy meccs lesz a Népstadionban! Ma van a kupadöntő [1].
3 – Milyen döntő? Milyen kupa? És hol az a Népstadion?
4 – Édes öregem, szerintem te vagy az egyetlen a városban, aki ezt nem tudja.
5 Természetesen a futballkupadöntőre megy mindenki! És a Népstadion itt van Pesten, a Keleti pályaudvar mögött.
6 Te, aki falun nőttél fel, soha nem futballoztál gyerekkorodban?
7 – A szüleim nem engedtek, mert sokat betegeskedtem [2]. De magyarázd el végre, miről is van szó. Kezd érdekelni a dolog.
8 – Látom, teljesen analfabéta vagy. Két csapat mérkőzik, mindegyik tizenegy játékosból áll [3].

Note

[1] **döntő** (cfr. anche frasi 3, 5, 10), participio presente del verbo **dönt**, *decidere*. La finale è infatti la partita *decisiva*.

[2] **betegeskedtem**: **beteg**, *malato*; **beteges**, *cagionevole*; **-kedik** (suffisso frequentativo). Lo potete trovare anche in altre sembianze: **-kodik** in **mosakodik**, *lavarsi*, **-ködik** in **öltözködik**, *vestirsi*, verbi in cui il suffisso corrisponde al nostro pronome riflessivo.

Settantaseiesima lezione

Cos'[è] il calcio?

1 – Nelle ore di punta in tanti viaggiano *(solevano viaggiare)* sui tram e sugli autobus. Dove va questa fiumana [di] gente? E perché fanno tanto chiasso *(così rumorosi)*?
2 – Tu davvero *(dunque)* non lo sai? Al *Népstadion* ci sarà [una] grande partita! La finale [di] campionato *(coppa)* è oggi!
3 – Quale *(Che-tipo-di)* finale? Quale campionato *(Che tipo-di coppa)*? E dove si trova *(è)* questo *(quel)* *Népstadion*?
4 – *(Dolce)* Vecchio mio, secondo me tu sei l'unico in città a non saperlo *(il-quale questo non lo-sa)*.
5 Naturalmente stanno andando *(vanno)* tutti alla finale del campionato *(coppa)* [di] calcio! E il *Népstadion* si trova *(è)* qui a Pest, dietro la stazione *(dell')* Est.
6 Tu, che sei cresciuto in campagna *(villaggio)*, non hai mai giocato a calcio da piccolo *(bambino-epoca-tua-in)*?
7 – I miei genitori non me lo lasciavano fare *(non permettevano)* perché mi ammalavo spesso *(molto)*. Ma spiegami alla [fin] fine *(anche)* di che si tratta. La cosa inizia [a] interessar[mi].
8 – Vedo [che] sei completamente analfabeta. Due squadre si sfidano, ognuna è composta da undici giocatori.

---

3 áll, *stare in piedi, ergersi*. Quando regge il suffisso -ból/-ből, significa *consistere in, essere composto da*.

9 A cél az, hogy a labda az ellenfél kapujába kerüljön. Ha ez sikerül, mindenki azt kiabálja: gól! Amelyik csapat több gólt lő, mint a másik, az nyer.

10 A kupában valamennyi magyar futballcsapat részt vesz, de a döntőbe csak a legjobb kettő kerül be.

11 Tényleg soha nem hallottál nagy nemzetközi futballmeccsekről?

12 – Ne gondold azt, hogy teljesen hülye vagyok. Amikor 1954-ben elvesztettük a világbajnokságot, másnap én is tüntettem az utcán.

13 De csak azért, mert a Horváth Mari, akinek éppen udvaroltam, szintén ott akart lenni a tüntetők között.

***

1. gyakorlat – Fordítsa le

❶ A csúcsforgalom reggel fél nyolctól háromnegyed kilencig tart. ❷ Azokban az években sokat betegeskedtem. ❸ A barátom teljesen analfabéta, de jól futballozik. ❹ Rengeteg gólt lőttünk a tavalyi döntőn. ❺ A meccsen mindenki azt kiabálja: gól! ❻ Mari gyerekkorában a pályaudvar mögött lakott.

9 L'obiettivo [è] quello di tirare la palla *(che il pallone entri)* nella porta *(portone)* dell'avversario. Se ci si *(questo)* riesce, tutti urlano *(questo)*: **goal!** La squadra che segna *(tira)* più goal *(dell'altra, quella)* vince.

10 Tutte *(qualsiasi)* [le] squadre [di] calcio ungheresi partecipano al campionato *(coppa)*, ma soltanto le migliori due arrivano in finale.

11 Sul serio non hai mai sentito [parlare] di grandi partite internazionali [di] calcio?

12 – Non pensare *(questo,)* che sia *(sono)* completamente idiota. Quando, nel 1954, abbiamo perso i mondiali *(il mondo-campionato)*, il giorno dopo sono andato anch'io a manifestare *(ho-manifestato)* per strada.

13 Ma [questo] solo perché anche *(la)* Mari Horváth, che *(alla-quale)* corteggiavo all'epoca, voleva partecipare alla manifestazione *(là voleva essere i manifestanti tra)*.

***

Soluzioni dell'esercizio 1

❶ [La] mattina, l'ora di punta dura dalle sette e mezza alle nove meno un quarto. ❷ In quegli anni mi ammalavo spesso *(molto)*. ❸ Il mio ragazzo *(amico)* [è] completamente analfabeta, ma gioca bene a calcio *(bene calcia)*. ❹ Alla finale dell'anno scorso abbiamo segnato *(tirato)* [una] marea [di] goal. ❺ Tutti, alla partita, urlano: **goal!** ❻ Durante la sua infanzia*(-in)*, Mari abitava dietro la stazione.

2. gyakorlat – Egészítse ki

❶ Ogni squadra vuole vincere.
Minden .... akar.

❷ Ho spiegato ai miei genitori dove si trova (è) il *Népstadion*.
El............ a .... hol ....

❸ Sono io l'unico al (il-)quale non interessa il calcio.
Én ...... az .... akit nem ....

❹ I giocatori sono cresciuti nella capitale del paese.
A .... az ...... fővárosában ....

❺ L'anno prossimo dove avranno luogo i mondiali (sarà il mondo-campionato)?
Hol .... jövőre .... ?

❻ Non capisco perché la gente manifesti (manifestano le persone) così chiassosamente.
... értem .... az emberek ....

Hetvenhetedik lecke

Ismétlés – Ripasso

Sicuramente vorrete rendere partecipi i vostri amici ungheresi delle vostre esperienze in giro per il mondo. Eccovi allora qualche piccolo aiuto per arricchire il vostro lessico.

1 I punti cardinali

Észak, *nord*; **dél**, *sud*; **kelet**, *est*; **nyugat**, *ovest*; **északkelet**, *nord-est*; **délnyugat**, *sud-ovest*; **északon**, *a nord*; **északkeleten**, *a nord-est* ecc.

2 I nomi dei continenti

I continenti sono **Európa**, **Amerika**, **Ázsia**, **Afrika**, **Óceánia**. **Európában**, *in Europa*; **Amerikában**, *in America*; **Észak-Európa**, *Nord Europa*; **Délkelet-Ázsia**, *Sud-Est asiatico*.

Soluzioni dell'esercizio 2

❶ – csapat nyerni – ❷ – magyaráztam – szüleimnek – van a Népstadion ❸ – vagyok – egyetlen – érdekel a futball ❹ – játékosok – ország – nőttek fel ❺ – lesz – a világbajnokság ❻ Nem – miért tüntetnek – olyan hangosan

A CSÚCSFORGALOM REGGEL FÉL NYOLCTÓL HÁROMNEGYED KILENCIG TART

Seconda ondata: 27ª lezione

Settantasettesima lezione 77

3 Le nazioni e i rispettivi abitanti

Magyarország	Ungheria	magyar	ungherese
Csehország	Repubblica Ceca	cseh	ceco
Szlovákia	Slovacchia	szlovák	slovacco
Ausztria	Austria	osztrák	austriaco
Horvátország	Croazia	horvát	croato
Szerbia	Serbia	szerb	serbo
Oroszország	Russia	orosz	russo
Románia	Romania	román	romeno
Svájc	Svizzera	svájci	svizzero
Olaszország	Italia	olasz	italiano
Spanyolország	Spagna	spanyol	spagnolo
Görögország	Grecia	görög	greco

kétszázkilencvenhat • 296

77 / Hetvenhetedik lecke

Portugália	Portogallo	portugál	portoghese
Németország	Germania	német	tedesco
Lengyelország	Polonia	lengyel	polacco
Franciaország	Francia	francia	francese
Belgium	Belgio	belga	belga
Hollandia	Olanda	holland	olandese
Nagy-Britannia	Gran Bretagna	brit	britannico
Anglia	Inghilterra	angol	inglese
Svédország	Svezia	svéd	svedese
Finnország	Finlandia	finn	finlandese
Dánia	Danimarca	dán	danese
Norvégia	Norvegia	norvég	norvegese
Amerikai Egyesült Államok	Stati Uniti d'America	amerikai	americano

***

▶ Ismétlő gyakorlat – Esercizio di ripasso

1. Tűzoltó nem iszik pálinkát.
2. Ez a ház eladó.
3. A házmester későn aludt el.
4. Ez a szöveg nem érdekes.
5. Asszonyok nem foglalkoznak locsolással.
6. Meghalt az újságíró.
7. Régi verseket olvasunk.
8. Egy kék cédulát találtam a kapun.
9. Férjhez mentem, de tévedtem.
10. A kisasszony szerény.

Settantasettesima lezione / 77

Kanada	Canada	kanadai	canadese
Japán	Giappone	japán	giapponese
Kína	Cina	kínai	cinese
India	India	indiai	indiano

Come ormai saprete, a eccezione di **Magyarországon**, *in Ungheria*, tutti i nomi di paese prendono il suffisso **-ban/-ben**, quando si tratta di uno stato in luogo: **Angliában**, *in Inghilterra* ecc.
Molti aggettivi di provenienza sono in realtà gli stessi che designano la lingua parlata nel paese in questione. **Orosz**, per esempio, significa sia *russo* (abitante della Russia) che *russo* (lingua russa).
Altri importanti toponimi:
Bécs, *Vienna*; **London**, *Londra*; **Párizs**, *Parigi*; **Brüsszel**, *Bruxelles*; **Róma**, *Roma*, **Velence**, *Venezia*, **Duna**, *Danubio*; **Kárpátok**, *Carpazi*; **Alpok**, *Alpi* ecc.

***

Traduzione

1 [I] pompieri *(pompiere)* non bevono *(beve)* acquavite. **2** Questa casa [è] in vendita. **3** Il portiere si è addormentato tardi. **4** Questo testo non [è] interessante. **5** [Le] signore non si occupano di innaffiare *(innaffiatura-con)*. **6** Il giornalista è morto. **7** Stiamo leggendo *(leggiamo)* antiche poesie. **8** Ho trovato un biglietto blu sul portone. **9** Mi sono sposata *(marito-a sono-andata)*, ma ho sbagliato. **10** La signorina [è] modesta.

Seconda ondata: 28ª lezione

Hetvennyolcadik lecke

A határon

1 – Útlevél-[1] és vámvizsgálat következik. Kérem a menetjegyeket és az iratokat.
2 Köszönöm. Hova utazik, mennyi időre és milyen célból?
3 – Magyarországra jövök egy hónapra. Budapesten várnak a barátaim, meghívtak a balatoni villájukba és egész augusztusban ott leszek náluk.
4 – Figyelmeztetem, hogy a vízuma pontosan harminc napig érvényes. Ha lejár és tovább akarna maradni, akkor el kell mennie a rendőrségre és meg kell hosszabbítania [2].
5 – Köszönöm a felvilágosítást. A magyar konzulátuson már felhívták erre a figyelmemet.
6 – Van-e valami elvámolnivalója [3]? Arany, ezüst, ékszerek, egyéb értékes tárgy? Mennyi valutát hozott magával?

Note

1 **Útlevél- és vámvizsgálat.** Il trattino dopo il primo lessema indica che in questo tipo di composto la testa viene espressa soltanto una volta. L'ultimo termine (in questo caso **vízsgálat**, *controllo, ispezione*) è infatti la testa del composto e, in quanto tale, regge sia **útlevél**, *passaporto* che **vám**, *dogana*. Altri esempi con la medesima struttura: **vasár- és ünnepnap**, *domenica e (giorni) festivi*; **bel- és külkereskedelem**, *commercio interno ed estero* ecc.

Settantottesima lezione

Alla frontiera

1 – [Controllo del] passaporto e ispezione dogana[le] *(segue)*. Per favore, mi dia *(chiedo)* i [suoi] titoli di viaggio e i [suoi] documenti *(scritti)*.
2 Grazie. Dove è diretto *(viaggia)*, per quanto tempo e a quale scopo?
3 – Rimarrò in Ungheria *(vengo)* per un mese. I miei amici [mi] attendono a Budapest, [mi] hanno invitato nella loro villa sul [lago] Balaton e resterò *(sarò)* da loro per tutto *(intero)* [il mese di] agosto.
4 – Le ricordo *(la-avverto)* che il suo visto [è] valido per altri trenta giorni*(-fino)* esatti *(esattamente)*. Se [le] scade e vuole *(vorrebbe)* restare di più, *(allora)* deve andare alla polizia a rinnovarlo *(e prolungarlo)*.
5 – La ringrazio [per] l'informazione. Al consolato *(ungherese)* mi avevano già avvisato *(hanno-richiamato questo-su la attenzione-mia)*.
6 – Ha qualcosa da dichiarare? Oro, argento, gioielli, altri oggetti di valore *(preziosi)*? Quanta valuta ha*(-portato)* con sé?

2 El kell mennie, meg kell hosszabbítania. Vi rammentiamo la legittimità dell'aggiunta dei suffissi possessivi al tema dell'infinito.

3 elvámolnivaló. Való è uno dei due participi presenti del verbo **van**, *essere* (l'altro è **levő**). È testa di alcuni importanti composti come **borravaló**, *qualcosa da bere*; **ennivaló**, *qualcosa da mangiare, commestibile, provviste*; **innivaló**, *qualcosa da bere, potabile*; **olvasnivaló**, *qualcosa da leggere*; **tennivaló**, *le cose da fare, il da farsi* ecc.

7 – Csak a legszükségesebb holmi van nálam és néhány kisebb ajándék a magyarországi ismerőseim részére: egy üveg francia kölni a háziasszonynak, skót whisky a férjének, három tábla svájci csokoládé a gyerekeknek.

8 Annyi pénzt hoztam magammal, amennyiből meg tudok élni. Forint nincs nálam, csak valuta, amit majd érkezésemkor [5] beváltok Budapesten.

9 – Melyek az ön csomagjai?... Megkérném, hogy vegye le a barna táskát a csomagtartóból... Szíveskedjék kinyitni ezt a kék bőröndöt is az ülés alatt.

10 – Az nem az enyém, hanem egy középkorú [6] hölgyé, aki ott ült az ablak mellett, a menetiránnyal szemben.

11 Tíz perccel ezelőtt kiment a fülkéből. Ha jól emlékszem, azt mondta, hogy szomjas és szeretne inni valamit az étkezőkocsiban.

12 – Rendben van. Látom, nem először tartózkodik Magyarországon: ez már a harmadik magyar vízum az útlevelében.

Note

5 **érkezésemkor**: **érkezik**, *arrivare*, + **érkezés**, *arrivo*, + **érkezésem**, *mio arrivo* = **érkezésemkor**, *al mio arrivo*. Si tratta dello stesso suffisso (**-kor**) che abbiamo appreso al momento di enunciare l'ora: **három órakor**, *alle (ore) tre*.

6 **középkorú**: si tratta di un aggettivo in cui l'elemento **kor** funge da sostantivo e significa *età*, *epoca*. Attenzione a non confonderlo con l'aggettivo **középkori**, *medievale*!

Settantottesima lezione / 78

7 – Ho con me solamente lo stretto necessario *(il-necessario-più)* e qualche piccolo*(-più)* regalo per i miei conoscenti ungheresi: una bottiglia di acqua di Colonia francese per la padrona [di] casa, [del] whisky scozzese per suo marito [e] tre tavolette [di] cioccolato svizzero per i bambini.

8 Ho*(-portato)* con me i soldi *(tanto denaro)* che mi servono per *(quanto-da so)* vivere. Non ho fiorini, [ma] solamente [della] valuta, che cambierò [una volta arrivato] a Budapest.

9 – I suoi bagagli quali [sono]? [Le] chiederei di tirare *(che tiri)* giù quella *(la)* borsa marrone dal portabagagli... Mi faccia la cortesia [di] aprire anche questa valigia blu sotto il sedile.

10 – Quella non [è] *(la)* mia, *(bensì)* [è] di una signora di mezza età che era seduta lì vicino al finestrino *(finestra)*, in senso opposto a quello di marcia.

11 È uscita da [questo] scompartimento dieci minuti fa. Se ricordo bene, ha detto *(questo,)* che aveva sete e [che] voleva *(vorrebbe)* bere qualcosa nella carrozza ristorante.

12 – Va bene *(Ordine-in è)*. Vedo [che] non [è la] prima volta [che] viene *(soggiorna)* in Ungheria: *(questo)* [è] *(già)* il terzo visto *(ungherese)* sul suo passaporto.

A KÖZÉPKORBAN AZ EMBEREK KEVESEBBET UTAZTAK, MINT MA

13 – Igen, nagyon szívesen jövök önökhöz. A magyarok vendégszerető emberek, kitűnő itt a konyha, gyönyörűek a hímzett blúzok, terítők és a reumámnak jót tesz a margitszigeti gyógyfürdő.

14 – Kellemes tartózkodást kívánok. ☐

***

1. gyakorlat – Fordítsa le

❶ Telefonáltam a magyarországi ismerőseimnek. ❷ Melyik bőröndbe tetted az olvasnivalót? ❸ A gyors-és gépírónőt meghívták egy balatoni villába. ❹ Hány évig érvényes az útleveled? ❺ A középkorban az emberek kevesebbet utaztak, mint ma. ❻ A vízumot a rendőrségen kell meghosszabbítani.

***

2. gyakorlat – Egészítse ki

❶ Ti do tutti i soldi che vuoi *(tanti soldi, quanti vuoi)*.
Annyi ……… neked, ……t akarsz.

❷ A molte persone non piace *(molti-in non amano)* stare seduti in senso opposto a quello di marcia.
Sokan …………………… szemben …..

❸ Prima di partire *(alla partenza)* non dimenticare di prendere qualcosa da bere alla stazione.
……kor ne ……… el ………t venni ……………

❹ A che scopo va *(viaggia)* in Svizzera? L'hanno invitata i suoi conoscenti?
Milyen …… utazik ………? Az …………… meg?

❺ Alla frontiera ci hanno detto *(avvertito)* che [la] valuta si può cambiare solo in banca *(nelle banche)*.
A …… figyelmeztettek ……, hogy csak ………… lehet …… be……..

303 • **háromszázhárom**

Settantottesima lezione / 78

13 – Sì, vengo molto volentieri nel vostro paese *(Loro-da)*. Gli ungheresi [sono] *(persone)* ospitali, la [vostra] cucina *(qui)* [è] eccellente, le camicette e i centrini ricamati [sono] splendidi e i bagni termali dell'Isola Margherita fanno bene ai miei reumatismi.

14 – [Le] auguro [una] buona permanenza *(piacevole soggiorno)*.

***

Soluzioni dell'esercizio 1

❶ Ho telefonato ai miei conoscenti ungheresi. ❷ In quale valigia hai messo le cose da leggere? ❸ La stenodattilografa è stata invitata *(l'hanno-invitata)* in una villa sul [lago] Balaton. ❹ Fino a quando *(quanto anno-fino-a)* [è] valido il tuo passaporto? ❺ Nel Medioevo le persone viaggiavano meno di adesso *(oggi)*. ❻ Il visto dev'essere rinnovato *(bisogna prolungare)* alla polizia.

***

❻ A luglio verranno *(saranno)* da me i miei amici polacchi.
.... nálam .... a .... im.

Soluzioni dell'esercizio 2

❶ – pénzt adok – amennyi – ❷ – nem szeretnek menetiránnyal – ülni ❸ Indulás – felejts – innivaló – a pályaudvaron ❹ – célból – Svájcba – ismerősei hívták – ❺ – határon – minket – a bankokban – valutát – váltani ❻ Júliusban – lesznek – lengyel baráta –

Seconda ondata: 29ª lezione

Hetvenkilencedik lecke

Mese a halászról és a feleségéről

1. Egyszer volt, hol nem volt, volt egyszer [1] egy szegény, öreg halász. A tengerparton élt egy kunyhóban nagyravágyó [2] feleségével.
2. Egy reggel elment halászni és fogott egy gyönyörű halat. Legnagyobb csodálkozására a hal váratlanul [3] megszólalt:
3. – Ha most elengedsz és visszamehetek a tengerbe, cserébe minden kívánságodat teljesítem.
4. A halász visszaengedte a halat, majd hazament és elmesélte a feleségének, hogy mi történt.
5. Az asszony nagyon haragudott a férjére, mert alig volt mit enniük.
6. Pár nap múlva így szólt: „Kérj a haltól egy szép házat nekünk, elegem van a szegénységből".

Note

1 **Egyszer volt, hol nem volt, volt egyszer** è la formula di rito dell'*incipit* delle fiabe ungheresi; corrisponde al nostro *C'era una volta*…

2 **nagyravágyó**, *ambizioso*: **nagy**, *grande* + **-ra** (suffisso sullativo, cfr. Appendice grammaticale) + **vágy(ik)**, *bramare* + **-ó** (suffisso del participio presente).

3 **váratlanul**, *inaspettatamente*: **vár**, *attendere* + **-(a)tlan** (suffisso privativo) + **-ul** (suffisso formativo di avverbi).

Settantanovesima lezione

Il pesciolino d'oro
(fiaba il pescatore-su e la moglie-sua-su)

1 C'era una volta *(Una-volta c'era, dove non era, c'era una-volta)* un povero vecchio pescatore. Viveva in una capanna in riva al mare insieme alla sua ambiziosa moglie*(-con)*.

2 Una mattina andò [a] pesca*(re)* e prese uno splendido pesce. Con suo grande*(-più)* stupore il pesce, inaspettatamente, si mise a parlare *(parlò)*:

3 – "Se *(adesso)* [tu mi] lasci andare e [io] potrò *(posso-)* tornare in mare, in cambio esaudirò *(esaudisco)* ogni tuo desiderio".

4 Il pescatore *(indietro-)*lasciò andare il pesce, *(poi)* tornò a casa e raccontò alla moglie*(-sua)* l'accaduto *(che cosa era-successo)*.

5 La donna *(signora)* si arrabbiò molto con suo marito, poiché a stento avevano [di] che *(cosa)* mangiare.

6 Qualche *(paio)* giorno dopo *(tra)*, [gli] disse *(così)*: "Chiedi al pesce*(-da)* [di regalarci] una bella casa *(per-noi)*, [ne] ho abbastanza di questa povertà *(la povertà-da)*!".

7 A halász kiment a partra, megkereste a halat és elmondta, mit üzen a felesége. Amikor hazaért, gyönyörű ház állt a régi kunyhó helyén.

8 De a feleségnek ez nem volt elég. Visszaküldte a halászt, hogy kérjen nekik kastélyt a ház helyett.

9 És valóban, másnap ott állt a kastély a ház helyén. A halász felesége pedig, mint grófnő élt benne. De ez sem elégítette ki.

10 Most már királynő szeretett volna lenni. Hatalmas palotát, kertet akart magának.

11 A szegény halász kénytelen volt újra megkeresni a halat, de ez a kérése már nem teljesült.

12 Amikor hazaért, nem volt se kastély, se gyönyörű ház a parton. A feleségét, aki már nem volt grófnő, a régi kunyhóban találta.

13 Még ma is élnek, ha meg nem haltak. Történetüket azóta is mindenütt mesélik. ☐

1. gyakorlat – Fordítsa le

❶ A halász nagyon haragudott a feleségére. ❷ A grófnő halat ebédelt. ❸ Ezt a történetet mindenkinek elmesélheted. ❹ A gyerekek nem teljesítették a tanár kívánságát. ❺ Legnagyobb csodálkozásomra otthon találtam a férjemet. ❻ Azokban az években a tengerparton éltünk egy gyönyörű palotában.

Settantanovesima lezione / 79

7 Il pescatore tornò *(uscì)* in riva [al mare] a cercare *(cercò)* il pesce e [gli] riportò la richiesta della moglie *(disse cosa manda-a-dire la moglie-sua)*. Quando rientrò, trovò *(si-ergeva)* [una] splendida casa al posto della [loro] vecchia capanna.

8 Ma a sua moglie non bastava. Rimandò indietro il pescatore a chiedere *(affinché chieda)* [al pesce] *(per-loro)* [un] castello al posto della casa.

9 E, in effetti, il giorno dopo, il castello era *(si-ergeva)* lì, al posto della casa. E la moglie del pescatore ci viveva *(dentro)* da *(come)* contessa. Ma nemmeno questo la appagava.

10 Ora *(già)* desiderava *(avrebbe amato)* essere [una] regina. Voleva per sé [un] immenso palazzo [e un enorme] giardino.

11 Il povero pescatore fu di nuovo costretto [ad andare a] cercare il pesce, ma stavolta la *(questa)* sua richiesta non fu esaudita *(si-realizzò)*.

12 Al suo rientro *(Quando rientrò)*, **non trovò più** *(non c'era)* né [il] castello, né [la] splendida casa in riva [al mare]. Sua moglie, che non era più contessa, la trovò dentro la [loro] vecchia capanna.

13 Vivono ancora oggi, se non sono morti. Da quel momento, la loro storia è sulla bocca di tutti *(dappertutto la-raccontano)*.

Soluzioni dell'esercizio 1

❶ Il pescatore si è arrabbiato molto con sua moglie*(-su)*. ❷ La contessa ha mangiato pesce a pranzo. ❸ Questa storia la puoi raccontare a chiunque. ❹ I bambini non hanno soddisfatto il desiderio dell'insegnante. ❺ Con mio grande*(-più)* stupore, ho trovato mio marito a casa. ❻ In quegli anni abbiamo vissuto in uno splendido palazzo in riva al mare.

2. gyakorlat – Egészítse ki

❶ Non ti amo perché sei ambizioso.
   … szeret …, mert …………… ….. .

❷ Il paziente si risvegliò bruscamente *(tutt'a un tratto)* e disse *(così)*:
   A ………………. felébredt és …… …… :

❸ [Ne] ho abbastanza di essere malato *(malattia-da)*, lasciatemi [tornare] a casa.
   …… van a …………, engedjenek ….. .

❹ [È] in questo palazzo [che] il principe ha vissuto dal secolo XVIII al secolo XIX.
   Ebben ………….. a fejedelem a ………….. századtól ………………. .

Nyolcvanadik lecke

Mi az ördögnek vettem autót? (Monológ)

1 Ezt a kérdést naponta többször is felteszem, de magyarázatot képtelen vagyok találni.
2 A dolog úgy kezdődött, hogy nyertünk a lottón százmillió forintot és be kellett valamibe fektetni. Mert a pénz csak úgy [1] nem maradhat a bankban…
3 Nagynehezen sikerült egy olcsó kocsit találnunk. Eleinte annyira szerettük, hogy szinte a gyerekünknek tekintettük. El is neveztük Zsigának [2].

Note

1 csak úgy, *semplicemente così*; lett. solamente così.
2 Zsiga: diminutivo di Zsigmond.

❺ Questo lavoro non mi soddisfa più *(già)*, vorrei lavorare altrove.
Ez ...... már ...., szeretnék ...... dolgozni.

❻ Pensa [un po'] *(Immagina)* cosa è successo: ho incontrato per strada la regina d'Inghilterra *(la inglese regina-con)*.
.... mi ..: .... az utcán ......
.... vel.

Soluzioni dell'esercizio 2
❶ Nem – lek – nagyravágyó vagy **❷** – beteg váratlanul – így szólt
❸ Elegem – betegségből – haza **❹** – a palotában élt – tizennyolcadik
– a tizenkilencedik századig **❺** – a munka – nem elégít ki – máshol
– **❻** Képzeld – el – történt találkoztam – az angol királynő –

Seconda ondata: 30ª lezione

Ottantesima lezione

Perché diavolo *(Cosa il diavolo-a)* ho preso [la] macchina? (Monologo)

1 Questa domanda me la pongo anche più volte al giorno, ma sono incapace di trovarvi risposta *(spiegazione)*.
2 La cosa è iniziata così: *(che)* abbiamo vinto cento milioni [di] fiorini al lotto e dovevamo investirli *(qualcosa-in)*. Perché i soldi non possono rimanere fermi *(solamente così)* in banca...
3 Con grande difficoltà *(Grande-difficilmente)* siamo riusciti a trovare una macchina a buon prezzo. Inizialmente la amavamo [talmente] tanto, che la consideravamo quasi il nostro bambino. Le abbiamo anche dato un nome: Zsiga*(-come)*.

Nyolcvanadik lecke

4 Az igazi bajok csak később jöttek. Háromszor is megbuktam az autóvezetői vizsgán, még ma se értem igazán a KRESZ-t.

5 De az elmélet semmi a gyakorlathoz képest. Már az első nap túlléptem a megengedett sebességet és majdnem elütöttem egy rendőrt.

6 Szerencsére nem vették el a jogosítványomat, de nagyon magas bírságot kellett fizetnem. A feleségemnek azóta se szóltam...

7 Autópályán vagy országúton nem merek előzni, de ha lassan megyek, mindenki dudál mögöttem.

8 A múltkor elakadtam az Alföldön. Órákig álltam az út szélén, integettem [2], de senki nem látott a nagy viharban.

9 A legközelebbi falu tizenöt kilométerre volt, három és fél órát kellett gyalog mennem.

10 A városban, ahol lakunk, lehetetlen parkolóhelyet találni. Különben sem szeretek az utcán parkolni, mert a gyerekek ott labdáznak az autó körül.

11 Amióta vezetek, nem ihatok szeszes italt, pedig régen a napot egy kis pohár pálinkával kezdtem és egy fél liter borral fejeztem be.

12 A benzin ára egyre emelkedik és a kocsi javíttatása [3] havonta legalább harmincezer forintba kerül.

Note

2 **integet**: suffisso frequentativo (**-get**), aggiunto al verbo **int**, *segnalare, avvertire con un gesto della mano*.

3 **javíttatás**: **jav-** è una variante tematica (combinatoria) di **jó**, *buono*, **-ít** è il suffisso causativo, **-tat** il fattitivo, infine **-ás** il suffisso deverbale standard. Il tutto significa letteralmente "il fatto (**-ás**) di far (**-tat**) rendere (**-it**) buono (**jav-**)".

Ottantesima lezione / 80

4 I veri guai sono arrivati *(solo)* in seguito. Sono stato bocciato ben *(anche)* tre volte all'esame di guida, ancora oggi non capisco bene *(veramente)* il codice stradale.

5 Ma la teoria [non è] niente rispetto alla pratica. Già il primo giorno ho oltrepassato il limite di velocità *(la permessa velocità)* e ho quasi investito un poliziotto.

6 Per fortuna non [mi] hanno ritirato la patente*(-mia)*, ma ho dovuto pagare [una] multa molto salata *(alta)*. A mia moglie non l'ho ancora detto *(da-allora non ho-parlato)*…

7 In autostrada o in [una] strada statale non mi azzardo a *(oso)* sorpassare, ma se vado piano *(lentamente)* tutti dietro di me [iniziano a] strombazzare *(strombazzano)*.

8 L'altro giorno sono rimasto a piedi nella Grande Pianura Ungherese. Ho aspettato ore [e ore] a bordo strada, mi sono sbracciato, ma nessuno [mi] ha visto in [quella] gran tempesta.

9 Il villaggio più vicino era a 15 km, ho dovuto camminare per tre ore e mezzo.

10 Nella città in cui abitiamo [è] impossibile trovare parcheggio*(-posto)*. D'altronde, non amo nemmeno parcheggiare in strada, perché i bambini giocano a pallone *(li)* intorno alla macchina.

11 Da quando guido, non posso bere alcolici *(alcolica bevanda)*, anche se, tempo fa, ho iniziato la giornata con un bicchierino *(piccolo bicchiere)* [di] acquavite e l'ho terminata con *(un)* mezzo litro [di] vino.

12 Il prezzo della benzina sale di continuo e la manutenzione della macchina costa almeno trentamila fiorini al mese.

13 A fiam közben felnőtt, ő is szeretne autót venni. Vajon [5] mit tanácsoljak neki? ☐

Note

5 **vajon?** è un interrogativo dal valore rafforzativo che si traduce in modi differenti a seconda del contesto. Sottolinea la perplessità in chi si esprime.

***

1. gyakorlat – Fordítsa le

❶ A baleset után elvették a jogosítványomat. ❷ A városban nem lehet parkolóhelyet találni. ❸ Betettük a bankba a lottón nyert pénzt. ❹ Aki megbukik a vizsgán, az nem vezethet autót. ❺ A szeszes italok ára egyre emelkedik. ❻ A kocsit évente többször kell javíttatni.

***

2. gyakorlat – Egészítse ki

❶ Comincio la giornata con [il] vino o con [l']acquavite?
Borral vagy .... a ..... ?

❷ Non andare *(guidare)* piano *(lentamente)*, altrimenti *(perché)* tutti [ti] suoneranno.
Ne ...., mert .... fog.

❸ Lo considero il mio migliore amico*(-come)*.
Őt .... nak.

❹ Siamo rimasti a piedi a 8 km dalla città.
El .... a .... re.

❺ Cos'[è] più importante secondo te, la teoria o la pratica?
Szerinted .... : az .... vagy .... ?

❻ Perché questi bambini giocano a pallone sulla *(strada)* statale?
Miért .... ezek a .... ?

Ottantesima lezione / 80

13 Nel frattempo mio figlio è cresciuto [e] anche lui vorrebbe prendersi [una] macchina. Che razza di consigli potrei dargli *(Cosa diamine consiglio a-lui)*?

***

Soluzioni dell'esercizio 1
❶ Dopo l'incidente [mi] hanno ritirato la patente*(-mia)*. ❷ [È] impossibile trovare parcheggio in città. ❸ Abbiamo messo in banca i soldi che abbiamo vinto *(vinti)* al lotto. ❹ Chi viene bocciato all'esame di guida *(quello)* non può guidare [la] macchina. ❺ Il prezzo degli alcolici *(alcolica bevanda)* aumenta di continuo. ❻ Bisogna far sistemare la macchina due volte l'anno.

***

Soluzioni dell'esercizio 2
❶ – pálinkával kezdjem – napot ❷ – vezess lassan – mindenki dudálni – ❸ – tekintem a legjobb barátom – ❹ – akadtunk – várostól nyolc kilométer – ❺ – mi fontosabb – elmélet – a gyakorlat ❻ – labdáznak – gyerekek az országúton

Seconda ondata: 31ª lezione

háromszáztizennégy • 314

Nyolcvanegyedik lecke

Miről ír a mai újság?

1. Háromnapos baráti [1] látogatásra hazánkba érkezett a finn külügyminiszter és felesége.
2. A Liszt Ferenc repülőtéren sajtótájékoztatót tartott. Egy újságíró kérdésére elmondta, hogy magyarországi tartózkodása során
3. tárgyalásokat folytat majd a kormány elnökével és tagjaival, találkozik a gazdasági és kulturális élet több vezető személyiségével.

***

4. Sz. János 35 éves budapesti lakos féltékenységből megölte feleségét. A szörnyű tett után jelentkezett a VII. kerületi rendőrségen.
5. A nyomozás során a rendőrség megállapította, hogy a tettes aznap nagy mennyiségű szeszes italt fogyasztott.
6. Sz.-ék szomszédai a nyomozóknak elmondták, hogy a szerencsétlen asszony egész életében hűséges volt a férjéhez.

***

7. Tegnap a késő esti órákban Kecskemét mellett lezuhant egy utasszállító repülőgép.

Note

1. **háromnapos**, **baráti**, **mennyiségű** (frase 5), **hűséges** (frase 6), **felhős** (frase 10), **nappali**, **tavalyi** sono aggettivi ottenuti per derivazione attraverso l'impiego dei suffissi -s, -i e -ű. Si noti che in **háromnapos**, il suffisso formativo in questione permette di fondere in un'unica parola quelli che prima erano lessemi distinti: **három nap**.

Ottantunesima lezione

Che dice *(cosa-su scrive)* il giornale di oggi?

1 Il ministro degli *(Affari)* Esteri finlandese e sua moglie sono arrivati nel nostro paese *(patria)* per una visita amichevole [dalla durata] di tre giorni.
2 Ha tenuto [una] conferenza stampa all'aeroporto "Ferenc Liszt". Alla domanda di un giornalista ha risposto dicendo *(ha-detto)* che durante il suo soggiorno in Ungheria*(-di)*
3 avrebbe condotto *(conduce poi)* una trattativa con il capo *(presidente)* del governo e con i membri [di quest'ultimo e che] avrebbe incontrato *(incontra)* numerose alte personalità*(-con)* della vita economica e culturale.

***

4 János Sz., 35 anni, residente a Budapest, ha ucciso [la] propria moglie per eccesso di gelosia*(-da)*. Dopo l'atroce delitto *(gesto)*, si è costituito *(presentato)* al [commissariato di] polizia del VII distretto.
5 Nel corso dell'inchiesta, la polizia ha constatato che quel giorno il criminale aveva consumato una grande quantità di alcolici *(alcolica bevanda)*.
6 I vicini [di casa] di Sz. hanno dichiarato *(detto)* agli inquirenti che la sventurata signora era sempre *(intera vita-sua-in)* stata fedele al marito*(-suo)*.

***

7 Nella tarda serata di ieri *(ieri le tarde serali ore-in)*, un aereo di linea *(viaggiatore-trasportatore)* è precipitato nei pressi di Kecskemét.

háromszáztizenhat • 316

8 A baleset során valamennyi utas és a személyzet életét vesztette. A fedélzeten külföldi állampolgár nem tartózkodott.
9 A Meteorológiai Intézet jelenti: Holnap reggelig hazánkban hűvös, nedves idő várható [2], de holnap délutántól
10 a Dunántúlon újra kisüt a nap. Az Alföldön az ég felhős marad és az északi szél megerősödik.
11 Éjszaka a hőmérséklet 10 fok körül lesz, de a nappali felmelegedés helyenként [3] eléri a 20-22 fokot.

***

12 A miskolci nemzetközi teniszverseny középdöntőjében a tavalyi világbajnok Panaporeitisz (Görögország) legyőzte Szabót, a hazai közönség kedvencét [4].

Note

2 **várható: vár**, *attendere* + **-hat** (suffisso potenziale) + **-ó** (suffisso del participio presente). Letteralmente significa "ciò che [ci] si può attendere", che è dunque *prevedibile*.

3 **-nként** è un suffisso "distributivo" che spesso si traduce con *a*: **személyenként**, *a persona*; **évenként**, *all'anno*.

4 **kedvenc**, *preferito*, è utilizzato anche come aggettivo: **kedvenc ételem**, *[il] mio piatto preferito*.

***

1. gyakorlat – Fordítsa le

❶ A teniszbajnok sajtótájékoztatót tartott Kecskeméten. ❷ Melyik a kedvenc szeszes italod? ❸ Ma reggel hét órakor megölték a külügyminiszter feleségét. ❹ Nyisd ki a tévét, szeretném tudni, milyen idő várható. ❺ A kormány tárgyalásokat folytatott a finn delegációval. ❻ A nyomozás során megállapítottuk, hogy a tettes miskolci lakos.

Ottantunesima lezione / 81

8 Tutti(-quanti) [i] passeggeri e l'equipaggio hanno perso la vita nell'incidente *(a-causa-di)*. A bordo non vi era *(si-trovava)* [alcun] cittadino straniero.

9 L'Istituto di Meteorologia riferisce [che] fino a domani mattina nel nostro paese *(patria)* è previsto *(ci-si-aspetta)* tempo fresco e umido, ma a partire da domani pomeriggio

10 il sole avvolgerà nuovamente le regioni transdanubiane *(Transdanubio-su)*. Sulla Grande Pianura Ungherese il cielo resterà nuvoloso e il vento del Nord si rafforzerà.

11 Di notte, la temperatura si stabilizzerà *(sarà)* intorno ai 10 gradi, ma in alcuni punti la massima *(il diurno riscaldamento)* raggiungerà *(raggiunge)* i 20-22 gradi.

***

12 Ai quarti di finale *(media-finale)* del torneo internazionale di tennis di Miskolc, il campione mondiale in carica *(dell'anno scorso)*, Panaporeitis (Grecia), ha battuto *(sconfitto)* Szabó, il preferito del pubblico ungherese *(patria-di)*.

Soluzioni dell'esercizio 1

❶ Il campione [di] tennis ha tenuto [una] conferenza stampa a Kecskemét. ❷ Qual è la tua bevanda alcolica preferita? ❸ Stamattina alle *(ore)* sette hanno ucciso la moglie del ministro degli Esteri. ❹ Accendi *(apri)* la tv, vorrei vedere le previsioni del tempo *(sapere che-tipo-di tempo è previsto)*. ❺ Il governo ha condotto [delle] trattative con la delegazione finlandese. ❻ Nel corso dell'inchiesta abbiamo constatato che l'assassino risiede a Miskolc *(Miskolc-di cittadino)*.

2. gyakorlat – Egészítse ki

❶ Quest'anno sono precipitati numerosi aerei.
Ebben .... sok ....

❷ Il giornale parla *(scrive)* spesso delle alte personalità della vita culturale.
Az .... ír a .... élet ......
.... ről.

❸ La sventurata signora era cittadina di un paese straniero.
A .... egy .... ország .... volt.

❹ L'Istituto di Meteorologia *(questo)* riferisce che il cielo rimarrà *(rimane)* nuvoloso.
A .... azt ...., hogy az ....

Nyolcvankettedik lecke

Közmondások állatokról

1 A magyar nyelv sok olyan bölcs közmondást ismer, amelynek szereplője állat.
2 Ezek közül most bemutatunk és megmagyarázunk néhányat.
3 Hamarabb utolérik a hazug embert, mint a sánta kutyát.
4 Ez azt jelenti, hogy nem érdemes hazudni, mert az igazság úgyis kiderül.
5 Amelyik kutya ugat, az nem harap.
6 Jelentése: a nagyszájú [1] emberek általában nem veszélyesek.

Note

[1] Ormai conoscete alla perfezione la struttura morfologica di **nagyszájú**: anche il suffisso **-ú/-ű** permette di compattare in una sola parola un'espressione composta da due o più termini.

❺ Lo sapevi che il campione del mondo si trova a Budapest?
......, hogy a .... tartózkod ...

❻ Tutti hanno perso la vita nell'incidente.
A .... mindenki ....

Soluzioni dell'esercizio 2

❶ – az évben – repülőgép zuhant le ❷ – ujság gyakran – kulturális – vezető személyiségei – ❸ – szerencsétlen asszony – külföldi – állampolgára – ❹ – Meteorológiai Intézet – jelenti – ég felhős marad ❺ Tudtad – világbajnok Budapesten – ik ❻ – baleset során – életét vesztette

Seconda ondata: 32ª lezione

Ottantaduesima lezione

Proverbi su[gli] animali

1 La lingua ungherese contempla *(conosce)* numerosi [e] saggi proverbi i cui protagonisti *(personaggio)* [sono] animali *(animale)*.
2 Tra questi, ora [noi ve ne] presenteremo *(presentiamo)* e spiegheremo *(spieghiamo)* qualcuno.
3 Si fa prima ad acchiappare un bugiardo *(Presto-più la-raggiungono la bugiarda persona,)* che un *(il)* cane zoppo [le bugie hanno le gambe corte].
4 Questo significa *(questo,)* che non vale la pena mentire, perché la verità salta fuori comunque.
5 *(Il-quale)* Cane [che] abbaia, *(quello)* non morde.
6 [Il] significato *(-suo)* [è il seguente]: generalmente, le persone brontolone *(grande-bocca-di)* non [sono] pericolose.

7 Nincs otthon a macska, cincognak az egerek.
8 Egy példa a használatára: a főnök távol van, a többiek pedig szórakoznak ahelyett, hogy dolgoznának.
9 Ha nincs ló, szamár is jó.
10 Ugye megértette? Ha nincs jobb, meg kell elégednünk [2] azzal, ami van.
11 Madarat tolláról, embert barátjáról ismerni meg.
12 E népi bölcsesség szerint mindenkire jellemző az, hogy kivel barátkozik.
13 Az ön anyanyelvében is megvannak [3] ezek a közmondások?

Note

2 meg kell elégednünk (cfr. lezione 70, paragrafo 2).
3 megvan (cfr. lezione 61, nota 4).

***

1. gyakorlat – Fordítsa le

❶ Vajon miért ugat ilyen hangosan a kutya? ❷ Egyes helyzetekben kénytelen vagyok hazudni. ❸ A főnök szeret vasárnaponként szórakozni. ❹ Rád is jellemző, hogy kivel barátkozol. ❺ Melyik könyvből érdemes magyarul tanulni? ❻ Kiderült, hogy egerek vannak a házban.

Ottantaduesima lezione / 82

7 [Quando] il gatto non c'è *(non-è a-casa)*, i topi ballano *(squittiscono)*.
8 Un esempio del suo uso*(-su)*: il capo è lontano e mentre gli altri si divertono invece di lavorare *(al-posto che lavorino)*.
9 Se non c'è [il] cavallo, va bene *(buono)* anche [l']asino.
10 *(Lo-)*Ha [già] capito, vero? Se non c'è [di] meglio, bisogna accontentarsi di quello*(-con)* che abbiamo *(c'è)*.
11 Si riconosce *(Riconoscere)* [un] uccello dalle sue piume [e una] persona dai suoi amici.
12 Secondo questa saggezza popolare, la scelta dei nostri amici la dice lunga su di noi *(qualcuno-su indicativo quello, che chi-con fa-amicizia)*.
13 Anche nella Sua lingua madre esistono questi proverbi?

Soluzioni dell'esercizio 1
❶ Perché diamine il cane abbaia così forte? ❷ In certe situazioni sono costretto [a] mentire. ❸ La domenica, il capo ama divertirsi. ❹ La scelta dei tuoi amici la dice lunga *(anche)* su di te. ❺ Con quale libro*(-da)* conviene *(vale-la-pena)* imparare l'ungherese*(-in)*? ❻ È venuto fuori che in casa c'erano *(ci-sono)* [dei] topi.

2. gyakorlat – Egészítse ki

❶ La verità viene sempre fuori.
   Az .... mindig ....

❷ Dai vicini c'è un cane che morde (mordace).
   A .... nál harapós ....

❸ Il capo brontolone cita (racconta) proverbi dalla mattina alla sera.
   A .... főnök reggeltől ..... közmondásokat ..... .

❹ Questo gattino (piccolo gatto) zoppo [è] il più pericoloso [di tutti].
   ... kis ..... macska a leg............ .

Nyolcvanharmadik lecke

Miért gyenge a pesti fekete?

1 Egy ismert és népszerű humorista választ ad erre a fontos kérdésre.
2 A Feketekávéügyi [1] Minisztérium négyszáz ellenőre tegnap délután váratlanul vizsgálatot tartott,
3 hogy megállapítsa [2], mitől olyan gyenge a pesti feketekávé.
4 A megvizsgált tizenkétezer-háromszázhetvenegy fekete mind kávé nélkül készült.
5 De a lelkiismeretes ellenőrök szerint legnagyobb részük vizet sem tartalmazott.
6 Természetesen meghallgatták a kávéházak érintett dolgozóit is. Részlet a jegyzőkönyvből [3]:

Note

[1] **feketekávéügyi**, simpatico neologismo strutturato sul modello di **külügyi**, *degli Esteri*, **belügyi**, *degli Interni* ecc.; **ügy**, *affare*.

[2] **jegyzőkönyv**: **jegyző**, participio presente di **jegyez**, *annotare, mettere a verbale*, + **könyv**, *libro*.

[3] Sulla *Consecutio temporum* in ungherese, cfr. lezione 72, nota 5.

❺ L'uomo *(persona)* parla, il topo squittisce.
Az ..... beszél, az egér ....

❻ Non bisogna mai accontentarsi di quello*(-con)* che si ha *(c'è)*.
Soha .... megelégedni azzal ... .

Soluzioni dell'esercizio 2
❶ – igazság – kiderül ❷ – szomszédok – kutya van ❸ – nagyszájú – estig – mesél ❹ Ez a – sánta – veszélyesebb ❺ – ember – cincog
❻ – nem kell – ami van

Seconda ondata: 33ª lezione

Ottantatreesima lezione

Perché il caffè *(nero)* di Budapest [è] leggero *(debole)*?

1 Un noto *(e popolare)* umorista offre *(dà)* [una] risposta a questo fondamentale *(importante)* quesito.
2 Ieri pomeriggio, quattrocento ispettori del Ministero degli Affari del *(nero-)*Caffè hanno effettuato un controllo a sorpresa *(inaspettatamente)*
3 per accertare *(affinché stabiliscano)* le cause per le quali il caffè di Budapest non sa di niente *(cosa-da così debole il Pest-di nero-caffè)*.
4 I dodicimilatrecentosettantuno caffè ispezionati *(esaminati)* erano stati tutti fatti *(preparati)* senza caffè.
5 Ma secondo [que]gli zelanti ispettori, la maggior parte di essi non conteneva nemmeno acqua!
6 Naturalmente, sono stati ascoltati *(li-hanno-ascoltati)* anche i dipendenti *(lavoratori)* delle caffetterie in questione *(interessate)*. [Ecco un] estratto dal verbale:

háromszázhuszonnégy • 324

7 – Mondja meg, Piroska, de őszintén: miből főzi maga a feketét?
8 – Nem titok ez kérem. Abból főzöm, ami jön.
9 – Legyen szíves magyarázza el pontosabban, hogy mit ért ezen.
10 – Azt teszem a kávéba, ami jön... az ablakon át. Beszáll [4] a por, azt főzöm meg.
11 – Legalább vigyáz arra, hogy az előírt hat gramm meglegyen [5]?
12 – Ez nem probléma. Tudja, mostanában szeles az idő...
13 A fenti történet persze erősen túloz. A pesti kávé néha egészen kitűnő.

Note

4 **beszáll**, lett. entrare volando. Il prefisso verbale (la prima parte del verbo) esprime il senso dell'intero termine, mentre la seconda parte (il verbo "nudo e crudo") ci rivela informazioni sulla modalità.

5 **meglegyen** (cfr. lezione 82, nota 3).

***

1. gyakorlat – Fordítsa le

❶ Nem emlékszel, hogy mit tartalmaz a jegyzőkönyv? ❷ A kávéház dolgozói mind lelkiismeretesek. ❸ Tudsz titkot tartani? ❹ A minisztérium előírásait ismerni kell. ❺ Maga miből főzi az ebédet? ❻ Amit most mondok, téged is érint.

Ottantatreesima lezione / 83

7 – [Ci] dica, Piroska, ma sia sincera *(francamente)*. **Con cosa lo fa** *(cosa-da lo-cucina)*, **Lei, il caffè?**
8 – **Ma certo** *(la-prego)*, *(questo)* **non [è mica un] segreto. Lo preparo** *(lo-cucino)* **con quello**(*-da*) **che capita** *(viene)*.
9 – **Sia [così] gentile [da] spiegar[ci] con maggior precisione** *(esatto-più-mente che)* **cosa intende con questo**(*-su*).
10 – **Metto nel caffè quello che arriva** *(viene)*... **dalla finestra**(*-su attraverso*). **Entra [della] polvere [e io] uso** *(cucino)* **quella.**
11 – **[Ma] almeno si assicura** *(ha-cura)* **che ci siano [proprio] i sei grammi prescritti [per tazza]?**
12 – **Non [è un] problema, questo.** *(Lo-)sa,* **in questi giorni c'è abbastanza vento** *(ventilato il tempo)*...
13 **Ovviamente l'aneddoto** *(storia)* **sopra**(*-di*) **[riportato] [è] altamente iperbolico** *(fortemente esagera)*. **Talvolta il caffè di Budapest è** *(del-tutto)* **squisito.**

Soluzioni dell'esercizio 1

❶ Non ricordi cosa è contenuto nel *(contiene il)* verbale? ❷ I dipendenti *(lavoratori)* della caffetteria [sono] tutti zelanti. ❸ Sai mantenere [un] segreto? ❹ Bisogna conoscere le istruzioni ministeriali *(indicazioni del Ministero)*. ❺ Lei con cosa(*-da*) prepara il pranzo? ❻ Quello che sto per dire *(adesso dico)* riguarda anche te.

2. gyakorlat – Egészítse ki

❶ Il professore ha spiegato *(che)* perché l'ungherese [è una] lingua ugro-finnica.

A ...., hogy miért finnugor ....

❷ Un controllore è salito sull'autobus e ha chiesto i biglietti.

.... szállt fel .... és kérte a ....

❸ Che tipo di medicine ha prescritto il medico al bambino?

Milyen .... írt ... az ..... a ......nek?

❹ Con un vento del genere *(talmente ventilato tempo-in)*, non mi piace *(amo)* passeggiare in riva al Danubio.

Ilyen .... ben nem .... a Duna ....

84

Nyolcvannegyedik lecke

Ismétlés – Ripasso

1 Prefissi verbali

Nel paragrafo 1.1 della quattordicesima lezione vi abbiamo fornito un primo accenno della loro esistenza. Proseguendo di lezione in lezione, ne avete appresi sempre di nuovi. Ecco dunque una breve sintesi dei prefissi verbali più comuni (vi ricordiamo che si tratta di elementi molto importanti per la lingua ungherese). La lista contiene anche alcuni esempi di verbi che è possibile ottenere attraverso l'impiego di questi prefissi.

BE- (VERSO L'INTERNO)
befárad, *accomodarsi*
befejeződik, *terminare*
befordul, *svoltare*
behoz, *apportare*

❺ Dopo l'inchiesta sarà redatto *(prepareranno)* [un] verbale.
A .... jegyzőkönyv fog ....

❻ Ciascun pacchetto [di] caffè contiene i trecento grammi indicati *(prescritti)*.
...... csomag .... háromszáz .... tartalmazza.

Soluzioni dell'esercizio 2

❶ – tanár elmagyarázta – nyelv a magyar ❷ Egy ellenőr – az autóbuszra – jegyeket ❸ – gyógyszereket – fel – orvos – gyerek – ❹ – szeles idő – szeretek sétálni – parton ❺ – vizsgálat után – készülni ❻ Minden – kávé az előírt – grammot –

Seconda ondata: 34ª lezione

Ottantaquattresima lezione

beiratkozik, *iscriversi*
bevásárol, *fare la spesa*
bemutat, *presentare*

EL- (ALLONTANAMENTO)
elmegy, *partire*
elad, *vendere*
elfelejt, *dimenticare*
elfoglal, *occupare*
elképzel, *immaginarsi*
elmond, *riferire, raccontare*

FEL- (VERSO L'ALTO)
felébred, *svegliarsi*
felkel, *lavarsi*
felnő, *crescere, diventare adulti*
felöltözik, *vestirsi*
felvilágosít, *spiegare, informare*

KI- (VERSO L'ESTERNO)
kiad, *affittare, pubblicare*
kidob, *buttare*
kifejez, *esprimere*
kihúz, *togliere*
kijavít, *correggere*
kitalál, *indovinare*

LE- (VERSO IL BASSO)
leír, *scrivere, trascrivere*
leönt, *versare*
leszerel, *smontare, smantellare*
leül, *sedersi*
levetkőzik, *svestirsi*

MEG- (PERFETTIVO)
megáll, *fermarsi*
megcsókol, *baciare*
megajándékoz, *offrire, donare*
megért, *capire*
meghal, *morire*
megismer, *riconoscere*
meghív, *invitare*
megpróbál, *tentare*

Come potete vedere, i prefissi verbali "locativi" acquisiscono un senso diverso, più o meno vicino a quello di partenza. Nella maggior parte dei casi, inoltre, il prefisso verbale ha valore perfettivo.

Altri prefissi verbali hanno un uso più ristretto, ma è importante riconoscerli, perché entrano a far parte di parole molto frequenti:
• **át-** (attraverso) - **átmegy**, *attraversare*; **átszáll**, *cambiare, fare scalo* (treno, autobus ecc.);
• **elő-** (in avanti) - **előad**, *recitare, tenere una conferenza*; **előkerül**, *apparire*;
• **haza-** (a casa) - **hazamegy**, *rincasare*; **hazakísér**, *riaccompagnare a casa*;
• **hozzá-** (aggiungere) - **hozzátesz**, *aggiungere*; **hozzáír**, *apporre*;
• **ide-, oda-** (verso qui, verso lì) - **idenéz**, *guardare qui*; **odamegy**, *andare lì*;

Ottantaquattresima lezione / 84

- **össze-** (insieme) - **összead**, *sommare*; **összenéz**, *scambiare uno sguardo*;
- **túl-** (oltre) - **túlél**, *sopravvivere*; **túllép**, *oltrepassare*;
- **végig-** (fino alla fine) - **végigolvas**, *leggere fino in fondo*; **végignéz**, *guardare fino alla fine*;
- **vissza-** (indietro) - **visszaad**, *restituire*; **visszanéz**, *guardare indietro*.

2 Reggenze e locuzioni

Come avrete senz'altro notato, alcuni verbi prediligono specifici suffissi. Si dice allora che un dato verbo "regge" un dato suffisso e si parla appunto di "reggenza verbale". Ecco alcuni verbi che reggono, ovvero richiedono costantemente l'impiego di determinati suffissi:

örül + -nak/-nek, *essere felici di qualcosa*
segít + nak/-nek, *aiutare qualcuno*
hív + -nak/-nek, *chiamare qualcuno X*
tetszik + -nak/-nek, *piacere a*
foglalkozik + -val/-vel, *occuparsi di*
megismerkedik + -val/-vel, *fare la conoscenza di qualcuno*
vitatkozik + -val/-vel, *discutere con qualcuno*
csináltat + -val/vel, *far fare a*
haragszik + -ra/-re, *prendersela con qualcuno*
gondol + -ra/re, *pensare a*
hasonlít + -ra/re, *assomigliare a*
büszke + -ra/-re, *essere fiero di*
függ + -tól/től, *dipendere da*
fél + -tól/-től, *avere paura di*
elbúcsúzik + -tól/-től, *salutare qualcuno / prendere congedo da qualcuno*
kér, kérdez + -tól/-től, *chiedere, domandare a*

Le locuzioni sono, nella maggior parte dei casi, associazioni permanenti di verbi e sostantivi: cercate di tenerle bene a mente. Nel corso delle ultime lezioni ne abbiamo incontrate diverse, per esempio:
sajtótájékoztatót tart, *tenere una conferenza stampa*
tárgyalásokat folytat, *negoziare, condurre trattative*

italt fogyaszt, *consumare bevande*
életét veszti, *perdere la vita*
kérdést feltesz, *porre una domanda*.
In ungherese i soldi si "cercano", mentre in italiano si "guadagnano": **pénzt keres**.

***

Ismétlő gyakorlat – Esercizio di ripasso

1. A halász nem marad a tengerparton.
2. A gyerek sokat betegeskedik.
3. Bankban is lehet pénzt váltani.
4. Tüntetni megyünk a fővárosba.
5. A grófnő meghívott minket a kastélyába.
6. Elmeséltem, milyen vendégszeretőek a magyarok.
7. A hőmérséklet nem változik.
8. János sok viccet ismer.
9. Egy középkorú hölgy lakik a kunyhóban.
10. A csomagban ajándékok vannak.

Ottantaquattresima lezione / 84

A volte capita che il significato di alcune frasi differisca da quello dei singoli termini. Così, **csütörtököt mond** non significa "dire giovedì", ma *incepparsi, fallire*; **szeget üt a fejébe** (lett. piantare un chiodo nella sua testa), *far riflettere qualcuno*.

***

Traduzione

1 Il pescatore non rimane in riva al mare. **2** Il bambino si ammala spesso *(molto)*. **3** I soldi si possono cambiare anche in banca. **4** Andiamo [a] manifestare nella capitale. **5** La contessa ci ha invitato nel suo castello. **6** Ho raccontato quanto *(come)* [siano] ospitali gli ungheresi. **7** La temperatura non si muove *(non cambia)*. **8** János conosce tante barzellette. **9** Nella capanna [ci] abita una signora di mezza età. **10** Nel pacco ci sono [dei] regali.

Seconda ondata: 35ª lezione

Nyolcvanötödik... és utolsó lecke

Búcsú

1 Közeledünk [1] a tankönyv végéhez. Köszönjük, hogy elkísért minket ilyen sok leckén át.
2 Egyre gyakrabban kérdezzük egymástól: sikerült-e tanítva szórakoztatnunk és szórakoztatva tanítanunk önt.
3 Reméljük, hogy történeteinket érdekesnek találta és tanulás közben megtudott egyet s mást [2] arról,
4 milyen Magyarország és hogyan élnek ott az emberek.
5 Örülünk annak, hogy megtaníthattuk magyarul írni, olvasni, számolni, énekelni (sőt talán álmodni is?).
6 Megtudhatta könyvünkből azt is, hogy milyen a magyar humor: pestiek között sikere lesz, ha viccet mesél.
7 Reméljük, már vannak magyar barátai és biztosak vagyunk abban, hogy, ha eddig nem tette, idén elutazik Magyarországra.
8 Most elbúcsúzunk öntől, ami nem jelenti azt, hogy be kell fejeznie a magyar nyelv tanulását.

Note

[1] Come in italiano e in altre lingue, alcuni verbi richiedono l'uso di suffissi specifici (oppure di specifiche preposizioni o posposizioni). Si parla in questo caso di reggenze verbali (cfr. lezione 84, paragrafo 2). Nella precedente lezione di ripasso, abbiamo infatti esaminato le seguenti reggenze:

Ottantacinquesima (e ultima) lezione

Saluti *(congedo)*

1 Ci avviciniamo alla fine del manuale. La ringraziamo per averci accompagnato *(che ha-accompagnato noi)* per così tante lezioni*(-su attraverso)*.
2 Sempre più spesso ci domandiamo l'un l'altro *(uno-altro-da)* se siamo riusciti [a] farla divertire istruendola e [a] istruirla facendola divertire.
3 Ci auguriamo *(speriamo)* che abbia *(ha-)*trovato interessanti le nostre storie e che studiando *(studio durante)*, abbia *(ha-)*appreso qualcosina
4 sull'Ungheria *(come Ungheria)* e su come ci si vive *(come vivono lì le persone)*.
5 Siamo lieti di averle potuto insegnare [a] scrivere, [a] leggere, [a] contare, [a] cantare (e, perché no *(persino forse)*, anche [a] sognare) in ungherese.
6 Il nostro libro*(-da)* le ha dato modo di *(ha-potuto)* conoscere anche lo *humour* locale *(ungherese)*: avrà [molto] successo tra gli abitanti di Budapest, se [si metterà a] racconta[re] barzellette.
7 Ci auguriamo [che Lei] abbia già amici ungheresi e siamo certi che *(questo-in)*, se finora non lo ha fatto, quest'anno farà un viaggio in Ungheria.
8 [Noi] ora La salutiamo *(prendiamo-congedo Lei-da)*, il che non significa *(questo,)* che Lei debba interrompere lo studio della lingua ungherese.

közeledik + -hoz/-hez/-höz, *avvicinarsi a*; **kérdez + -tól/-től**, *chiedere a* (frase 2); **talál + -nak/-nek**, *trovare (trovare bello ecc.)* (frase 3); **biztos + -ban/-ben**, *essere sicuri di* (frase 7); **(el)búcsúzik + -tól/-től**, *accomiatarsi / prendere congedo da* (frase 8); **találkozik + -val/-vel**, *incontrare* (frase 11).

2 **egyet s mást**, *questo e quell'altro, qualcosa qua e là / su per giù*.

85 / Nyolcvanötödik utolsó lecke

9 Rendszeresen ismételje az eddig tanultakat. Ugye tudja, hogy a „Második hullám" még nem fejeződött be? Ne hagyja, hogy az Assimil valamelyik sarokban porosodjon.

10 Mindig nézze meg az új magyar filmeket, vásároljon magyar nyelvű újságokat, könyveket, hallgasson magyar népdalokat.

11 Ha magyarokkal találkozik, ne engedje, hogy más nyelven beszéljenek.

12 Bocsássa meg nekünk e bölcs tanácsokat. De nagyon szeretnénk, ha [3] ön minél tökéletesebben tudna magyarul.

13 Viszontlátásra. Vagy ahogy barátok között mondják - viszlát[4]! A szerzők □

Note

3 Il condizionale ottativo si esprime in ungherese nella formula: condizionale + **ha** e non **hogy** (come suonerebbe naturale all'orecchio di un madrelingua italiano).

4 **viszlát**: diminutivo di **viszontlátásra!**, *arrivederci!*

***

1. gyakorlat – Fordítsa le

❶ Még nem búcsúztam el a barátaimtól. ❷ Ha nem érdekes a film, menj ki a moziból. ❸ Közeledünk a fárasztó utazás végéhez. ❹ Képzeljétek: álmomban magyarul beszélt hozzám édesanyám. ❺ A tegnapi órán az eddig tanultakat ismételtük. ❻ Ez az utolsó lecke utolsó gyakorlata.

Ottantacinquesima e ultima lezione / 85

9 Ripassi regolarmente quanto ha appreso finora. *(Lo-)*sa, vero, che le rimane ancora da terminare la "seconda ondata" *(che la "seconda ondata" ancora non è-finita)*? Non permetta *(lasci)* che il [suo] *Assimil* rimanga in qualche angolo a prendere la polvere.

10 Vada sempre a vedere *(li-guardi)* i nuovi film ungheresi, compri giornali, libri in *(lingua)* ungherese, ascolti i canti popolari ungheresi.

11 Se dovesse imbattersi in qualche ungherese *(Se incontra ungheresi-con)*, non permetta che [le] parli *(parlino)* in una lingua diversa *(altra)*.

12 Ci perdoni *(scusi)* [per] questi saggi consigli. Ma vorremmo tanto che *(se)* Lei sapesse l'ungherese alla perfezione *(quanto perfettamente-più)*.

13 Arrivederci! O come si dice *(lo-dicono)* tra amici: *viszlát!*   Gli Autori

Soluzioni dell'esercizio 1

❶ Non ho ancora salutato *(preso-congedo)* i miei amici*(-da)*. ❷ Se non ti interessa il film *(non interessante)*, esci dal cinema. ❸ Ci avviciniamo alla fine del viaggio estenuante. ❹ Pensate! Nel mio sogno, mia madre mi parlava ungherese*(-in)*! ❺ Ieri a lezione *(la ieri-di lezione-su)* abbiamo ripassato tutto ciò che abbiamo appreso finora. ❻ Questo [è] l'ultimo esercizio dell'ultima lezione.

háromszázharminchat

2. gyakorlat – Egészítse ki

❶ Dove proiettano il nuovo film ungherese?
Hol .... az .... ?

❷ Vorremmo che *(se)* quest'anno lei facesse un viaggio *(viaggerebbe)* in Ungheria.
.........., ha .... el .... ra.

❸ Quale [è la] storia [che] hai trovato *(la)* più interessante?
...... történetet .... a leg............ ?

❹ Siamo certi *(questo-in,)* che i suoi libri non prenderanno la polvere in un angolo.
.... vagyunk ....., hogy az .... nem
....

❺ Se fosse *(sarebbe)* modesto, si accontenterebbe *(anche)* di poco *(-con)*.
Ha .... lenne, kevés... is ... elégedne.

❻ Non dimenticherò *(dimentico)* mai i saggi consigli di mio padre.
Soha ... . el .... tanácsait.

Ottantacinquesima e ultima lezione / 85

Soluzioni dell'esercizio 2
❶ – játsszák – új magyar filmet ❷ Szeretnénk – ön az idén – utazna Magyarország – ❸ Melyik – találtad – érdekesebbnek ❹ Biztosak – abban – ön könyvei – porosodnak egy sarokban ❺ – szerény – sel – meg – ❻ – nem felejtem – apám bölcs –

Non abbandonate le armi! Dovete ancora terminare la seconda ondata: una lezione al giorno, come sempre, fino all'ottantacinquesima!

Seconda ondata: 36ª lezione

Appendice grammaticale

Scopo della nostra appendice grammaticale è quello di offrirvi una rassegna sistematica dei principali elementi della morfosintassi ungherese, le cui peculiarità sono state trattate "sporadicamente" nelle note e nelle lezioni di ripasso.

Sommario

1	**Declinazione dei sostantivi**	340
1.1	Suffissi casuali	340
1.2	Suffissi casuali d'impiego limitato	340
2	**Pronomi**	341
2.1	Pronomi personali	341
2.2	Pronomi dimostrativi	343
2.3	Pronomi interrogativi	343
3	**Posposizioni con suffisso possessivo**	344
4	**Coniugazioni verbali**	345

1 Declinazione dei sostantivi

1.1 Suffissi casuali

1. Nominativo Ø	ház, *casa*
2. Accusativo **-t**	házat, *casa*
3. Dativo **-nak/-nek**	háznak, *alla casa*
4. Strumentale **-val/-vel**	házzal, *con la casa*
5. Finale **-ért**	házért, *per la casa*
6. Traslativo **-vá/-vé**	házzá, *(tramutato) in casa*
7. Superessivo **-n**	házon, *sulla casa (stato in luogo)*
8. Sullativo **-ra/-re**	házra, *sulla casa (moto a luogo)*
9. Delativo **-ról/-ről**	házról, *dalla casa (moto da luogo)*
10. Inessivo **-ban/-ben**	házban, *nella casa (stato in luogo)*
11. Elativo **-ból/-ből**	házból, *dalla casa (moto da luogo)*
12. Illativo **-ba/-be**	házba, *nella casa (moto a luogo)*
13. Adessivo **-nál/-nél**	háznál, *presso la casa (stato in luogo)*
14. Allativo **-hoz/-hez/-höz**	házhoz, *alla casa (moto a luogo)*
15. Ablativo **-tól/-től**	háztól, *dalla casa (moto da luogo)*
16. Terminativo **-ig**	házig, *fino alla casa*
17. Formale **-ként**	házként, *come casa*

1.2 Suffissi casuali d'impiego limitato

I suffissi di cui sopra possono essere combinati con tutti i sostantivi. Quelli che tratteremo di seguito hanno invece una distribuzione limitata:

18. Essivo **-ul/-ül**	például, *per esempio*
19. Temporale **-kor**	éjfélkor, *a mezzanotte*
20. Comitativo **-stul/-stül**	párostul, *in coppia*

21. Distributivo-temporale -nta/-nte	**naponta**, *ogni giorno* **hetente**, *ogni settimana*
22. Distributivo **-nként**	**fejenként**, *a testa*
23. Modale **-képpen**	**másképpen**, *in altro modo*

Ventitré casi! Si tratta di una quantità impressionante, non è vero? E pensate che abbiamo evitato di menzionare quelli che alcuni linguisti ritengono ulteriori casi a sé stanti, che invece altri preferiscono "trascurare". Lungi da noi giudicare quale sia la categorizzazione più autentica. Ogni autore decide infatti cosa trattare e come farlo all'interno del proprio manuale di grammatica. Nelle nostre lezioni non abbiamo inserito l'intera gamma dei casi succitati; tuttavia, era nostra premura presentarvi un quadro sistematico volto a illustrarvi la realtà di questa lingua poliedrica.

2 Pronomi

2.1 Pronomi personali

Singolare **Caso**	*Persona* 1	*Persona* 2
Nominativo	**én**	**te**
Accusativo	**engem**	**téged**
Dativo	**nekem**	**neked**
Strumentale	**velem**	**veled**
Finale	**értem**	**érted**
Superessivo	**rajtam**	**rajtad**
Sullativo	**rám**	**rád**
Delativo	**rólam**	**rólad**
Inessivo	**bennem**	**benned**
Elativo	**belőlem**	**belőled**
Illativo	**belém**	**beléd**
Adessivo	**nálam**	**nálad**
Allativo	**hozzám**	**hozzád**
Ablativo	**tőlem**	**tőled**

Singolare	*Persona*	*Persona*
Caso	**3**	**3**
Nominativo	ő	ön
Accusativo	őt	önt
Dativo	neki	önnek
Strumentale	vele	önnel
Finale	érte	önért
Superessivo	rajta	önön
Sullativo	rá	önre
Delativo	róla	önről
Inessivo	benne	önben
Elativo	belőle	önből
Illativo	belé	önbe
Adessivo	nála	önnél
Allativo	hozzá	önhöz
Ablativo	tőle	öntől

Plurale	*Persona*	*Persona*
Caso	**1**	**2**
Nominativo	mi	ti
Accusativo	minket	titeket
Dativo	nekünk	nektek
Strumentale	velünk	veletek
Finale	értünk	értetek
Superessivo	rajtunk	rajtatok
Sullativo	ránk	rátok
Delativo	rólunk	rólatok
Inessivo	bennünk	bennetek
Elativo	belőlünk	belőletek
Illativo	belénk	belétek
Adessivo	nálunk	nálatok
Allativo	hozzánk	hozzátok
Ablativo	tőlünk	tőletek

Plurale	*Persona*	*Persona*
Caso	**3**	**3**
Nominativo	ők	önök
Accusativo	őket	önöket
Dativo	nekik	önöknek

Strumentale	velük	önökkel
Finale	értük	önökért
Superessivo	rajtuk	önökön
Sullativo	rájuk	önökre
Delativo	róluk	önökről
Inessivo	bennük	önökben
Elativo	belőlük	önökből
Illativo	beléjük	önökbe
Adessivo	náluk	önöknél
Allativo	hozzájuk	önökhöz
Ablativo	tőlük	önöktől

2.2 Pronomi dimostrativi

Caso	Singolare	Plurale	Singolare	Plurale
Nominativo	ez	ezek	az	azok
Accusativo	ezt	ezeket	azt	azokat
Dativo	ennek	ezeknek	annak	azoknak
Strumentale	ezzel	ezekkel	azzal	azokkal
Finale	ezért	ezekért	azért	azokért
Traslativo	ezzé	ezekké	azzá	azokká
Superessivo	ezen	ezeken	azon	azokon
Sullativo	erre	ezekre	arra	azokra
Delativo	erről	ezekről	arról	azokról
Inessivo	ebben	ezekben	abban	azokban
Elativo	ebből	ezekből	abból	azokból
Illativo	ebbe	ezekbe	abba	azokba
Adessivo	ennél	ezeknél	annál	azoknál
Allativo	ehhez	ezekhez	ahhoz	azokhoz
Ablativo	ettől	ezektől	attól	azoktól
Terminativo	eddig	ezekig	addig	azokig

2.3 Pronomi interrogativi

Caso	Singolare	Plurale	Singolare	Plurale
Nominativo	ki?	kik?	mi?	mik?
Accusativo	kit?	kiket?	mit?	miket?
Dativo	kinek?	kiknek?	minek?	miknek?

Strumentale	kivel?	kikkel?	mivel?	mikkel?
Finale	kiért?	kikért?	miért?	mikért?
Traslativo	kivé?	kikké?	mivé?	mikké?
Superessivo	kin?	kiken?	min?	miken?
Sullativo	kire?	kikre?	mire?	mikre?
Delativo	kiről?	kikről?	miről?	mikről?
Inessivo	kiben?	kikben?	miben?	mikben?
Elativo	kiből?	kikből?	miből?	mikből?
Illativo	kibe?	kikbe?	mibe?	mikbe?
Adessivo	kinél?	kiknél?	minél?	miknél?
Allativo	kihez?	kikhez?	mihez?	mikhez?
Ablativo	kitől?	kiktől?	mitől?	miktől?

3 Posposizioni con suffisso possessivo

MOTO A LUOGO	STATO IN LUOGO	MOTO DA LUOGO
alá, *sotto*	**alatt**, *sotto*	**alól**, *(da) sotto*
alám	alattam	alólam
alád	alattad	alólad
alá	alatta	alóla
alánk	alattunk	alólunk
alátok	alattatok	alólatok
alájuk	alattuk	alóluk
mellé, *vicino*	**mellett**, *vicino*	**mellől**, *(da) vicino*
mellém	mellettem	mellőlem
melléd	melletted	mellőled
mellé	mellette	mellőle
mellénk	mellettünk	mellőlünk
mellétek	mellettetek	mellőletek
melléjük	mellettük	mellőlük

elé, *davanti*	előtt, *davanti*	elől, *(da) davanti*
elém	előttem	előlem
eléd	előtted	előled
elé	előtte	előle
elénk	előttünk	előlünk
elétek	előttetek	előletek
eléjük	előttük	előlük

mögé, *dietro*	mögött, *dietro*	mögül, *(da) dietro*
mögém	mögöttem	mögülem
mögéd	mögötted	mögüled
mögé	mögötte	mögüle
mögénk	mögöttünk	mogülünk
mögétek	mögöttetek	mögületek
mögéjük	mögöttük	mögülük

4 Coniugazioni verbali

- *van (lenni)*, **essere**

CONIUGAZIONE SOGGETTIVA (C.S.)

Indicativo	Presente	Passato	Futuro
Singolare	vagyok	voltam	leszek
	vagy	voltál	leszel
	van	volt	lesz
Plurale	vagyunk	voltunk	leszünk
	vagytok	voltatok	lesztek
	vannak	voltak	lesznek

Condizionale	Presente	Passato
Singolare	volnék / lennék	lettem volna
	volnál / lennél	lettél volna
	volna / lenne	lett volna
Plurale	volnánk / lennénk	lettünk volna
	volnátok / lennétek	lettetek volna
	volnának / lennének	lettek volna

Imperativo	Presente
Singolare	legyek
	légy / legyél
	legyen
Plurale	legyünk
	legyetek
	legyenek

- *neki van*, avere

CONIUGAZIONE SOGGETTIVA (C.S.)

Indicativo	Presente	Passato	Futuro
Singolare	nekem van	nekem volt	nekem lesz
	neked van	neked volt	neked lesz
	neki van	neki volt	neki lesz
Plurale	nekünk van	nekünk volt	nekünk lesz
	nektek van	nektek volt	nektek lesz
	nekik van	nekik volt	nekik lesz

Condizionale	Presente	Passato
Singolare	nekem volna / lenne	nekem lett volna
	neked volna / lenne	neked lett volna
	neki volna / lenne	neki lett volna
Plurale	nekünk volna / lenne	nekünk lett volna
	nektek volna / lenne	nektek lett volna
	nekik volna / lenne	nekik lett volna

Imperativo	Presente
Singolare	nekem legyen
	neked legyen
	neki legyen
Plurale	nekünk legyen
	nektek legyen
	nekik legyen

• *kér (kérni)*, chiedere

Presente	Indicativo		Condizionale	
	C.S.[1]	C.O.[2]	C.S.	C.O.
Singolare	kérek	kérem	kérnék	kérném
	kérsz	kéred	kérnél	kérnéd
	kér	kéri	kérne	kérné
Plurale	kérünk	kérjük	kérnénk	kérnénk
	kértek	kéritek	kérnétek	kérnétek
	kérnek	kérik	kérnének	kérnék

[1] (C.S.) CONIUGAZIONE SOGGETTIVA
[2] (C.O.) CONIUGAZIONE OGGETTIVA

Imperativo	
C.S.	C.O.
kérjek	kérjem
kérj / kérjél	kérd / kérjed
kérjen	kérje
kérjünk	kérjük
kérjetek	kérjétek
kérjenek	kérjék

Passato	Indicativo		Condizionale	
	C.S.	C.O.	C.S.	C.O.
Singolare	kértem	kértem	kértem volna	kértem volna
	kértél	kérted	kértél volna	kérted volna
	kért	kérte	kért volna	kérte volna
Plurale	kértünk	kértük	kértünk volna	kértük volna
	kértetek	kértétek	kértetek volna	kértétek volna
	kértek	kérték	kértek volna	kérték volna

Futuro	Indicativo	
	C.S.	C.O.
Singolare	kérni fogok	kérni fogom
	kérni fogsz	kérni fogod
	kérni fog	kérni fogja
Plurale	kérni fogunk	kérni fogjuk
	kérni fogtok	kérni fogjátok
	kérni fognak	kérni fogják

- *vár (várni)*, aspettare

Presente	Indicativo		Condizionale	
	C.S.	C.O.	C.S.	C.O.
Singolare	várok	várom	várnék	várnám
	vársz	várod	várnál	várnád
	vár	várja	várna	várná
Plurale	várunk	várjuk	várnánk	várnánk
	vártok	várjátok	várnátok	várnátok
	várnak	várják	várnának	várnák

Imperativo	
C.S.	C.O.
várjak	várjam
várj / várjál	várd / várjad
várjon	várja
várjunk	várjuk
várjatok	várjátok
várjanak	várják

Passato	Indicativo		Condizionale	
	C.S.	C.O.	C.S.	C.O.
Singolare	vártam	vártam	vártam volna	vártam volna
	vártál	vártad	vártál volna	vártad volna
	várt	várta	várt volna	várta volna
Plurale	vártunk	vártuk	vártunk volna	vártuk volna
	vártatok	vártátok	vártatok volna	vártátok volna
	vártak	várták	vártak volna	várták volna

Futuro	Indicativo	
	C.S.	C.O.
Singolare	várni fogok	várni fogom
	várni fogsz	várni fogod
	várni fog	várni fogja
Plurale	várni fogunk	várni fogjuk
	várni fogtok	várni fogjátok
	várni fognak	várni fogják

• *néz (nézni)*, guardare

Presente	Indicativo		Condizionale	
	C.S.	C.O.	C.S.	C.O.
Singolare	nézek	nézem	néznék	nézném
	nézel	nézed	néznél	néznéd
	néz	nézi	nézne	nézné
Plurale	nézünk	nézzük	néznénk	néznénk
	néztek	nézitek	néznétek	néznétek
	néznek	nézik	néznének	néznék

Imperativo	
C.S.	C.O.
nézzek	nézzem
nézz / él	nézd / nézzed
nézzen	nézze
nézzünk	nézzük
nézzetek	nézzétek
nézzenek	nézzék

Passato	Indicativo		Condizionale	
	C.S.	C.O.	C.S.	C.O.
Singolare	néztem	néztem	néztem volna	néztem volna
	néztél	nézted	néztél volna	nézted volna
	nézett	nézte	nézett volna	nézte volna
Plurale	néztünk	néztük	néztünk volna	néztük volna
	néztetek	néztétek	néztetek volna	néztétek volna
	néztek	nézték	néztek volna	nézték volna

Futuro	Indicativo	
	C.S.	C.O.
Singolare	nézni fogok	nézni fogom
	nézni fogsz	nézni fogod
	nézni fog	nézni fogja
Plurale	nézni fogunk	nézni fogjuk
	nézni fogtok	nézni fogjátok
	nézni fognak	nézni fogják

• *hoz (hozni)*, portare

Presente	Indicativo		Condizionale	
	C.S.	C.O.	C.S.	C.O.
Singolare	hozok	hozom	hoznék	hoznám
	hozol	hozod	hoznál	hoznád
	hoz	hozza	hozna	hozná
Plurale	hozunk	hozzuk	hoznánk	hoznánk
	hoztok	hozzátok	hoznátok	hoznátok
	hoznak	hozzák	hoznának	hoznák

Imperativo	
C.S.	C.O.
hozzak	hozzam
hozz / ál	hozd / hozzad
hozzon	hozza
hozzunk	hozzuk
hozzatok	hozzátok
hozzanak	hozzák

Passato	Indicativo		Condizionale	
	C.S.	C.O.	C.S.	C.O.
Singolare	hoztam	hoztam	hoztam volna	hoztam volna
	hoztál	hoztad	hoztál volna	hoztad volna
	hozott	hozta	hozott volna	hozta volna

Plurale	hoztunk	hoztuk	hoztunk volna	hoztuk volna
	hoztatok	hoztátok	hoztatok volna	hoztátok volna
	hoztak	hozták	hoztak volna	hozták volna

Futuro	Indicativo	
	C.S.	C.O.
Singolare	hozni fogok	hozni fogom
	hozni fogsz	hozni fogod
	hozni fog	hozni fogja
Plurale	hozni fogunk	hozni fogjuk
	hozni fogtok	hozni fogjátok
	hozni fognak	hozni fogják

• *dolgozik (dolgozni)*, lavorare

CONIUGAZIONE SOGGETTIVA (C.S.)

Indicativo	Presente	Passato	Futuro
Singolare	dolgozom	dolgoztam	dolgozni fogok
	dolgozol	dolgoztál	dolgozni fogsz
	dolgozik	dolgozott	dolgozni fog
Plurale	dolgozunk	dolgoztunk	dolgozni fogunk
	dolgoztok	dolgoztatok	dolgozni fogtok
	dolgoznak	dolgoztak	dolgozni fognak

Condizionale	Presente	Passato
Singolare	dolgoznék	dolgoztam volna
	dolgoznál	dolgoztál volna
	dolgozna	dolgozott volna
Plurale	dolgoznánk	dolgoztunk volna
	dolgoznátok	dolgoztatok volna
	dolgoznának	dolgoztak volna

Imperativo	Presente
Singolare	dolgozzam
	dolgozz / dolgozzál
	dolgozzon
Plurale	dolgozzunk
	dolgozzatok
	dolgozzanak

- **megy (menni)**, andare

CONIUGAZIONE SOGGETTIVA (C.S.)

Indicativo	Presente	Passato	Futuro
Singolare	megyek	mentem	menni fogok
	mész	mentél	menni fogsz
	megy	ment	menni fog
Plurale	megyünk	mentünk	menni fogunk
	mentek	mentetek	menni fogtok
	mennek	mentek	menni fognak

Indicativo	Passato
Singolare	mentem
	mentél
	ment
Plurale	mentünk
	mentetek
	mentek

Condizionale	Presente	Passato
Singolare	mennék	mentem volna
	mennél	mentél volna
	menne	ment volna
Plurale	mennénk	mentünk volna
	mennétek	mentetek volna
	mennének	mentek volna

Imperativo	Presente
Singolare	menjek
	menj / menjél
	menjen
Plurale	menjünk
	menjetek
	menjenek

• jön (jönni), venire

CONIUGAZIONE SOGGETTIVA (C.S.)

Indicativo	Presente	Passato	Futuro
Singolare	jövök	jöttem	jönni fogok
	jössz	jöttél	jönni fogsz
	jön	jött	jönni fog
Plurale	jövünk	jöttünk	jönni fogunk
	jöttök	jöttetek	jönni fogtok
	jönnek	jöttek	jönni fognak

Condizionale	Presente	Passato
Singolare	jönnék	jöttem volna
	jönnél	jöttél volna
	jönne	jött volna
Plurale	jönnénk	jöttünk volna
	jönnétek	jöttetek volna
	jönnének	jöttek volna

Imperativo	Presente
Singolare	jöjjek
	jöjj / gyere
	jöjjön
Plurale	jöjjünk / gyerünk
	jöjjetek / gyertek
	jöjjenek

- *eszik (enni)*, mangiare

Presente	Indicativo		Condizionale	
	C.S.	C.O.	C.S.	C.O.
Singolare	eszem	eszem	ennék	enném
	eszel	eszed	ennél	ennéd
	eszik	eszi	enne	enné
Plurale	eszünk	esszük	ennénk	ennénk
	esztek	eszitek	ennétek	ennétek
	esznek	eszik	ennének	ennék

Imperativo	
C.S.	C.O.
egyek	egyem
egyél	edd / egyed
egyen	egye
együnk	együk
egyetek	egyétek
egyenek	egyék

Passato	Indicativo		Condizionale	
	C.S.	C.O.	C.S.	C.O.
Singolare	ettem	ettem	ettem volna	ettem volna
	ettél	etted	ettél volna	etted volna
	evett	ette	evett volna	ette volna

Plurale	ettünk	ettük	ettünk volna	ettük volna
	ettetek	ettétek	ettetek volna	ettétek volna
	ettek	ették	ettek volna	ették volna

	Indicativo	
Futuro	C.S.	C.O.
Singolare	enni fogok	enni fogom
	enni fogsz	enni fogod
	enni fog	enni fogja
Plurale	enni fogunk	enni fogjuk
	enni fogtok	enni fogjátok
	enni fognak	enni fogják

- *iszik (inni)*, bere

	Indicativo		Condizionale	
Presente	C.S.	C.O.	C.S.	C.O.
Singolare	iszom	iszom	innék	innám
	iszol	iszod	innál	innád
	iszik	issza	inna	inná
Plurale	iszunk	isszuk	innánk	innánk
	isztok	isszátok	innátok	innátok
	isznak	isszák	innának	innák

Imperativo	
C.S.	C.O.
igyak	igyam
igyál	idd / igyad
igyon	igya

igyunk	igyuk
igyatok	igyátok
igyanak	igyák

Passato	Indicativo		Condizionale	
	C.S.	C.O.	C.S.	C.O.
Singolare	ittam	ittam	ittam volna	ittam volna
	ittál	ittad	ittál volna	ittad volna
	ivott	itta	ivott volna	itta volna
Plurale	ittunk	ittuk	ittunk volna	ittuk volna
	ittatok	ittátok	ittatok volna	ittátok volna
	ittak	itták	ittak volna	itták volna

Futuro	Indicativo	
	C.S.	C.O.
Singolare	inni fogok	inni fogom
	inni fogsz	inni fogod
	inni fog	inni fogja
Plurale	inni fogunk	inni fogjuk
	inni fogtok	inni fogjátok
	inni fognak	inni fogják

Indice grammaticale

Il primo numero fa riferimento alla lezione, il secondo alla nota (oppure al paragrafo, se si tratta di una lezione di ripasso). Le cifre in grassetto corrispondono alle lezioni di ripasso.

Aggettivo
  grado comparativo dell'~ 36,1; 40,2; **42,1**; 50,5
  grado superlativo dell'~ 37,3; **42,1**
  predicativo del soggetto e dell'oggetto 67,1
Aggettivo dimostrativo
  ez, **az** 2,2; 8,4; 12,1; 12,2; **21,1.2**; 39,1
Avverbi 8,3; 15,3; 16,3
  grado comparativo degli ~ 36,1; **42,1**
Avverbi di luogo
  itt, **ott** 32,4; 58,2; 80,3
Avverbio
  formazione dell'~:
  -an/-en 49,1.4
  -l 16,3
  -lag/-leg 54,4; 65,3
  -n 8,3; 15,3; 16,3
  grado superlativo dell'~ 37,3; **42,1**
Avverbio (reso tramite un verbo) 17,6; 43,2
Antecedente (elemento) 22,5; 30,1; 41,4; 45,3; 50,3; 51,4; 53,2; 54,6; 57,1
Armonia vocalica **7,4**; 47,1
Articolo (assenza di ~) 2,1; 5,4; 25,2
Articolo determinativo
  a, **az** 3,5; **21,1.2**; 25,2
Articolo indeterminativo
  egy 3,2
Articolo partitivo 5,4
Assimilazione consonantica 16,1; 26,2; 31,4; 39,1
Complemento oggetto 5,2
  ~ definito / indefinito
  -t 7,3; 15,1
Consecutio temporum 64,1
Declinazioni
  ablativo **-tól/-től** 10,7; 13,1
  accusativo **-t** 5,2
  adessivo **-nál/-nél** 10,1; 40,2
  allativo **-hoz/-hez/-höz** 10,2

dativo **-nak/-nek** 16,2; 24,4; 34,2; 53,1; 59,2; 67,1; 71,3
delativo **-ról/ről** 9,4
distributivo **-nként** 55,2; 81,3
elativo **-ból/-ből** 8,5
formale **-ként** 44,3
illativo **-ba/-be** 4,4
inessivo **-ban/-ben** 2,4; 34,3
strumentale **-val/-vel** 16,1; 24,3
sullativo **-ra/-re** 9,2
superessivo **-n** 6,6; 34,3
temporale **-kor** 10,6; 25,1; **49,2.2**; 78,6
terminativo **-ig** 13,1
traslativo **-vá/-vé** 31,4
Interrogative 17,3; 68,3; 80,5
Locuzioni verbali 68,2
Negazione
  nem 4,2
  nincs 6,4; 71,4
  se, sem 15,4; 39,2
Nomi propri **21,1.2**; 34,3; **77,3**
Numeri 24,2; **28,2**; 47,4; 48,2; **49,1.1**
Ordine delle parole 48,1; **63,4**; 68,2; **70,1**; 72,3
Parole composte 13,3; 31,2; 34,1; 54,1; 55,1; 64,4; 75,1; 78,1; 78,6; 83,1; 83,2
Particelle
  is 1,4; 15,4; 73,6
  -e 70,3; 73,2
Parti del corpo (al singolare) 22,2; 36,2
Plurale 2,5; 31,3; 47,1
  Alterazioni morfologiche 33,1
  ~ di cortesia 4,1; 5,1; 8,4; 29,1; 61,4
  ~ della cosa posseduta 12,5; **35,3.4**
Possesso (costruzione di ~) 6,5; 9,5; 11,5; 12,4; 12,5; **14,3**; **21,1.2**; **21,4**; 22,1; 22,3; 23,1; 31,3; **35,3.1**; 47,2; 53,1
Posposizioni 8,2; 9,3; 18,1; 19,2; 39,1; 65,1; 69,2; 74,3
  elé 18,1
  előtt 9,3; 30,5
  mellett 8,2; 9,3
Posposizioni con suffisso possessivo 37,5; 39,5; **42,3**; 45,1; 51,2; 65,1
Prefissi verbali 33,2; 43,2; 73,4; 83,3; **84,1**
  le-, be-, fel-, meg- 14,1.1; 61,4; 82,3
  haza 17,6
  oda-, el-, tovább-, 25,4

ki-, át-, elő-, haza-, hozzá-, ide-, össze-, túl-, végig-, vissza- 84,1
  separazione dei ~ 25,5; 26,4; 30,4; 33,2; 34,5; 73,1
Pronomi interrogativi
  hol? 4,3; 8,5
  honnan? 8,5
  hova/hová? 4,3; 8,5
  hány? 12,3
  hányan? 12,3
  melyik? 37,2
  milyen? 24,1
  ki(csoda)? 51,3
  mi(csoda)? 51,3
Pronomi personali 4,1; **7,2**
  ~ oggetto 18,4; 20,2; **21,3**; 34,2; 52,3
Pronomi possessivi
  enyém, tiéd, övé 22,1; 22,3; **35,3**
Pronomi riflessivi
  magam 36,4; 41,2; **42,2**
Pronomi relativi
  aki, amelyik 25,6
  ahol 41,3
Proposizioni subordinate 22,5; 51,4; 54,6; 57,1
Quantità approssimativa (suffisso di ~) **-nyi** 66,3
Reggenza 25,3; 31,4; 34,2; 53,5; 54,1; 57,3; 59,3; **84,2**; 85,1
Suffissi 2,4; 4,4; 6,6; **7,3**; 8,5; **14,2**; 39,1; 46,1; 61,5
Suffissi formativi
  -ás/-és 13,3; 26,1; 29,4; 65,4; 69,1; 80,4
  -ász/-ész 61,1
  -da/-de 60,4
  -i 11,2; 50,4; 62,1; 81,1
  -l 51,1
  -né 3,6
  -s 19,1; **49,1.5**; 65,4; 74,1; 81,1
  -ság/-ség 68,1
  -szor/-szer/-ször 48,2; **49,1.3**
  -ú/-ű 61,3; 81,1; 82,1
  -z 11,5
  -ka/-ke, -cska/-cske, -i, -u 2,3; 61,5
  -gat/-get 43,1; 44,1; 54,5; 73,5; 80,2
Suffissi con desinenze possessive **21,4**; 34,4
  belőlem 67,2; 72,2
  bennem 44,2
  hozzám 41,6

    nálam 34,4
    nekem 16,2
    nekünk 23,5
    rám 44,2
    rólam 34,4
    tőlem 67,2
    velünk 16,1
Suffisso privativo **-tlan/-tlen** 65,6; 69,1; 79,3
Tripartizione locativa **14,2**; 19,2; 69,2; 74,3
Verbi **14,1**
    Ausiliari e servili
    akar 73,1
    fog 32,3; 33,4
    kell 10,4; 82,2
    lehet 34,5
    van 1,2; 2,2; 3,4; **7.1.1**; 9,1; 12,4; 18,2; 20,3; 23,1; 23,2; **28,3.2**; 31,1; **35,2**; 61,4
    Coniugazioni e tempi verbali 2,2; **7,1**; 15,1; 18,3; **21,1**; **28,3**; 30,3
    Costruzione causativa
    (agente noto) **-ít** 54,3; 57,2; 80,4
    (agente ignoto) **-ul/-ül** 57,2
    Condizionale 29,3; 32,2; **35,1**; 41,5; **42,4**; 71,5
    Coniugazione oggettiva 15,1; 17,2; 18,5; 19,3; 20,4; **21,1**; **28,3.2**; 62,2
    Coniugazione soggettiva 15,1; **28,3.1**; **28,4.1**
    Coniugazione oggettiva (forma difettiva **-lak/-lek**) 17,4
    Fattitivi (suffissi ~) **-tat/-tet** 50,6; 53,6; 54,3; **56,1**; 65,5; 80,4
    Frequentativi/riflessivi (suffissi ~) **-kodik/-kedik/-ködik** 76,3
    Futuro 31,1; 32,3; 33,4; **35,2**
    Gerundio 59,4; 62,3; **63,3**
    Imperativo 17,5; 26,2; **28,4**; 58,3; 64,6
    Infinito **-ni** 6,3; **7.1.2**; 17,5; **63,2**; 64,3
    Infinito con suffissi possessivi 64,3; 69,3; **70,2**; 78,3
    Impersonali 23,4; 38,2
    Participio passato 60,1; **63,1**; 66,4
    Participio presente 40,1; 50,1; 55,3; **56,3**; 60,2; 72,4; 74,2; 76,2; 78,4; 79,2; 81,2
    Potenzialità (suffisso) **-hat/-het** 40,1; 52,1; 53,3; 55,3; **56,2**; 64,4; 81,2
Verbi in **-ik** 13,2; **14,1.2**
Verbi irregolari
    jön 5,3; 6,2; 17,5
    megy 7,1.4

Bibliografia

- Biagini (A.), *Storia dell'Ungheria contemporanea*, Bompiani, Milano, 2006

- Csillaghy (A.), *Sotto la maschera santa. Poesia e storia ungherese dalle origini al Novecento*, Forum Editrice Universitaria Udinese, 2009

- Driussi (P.), *Guida alla lingua ungherese*, FrancoAngeli – Lingua, traduzione, didattica, Milano, 2012

- Fábián (P.), *Manuale della lingua ungherese*, Tankönyvkiadó, Budapest, 1970

- Farkas (M.), *Lingue a confronto: alcuni aspetti della contrastività italo-ungherese*, JATEPress, Szeged, 2000

- Farkas (M.), *Aspetti teorico-pratici della contrastività linguistica italo-ungherese*, JATEPress, Szeged, 2006

- Foresto (A.), *Grammatica ungherese di base*, Hoepli, Milano, 2018

- Keresztes (L.), *Grammatica ungherese pratica - Hungarolingua*, Debreceni Nyári Egyetem, 2001

- Rózsavölgyi (E.), *Parliamo l'ungherese!*, Editore Zanetel Katrib, Padova, 1992

- Sztaki Szótár *magyar-olasz online szótár és fordító*
http://szotar.sztaki.hu/magyar-olasz

Lessici

Di seguito troverete l'elenco dei lemmi e di alcune espressioni che è bene tenere a mente, con l'indicazione, tra parentesi quadre:
– dell'accusativo, del suffisso possessivo e del plurale se si tratta di un sostantivo;
– dell'accusativo, del plurale e del grado comparativo se si tratta di un aggettivo;
– della terza persona singolare di passato, imperativo e condizionale (alla coniugazione soggettiva) se si tratta di un verbo.
Il numero che trovate accanto alla traduzione rimanda alla lezione in cui la parola o l'espressione è apparsa per la prima volta.

Lessico ungherese-italiano

A, Á

a világért sem	per niente al mondo 64
ablak *[-ot, -a, -ok]*	finestra 8
ágy *[-at, -a, -ak]*	letto 15
agy *[-ut, -a, -ak]*	cervello 72
ahol	dove *(pronome relativo)* 41
ajándék *[-ot, -a, -ok]*	regalo 73
ajánl *[-ott, -jon, -ana]*	proporre, offrire 29
ajtó *[-t, ajtaja, -k]*	porta 19
akadály *[-t, -a, -ok]*	ostacolo 65
akar *[-t, -jon, -na]*	volere 10
aki	che *(pronome relativo)* 22
akkor	allora 6
alá	sotto *(moto a luogo)* 19
alacsony *[-at, -ak, -abb]*	basso 16
alatt	sotto *(stato in luogo)* 15
Alföld	Grande Pianura Ungherese 81
állam *[-ot, -a, -ok]*	Stato (nazione) 34
állampolgár *[-t, -a, -ok]*	cittadino 34
állapot *[-ot, -a, -ok]*	stato (condizione) 55
állat *[-ot, -a, -ok]*	animale 62
állatkert *[-et, -je, -ek]*	zoo 62
állít *[-ott, -son, -ana]*	innalzare 73
állítólag	presumibilmente 54
álmodik *[álmodott, álmodjon, álmodna]*	sognare 85
alól	da sotto *(moto da luogo)* 19
álom *[álmot, álma, álmok]*	sogno 41
alszik *[aludt, aludjon, aludna]*	dormire 13
altat *[-ott, altasson, -na]*	addormentare 71

altató [-t, -ja, -k] — ninna nanna 71; sonnifero 65
amelyik — che *(pronome relativo)* 25
amíg — mentre 26
amott — laggiù 58
Anglia — Inghilterra 77
angol [-t, -ok] — inglese 54
angyal [-t, -a, -ok] — angelo 58
anya *[anyát, anyja, anyák]* — madre 19
anyag [-ot, -a, -ok] — materiale 52
anyanyelv [-et, -e, -ek] — lingua madre 82
anyuka *[anyukát, anyukája, anyukák]* — mamma, mammina *(dim. vezz.)* 23
apa *[apát, apja, apák]* — padre 19
április [-t, -a, -ok] — aprile 46
aprópénz [-t, -e] — spicciolo 75
apuka *[apukát, apukája, apukák]* — papà, papino *(dim. vezz.)* 19
ár *[-at, -a, -ak]* — prezzo 59
arany [-at, -a, -ak] — oro 78
áraszt [-ott, árasszon, -ana] — far straripare 52
arc [-ot, -a, -ok] — viso 43
áremelés [-t, -e, -ek] — aumento dei prezzi 59
áruház [-at, -a, -ak] — supermercato 45
asszony [-t, -a, -ok] — signora 73
asztal [-t, -a, -ok] — tavolo 6
át — attraverso 83
átépítés [-t, -e, -ek] — ristrutturazione 62
augusztus [-t, -a, -ok] — agosto 49
Ausztrália — Australia 51
Ausztria — Austria 53
autó [-t, -ja, -k] — automobile 20
autóbusz [-t, -a, -ok] — autobus 12
autópálya *[-pályát, -pályája, -pályák]* — autostrada 80
aznap — quel giorno 81
azonnal — subito 5
Ázsia — Asia 40
aztán — dopodiché 9

B

baba *[babát, babája, babák]* — bambola 22
bácsi [-t, -ja, -k] — zio, signore 22
baj [-t, -a, -ok] — guaio 26
bal — sinistra 8
baleset [-et, -e, -ek] — incidente 25
balra — a sinistra 12
bank [-ot, -ja, -ok] — banca 8
barát [-ot, -ja, -ok] — amico 24
barátkozik [-kozott, -kozzon, -kozna] — fare amicizia 82

bárcsak	se solo 46
bármilyen	qualsiasi tipo di 72
barna *[barnát, barnák, barnább]*	marrone, castano 16
bátor *[bátrat, bátrak, bátrabb]*	coraggioso 50
báty *[bátyja, bátyák]*	fratello maggiore 51
Bécs	Vienna 53
befárad *[-t, -jon, -na]*	accomodarsi 55
befejez *[-ett, -zen, -ne]*	finire *(transitivo)* 85
befejeződik *[-ződölt, -ződjön, -ződne]*	finire *(intransitivo)* 48
befektet *[-ett, befektessen, -ne]*	investire (impiegare un capitale) 80
befordul *[-t, -jon, -na]*	svoltare 25
beiratkozik *[-kozott, -kozzon, -kozna]*	iscriversi 68
bejárat *[-ot, -a, -ok]*	entrata 18
bejelentőlap *[-ot, -ja, -ok]*	modulo 65
bejön *[-jött, -jöjjön, -jönne]*	entrare 11
béke *[békét, békéje]*	pace 60
belföld	paese di residenza 75
belga *[belgát, belgák]*	belga 77
Belgium	Belgio 77
bélyeg *[-et, -e, -ek]*	francobollo 75
bemegy *[bement, bemenjen, bemenne]*	entrare 10
benzin *[-t, -je, -ek]*	benzina 80
berendezés *[-t, -e, -ek]*	installazione 68
beszáll *[-t, -jon, -na]*	salire (su un mezzo) 83
beszél *[-t, -jen, -ne]*	parlare 1
beszélget *[-ett, beszélgessen, -ne]*	chiacchierare 38
beteg *[-et, -ek, -ebb]*	malato 9
betegeskedik *[-kedett, -kedjen, -kedne]*	ammalarsi spesso 76
betesz *[-tett, -tegyen, -tenne]*	mettere 19
betű *[-t, -je, -k]*	lettera (dell'alfabeto) 33
betűz *[-ött, -zön, -ne]*	fare lo spelling 65
bevásárol *[-t, -jon, -na]*	fare la spesa 26
bevisz *[-vitt, -vigyen, -vinne]*	portare dentro 19
bírság *[-ot, -a, -ok]*	multa 80
bízik *[bízott, bízzon, bízna]*	avere fiducia 44
bizonyára	certamente 64
biztonság *[-ot, -a]*	sicurezza 60
biztos *[-at, -ak, -abb]*	sicuro 85
biztosan	sicuramente 15
bocsánat *[-ot, -a]*	scusa 64
bók *[-ot, -ja, -ok]*	complimento 18
bokor *[bokrot, bokra, bokrok]*	cespuglio 58
bölcs *[-et, -ek, -ebb]*	saggio 82
bölcsesség *[-et, -e, ek]*	saggezza 82
bölcsész *[-t, -e, -ek]*	studente di Lettere 33
bölcsőde *[-dét, -déje, -dék]*	asilo nido 60

boldog *[-ot, -ok, -abb]* — felice 17
boldogan — felicemente 20
boldogul *[-t, -jon, -na]* — cavarsela 68
bolt *[-ot, -ja, -ok]* — negozio 45
bonyolult *[-t, -ak, -abb]* — complicato 33
bőr — cuoio 59
bor *[k-t, -a, -ok]* — vino 5
boríték *[-ot, -a, -ok]* — busta 75
borjúhús *[-t, -a, -ok]* — carne di vitello 29
bőrönd *[-öt, -je, -ök]* — valigia 37
borozó *[-t, -ja, -k]* — vineria 56
borravaló *[-t, -ja, -k]* — mancia 29
búcsú *[-t, -ja, -k]* — congedo 85
büfé *[-t, -je, -k]* — bar, mensa, self service 13
buli *[-t, -ja, -k]* — festa (party) 32
büszke *[büszkét, büszkék, büszkébb]* — fiero, orgoglioso 61
buta *[butát, buták, butább]* — stupido 22

C

cédula *[cédulát, cédulája, cédulák]* — biglietto (nota) 72
ceruza *[ceruzát, ceruzája, ceruzák]* — matita 45
cigaretta *[-tát, -tája, -ták]* — sigaretta 45
cím — titolo 6
címzett *[-et, -je, -ek]* — destinatario 75
cincog *[-ott, -jon, -na]* — squittire 82
cipő *[-t, -je, -k]* — scarpe 37
comb *[-ot, -ja, -ok]* — coscia 73
cukor *[cukrot, cukra, cukrok]* — zucchero 71
cukrászda *[-dát, -dája, -dák]* — pasticceria 10

CS

csak hogy — purché 31
család *[-ot, -ja, -ok]* — famiglia 29
csapat *[-ot, -a, -ok]* — squadra 76
csekk *[-et, -je, -ek]* — assegno 8
csendes *[-et, -ek, -ebb]* — calmo, silenzioso 17
csepp *[-et, -je, -ek]* — goccia 73
csere *[cserét, cseréje, cserék]* — scambio 79
cserép *[cserepet, cserepe, cserepek]* — vaso 67
csillag *[-ot, -a, -ok]* — stella 17
csinál *[-t, -jon, -na]* — fare 6
csinos *[-at, -ak, -abb]* — carino 24
csirke *[csirkét, csirkéje, csirkék]* — pollo 29
csodálatos *[-at, -ak, -abb]* — meraviglioso 18
csodálkozik *[-kozott, -kozzon, -kozna]* — meravigliarsi 59
csokoládé *[-t, -ja, -k]* — cioccolata 78

csokoládétorta *[-tát, -tája, -ták]*	torta al cioccolato 20
csomag *[-ot, -ja, -ok]*	pacco 37
csomagol *[-t, -jon, -na]*	impacchettare 73
csomagtartó *[-tartót, -tartója, -tartók]*	portapacchi 78
csontváz *[-at, -a, -ak]*	scheletro 59
csúcs *[-ot, -a, -ok]*	punta 76
csúnya *[csúnyát, csúnyák, csúnyább]*	brutto 22
csütörtök *[-öt, -e, -ök]*	giovedì 28

D

dán *[-t, -ok]*	danese 77
Dánia	Danimarca 77
de	ma 22
december *[-t, -e, -ek]*	dicembre 49
dehogy	macché 22
dél *[delet, dele, delek]*	sud 47
délben	a mezzogiorno 49
délelőtt *[-öt, -je, -ök]*	mattino 8
délen	a sud 47
délután *[-t, -ja, -ok]*	pomeriggio 11
dia *[diát, diája, diák]*	diapositiva 62
diavetítés *[-t, -e, -ek]*	proiezione di diapositive 62
díszít *[-ett, -sen, -ene]*	decorare 73
diszkó *[-t, -ja, -k]*	discoteca 16
disznó *[-t, disznaja, -k]*	maiale 66
disznóölés *[-t, -e, -ek]*	uccisione del maiale 73
disznózsír *[-t, -ja]*	strutto 66
divat *[-ot, -ja, -ok]*	moda 30
dohányzik *[-nyzott, -nyozzon, -nyozna]*	fumare 51
dolgozik *[-gozott, -gozzon, -gozna]*	lavorare 13
dolog *[dolgot, dolga, dolgok]*	cosa 39
domb *[-ot, -ja, -ok]*	collina 55
dönt *[-ött, -sön, -ene]*	decidere 74
döntő *[-t, -je, -k]*	finale 76
drága *[drágát, drágák, drágább]*	caro, costoso 22
dudál *[-t, -jon, -na]*	suonare il clacson 80
Duna	Danubio 17
Dunapart	riva del Danubio 17
dunna *[dunnát, dunnája, dunnák]*	trapunta 71

E, É

ebédel *[-t, -jen, -ne]*	pranzare 13
eddig	finora 50
édes *[-et, -ek, -ebb]*	dolce *(aggettivo)* 76
édesanya *[-anyát, -anyja, -anyák]*	madre 55
édesapa *[-apát, -apja, -apák]*	padre 55

Magyar	Olasz
ég *[eget, ege, egek]*	cielo 58
egér *[egeret, egere, egerek]*	topo 82
egész	intero 32
egészen	del tutto 83
egészségére	alla sua salute 64
egészséges *[-et, -ek, -ebb]*	sano 61
éghajlat *[-ot, -a, -ok]*	clima 47
egy	uno 3
egyéb *[egyebet, egyebek]*	altro 64
egyedül	da solo 74
egyenes *[-t, -ek, -ebb]*	diritto 75
egyesül *[-t, -jön, -ne]*	unirsi 31
egyetem *[-et, -e, -ek]*	università 32
egyetlen *[-t, -e]*	unico 76
egyik	uno (dei due) 20
egymás	l'un l'altro 30
egypártrendszer *[-et, -e, -ek]*	regime a partito unico 40
egyre	sempre (più) 57
egyszerre	nello stesso tempo 61
egyszerű *[-t, -ek, -bb]*	semplice 33
együtt	insieme 33
éhes *[-et, -ek, -ebb]*	affamato 10
éjfél	mezzanotte 48
éjjel *[-t, -e, -ek]*	di notte 13
éjjel-nappal	giorno e notte 34
éjszaka *[-kát, -kaja, -kák]*	notte 65
ékszer *[-t, -e, -ek]*	gioiello 78
él *[-t, -jen, -ne]*	vivere 3
eladó *[-t, -ja, -k]*	venditore 72
elakad *[-t, -jon, -na]*	restare a piedi 80
elalszik *[-aludt, -aludjon, -aludna]*	addormentarsi 65
elbúcsúzik *[-zott, -zzon, -zna]*	salutare, congedare 85
elé	davanti a *(moto a luogo)* 18
elég	abbastanza 24
elegáns *[-at, -ak, -abb]*	elegante 24
eleinte	inizialmente 80
elenged *[-ett, -jen, -ne]*	lasciare andare 79
elesik *[-esett, -essen, -esne]*	cadere 58
élet *[-et, -e, -ek]*	vita 17
életrajz *[-ot, -a, -ok]*	curriculum vitae 68
elfelejt *[-ett, -sen, -ene]*	dimenticare 37
elfogad *[-ott, -jon, -na]*	accogliere 75
elfoglal *[-t, -jon, -na]*	occupare 40
elhatároz *[-ott, -zon, -na]*	decidere 64
elhelyez *[-ett, -zen, -ne]*	posare 72
elhelyezkedik *[-kedett, -kedjen, -kedne]*	collocarsi 68

háromszázhetven • 370

elhervad *[-t, -jon, -na]*	appassire 73
elhisz *[-hitt, -higgyen, -hinne]*	credere 55
elindul *[-t, -jon, -na]*	partire 25
éljen!	viva! / evviva! 60
eljön *[-jött, -jöjjön, -jönne]*	venire 20
elkárhozik *[-hozott, -hozzon, -hozna]*	dannarsi 31
elképzel *[-t, -jen, -ne]*	immaginare 53
elkészül *[-t, -jön, -ne]*	essere pronto 43
elkezd *[ett, -jen, -ene]*	cominciare 41
elkísér *[-t, -jen, -ne]*	accompagnare 85
ellenfél *[-felet, -fele, -felek]*	avversario 76
ellenőr *[-t, -e, -ök]*	ispettore 83
ellop *[-ott, -jon, -na]*	rubare 73
elmegy *[-ment, -menjen, -menne]*	andarsene 67
elmélet *[-et, -e, -ek]*	teoria 80
elmesél *[-t, -jen, -ne]*	raccontare 25
elmond *[-ott, -jon, -ana]*	dire 34
elnevez *[-ett, -zen, -ne]*	chiamare (dare un nome) 80
elnézés *[-t, -e]*	perdono 12
előadás *[-t, -a, -ok]*	spettacolo 24
előbb	prima 64
előfordul *[-t, -jon, -na]*	verificarsi 74
előír *[-t, -jon, -na]*	prescrivere 83
előkerül *[-t, -jön, -ne]*	scapparci, saltare fuori 73
elolvas *[-ott, -son, -na]*	leggere 50
előszoba *[-szobát, -szobája, -szobák]*	ingresso 19
először	per la prima volta 33
előtt	davanti a, prima di 9
előző	precedente 30
elrabol *[-t, -jon, -na]*	rapire 67
elseje	il primo di (mese) 49
első *[-t, -k]*	primo 65
elszalad *[-t, -jon, -na]*	scappare 41
eltör *[-t, -jön, -ne]*	rompere 46
eltűnik *[-tűnt, -tűnjön, -tűnne]*	scomparire 20
elüt *[-ött, elüssön, -ne]*	investire (travolgere) 25
elutazás *[-t, -a, -ok]*	partenza 26
elutazik *[-utazott, -utazzon, -utazna]*	partire (in viaggio) 26
elválik *[-vált, -váljon, -válna]*	divorziare 74
elvégez *[-végzett, -végezzen, -végezne]*	finire 68
elveszít *[-ett, -sen, -ene]*	perdere 40
elvisz *[elvitt, elvigyen, elvinne]*	portare via 58
ember *[-t, -e, -ek]*	persona 25
emel *[-t, -jen, -ne]*	sollevare 36
emelet *[-et, -e, -ek]*	piano *(sostantivo)* 9
emlék *[-et, -e, -ek]*	ricordo 39

emlékszik *[emlékezett, emlékezzen, emlékezne]*	ricordarsi 39
én	io 1
énekel *[-t, -jen, -ne]*	cantare 52
énekes *[-t, -e, -ek]*	cantante 16
énekkar *[-t, -a, -ok]*	coro 33
enged *[-ett, -jen, -ne]*	permettere 41
engem	me 18
ennyi	tanto 45
enyém	mio 22
épít *[-ett, -sen, ene]*	costruire 57
épület *[-et, -e, -ek]*	edificio 12
érdekel *[-t, -jen, -ne]*	interessare 76
érdekes *[-et, -ek, -ebb]*	interessante 6
érdemes	valere la pena 82
erdő *[-t, erdeje, erdők]*	bosco, foresta 58
eredmény *[-t, -e, -ek]*	risultato 50
érettségi *[-t, -je, -k]*	di maturità 68
érettségizik *[-gizett, -gizzen, -gizne]*	superare l'esame di maturità 34
érez *[érzett, -zen, -ne]*	sentire (percepire) 36
érint *[-ett, -sen, -ene]*	riguardare 83
erkély *[-t, -e, -ek]*	balcone 55
érkezés *[-t, -e, -ek]*	arrivo 78
érkezik *[-kezett, -kezzen, -kezne]*	arrivare 29
erős *[-et, -ek, -ebb]*	forte 41
ért *[-ett, -sen, -ene]*	capire 15
értékes *[-et, -ek, -ebb]*	prezioso 78
értesítés [-t, -e, -ek]	avviso 61
érzés *[-t, -e, -ek]*	sensazione 54
és	e 1
eset *[-et, -e, -ek]*	caso 64
esik *[esett, essen, esne]*	cadere 39
este *[estét, estéje, esték]*	sera 13
eszik *[evett, egyen, enne]*	mangiare 10
eszpresszó *[-t, -ja, -k]*	caffè, bar 38
észrevesz *[-vett, -vegyen, -venne]*	fare caso, notare 59
étel *[-t, -e, -ek]*	cibo, vivanda 18
étkezés *[-t, -e, -ek]*	pasto 64
étkezőkocsi *[-t, -ja, -ka]*	vagone ristorante 78
étlap *[-ot, -ja, -ok]*	menù 5
étterem *[éttermet, étterme, éttermek]*	ristorante 5
étvágy *[-at, -a]*	appetito 5
év *[-et, -e, -ek]*	anno 23
evés *[-t, -e]*	mangiare (sostantivo) 62
évszak *[-ot, -a, -ok]*	stagione 46
ez	questo 2

ezentúl	d'ora in poi 50
ezer *[ezret, ezre, ezrek]*	mille 28
ezüst *[-öt, -je, -ök]*	argento 78

F

fa *[fát, fája, fák]*	albero 31
fáj *[-t, -jon, -na]*	fare male, dolere 10
fal *[-at, -a, -ak]*	muro, parete 19
falu *[-t, -ja, falvak]*	villaggio 20
fáradt *[-at, -ak, -abb]*	stanco 13
fáradtság *[-ot, -a]*	stanchezza 36
február *[-t, -ja, -ok]*	febbraio 49
fedélzet *[-et, -e, -ek]*	(a) bordo (di) 81
fedő *[-t, -je, -k]*	coperchio 66
fehér *[-et, -ek, -ebb]*	bianco 5
fej *[-et, -e, -ek]*	testa 11
fejedelem *[-delmet, -delme, -delmek]*	principe 40
fekete *[-ét, -ék, -ebb]*	nero 6
fekszik *[feküdt, feküdjön, feküdne]*	giacere, essere coricato 46
fél *[felet, fele, felek]*	mezzo 25
fél *[-t, -jen, -ne]*	temere, avere paura 10
feladó *[-t, -ja, -k]*	mittente 75
felé	verso, in direzione di 18
felel *[-t, -jen, -ne]*	rispondere 23
feleség *[-et, -e, -ek]*	moglie 3
felesleges *[-et, -ek, -ebb]*	inutile 70
felett	sopra (senza contatto, *stato in luogo*) 15
felhív *[-ott, -jon, -na]*	richiamare 78
felhő *[-t, -je, -k]*	nuvola 81
felhoz *[-ott, -zon, -na]*	portare su 19
felirat *[-ot, -a, -ok]*	scritta 72
felkel *[-t, -jen, -ne]*	alzarsi 13
felmegy *[-ment, -menjen, -menne]*	salire 9
felmelegedés *[-t, -e, -ek]*	riscaldamento 81
felnő *[-tt, -jön, -ne]*	crescere 67
felnőtt *[-et, -ek]*	adulto 44
felöltözik *[-öltözött, -öltözzön, -öltözne]*	vestirsi 13
féltékeny *[-t, -ek, -ebb]*	geloso 43
féltékenység *[-et, -e]*	gelosia 43
feltesz *[-tett, -tegyen, -tenne]*	mettere sopra 80
felvágott *[-at, -ja, -ak]*	affettato 45
felváltva	a turno 61
felvesz *[-vett, -vegyen, -venne]*	mettere, indossare 37
felvilágosítás *[-t, -a, -ok]*	informazione 72
felvisz *[-vitt, -vigyen, -vinne]*	portare su 65

fent	in alto 12
fenti	sovrastante 83
fény *[-t, -e, -ek]*	chiaro *(sostantivo)* 17
fénykép *[-et, -e, -ek]*	fotografia 19
fényképez *[-ett, -zen, -ne]*	fotografare 62
férfi *[-t, -ak]*	uomo 24
férj *[-et, -e, -ek]*	marito 3
fest *[-ett, fessen, -ene]*	dipingere 73
fiatal *[-t, -ok, -abb]*	giovane 20
figyel *[-t, -jen, -ne]*	osservare, notare, fare caso 59
figyelem *[figyelmet, figyelme]*	attenzione 72
finn *[-t, -ek]*	finlandese 77
Finnország	Finlandia 77
finom *[-at, -ak, -abb]*	squisito 20
fiú *[-t, fia, -k]*	ragazzo 11
fizet *[-ett, fizessen, -ne]*	pagare 10
fizika *[fizikát]*	fisica 11
fog *[-at, -a, -ak]*	dente 10
fog *[-ott, -jon, -na]*	prendere 79
fogadás *[-t, -a, -ok]*	ricevimento 18
fogkrém *[-et, -e, -ek]*	dentifricio 45
foglal *[-t, -jon, -na]*	occupare; prenotare 65
foglalkozik *[-kozott, -kozzon, -kozna]*	occuparsi di 69
fogorvos *[-t, -a, -ok]*	dentista 10
fok *[-ot, -a, -ok]*	grado 81
föld *[-et, -je, -ek]*	terra 67
fölé	sopra (senza contatto, *moto a luogo*) 19
folyó *[-t, -ja, -k]*	fiume 12
folyosó *[-t, -ja, -k]*	corridoio 65
folytat *[-ott, folytasson, -na]*	continuare 32
főnök *[-öt, -e, -ök]*	capo 82
fontos *[-at, -ak, -abb]*	importante 27
fordít *[-ott, -son, -ana]*	girare, tradurre *(transitivo)* 57
fordítás *[-t, -a, -ok]*	traduzione 52
fordul *[-t, -jon, -na]*	girarsi, svoltare 25
forgalom *[forgalmat, forgalma, forgalmak]*	circolazione 69
forgat *[-ott, forgasson, -na]*	girare *(frequentativo)* 36
főváros *[-t, -a, -ok]*	capitale 12
francia *[franciát, franciák]*	francese 2
Franciaország	Francia 2
friss *[-et, -ek, -ebb]*	fresco 26
fröccs *[-öt, -e, -ök]*	vino con seltz 66
fúj *[-t, -jon, -na]*	soffiare 41
fül *[-et, -e, -ek]*	orecchio 41
fülke *[fülkét, fülkéje, fülkék]*	cabina 75

furcsa *[furcsát, furcsák, furcsább]* — strano 41
fürdő *[-t, -je, -k]* — bagno 40
fürdőszoba *[-szobát, -szobája, -szobák]* — bagno (stanza) 19
füstöl *[-t, -jön, -ne]* — affumicare 66
fut *[-ott, fusson, -na]* — correre 56
füzet *[-et, -e, -ek]* — quaderno 45

G

galamb *[-ot, -ja, -ok]* — colomba, piccione 58
garázs *[t, -a, -ok]* — garage 25
gazdag *[-ot, -ok, -abb]* — ricco 23
gazdaság *[-ot, -a, -ok]* — economia 69
gép *[-et, -e, -ek]* — macchina (tecn.) 13
gépész *[-t, -e, -ek]* — meccanico 68
gól *[-t, -ja, -ok]* — goal 76
gondolat *[-ot, -a, -ok]* — pensiero 72
görög *[-öt, -ök]* — greco 77
Görögország — Grecia 77
gratulál *[-t, -jon, -na]* — congratularsi 50
gróf *[-ot, -ja, -ok]* — conte 79
gulyás *[-t]* — gulasch 5

GY

gyakran — spesso 31
gyalog — a piedi 9
gyár *[-at, -a, -ak]* — fabbrica 13
gyárt *[-ott, -son, -ana]* — fabbricare 33
gyenge *[gyengét, gyengék, gyengébb]* — debole 67
gyerek *[-et, -e, -ek]* — bambino 9
gyerekszoba *[szobát, -szobája, -szobák]* — camera dei bambini 19
gyógyszer *[-t, -e, -ek]* — medicina 69
gyönyörű *[-t, -ek, -bb]* — splendido 18
gyors *[-at, -ak, -abb]* — veloce 20
gyufa *[gyufát, gyufája, gyufák]* — fiammifero 45
gyújt *[-ott, -son, -ana]* — accendere 64

H

ha — se 8
hab *[-ot, -ja, -ok]* — panna 43
háború *[-t, -ja, -k]* — guerra 60
hagy *[-ott, -jon, -na]* — lasciare 26
hagyma *[hagymát, hagymája, hagymák]* — cipolla 57
haj *[-at, -a, -ak]* — capelli 22
hajlandó — disposto 72
hajlik *[hajlott, hajoljon, hajolna]* — protendersi 58
hajlít *[-ott, -son, -ana]* — flettere 36

hajnal *[-t, -a, -ok]*	alba 73
hajó *[-t, -ja, -k]*	nave 53
hajóállomás *[-t, -a, -ok]*	porto 54
hálás *[-ak, -abb]*	grato 29
halász *[-t, -a, -ok]*	pescatore 62
halhatatlan *[-t, -ok, -abb]*	immortale 71
hall *[-ott, -jon, -ana]*	sentire (udire) 31
hall *[-t, -ja, -ok]*	ambiente di ingresso, atrio 55
hallgat *[-ott, hallgasson, -na]*	ascoltare 43
hallgató *[-t, -ja, -k]*	ascoltatore 74
halló	pronto? 1
hálószoba *[-szobát, szobája, -szobák]*	camera da letto 19
hamar	presto 48
hamis *[-at, -ak, -abb]*	falso 8
hamutartó *[-t, -ja, -k]*	posacenere 44
hang *[-ot, -a, -ok]*	voce 52
hangosan	ad alta voce 36
hány	quanto 12
hányszor	quante volte 49
haragszik *[haragudott, haragudjon, haragudna]*	arrabbiarsi 44
harap *[-ott, -jon, -na]*	mordere 82
harcol *[-t, -jon, -na]*	combattere 40
harmat *[-ot, -a, -ok]*	rugiada 31
használ *[-t, -jon, -na]*	usare 63
használat *[-ot, -a]*	uso 82
hat	sei 28
hát	dunque 22
hatalmas *[-at, -ak, -abb]*	enorme 20
hátulsó	posteriore 73
ház *[-at, -a, -ak]*	casa 9
haza *[hazát, hazája, hazák]*	patria 81
hazakísér *[-t, -jen, -ne]*	accompagnare a casa 64
hazamegy *[-ment, -menjen, -menne]*	andare a casa 8
házasság *[-ot, -a, -ok]*	matrimonio 74
háziasszony *[-t, -a, -ok]*	padrona di casa 59
házmester *[-t, -e, -ek]*	portiere 72
háztartás *[-t, -a, -ok]*	manutenzione domestica 45
hazudik *[hazudott, hazudjon, hazudna]*	mentire 82
hazug *[-ot, -ok, -abb]*	bugiardo 82
hegy *[-et, -e, -ek]*	montagna 23
hely *[-et, -e, -ek]*	luogo 19
helyzet *[-et, -e, -ek]*	situazione 64
hentes *[-t, -e, -ek]*	macellaio 29
hét	sette 28
hét *[hetet, hete, hetek]*	settimana 49

hétfő *[-t, -je, -k]* — lunedì 28
hétköznap *[-ot, -ja, -ok]* — quotidiano 64
hétvége *[-végét, -végék]* — fine settimana 75
hiába — invano 44
hiba *[hibát, hibája, hibák]* — errore 72
híd *[hídat, -ja, hídak]* — ponte 12
hideg *[-et, -ek, -ebb]* — freddo 46
hirdetés *[-t, -e, -ek]* — annuncio, inserzione 74
hirtelen — all'improvviso 41
hisz *[hitt, higgyen, higgye]* — credere 54
hitelkártya *[-kártyát, -kártyája, -kártyák]* — carta di credito 75
hív *[hívott, hívjon, hívna]* — chiamare 18
hivatal *[-ot, -a, -ok]* — ufficio 48
hó *[havat]* — neve 39
hogy — come 1; che 15
hol — dove *(stato in luogo)* 3
hold *[-at, -ja, -ak]* — luna 17
hölgy *[-et, -e, -ek]* — signora 12
holland *[-ot, -ok]* — olandese 77
Hollandia — Olanda 77
holnap *[-ot, -ok]* — domani 9
hőmérséklet *[-et, -e, -ek]* — temperatura 81
hónap *[-ot, -ja, -ok]* — mese 49
honnan? — da dove? *(moto da luogo)* 8
hős *[-t, -e, -ök]* — eroe 40
hosszú *[-t, -ak, hosszabb]* — lungo 50
hova — dove *(moto a luogo)* 43
hoz *[-ott, -zon, -na]* — portare 5
hozzátesz *[-tett, -tegyen, -tenne]* — aggiungere 30
hozzávaló *[-t, -ja, -k]* — ingrediente 66
húg *[-a, -ok]* — sorella minore 51
hülye *[hülyét, hülyék, hülyébb]* — idiota 76
humorista *[-tát, -tája, -ták]* — umorista, comico 69
hűséges *[-et, -ek, -ebb]* — fedele 81
húsvét *[-ot, -ja, -ok]* — Pasqua 73
hűvös *[-et, -ek, -ebb]* — fresco (meteo) 81

I, Í

idegen *[-t, -ek, -ebb]* — straniero 41
ideges *[-et, -ek, -ebb]* — nervoso 9
idén — quest'anno 46
ide-oda — in qua e in là *(continuativo)* 36
idő *[-t, ideje, -k]* — tempo 1
idős *[-et, -ek, -ebb]* — attempato 51
igaz *[-at, -ak, -abb]* — vero *(sost.)*, ragione 39
igazán — veramente 67

igazgató *[-t, -ja, -k]*	direttore 9
igazság *[-ot, -a]*	verità 82
igen	sì 2
ígér *[-t, -jen, -ne]*	promettere 29
így	così 23
iker *[ikret, ikre, ikrek]*	gemello 61
illik *[illett, illene]*	essere convenevole 64
ilyen	così 46
immár	ormai 52
inas *[-ok]*	domestica 59
India	India 77
indít *[-ott, -son, -ana]*	avviare, far partire 57
indul *[-t, -jon, -na]*	partire 18
injekció *[-t, -ja, -k]*	iniezione 10
inkább	piuttosto 43
integet *[-ett, integessen, -ne]*	sbracciarsi 80
intézet *[-et, -e, -ek]*	istituto 81
ipar *[-t, -a]*	industria 69
ír *[-t, -jon, -na]*	scrivere 56
írás *[-t, -a, -ok]*	scritto 40
irigy *[-et, -ek, -ebb]*	invidioso 59
íróasztal *[-t, -a, -ok]*	scrivania 19
is	anche 1
iskola *[iskolát, iskolája, iskolák]*	scuola 22
ismer *[-t, -jen, -ne]*	conoscere 18
ismerős *[-t, -e, -ök]*	conoscente 73
ismétel *[-t, -jen, -ne]*	ripassare, ripetere 27
iszik *[ivott, igyon, inna]*	bere 63
iszogat *[-ott, iszogasson, -na]*	bere a piccoli sorsi *(frequentativo)* 73
ital *[-t, -a, -ok]*	bevanda 5
itt	qui 1
itthon	a casa 32
izgul *[-t, -jon, -na]*	agitarsi 32
izlik *[ízlett, ízlene]*	piacere (di cibi) 66
izom *[izmot, izma, izmok]*	muscolo 36
izzad *[-t, -jon, -na]*	sudare 36

J

január *[-t, -ja, -ok]*	gennaio 49
jár *[-t, -jon, -na]*	andare 12
jármű *[-vet, -ve, -vek]*	veicolo 69
járókelő *[-t, -je, -k]*	passante 25
játék *[-ot, -a, -ok]*	giocattolo 19
javít *[-ott, -son, -ana]*	correggere 57
javul *[-t, -jon, -na]*	migliorare 57

háromszázhetvennyolc • 378

jegyzőkönyv *[-et, -e, -ek]*	verbale 83
jelent *[-ett, -sen, -ene]*	significare 33
jelentés *[-t, -e, -ek]*	significato 33
jelentkezik *[-kezett, -kezzen, -kezne]*	presentarsi 68
jelentős *[-et, -ek, -ebb]*	significativo 69
jellemző *[-t, -ek, -bb]*	indicativo, caratteristico 82
jelszó *[-t, jelszava, jelszavak]*	parola d'ordine, slogan 60
jó *[-t, -k, jobb]*	buono 5
jó napot	buongiorno 1
jobban	meglio 36
jobbra	a destra 10
jogosítvány *[-t, -a, -ok]*	patente 80
jól	bene 1
jólesik	essere piacevole 39
jön *[jött, jöjjön, jönne]*	venire 9
jövő *[-t, -je]*	prossimo 20
jövőre	l'anno prossimo 34
juhász *[-t, -a, -ok]*	pastore 71
július *[-t, -a, -ok]*	luglio 49
június *[-t, -a, -ok]*	giugno 49
jut *[-ott, jusson, -na]*	venire 48

K

kabát *[-ot, -ja, -ok]*	cappotto 24
kalap *[-ot, -ja, -ok]*	cappello 37
kályha *[kályhát, kályhája, kályhák]*	stufa 19
Kanada	Canada 51
kanál *[kanalat, kanala, kanalak]*	cucchiaio 44
kap *[-ott, -jon, -na]*	ricevere 45
kapcsolat *[-ot, -a, -ok]*	relazione 69
kapu *[-t, -ja, -k]*	portone, cancello 72
kár *[-t, -a, -ok]*	peccato 16
karácsony *[-t, -a, -ok]*	Natale 10
karika *[karikát, karikája, karikák]*	rondella 66
kastély *[-t, -a, -ok]*	castello 79
katona *[katonát, katonája, katonák]*	soldato 71
kavargat *[-ott, kavargasson, -na]*	rimescolare 43
kávé *[-t, -ja, -k]*	caffè 13
kávéház *[-at, -a, -ak]*	caffetteria 83
kávéskanálnyi	circa un cucchiaino da caffè 66
kaviár *[-t, -ja, -ok]*	caviale 18
kedd *[-et, -je, -ek]*	martedì 28
kedvenc *[-et, -e, -ek]*	preferito 81
kedves *[-et, -ek, -ebb]*	caro, gentile 12
kék *[-et, -ek, -ebb]*	blu 12
kelet *[-et]*	est 47

kell *[-ett, -jen, -ene]*	bisogna, occorre 10
kellemes *[-et, -ek, -ebb]*	piacevole 48
kenyér *[kenyeret, kenyere, kenyerek]*	pane 45
kénytelen	costretto, obbligato 54
kép *[-et, -e, -ek]*	immagine, quadro 19
képeslap *[-ot, -ja, -ok]*	cartolina 75
képtelen	incapace 80
képviselő *[-t, -je, -k]*	deputato 60
képzelt	immaginario 60
képzel *[-t, -jen, -ne]*	immaginare, figurarsi 38
kér *[-t, -jen, -ne]*	chiedere (per avere) 5
kérdés *[-t, -e, -ek]*	domanda 45
kérdez *[-ett, -zen, -ne]*	chiedere (per sapere) 20
kérdezget *[-ett, kérdezgessen, -ne]*	domandare di continuo 43
kerek *[-et, -ek, -ebb]*	rotondo, circolare 58
keres *[-ett, -sen, -ne]*	cercare 15; guadagnare 38
kereskedelem *[kereskedelmet, kereskedelme]*	commercio 69
kérlek	ti prego 45
kert *[-et, -je, -ek]*	giardino 62
kertmozi *[-t, -ja, -k]*	cinema all'aperto 48
kerül *[-t, -jön, -ne]*	giungere, arrivare 60; costare 65
kerület *[-et, -e, -ek]*	distretto, quartiere 60
később	più tardi 29
későn	in ritardo 24
kész	pronto 43
készít *[-ett, -sen, -ene]*	preparare 57
készül *[-t, -jön, -ne]*	prepararsi 57
készülék *[-et, -e, -ek]*	apparecchio 75
két	due 28
kétágyas	dotato di due letti 65
kétszer	due volte 26
ketten	in due (riferito a persone) 59
kettő	due 49
kevés	poco 66
kéz *[kezet, keze, kezek]*	mano 58
kezd *[-ett, -jen, -ene]*	cominciare *(transitivo)* 22
kezdődik *[kezdődött, kezdődjön, kezdődne]*	cominciare *(intransitivo)* 22
kezét csókolom	le bacio la mano 29
kezet fog	stringere la mano 18
ki	chi 11
kiabál *[-t, -jon, -na]*	esclamare 76
kiadó	affittasi 72
kiadó *[-t, -ja, -k]*	editore, casa editrice 72
kiált *[-ott, -son, -ana]*	gridare 20
kicsit	po' 27
kicsoda	chi 51

kiderül *[-t, -jön, -ne]*	venire fuori, rivelarsi 62
kidob *[-ott, -jon, -na]*	buttare (via) 53
kié?	di chi? 27
kifejezés *[-t, -e, -ek]*	espressione 30
kihoz *[-ott, -zon, -na]*	tirare via/fuori 19
kihúz *[-ott, -zon, -na]*	togliere 38
kijárat *[-ot, -a, -ok]*	uscita 18
kijavít *[-ott, -son, -ana]*	correggere 84
kijön *[-jött, -jöjjön, -jönne]*	uscire 25
kilenc	nove 9
kiló	chilo 29
kilométernyi	circa un km 66
Kína	Cina 77
kínál *[-t, -jon, -na]*	offrire 72
kinyit *[-ott, kinyisson, -na]*	aprire 78
király *[-t, -a, -ok]*	re 40
kirándulás *[-t, -a, -ok]*	gita 71
kis *[kicsit, kicsik, kisebb]*	piccolo 4
kisasszony *[-t, -a, -ok]*	signorina 64
kisfiú *[-t, kisfia, -k]*	bambino, ragazzino 19
kislány *[-t, -a, -ok]*	bambina, ragazzina 19
kisváros *[-t, -a, -ok]*	piccola città 4
kitalál *[-t, -jon, -na]*	indovinare 32
kitisztít *[-ott, -son, -ana]*	far pulire 54
kitölt *[-ött, -sön, -ene]*	riempire 65
kitör *[-t, -jön, -ne]*	rompere 58
kitűnő *[-t, -ek, -bb]*	eccellente 78
kiváló *[-t, -ak, -bb]*	di prim'ordine 69
kivált *[-ott, -son, -ana]*	ritirare 53
kíván *[-t, -jon, -na]*	augurare 1, 78
kíváncsi *[-t, -ak, -bb]*	curioso 4
kivisz *[kivitt, kivigyen, kivinne]*	portare via/fuori 19
klub *[-ot, -ja, -ok]*	locale, club 48
koccint *[-ott, -son, -ana]*	brindare 64
kocka *[kockát, kockája, kockák]*	cubo 69
kocsi *[-t, -ja, -k]*	macchina (auto) 25
kolbász *[-t, -a, -ok]*	salsiccia 66
kolléga *[kollégát, kollégája, kollégák]*	collega 30
kölni *[-t, -je, -k]*	acqua di Colonia 73
költ *[-ött, -sön, -ene]*	spendere 38
költő *[-t, -je, -k]*	poeta 31
költözik *[költözött, költözzön, költözne]*	trasferirsi 19
komoly *[-at, -ak, -abb]*	serio 40
könnyű *[-t, -ek, könnyebb]*	facile 4
konyha *[konyhát, konyhája, konyhák]*	cucina 3
könyv *[-et, -e, -ek]*	libro 6

konzulátus *[-t, -a, -ok]*	consolato 53
kopasz *[-t, -ok, -abb]*	calvo 24
kórház *[-at, -a, -ak]*	ospedale 61
kormány *[-t, -a, -ok]*	volante 57; governo 60
környék *[-et, -e]*	dintorni 25
korona *[koronát, koronája, koronák]*	corona 40
korszerű *[-t, -ek, -bb]*	moderno 68
körül	intorno a 51
körút *[-at, -ak]*	viale, circonvallazione 59
kóstoló *[-t, -ja, -k]*	assaggio 73
köszön *[-t, -jön, -ne]*	ringraziare 1
köszönhetően	grazie a 60
köszönöm	grazie 1
kosztüm *[-öt, -je, -ök]*	completo 53
következik *[-kezett, -kezzen, -kezne]*	seguire 73
következő *[-t, -k]*	seguente 43
közben	nel frattempo 73
közé	tra *(moto a luogo)* 19
közeledik *[-ledett, -ledjen, -ledne]*	avvicinarsi 16
középdöntő *[-t, -je, -k]*	quarti di finale 81
közepén	al centro di 46
közepesen	mediamente 69
Közép-Európa	Europa centrale 47
középkorú *[-t, -ak]*	di mezza età 78
közlekedés *[-t, -e]*	trasporti 69
közmondás *[-t, -a, -ok]*	proverbio 82
közöl *[-t, -jön, -ne]*	pubblicare, fornire 52
közönség *[-et, -e]*	pubblico 81
között	tra *(stato in luogo)* 41
köztársaság *[-ot, -a]*	repubblica 60
közül	tra *(stato in luogo)* 82
krumpli *[-t, -ja, -k]*	patata 57
kulcs *[-ot, -a, -ok]*	chiave 26
küld *[-ött, -jön, -ene]*	mandare, inviare 22
külföldi *[-t, -ek]*	straniero 4
külkereskedelem *[-kereskedelmet, -kereskedelme]*	commercio estero 69
külön	speciale 36
különböző *[-ek, -bb]*	diverso 69
különös *[-et, -ek, -ebb]*	particolare 1
kulturális	culturale 81
külügyminiszter *[-minisztert, -minisztere, -miniszterek]*	ministro degli Esteri 81
kunyhó *[-t, -ja, -k]*	capanna 79
kupa *[kupát, kupája, kupák]*	coppa (trofeo) 76
kupola *[kupolát, kupolája, kupolák]*	cupola 12

kutya [kutyát, kutyája, kutyák]	cane 82

L

láb [-at, -a, -ak]	gamba, piede 36
labda [labdát, labdája, labdák]	pallone 71
labdázik [-dázott, -dázzon, -dázna]	giocare a pallone 80
lakás [-t, -a, -ok]	appartamento 3
lakik [lakott, lakjon, lakna]	abitare 12
lakos [-t, -a, -ok]	abitante 12
lassan	lentamente 36
lát [-ott, lásson, -na]	vedere 20
látható [-t, -k, -bb]	visibile 40
látogatás [-t, -a, -ok]	visita 8
látszik [látszott, látsszon, látszana]	sembrare 62
leányka [leánykát, leánykája, leánykák]	fanciulla 31
lecke [leckét, leckéje, leckék]	lezione 27
lefekszik [-feküdt, -feküdjön, -feküdne]	coricarsi 13
legalább	almeno 80
légiposta [-postát]	posta aerea 75
legyen szíves	per favore (sia gentile) 5
legyőz [-ött, -zön, -ne]	battere, sconfiggere 81
lehet	è possibile 45
lehetetlen	impossibile 80
lehetőleg	possibilmente 65
lehetőség	occasione, possibilità 72
lehuny [-t, -jon, -na]	chiudere (gli occhi) 71
leír [-t, -jon, -na]	scrivere 72
lejár [-t, -jon, -na]	scadere 78
lemegy [-ment, -menjen, -menne]	scendere 12
Lengyelország	Polonia 77
lenni	essere 1
lény [-t, -e, -ek]	essere (creatura) 31
leönt [-ött, -sön, -ene]	versare un liquido su qualcosa 54
lép [-ett, -jen, -ne]	fare un passo 56
lesiet [-sietett, -siessen, -sietne]	scendere in fretta 43
leszáll [-t, -jon, -na]	scendere (da un mezzo) 9
letesz [-tett, -tegyen, -tenne]	appoggiare 19
leül [-t, -jön, -ne]	sedersi 9
levél [levelet, levele, levelek]	lettera (testo scritto) 26
levetkőzik [-vetkőzött, -vetkőzzön, -vetkőzne]	spogliarsi 13
lezuhan [-t, -jon, -na]	schiantarsi, precipitare 81
lift [-et, -je, -ek]	ascensore 9
liter [-t]	litro 5
ló [lovat, lova, lovak]	cavallo 82
lő [-tt, -jön, -ne]	sparare, tirare 8
locsol [-t, -jon, -na]	innaffiare 73

M

ma	oggi 8
macska *[macskát, macskája, macskák]*	gatto 26
madár *[madarat, madara, madarak]*	uccello 52
magánlakás *[-t, -a, -ok]*	appartamento (privato) 62
magánügy *[-et, -e, -ek]*	questione privata 13
magas *[-at, -ak, -abb]*	alto 16
magázódik *[-zódott, -zódjon, -zódna]*	dare del Lei 64
magyar *[-t, -ok]*	ungherese 2
magyarázat *[-ot, -a, -ok]*	spiegazione 80
Magyarország	Ungheria 2
mai	odierno 11
máj *[-at, -a, -ak]*	fegato 29
majd	poi 13
majdnem	quasi 80
május *[-t, -a, -ok]*	maggio 46
mama *[mamát, mamája, mamák]*	mamma 19
manapság	oggigiorno 73
már	già 9
marad *[-t, -jon, -na]*	rimanere 38
március *[-t, -a, -ok]*	marzo 46
Margitsziget	Isola Margherita 78
marha *[marhát, marhája, marhák]*	manzo 29
más *[-t, -ok]*	altro 23
másik *[-at]*	altro 20
másnap	il giorno dopo 36
másodszor	la seconda volta 39
mászkál *[-t, -jon, -na]*	trascinarsi, vagabondare 32
matematika *[-kát, -kája]*	matematica 11
meccs *[-et, -e, -ek]*	partita 76
megajándékoz *[-ott, -zon, -na]*	regalare 73
megáll *[-t, -jon, -na]*	fermarsi 9
megállapít *[-ott, -son, -ana]*	constatare 81
megbocsát *[-ott, megbocsásson, -ana]*	perdonare 74
megbukik *[-bukott, -bukjon, -bukna]*	essere bocciato 80
megcsal *[-t, -jon, -na]*	tradire 74
megcsinál *[-t, -jon, -na]*	fare 50
megcsókol *[-t, -jon, -na]*	baciare 17
megegyezik *[-egyezett, -egyezzen, -egyezne]*	trovare un accordo 55
megelégszik *[-elégedett, -elégedjen, -elégedne]*	accontentarsi 82
megenged *[-ett, -jen, -ne]*	permettere 64
megérkezik *[-kezett, -kezzen, -kezne]*	arrivare 20
megerősödik *[-erősödött, -erősödjön, -erősödne]*	rafforzarsi 81
megért *[-ett, -sen, -ene]*	capire 50

megfog [-ott, -jon, -na]	prendere 44
meghal [-t, -jon, -na]	morire 34
meghallgat [-ott, meghallgasson, -na]	ascoltare 83
meghív [-ott, -jon, -na]	invitare 32
meghosszabbít [-ott, -son, -ana]	prolungare, estendere 78
megígér [-t, -jen, -ne]	promettere 48
megint	nuovamente 12
megismerkedik [-kedett, -kedjen, -kedne]	fare conoscenza 16
megkér [-t, -jen, -ne]	chiedere (per avere) 78
megkérdez [-et, -zen, -ne]	chiedere (per sapere) 25
megkeres [-ett, -sen, -ne]	cercare 79
megkóstol [-t, -jon, -na]	assaggiare 41
megkülönböztet [-böztetett, -böztessen, -böztetne]	distinguere 61
meglepetés [-t, -e, -ek]	sorpresa 54
megnősül [-t, -jön, -ne]	sposarsi 34
megöl [-t, -jön, -ne]	uccidere 81
megörül [-t, -jön, -ne]	impazzire 53
megpirít [-ott, -son, -ana]	rosolare 66
megpróbál [-t, -jon, -na]	provare 29
megszeret [-ett, megszeressen, -ne]	affezionarsi 55
megszólít [-ott, -son, -ana]	rivolgersi a 64
megtalál [-t, -jon, -na]	trovare 45
megtanít [-ott, -son, -ana]	insegnare 64
megtanul [-t, -jon, -na]	imparare 52
megtekint [-ett, -sen, -ene]	visionare, visitare 55
megtud [-ott, -jon, -na]	apprendere, venire a sapere 54
megvan [megvolt, meglegyen, meglenne]	esserci (già) 37
megver [-t, -jen, -ne]	picchiare 22
megvesz [-vett, -vegyen, -venne]	comprare 45
megvizsgál [-t, -jon, -na]	ispezionare, esaminare 83
megy [ment, menjen, menne]	andare 4
meleg [-et, -ek, -ebb]	caldo 47
mellé	vicino a (moto a luogo) 19
mellett	vicino a (stato in luogo) 8
mellől	da vicino a (moto da luogo) 19
méltóságos	egregio, magnifico 30
melyik	quale 37
menetirány [-t, -a]	senso di marcia 78
menetjegy [-et, -e, -ek]	biglietto (di viaggio) 78
mennyi	quanto 10
mennyiség [-et, -e, -ek]	quantità 69
mennyország [-ot, -a, -ok]	paradiso 31
mentő [-t, -jen, -k]	soccorritore 73
mer [-t, -jen, -ne]	osare 80
mérkőzik [-kőzött, -kőzzön, -kőzne]	sfidarsi 76

mérnök *[-öt, -e, -ök]*	ingegnere 68
mert	perché (in risposta) 24
mese *[mesét, meséjé, mesék]*	racconto, fiaba 41
mesél *[-t, -jen, -ne]*	raccontare 39
méter *[-t, -e, -ek]*	metro 9
mezőgazdaság *[-ot, -a]*	agricoltura 69
mi	noi 36
mi bajod van?	qual è il tuo problema? 44
mi?	cosa? 1
miatt	a causa di 32
míg	mentre 33
mikor	quando 10
millió	milione 8
milyen	come, che tipo di 15
mind	tutto 4
mind… mind	sia… sia… 69
mindegyik	ognuno 76
minden	tutto 20
mindenesetre	in ogni caso 68
mindenki	tutti 11
mindenütt	dappertutto 50
mindig	sempre 17
mindketten	entrambi 61
miniszter *[-t, -e, -ek]*	ministro 18
minőség *[-et, -e]*	qualità 69
mint	come *(introduce il secondo termine di paragone in una comparazione)* 65
modern *[-et, -ek, -ebb]*	moderno 69
mögé	dietro *(moto a luogo)* 19
mögött	dietro *(stato in luogo)* 15
mond *[-ott, -jon, -ana]*	dire 20
mondat *[-ot, -a, -ok]*	frase 34
mosakszik *[mosakodott, mosakodjon, mosakodna]*	lavarsi 13
mosogat *[-ott, mosogasson, -nal]*	lavare i piatti 32
mosópor *[-t, -a, -ok]*	detersivo 45
most	adesso 85
mostanában	di recente 83
mostanáig	finora 54
mozdít *[-ott, -son, -ana]*	muovere, spostare 57
mozdul *[-t, -jon, -na]*	muoversi, spostarsi 57
mozi	cinema 59
mozog *[mozgott, -jon, -na]*	muoversi (fare moto) 36
mű *[művet, műve, művek]*	opera 71
műemlék *[-et, -e, -ek]*	monumento 12

működik *[-ködött, -ködjön, -ködne]* funzionare 75
múltkor l'altro giorno 32
munkakör *[-t, -e, -ök]* settore lavorativo 68
munkanap *[-ot, -ja, -ok]* giorno feriale 75
munkás *[-t, -a, -ok]* operaio 34
műsor *[-t, -a, -ok]* programma (trasmissione) 74
műszaki *[-t, -ak]* politecnico 68
művelt *[-et, -ek, -ebb]* cólto 74
múzeum *[-ot, -a, -ok]* museo 12

N

na ebbene 23
na de! ma...! 24
na és? e allora? 23
nadrág *[-ot, -ja, -ok]* pantaloni 53
nagy *[-ot, -ok, -obb]* grande 2
Nagy-Britannia Gran Bretagna 77
nagymama *[-mamát, -mamája, -mamák]* nonna 20
nagyon molto 6
nagyravágyó *[-t, -ak, -bb]* ambizioso 79
nagyszájú *[-t, -ak, -bb]* brontolone 82
nap *[-ot, -ja, -ok]* giorno 1; sole 39
naponta al giorno 80
napsugár *[sugarat, -sugara, -sugarak]* raggio di sole 31
napsütés *[-t, -e, -ek]* splendore del sole 39
narancs *[-ot, -a, -ok]* arancia 41
nedves *[-et, -ek, -ebb]* umido 81
négy quattro 49
negyed quarto 66
négykezes a quattro mani (brano, esecuzione) 59
négyzetméter *[-t, -e, -ek]* metro quadrato 55
néha ogni tanto 83
néhány qualche 69
nehéz *[nehezet, nehezek, nehezebb]* difficile 4
nehogy affinché non 73
nélkül senza 15
nem no 2; non 3
nem... hanem... non... bensì... 4
nemcsak non solo 50
német tedesco 77
nemrég non molto tempo fa 26
nemzeti *[-t]* nazionale 40
nemzetközi *[-t]* internazionale 76
néni [-t, -je, -k] zia, signora 20
nép *[-et, -e, -ek]* popolo 40

népdal [-t, -a, -ok] — canto popolare 52
népszerű [-t, -ek, -bb] — popolare, noto 83
név [nevet, neve, nevek] — nome 71
nevel [-t, -jen, -ne] — crescere (transitivo) 34
nevet [-ett, nevessen, -ne] — ridere 59
néz [-ett, -zen, -ne] — guardare 13
nézés [-t, -e] — sguardo 12
nincs — non esserci 6
nő [-t, -je, -k] — donna 30
novella [novellát, novellája, novellák] — novella 72
november [-t, -e, -ek] — novembre 49

NY

nyak [-at, -a, -ak] — collo 36
nyár [nyarat, nyara, nyarak] — estate 47
nyaral [-t, -jon, -na] — andare in vacanza 46
nyaraló [-t, -ja, -k] — seconda casa (villeggiatura) 23
nyelv [-et, -e, -ek] — lingua 4
nyelvtan [-t, -a, -ok] — grammatica 50
nyers [-et, -ek, -ebb] — grezzo 69
nyílik [nyílt, nyíljon, nyílna] — dare su, affacciarsi su 55
nyit [-ott, nyisson, -na] — aprire 62
nyolc — otto 13
nyomda [nyomdát, nyomdája, nyomdák] — tipografia 60
nyomozás [-t, -a, -ok] — inchiesta 81
nyomozó [-t, -ja, -k] — inquirente 81
nyomtat [-ott, nyomtasson, -na] — stampare 75
nyugat [-ot] — ovest 47
Nyugat-Európa — Europa occidentale 62

O, Ó

odafelé — all'andata 53
ok [-ot, -a, -ok] — ragione, motivo 43
okos [-at, -ak, -abb] — intelligente 15
okoz [-ott, -zon, -na] — causare 54
október [-t, -e, -ek] — ottobre 49
olasz [-t, -ok] — italiano 77
Olaszország — Italia 77
olcsó [-t, -k, -bb] — economico (a buon mercato) 54
olvas [-ott, -son, -na] — leggere 6
olyan — tale, così 44
onnan — da lì/là 53
opera [operát, operája, operák] — opera 24
óra [órát, órája, órák] — ora 9
óriás [-t, -ok] — gigante 71
orr [-ot, -a, -ok] — naso 41

ország [-ot, -a, -ok] — Paese (nazione) 2
országút [-at, -ak] — strada statale 80
orvos [-t, -a, -ok] — medico 10
osztrák [-ot, -ok] — austriaco 40
öt — cinque 10
óta — da *(temporale)* 54
ott — lì, là 1
otthon — a casa 3
óvoda [óvodát, óvodája, óvodák] — scuola materna 60

Ö, Ő

ölel [-t, -jen, -ne] — abbracciare 58
öltözik [öltözött, öltözzön, öltözne] — vestirsi 16
ön — Lei *(forma di cortesia)* 4
önálló [-t, -ak, -bb] — autonomo 68
öntöz [-ött, -zön, -ne] — innaffiare 26
ördög [-öt, -e, -ök] — diavolo 80
öreg [-et, -ek, -ebb] — vecchio, anziano *(aggettivo)* 20
őriz [őrzött, -zen, -ne] — sorvegliare 73
örökbe fogad — adottare 74
öröklakás — appartamento di proprietà 55
öröm [-öt, -e, -ök] — gioia 61
örül [-t, -jön, -ne] — gioire, rallegrarsi 18
összeg [-et, -e, -ek] — somma 72
összkomfort — ogni comfort 55
ősz [-t, -e, -ök] — autunno 46
őszinte [őszintét, őszinték, őszintébb] — franco, sincero 83

P

padló [-t, -ja, -k] — parquet 55
pálinka [pálinkát, pálinkája, pálinkák] — acquavite 73
pályaudvar [-t, -a, -ok] — stazione 62
papa [papát, papája, papák] — papà 19
papírüzlet [-et, -e, -ek] — cartoleria 45
paprikás — alla paprika 5
pár — paio 79
paradicsom [-ot, -a] — pomodoro 66
parancsol [-t, -jon, -na] — comandare 65
park [-ot, -ja, -ok] — parco 60
párol [-t, -jon, -na] — bollire 66
part [-ot, -ja, -ok] — riva 12
párt [-ot, -ja, -ok] — partito 60
pasas [-t, -a, -ok] — tipo 24
pedig — invece 30
például — per esempio 30
péntek [-et, -e, -ek] — venerdì 26

pénz [-t, -e, -ek]	denaro, soldi 8
pénztár [-t, -a, -ak]	cassa 8
perc [-et, -e, -ek]	minuto 62
persze	certamente 15
pesti [-t, -ek]	di Budapest 38
pezsgő [-t, -je, -k]	spumante 18
piac [-ot, -a, -ok]	mercato 66
pihen [-t, -jen, -ne]	riposare 23
pince [pincét, pincéje, pincék]	cantina 19
pincér [-t, -e, -ek]	cameriere 5
piros [-at, -ak, -abb]	rosso 24
piszkos [-at, -ak, -abb]	sporco 32
pofon [-t, -ja, -ok]	schiaffo 22
pohár [poharat, pohara, poharak]	bicchiere 43
pokol [poklot, pokla, poklok]	inferno 31
polc [-ot, -a, -ok]	scaffale 15
polgármester	sindaco 51
politikus [-t, -a, -ok]	politico (sostantivo) 18
pontos [-at, -ak, -abb]	puntuale, esatto 9
por [-t, -a, -ok]	polvere 83
porosodik [-sodot, -sodjon, -sodna]	impolverarsi 85
posta [postát, postája, posták]	posta 64
próbál [-t, -jon, -na]	provare 74
probléma [problémát, problémája, problémák]	problema 74
program [-ot, -ja, -ok]	programma (piano, impegno) 32
púder [-t, -e, -ek]	cipria 43

R

ráér [-t, -jen, -ne]	avere tempo 48
rágyújt [-ott, -son, -ana]	accendere (sigaretta) 64
rajz [-ot, -a, -ok]	disegno 34
randevú [-t, -ja, -k]	appuntamento 48
recept [-et, -je, -ek]	ricetta 66
régen	anticamente, tanto tempo fa 54
reggel [-t, -e, -ek]	mattino 9
reggeli [-t, -je, -k]	colazione 65
régi [-t, -ek, -bb]	antico 12
régóta	da tanto tempo 39
reklamál [-t, -jon, -na]	fare un reclamo 65
remél [-t, -jen, -ne]	sperare 27
rendben van	va bene 29
rendel [-t, -jen, -ne]	ordinare 37
rendes [-et, -ek, -ebb]	educato, ordinato 32
rendetlenség [-et, -e]	disordine 32
rendez [-ett, -zen, -ne]	organizzare 32

rendőr *[-t, -e, -ök]*	poliziotto 4
rendőrség *[-et, -e]*	polizia 78
rendszeresen	sistematicamente 57
repül *[-t, -jön, -ne]*	volare 58
repülőgép *[-et, -e, -ek]*	aereo 69
repülőtér *[-teret, -tere, -terek]*	aeroporto 54
rész *[-t, -e, -ek]*	parte 33
részére	per (conto di) 65
részlet *[-et, -e, -ek]*	estratto, brano 72
rét *[-et, -je, -ek]*	prato 71
rettenetes *[-et, -ek, -ebb]*	terribile 32
reuma *[reumát, reumája]*	reumatismi 78
riport *[-ot, -ja, -ok]*	cronaca, servizio 51
rizs *[-t]*	riso 66
rögtön	immediatamente 25
rokon *[-t, -a, -ok]*	parente 26
Románia	Romania 47
romantikus *[-at]*	romantico 17
rosszul	male 16
rövid *[-et, -ek, -ebb]*	breve, corto 33
rozmaring *[-ot]*	rosmarino 58
rózsa *[rózsát, rózsája, rózsák]*	rosa 58
ruha *[ruhát, ruhája, ruhák]*	vestito 24
rum *[-ot, -ja, -ok]*	rum 43
rúzs *[-t, -a, -ok]*	rossetto 43

S

sajnál *[-t, -jon, -na]*	dispiacersi 55
sajnos	purtroppo 29
sajt *[-ot, -ja, -ok]*	formaggio 45
sajtó *[-t, -ja]*	stampa 81
saláta *[salátát, salátája, saláták]*	insalata 5
sánta *[sántát, sánták, sántább]*	zoppo 82
sárga *[sárgát, sárgák, sárgább]*	giallo 12
se(m)	nemmeno 79
se(m)... se(m)	né... né... 15
sebesség *[-et, -e]*	velocità 80
segít *[-ett, -sen, -ene]*	aiutare 29
semmi	niente 1
semmiség *[-et, -ek]*	cosa da niente, quisquilia 55
senki	nessuno 54
sertés *[-t, -e, -ek]*	suino 29
séta *[sétát, sétája, séták]*	passeggiata 39
sétahajó *[-t, -ja, -k]*	escursione in battello 62
sétál *[-t, -jon, -na]*	passeggiare 6
sétálgat *[-ott, sétálgasson, -na]*	andare a spasso 43

siet *[-ett, siessen, -ne]*	affrettarsi, sbrigarsi 37
siker *[-t, -e, -ek]*	successo, riuscita 50
sikeres *[-et, -ek, -ebb]*	di successo, riuscito 74
síkság *[-ot, -a, -ok]*	pianura 47
simogat *[-ott, simogasson, -na]*	accarezzare 44
síp *[-ot, -ja, -ok]*	fischietto 71
sír *[-t, -jon, -na]*	piangere 22
skót *[-ot, -ok]*	scozzese 78
só *[-t, -ja]*	sale 66
sógor *[-t, -a, -ok]*	cognato 51
sógornő *[-t, -je, -k]*	cognata 51
soha	mai 32
sok	molto 23
sokáig	a lungo 43
sokan	in molti (riferito a persone) 10
sokszor	tante volte 49
sör *[-t, -e, -ök]*	birra 56
söröző *[-t, -je, -k]*	birreria 56
sötét *[-et, -ek, -ebb]*	scuro 65
spanyol *[-t, -ok]*	spagnolo 77
Spanyolország	Spagna 77
sportol *[-t, -jon, -na]*	praticare sport 36
sportpálya *[pályát, pályája, pályák]*	campo sportivo 60
stb.	ecc. 64
súg *[-ott, -jon, -na]*	bisbigliare, sussurrare 59
sül *[-t, -jön, -ne]*	cuocere 63
sült *[-et, -je, -ek]*	arrostire 63
súly *[-t, -a, -ok]*	peso 61
süt *[-ött, süssön, -ne]*	brillare, splendere, ardere 17
sütemény *[-t, -e, -ek]*	dolce *(sostantivo)* 43
Svájc	Svizzera 77
Svédország	Svezia 77

SZ

szabad *[-ot, -ok, -abb]*	libero 60
szag *[-ot, -a, -ok]*	odore 73
száj *[-at, -a, -ak]*	bocca 41
szakember *[-t, -e, -ek]*	specialista, professionista 69
szál *[-at, -a, -ak]*	stelo 67
szalámi *[-t, -ja]*	salame 69
szálloda *[szállodát, szállodája, szállodák]*	albergo 4
szalonna *[szalonnát, szalonnája, szalonnák]*	pancetta 66
szamár *[szamarat, szamara, szamarak]*	asino 82
számítógép *[-et, -e, -ek]*	computer 68
számol *[-t, -jon, -na]*	contare 85
szappan *[-t, -a, -ok]*	sapone 45

származik *[származott, származzon, származna]*	discendere, derivare 33
szárnyashajó *[-t, -ja, -k]*	aliscafo 53
szavaz *[-ott, -zon, -na]*	votare 60
száz	cento 28
század *[-ot, -a, -ok]*	secolo 40
századik	centesimo 51
szegény *[-t, -ek, -ebb]*	povero 23
szegénység *[-et, -e, -ek]*	povertà 79
szék *[-et, -e, -ek]*	sedia 19
szekrény *[-t, -e, -ek]*	armadio 19
szél *[szelet, szele, szelek]*	vento 41
szeles *[-t, -ek, -ebb]*	ventilato 83
szem *[-et, -e, -ek]*	occhi 22
személyiség *[-et, -e, -ek]*	personalità 81
személyzet *[-et, -e, -ek]*	equipaggio 81
szemüveg *[-et, -e, -ek]*	occhiali 15
szent *[-et, -ek]*	santo 40
szép *[-et, -ek, szebb]*	bello 1
szépen	bellamente, bene 8
szépítgeti *[-gette, -gesse, -getné]* (magát)	farsi bello 43
Szépművészeti Múzeum	Museo delle Belle Arti 62
szeptember *[-t, -e, -ek]*	settembre 49
Szerbia	Serbia 47
szerda *[szerdát, szerdája, szerdák]*	mercoledì 28
szerelmes *[-t, -ek, -ebb]*	innamorato, amoroso 71
szerencsére	per fortuna 33
szerencsésen	fortunatamente 54
szerencsétlen *[-t, -ek, -ebb]*	sfortunatamente 81
szerény *[-t, -ek, -ebb]*	modesto 26
szerep *[-et, -e, -ek]*	ruolo 69
szereplő *[-t, -je, -k]*	personaggio 82
szeret *[-ett, szeressen, -ne]*	amare 27
szeretet *[-et, -e]*	affetto 54
szerető *[-t, -je, -k]*	amante 67
szerint	secondo *(prep.)* 39
szerkesztő *[-t, -je, -k]*	redattore 72
szervusz	ciao 1
szesz *[-t]*	alcol 80
szigorú *[-t, -ak, -bb]*	severo 11
szimpatikus *[-at, -ak, -abb]*	simpatico 24
szín *[-t, -e, -ek]*	colore 69
színes *[-et, -ek, -ebb]*	colorato 73
színház *[-at, -a, -ak]*	teatro 48
szinte	quasi 80
szív *[-et, -e, -ek]*	cuore 37

szívesen	volentieri 78
szíveskedjék	mi faccia la cortesia di... 78
szó *[-t, szava, szavak]*	parola 27
szoba *[szobát, szobája, szobák]*	stanza, camera 3
szokás *[-t, -a, -ok]*	usanza, abitudine 73
szőke *[szőkét, szőkék, szőkébb]*	biondo 16
szoknya *[szoknyát, szoknyája, szoknyák]*	gonna 53
szokott *[szokjon, szokna]*	essere solito, avere l'abitudine di 73
szól *[-t, -jon, -na]*	dire 37
szombat *[-ot, -ja, -ok]*	sabato 26
szomjas *[-at, -ak, -abb]*	assetato 78
szomszéd *[-ot, -ja, -ok]*	vicino 20
szőnyeg *[-et, -e, -ek]*	tappeto 19
szórakoztat *[-ott, szórakoztasson, -na]*	divertire *(transitivo)* 85
szorgalmas *[-at, -ak, -abb]*	zelante 50
szörnyű *[-t, -ek, -bb]*	tremendo 46
szótár *[-at, -a, -ak]*	dizionario 33
szöveg *[-et, -e, -ek]*	testo 50
szövetkezet *[-et, -e, -ek]*	cooperativa 68
szűk *[-et, -ek, -ebb]*	stretto 24
szükség *[-et, -e]*	bisogno 23
szükséges *[-et, -ek, -ebb]*	necessario 70
szülészet *[-et, -e, -ek]*	ostetricia 61
születés *[-t, -e, -ek]*	nascita 40
születésnap *[-ot, -ja, -ok]*	compleanno 51
születik *[-ett, szülessen, -ne]*	nascere 34
szülő *[-t, -je, -k]*	genitore 20
szundít *[-ott, -son, -ana]*	riposare, sonnecchiare 71
szürke *[szürkét, szürkék, szürkébb]*	grigio 25

T

tábla *[táblát, táblája, táblák]*	tavoletta 78
tag *[-ot, -ja, -ok]*	membro 81
tágas *[-at, -ak, -abb]*	ampio 55
tájékoztató *[-t, -ja, -k]*	conferenza 81
takarít *[-ott, -son, -ana]*	fare le pulizie 32
takarítónő *[-t, -je, -k]*	signora delle pulizie 26
tálal *[-t, -jon, -na]*	servire (un piatto) 66
talál *[-t, -jon, -na]*	trovare 62
találgat *[-ott, találgasson, -na]*	congetturare, fantasticare 43
találkozik *[-kozott, -kozzon, -kozna]*	incontrare 24
talán	forse 72
tanácsol *[-t, -jon, -na]*	consigliare 80
tanár *[-t, -a, -ok]*	professore 2
tánc *[-ot, -a, -ok]*	ballo, danza 48
táncol *[-t, -jon, -na]*	ballare 16

tanfolyam *[-ot, -a, -ok]*	corso 68
tanít *[-ott, -son, -ana]*	insegnare 57
tankönyv *[-et, -e, -ek]*	manuale (di studio) 85
tanul *[-t, -jon, -na]*	studiare, apprendere 4
tanulás *[-t, -a]*	apprendimento, studio 50
tanuló *[-t, -ja, -k]*	allievo, studente 50
tárgyalás *[-t, -a, -ok]*	trattativa 81
társ *[-at, -a, -ak]*	compagno 52
társaság *[-ot, -a, -ok]*	compagnia 74
társasutazás *[-t, -a, -ok]*	viaggio organizzato 46
tartalmaz *[-ott, -zon, -na]*	contenere 83
tartozik *[-tozott, -tozzon, -tozna]*	appartenere 69
tartózkodás *[-t, -a, -ok]*	soggiorno, permanenza 81
táska *[táskát, táskája, táskák]*	borsa (accessorio) 78
tavaly	l'anno scorso 38
tavasszal	in primavera 46
tavasz *[-t, -a, -ok]*	primavera 39
távoli *[-t, -ak, -bb]*	lontano *(aggettivo)* 51
távolság *[-ot, -a, -ok]*	distanza, lontananza 71
te	tu 1
tegeződik *[-ződött, -ződjön, -ződne]*	dare del tu 64
tegnap	ieri 24
tegnapelőtt	l'altro ieri 49
teher *[terhet, terhe, terhek]*	fardello, peso 67
tej *[-et, -e]*	latte 45
tekint *[-ett, -sen, -ene]*	considerare 71
tél *[telet, tele, telek]*	inverno 46
tele	pieno 18
telefonál *[-t, -jon, -na]*	telefonare 22
teljesen	completamente 24
templom *[-ot, -a, -ok]*	chiesa 12
tenger *[-t, -e, -ek]*	mare 23
tényleg	veramente, sul serio 76
tér *[teret, tere, terek]*	piazza 9
térd *[-et, -e, -ek]*	ginocchio 36
terel *[-t, -jen, -ne]*	condurre 71
terítő *[-t, -je, -k]*	centrino 78
termék *[-et, -e, -ek]*	prodotto 69
termelés *[-t, -e]*	produzione 69
természetesen	naturalmente 72
tessék	prego 5
testvér *[-t, -e, -ek]*	fratello, sorella 51
tesz *[tett, tegyen, tenne]*	fare, mettere 63
tetszik *[tetszett, tetsszen, tetszene]*	piacere 16
tettes *[-t, -e, -ek]*	criminale 81
tévé *[-t, -je, -k]*	tv 19

téved [-ett, -jen, -ne] — sbagliare 72
ti — voi 16
titkárnő [-t, -je, -k] — segretaria 68
titok [titkot, titka, titkok] — segreto 51
tíz — dieci 26
tó [tavat, tava, tavak] — lago 47
több — più 47
többi — il resto, gli altri 41
többször — più volte 49
tökéletes [-et, -ek, -ebb] — perfetto 85
tol [-t, -jon, -na] — spingere, spostare 44
toll [-at, -a, -ak] — penna 45
tölt [-ött, -sön, -ene] — riempire 73
tornaóra — lezione di ginnastica 36
tornatanár [-t, -a, -ok] — professore di ginnastica 36
tornázik [-názott, -názzon, -názna] — fare ginnastica 36
török [-öt, -ök] — turco 40
torta [tortát, tortája, torták] — torta 20
történelem [történelmet, történelme] — Storia (ambito disciplinare) 40
történet [-et, -e, -ek] — storia (aneddoto, racconto) 83
tovább — oltre, avanti 17
trafik [-ot, -ja, -ok] — tabaccheria 45
trolibusz [-t, -a, -ok] — filobus 69
tud [-ott, -jon, -na] — sapere 15
tudás [-t, -a] — sapere *(sostantivo)* 57
tudós [-t, -a, -ok] — scienziato 72
tükör [tükröt, tükre, tükrök] — specchio 19
tulajdonos [-t, -a, -ok] — proprietario 72
túllép [-ett, -jen, -ne] — oltrepassare 80
túloz [túlzott, -zon, -na] — esagerare 83
túlzás [-t, -a, -ok] — esagerazione 46
tüntet [-ett, tüntessen, -ne] — manifestare 76
tüntető [-t, -je, -k] — manifestante 76
türelmetlen [-t, -ek, -ebb] — impaziente 43
turista [turistát, turistája, turisták] — turista 75
tüsszent [-ett, -sen, -ene] — starnutire 64
tűzoltó [-t, -ja, -k] — pompiere 71

U, Ú

udvarias [-at, -ak, -abb] — cortese 30
udvarló [-t, -ja, -k] — corteggiatore 73
udvarol [-t, -jon, -na] — corteggiare 73
ugat [-ott, ugasson, -na] — abbaiare 82
úgy — così 20
ugyanez — lo stesso, la stessa cosa 64
úgyis — comunque, lo stesso 82

úgynevezett	cosiddetto 69
új *[-at, -ak, -abb]*	nuovo 19
újra	di nuovo 18
újság *[-ot, -a, -ok]*	novità, notizia 1; giornale 15
újságíró *[-t, -ja, -k]*	giornalista 81
újszülött *[-et, -ek]*	neonato 61
unoka *[unokát, unokája, unokák]*	nipote 20
unokahúg *[-ot, -a, -ok]*	nipote (femmina) 53
unokatestvér *[-t, -e, -ek]*	cugino 51
úr *[urat, ura, urak]*	signore 2
uram	signore (appellativo) 8
uszoda *[uszodát, uszodája, uszodák]*	piscina 60
út *[utat, -ja, utak]*	viaggio (percorso) 54
utál *[-t, -jon, -na]*	odiare, detestare 44
után	dopo 25
utas *[-t, -a, -ok]*	passeggero, viaggiatore 81
utazás *[-t, -a, -ok]*	viaggio 53
utazási iroda	agenzia di viaggi 75
utazgat *[-ott, utazgasson, -na]*	viaggiare (frequentativo) 54
utazik *[utazott, utazzon, utazna]*	viaggiare 23
utca *[utcát, utcája, utcák]*	strada, via 8
utolér *[-t, -jen, -ne]*	acchiappare 82
utoljára	per l'ultima volta 53
utolsó	ultimo 62
uzsonna *[uzsonnát, uzsonnája, uzsonnák]*	merenda 20
uzsonnázik *[-názott, -názzon, -názna]*	fare merenda 20

Ü, Ű

ül *[-t, -jön, -ne]*	essere seduto 56
ülés *[-t, -e, -ek]*	sedile 78
ültet *[-ett, ültessen, -ne]*	piantare 67
ünnep *[-et, -e, -ek]*	festa (ricorrenza) 73
ünnepel *[-t, -jen, -ne]*	festeggiare 51
ünnepnap *[-ot, -ja, -ok]*	giorno festivo 75
üres *[-et, -ek, -ebb]*	vuoto 18
űrlap *[-ot, -ja, -ok]*	formulario, modulo 75
üveggolyó *[-t, -ja, -k]*	biglia di vetro 71
üzen *[-t, -jen, -ne]*	mandare a dire 79
üzlet *[-et, -e, -ek]*	negozio 39

V

vacsora *[vacsorát, vacsorája, vacsorák]*	cena 57
vacsorázik *[-rázott, -rázzon, -rázna]*	cenare 13
vad *[-at, -ak, -abb]*	belva, fiera 71
vág *[-ott, -jon, -na]*	tagliare 66
vagy	o, oppure 27

vágyik *[vágyott, vágyjon, vágyna]*	bramare 79
vaj *[-at, -a, -ak]*	burro 45
vajon	cosa (diavolo, diamine ecc.)…? *(interrogativo-rafforzativo)* 80
valahol	da qualche parte *(stato in luogo)* 15
valaki	qualcuno 26
valamelyik	uno (di loro) 41
valami	qualcosa 10
válasz *[-t, -a, -ok]*	risposta 64
válaszol *[-t, -jon, -na]*	rispondere 20
választ *[-ott, válasszon, -ana]*	scegliere 52
választás *[-t, -a, -ok]*	elezione 60
választási *[-t]*	elettorale 60
választó *[-t, -ja, -k]*	elettore 60
váll *[-att, -a, -ak]*	spalla 36
vállalat *[-ot, -a, -ok]*	impresa, azienda 68
vált *[-ott, -son, -ana]*	cambiare (denaro) 75
változat *[-ot, -a, -ok]*	variante 67
változik *[változott, változzon, változna]*	trasformarsi (in) 31
valuta *[valutát, valutája, valuták]*	valuta 75
vám *[-ot, -ja, -ok]*	dogana 78
van *[volt, legyen, volna / lenne]*	essere 1
vár *[-at, -a, -ak]*	castello 12
vár *[-t, -jon, -na]*	aspettare 10
város *[-t, -a, -ok]*	città 2
vasárnap *[-ot, -ja, -ok]*	domenica 26
vásárol *[-t, -jon, -na]*	comprare 62
vasút *[-at, -ja, -ak]*	ferrovia 69
vécé *[-t, -je, -k]*	WC 55
vég *[-et, -e]*	fine 12
végén	alla fine di 46
végez *[végzett, -zen, -ne]*	finire *(transitivo)* 74
végre	finalmente 10
végül	infine 66
véletlen *[-t, -e, -ek]*	caso 73
véletlenül	per caso 34
vendég *[-et, -e, -ek]*	ospite 18
vendégség *[-et, -e, -ek]*	invito 59
vendégszerető *[-t, -ek, -bb]*	ospitale 78
ver *[-t, -jen, -ne]*	picchiare 56
vers *[-et, -e, -ek]*	poesia 31
vesz *[vett, vegyen, venne]*	prendere, acquistare 63
veszekedés *[-t, -e, -ek]*	disputa, litigio 22
veszélyes *[-et, -ek, -ebb]*	pericoloso 82
vetít *[-ett, -sen, -ene]*	proiettare 62
vezet *[-ett, vezessen, -ne]*	condurre, dirigere 60

háromszázkilencvennyolc • 398

vezető *[-t, -je, -k]*	guida 25
vicc *[-et, -e, -ek]*	barzelletta 38
vidáman	allegramente 54
vidék *[-et, -e, -ek]*	campagna, provincia 20
vigyáz *[-ott, -zon, -na]*	badare, sorvegliare 26
vihar *[-t, -a, -ok]*	tempesta 41
világ *[-ot, -a]*	mondo 61
világbajnok *[-ot, -a, -ok]*	campione del mondo 81
világháború *[-t, -k]*	guerra mondiale 40
világos *[-at, -ak, -abb]*	chiaro, luminoso 55
villa *[villát, villája, villák]*	villa 62
villamos *[-t, -a, -ok]*	tram 9
virág *[-ot, -a, -ok]*	fiore 26
visel *[-t, -jen, -ne]*	portare 71
viselkedik *[-kedett, -kedjen, -kedne]*	comportarsi 44
visszaenged *[-ett, -jen, -ne]*	lasciare andare, liberare 79
visszafelé	al ritorno 53
visszamegy *[-ment, -menjen, -menne]*	tornare (indietro) 29
visz *[vitt, vigyen, vinne]*	portare 63
viszlát	arrivederci *(diminutivo)* 85
viszontlátásra	arrivederci 4
víz *[vizet, vize, vizek]*	acqua 5
vizsga *[vizsgát, vizsgája, vizsgák]*	esame 11
vizsgálat *[-ot, -a, -ok]*	controllo 83
vizsgázik *[vizsgázott, vizsgázzon, vizsgázna]*	dare un esame 11
vízum *[-ot, -a, -ok]*	visto 53
vödör *[vödröt, vödre, vödrök]*	secchio 73
vonat *[-ot, -a, -ok]*	treno 37
vörös *[-et, -ek, -ebb]*	rosso 5
vöröshagyma *[-hagymát, hagymája]*	cipolla rossa 66

Z

zaj *[-t, -a, -ok]*	rumore 65
zár *[-t, -jon, -na]*	chiudere 62
zárás *[-t, -a, -ok]*	chiusura 29
zavarás *[-t, -a]*	disturbo 64
zene *[zenét, zenéje, zenék]*	musica 16
zenekar *[-t, -a, -ok]*	orchestra 16
zöld *[-et, -ek, -ebb]*	verde 25
zöldpaprika *[-paprikát, -paprikája]*	peperone verde 66
zongora *[zongorát, zongorája, zongorák]*	pianoforte 19
zuhanyozó *[-t, -ja, -k]*	doccia 65

ZS

zsír *[-t, -ja, -ok]*	strutto 66

Lessico italiano-ungherese

A

a casa	otthon 3
a casa	itthon 32
a causa di	miatt 32
a destra	jobbra 10
a lungo	sokáig 43
a mezzogiorno	délben 49
a piedi	gyalog 9
a quattro mani (brano, esecuzione)	négykezes 59
a sinistra	balra 12
a sud	délen 47
a turno	felváltva 61
abbaiare	ugat [-ott, ugasson, -na] 82
abbastanza	elég 24
abbracciare	ölel [-t, -jen, -ne] 58
abitante	lakos [-t, -a, -ok] 12
abitare	lakik [lakott, lakjon, lakna] 12
accarezzare	simogat [-ott, simogasson, -na] 44
accendere (sigaretta)	rágyújt [-ott, -son, -ana] 64
acchiappare	utolér [-t, -jen, -ne] 82
accomodarsi	befárad [-t, -jon, -na] 55
accompagnare a casa	hazakísér [-t, -jen, -ne] 64
accontentarsi	megelégszik [-elégedett, -elégedjen, elégedne] 82
acqua	víz [vizet, vize, vizek] 5
acqua di Colonia	kölni [-t, -je, -k] 73
acquavite	pálinka [pálinkát, pálinkája, pálinkák] 73
ad alta voce	hangosan 36
addormentare	altat [-ott, altasson, -na] 71
addormentarsi	elalszik [-aludt, -aludjon, -aludna] 65
adesso	most 85
adottare	örökbe fogad 74
adulto	felnőtt [-et, -ek] 44
aereo	repülőgép [-et, -e, -ek] 69
aeroporto	repülőtér [-teret, -tere, -terek] 54
affamato	éhes [-et, -ek, -ebb] 10
affettato	felvágott [-at, -ja, -ak] 45
affetto	szeretet [-et, -e] 54
affezionarsi	megszeret [-ett, megszeressen, -ne] 55
affinché non	nehogy 73
affittasi	kiadó [-t, -ja, -k] 72
affrettarsi, sbrigarsi	siet [-ett, siessen, -ne] 37

affumicare	füstöl *[-t, -jön, -ne]* 66
agenzia di viaggi	utazási iroda 75
aggiungere	hozzátesz *[-tett, -tegyen, -tenne]* 30
agitarsi	izgul *[-t, -jon, -na]* 32
agosto	augusztus *[-t, -a, -ok]* 49
agricoltura	mezőgazdaság *[-ot, -a]* 69
aiutare	segít *[-ett, -sen, -ene]* 29
al centro di	közepén 46
al giorno	naponta 80
al ritorno	visszafelé 53
alba	hajnal *[-t, -a, -ok]* 73
albergo	szálloda *[szállodát, szállodája, szállodák]* 4
albero	fa *[fát, fája, fák]* 31
alcol	szesz *[-t]* 80
aliscafo	szárnyashajó *[-t, -ja, -k]* 53
all'andata	odafelé 53
alla fine di	végén 46
alla paprika	paprikás 5
alla sua salute	egészségére 64
allegramente	vidáman 54
all'improvviso	hirtelen 41
allora	akkor 6
almeno	legalább 80
alto	magas *[-at, -ak, -abb]* 16
altro	másik *[-at]* 20
altro	más *[-t, -ok]* 23
alzarsi	felkel *[-t, -jen, -ne]* 13
amante	szerető *[-t, -je, -k]* 67
amare	szeret *[-ett, szeressen, -ne]* 27
ambizioso	nagyravágyó *[-t, -ak, -bb]* 79
amico	barát *[-ot, -ja, -ok]* 24
ammalarsi spesso	betegeskedik *[-kedett, -kedjen, -kedne]* 76
ampio	tágas *[-at, -ak, -abb]* 55
anche	is 1
andare	megy *[ment, menjen, menne]* 4
andare	jár *[-t, -jon, -na]* 12
andarsene	elmegy *[-ment, -menjen, -menne]* 67
andare a casa	hazamegy *[-ment, -menjen, -menne]* 8
andare a spasso	sétálgat *[-ott, sétálgasson, -na]* 43
andare in vacanza	nyaral *[-t, -jon, -na]* 46
angelo	angyal *[-t, -a, -ok]* 58
animale	állat *[-ot, -a, -ok]* 62
anno	év *[-et, -e, -ek]* 23
annuncio	hirdetés *[-t, -e, -ek]* 74

anticamente, tanto tempo fa	régen 54
antico	régi *[-t, -ek, -bb]* 12
apparecchio	készülék *[-et, -e, -ek]* 75
appartamento (privato)	magánlakás *[-t, -a, -ok]* 62
appartamento	lakás *[-t, -a, -ok]* 3
appartamento condominiale	öröklakás 55
appartenere	tartozik *[-tozott, -tozzon, -tozna]* 69
appassire	elhervad *[-t, -jon, -na]* 73
appetito	étvágy *[-at, -a]* 5
appoggiare	letesz *[-tett, -tegyen, -tenne]* 19
apprendere, venire a sapere	megtud *[-ott, -jon, -na]* 54
apprendimento, studio	tanulás *[-t, -a]* 50
appuntamento	randevú *[-t, -ja, -k]* 48
aprile	április *[-t, -a, -ok]* 46
aprire	nyit *[-ott, nyisson, -na]* 62
aprire	kinyit *[-ott, kinyisson, -na]* 78
arancia	narancs *[-ot, -a, -ok]* 41
argento	ezüst *[-öt, -je, -ök]* 78
armadio	szekrény *[-t, -e, -ek]* 19
arrabbiarsi	haragszik *[haragudott, haragudjon, haragudna]* 44
arrivare *(perfettivo)*	megérkezik *[-kezett, -kezzen, -kezne]* 20
arrivare	érkezik *[-kezett, -kezzen, -kezne]* 29
arrivederci *(diminutivo)*	viszlát 85
arrivederci	viszontlátásra 4
arrivo	érkezés *[-t, -e, -ek]* 78
arrostire	sült *[-et, -je, -ek]* 63
ascensore	lift *[-et, -je, -ek]* 9
ascoltare	hallgat *[-ott, hallgasson, -na]* 43
ascoltare	meghallgat *[-ott, meghallgasson, -na]* 83
ascoltatore	hallgató *[-t, -ja, -k]* 74
Asia	Ázsia 40
asilo nido	bölcsőde *[-dét, -déje, -dék]* 60
asino	szamár *[szamarat, szamara, szamarak]* 82
aspettare	vár *[-t, -jon, -na]* 10
assaggiare	megkóstol *[-t, -jon, -na]* 41
assaggio	kóstoló *[-t, -ja, -k]* 73
assegno	csekk *[-et, -je, -ek]* 8
assetato	szomjas *[-at, -ak, -abb]* 78
atrio	hall *[-t, -ja, -ok]* 55
attempato	idős *[-et, -ek, -ebb]* 51
attenzione	figyelem *[figyelmet, figyelme]* 72
attraverso	át 83
augurare	kíván *[-t, -jon, -na]* 1, 78
aumento dei prezzi	áremelés *[-t, -e, -ek]* 59

Australia	Ausztrália 51
Austria	Ausztria 53
austriaco	osztrák *[-ot, -ok]* 40
autobus	autóbusz *[-t, -a, -ok]* 12
automobile	autó *[-t, -ja, -k]* 20
autonomo	önálló *[-t, -ak, -bb]* 68
autostrada	autópálya *[-pályát, -pályája, -pályák]* 80
autunno	ősz *[-t, -e, -ök]* 46
avere fiducia	bízik *[bízott, bízzon, bízna]* 44
avere tempo	ráér *[-t, -jen, -ne]* 48
avversario	ellenfél *[-felet, -fele, -felek]* 76
avviare, far partire	indít *[-ott, -son, -ana]* 57
avvicinarsi	közeledik *[-ledett, -ledjen, -ledne]* 16
avviso	értesítés [-t, -e, -ek] 61

B

baciare	megcsókol *[-t, -jon, -na]* 17
badare, sorvegliare	vigyáz *[-ott, -zon, -na]* 26
bagno	fürdő *[-t, -je, -k]* 40
bagno (stanza)	fürdőszoba *[-szobát, -szobája, -szobák]* 19
balcone	erkély *[-t, -e, -ek]* 55
ballare	táncol *[-t, -jon, -na]* 16
ballo, danza	tánc *[-ot, -a, -ok]* 48
bambino	gyerek *[-et, -e, -ek]* 9
bambino, ragazzino	kisfiú *[-t, kisfia, -k]* 19
bambina, ragazzina	kislány *[-t, -a, -ok]* 19
bambola	baba *[babát, babája, babák]* 22
banca	bank *[-ot, -ja, -ok]* 8
bar, mensa, self-service	büfé *[-t, -je, -k]* 13
barzelletta	vicc *[-et, -e, -ek]* 38
basso	alacsony *[-at, -ak, -abb]* 16
battere, sconfiggere	legyőz *[-ött, -zön, -ne]* 81
belga	belga *[belgát, belgák]* 77
Belgio	Belgium 77
bellamente, bene	szépen 8
bello	szép *[-et, -ek, szebb]* 1
belva, fiera	vad *[-at, -ak, -abb]* 71
bene	jól 1
benzina	benzin *[-t, -je, -ek]* 80
bere	iszik *[ivott, igyon, inna]* 63
bere a piccoli sorsi *(frequentativo)*	iszogat *[-ott, iszogasson, -na]* 73
bevanda	ital *[-t, -a, -ok]* 5
bianco	fehér *[-et, -ek, -ebb]* 5
bicchiere	pohár *[poharat, pohara, poharak]* 43
biglia di vetro	üveggolyó *[-t, -ja, -k]* 71

biglietto (di viaggio)	menetjegy *[-et, -e, -ek]* 78
biglietto (nota)	cédula *[cédulát, cédulája, cédulák]* 72
biondo	szőke *[szőkét, szőkék, szőkébb]* 16
birra	sör *[-t, -e, -ök]* 56
birreria	söröző *[-t, -je, -k]* 56
bisbigliare, sussurrare	súg *[-ott, -jon, -na]* 59
bisogna, occorre	kell *[-ett, -jen, -ene]* 10
bisogno	szükség *[-et, -e]* 23
blu	kék *[-et, -ek, -ebb]* 12
bocca	száj *[-at, -a, -ak]* 41
bollire	párol *[-t, -jon, -na]* 66
(a) bordo (di)	fedélzet *[-et, -e, -ek]* 81
borsa (accessorio)	táska *[táskát, táskája, táskák]* 78
bosco, foresta	erdő *[-t, erdeje, erdők]* 58
bramare	vágyik *[vágyott, vágyjon, vágyna]* 79
breve, corto	rövid *[-et, -ek, -ebb]* 33
brillare, splendere, ardere	süt *[-ött, süssön, -ne]* 17
brindare	koccint *[-ott, -son, -ana]* 64
brontolone	nagyszájú *[-t, -ak, -bb]* 82
brutto	csúnya *[csúnyát, csúnyák, csúnyább]* 22
bugiardo	hazug *[-ot, -ok, -abb]* 82
buongiorno	jó napot 1
buono	jó *[-t, -k, jobb]* 5
burro	vaj *[-at, -a, -ak]* 45
busta	boríték *[-ot, -a, -ok]* 75
buttare (via)	kidob *[-ott, -jon, -na]* 53

C

cabina	fülke *[fülkét, fülkéje, fülkék]* 75
cadere	esik *[esett, essen, esne]* 39
cadere	elesik *[-esett, -essen, -esne]* 58
caffè	kávé *[-t, -ja, -k]* 13
caffè, bar	eszpresszó *[-t, -ja, -k]* 38
caffetteria	kávéház *[-at, -a, -ak]* 83
caldo	meleg *[-et, -ek, -ebb]* 47
calmo, silenzioso	csendes *[-et, -ek, -ebb]* 17
calvo	kopasz *[-t, -ok, -abb]* 24
cambiare (denaro)	vált *[-ott, -son, -ana]* 75
camera da letto	hálószoba *[-szobát, szobája, -szobák]* 19
camera dei bambini	gyerekszoba *[szobát, -szobája, -szobák]* 19
cameriere	pincér *[-t, -e, -ek]* 5
campagna, provincia	vidék *[-et, -e, -ek]* 20
campione del mondo	világbajnok *[-ot, -a, -ok]* 81
campo sportivo	sportpálya *[pályát, pályája, pályák]* 60
Canada	Kanada 51

négyszáznégy • 404

cane	kutya *[kutyát, kutyája, kutyák]* 82
cantante	énekes *[-t, -e, -ek]* 16
cantare	énekel *[-t, -jen, -ne]* 52
cantina	pince *[pincét, pincéje, pincék]* 19
canto popolare	népdal *[-t, -a, -ok]* 52
capanna	kunyhó *[-t, -ja, -k]* 79
capelli	haj *[-at, -a, -ak]* 22
capire	ért *[-ett, -sen, -ene]* 15
capire	megért *[-ett, -sen, -ene]* 50
capitale	főváros *[-t, -a, -ok]* 12
capo	főnök *[-öt, -e, -ök]* 82
cappello	kalap *[-ot, -ja, -ok]* 37
cappotto	kabát *[-ot, -ja, -ok]* 24
carino	csinos *[-at, -ak, -abb]* 24
carne di vitello	borjúhús *[-t, -a, -ok]* 29
caro, gentile	kedves *[-et, -ek, -ebb]* 12
caro, costoso	drága *[drágát, drágák, drágább]* 22
carta di credito	hitelkártya *[-kártyát, -kártyája, -kártyák]* 75
cartoleria	papírüzlet *[-et, -e, -ek]* 45
cartolina	képeslap *[-ot, -ja, -ok]* 75
casa	ház *[-at, -a, -ak]* 9
casa editrice	kiadó *[-t, -ja, -k]* 72
caso	eset *[-et, -e, -ek]* 64
caso	véletlen *[-t, -e, -ek]* 73
cassa	pénztár *[-t, -a, -ak]* 8
castello (roccaforte)	vár *[-at, -a, -ak]* 12
castello	kastély *[-t, -a, -ok]* 79
causare	okoz *[-ott, -zon, -na]* 54
cavallo	ló *[lovat, lova, lovak]* 82
cavarsela	boldogul *[-t, -jon, -na]* 68
caviale	kaviár *[-t, -ja, -ok]* 18
cena	vacsora *[vacsorát, vacsorája, vacsorák]* 57
cenare	vacsorázik *[-rázott, -rázzon, -rázna]* 13
centesimo	századik 51
cento	száz 28
centrino	terítő *[-t, -je, -k]* 78
cercare	keres *[-ett, -sen, -ne]* 15
cercare	megkeres *[-ett, -sen, -ne]* 79
certamente	persze 15
certamente	bizonyára 64
cervello	agy *[-ut, -a, -ak]* 72
cespuglio	bokor *[bokrot, bokra, bokrok]* 58
che *(pronome relativo)*	aki 22; amelyik 25
che	hogy 15

chi	ki 11; kicsoda 51
chiacchierare	beszélget *[-ett, beszélgessen, -ne]* 38
chiamare	hív *[hívott, hívjon, hívna]* 18
chiamare (dare un nome)	elnevez *[-ett, -zen, -ne]* 80
chiaro *(sostantivo)*	fény *[-t, -e, -ek]* 17
chiaro	világos *[-at, -ak, -abb]* 55
chiave	kulcs *[-ot, -a, -ok]* 26
chiedere (per avere)	kér *[-t, -jen, -ne]* 5
chiedere (per avere)	megkér *[-t, -jen, -ne]* 78
chiedere (per sapere)	kérdez *[-ett, -zen, -ne]* 20
chiedere (per sapere)	megkérdez *[-et, -zen, -ne]* 25
chiesa	templom *[-ot, -a, -ok]* 12
chilo	kiló 29
chiudere (gli occhi)	lehuny *[-t, -jon, -na]* 71
chiudere	zár *[-t, -jon, -na]* 62
chiusura	zárás *[-t, -a, -ok]* 29
ciao	szervusz 1
cibo, vivanda	étel *[-t, -e, -ek]* 18
cielo	ég *[eget, ege, egek]* 58
Cina	Kína 77
cinema	mozi 59
cinema all'aperto	kertmozi *[-t, -ja, -k]* 48
cinque	öt 10
cioccolata	csokoládé *[-t, -ja, -k]* 78
cipolla	hagyma *[hagymát, hagymája, hagymák]* 57
cipolla rossa	vöröshagyma *[-hagymát, hagymája]* 66
cipria	púder *[-t, -e, -ek]* 43
circa un cucchiaino da caffè	kávéskanálnyi 66
circa un km	kilométernyi 66
circolazione	forgalom *[forgalmat, forgalma, forgalmak]* 69
città	város *[-t, -a, -ok]* 2
cittadino *(sostantivo)*	állampolgár *[-t, -a, -ok]* 34
clima	éghajlat *[-ot, -a, -ok]* 47
club	klub *[-ot, -ja, -ok]* 48
cognata	sógornő *[-t, -je, -k]* 51
cognato	sógor *[-t, -a, -ok]* 51
colazione	reggeli *[-t, -je, -k]* 65
collega	kolléga *[kollégát, kollégája, kollégák]* 30
collina	domb *[-ot, -ja, -ok]* 55
collo	nyak *[-at, -a, -ak]* 36
collocarsi 68	elhelyezkedik *[-kedett, -kedjen, -kedne]* 68
colomba, piccione	galamb *[-ot, -ja, -ok]* 58
colorato	színes *[-et, -ek, -ebb]* 73

colore	szín *[-t, -e, -ek]* 69
cólto	művelt *[-et, -ek, -ebb]* 74
comandare	parancsol *[-t, -jon, -na]* 65
combattere	harcol *[-t, -jon, -na]* 40
come *(introduce il secondo termine di paragone in una comparazione)*	mint 65
come	hogy 1
come, che tipo di	milyen 15
cominciare *(intransitivo)*	kezdődik *[kezdődött, kezdődjön, kezdődne]* 18
cominciare *(transitivo)*	kezd *[-ett, -jen, -ene]* 22
cominciare	elkezd *[ett, -jen, -ene]* 41
commercio	kereskedelem *[kereskedelmet, kereskedelme]* 69
commercio estero	külkereskedelem *[-kereskedelmet, -kereskedelme]* 69
compagnia	társaság *[-ot, -a, -ok]* 74
compagno	társ *[-at, -a, -ak]* 52
compleanno	születésnap *[-ot, -ja, -ok]* 51
completamente	teljesen 24
completo *(sostantivo)*	kosztüm *[-öt, -je, -ök]* 53
complicato	bonyolult *[-t, -ak, -abb]* 33
complimento	bók *[-ot, -ja, -ok]* 18
comportare	viselkedik *[-kedett, -kedjen, -kedne]* 44
comprare, prendere	megvesz *[-vett, -vegyen, -venne]* 45
comprare, acquistare	vásárol *[-t, -jon, -na]* 62
computer	számítógép *[-et, -e, -ek]* 68
comunque, lo stesso	úgyis 82
condurre, dirigere	vezet *[-ett, vezessen, -ne]* 60
condurre	terel *[-t, -jen, -ne]* 71
conferenza	tájékoztató *[-t, -ja, -k]* 81
congedo (saluto)	búcsú *[-t, -ja, -k]* 85
congetturare, fantasticare	találgat *[-ott, találgasson, -na]* 43
congratularsi	gratulál *[-t, -jon, -na]* 50
conoscente	ismerős *[-t, -e, -ök]* 73
conoscere	ismer *[-t, -jen, -ne]* 18
considerare	tekint *[-ett, -sen, -ene]* 71
consigliare	tanácsol *[-t, -jon, -na]* 80
consolato	konzulátus *[-t, -a, -ok]* 53
constatare	megállapít *[-ott, -son, -ana]* 81
contare	számol *[-t, -jon, -na]* 85
conte	gróf *[-ot, -ja, -ok]* 79
contenere	tartalmaz *[-ott, -zon, -na]* 83
continuare	folytat *[-ott, folytasson, -na]* 32
controllo	vizsgálat *[-ot, -a, -ok]* 83

cooperativa	szövetkezet [-et, -e, -ek] 68
coperchio	fedő [-t, -je, -k] 66
coppa (trofeo)	kupa [kupát, kupája, kupák] 76
coraggioso	bátor [bátrat, bátrak, bátrabb] 50
coricarsi	lefekszik [-feküdt, -feküdjön, -feküdne] 13
coro	énekkar [-t, -a, -ok] 33
corona	korona [koronát, koronája, koronák] 40
correggere	javít [-ott, -son, -ana] 57
correre	fut [-ott, fusson, -na] 56
corridoio	folyosó [-t, -ja, -k] 65
corso	tanfolyam [-ot, -a, -ok] 68
corteggiare	udvarol [-t, -jon, -na] 73
corteggiatore	udvarló [-t, -ja, -k] 73
cortese	udvarias [-at, -ak, -abb] 30
cosa (diavolo, diamine ecc.)…? (interrogativo-rafforzativo)	vajon 80
cosa	dolog [dolgot, dolga, dolgok] 39
cosa da niente, quisquilia	semmiség [-et, -ek] 55
cosa?	mi? 1
coscia	comb [-ot, -ja, -ok] 73
così	úgy 20
così	így 23
così	ilyen 46
cosiddetto	úgynevezett 69
costare	kerül [-t, -jön, -ne] 65
costretto, obbligato	kénytelen 54
costruire	épít [-ett, -sen, ene] 57
credere	hisz [hitt, higgyen, higgye] 54
credere	elhisz [-hitt, -higgyen, -hinne] 55
crescere (transitivo)	nevel [-t, -jen, -ne] 34
crescere (intransitivo)	felnő [-tt, -jön, -ne] 67
criminale	tettes [-t, -e, -ek] 81
cronaca, servizio	riport [-ot, -ja, -ok] 51
cubo	kocka [kockát, kockája, kockák] 69
cucchiaio	kanál [kanalat kanala, kanalak] 44
cucina	konyha [konyhát, konyhája, konyhák] 3
cugino	unokatestvér [-t, -e, -ek] 51
culturale	kulturális 81
cuocere	sül [-t, -jön, -ne] 63
cuoio	bőr 59
cuore	szív [-et, -e, -ek] 37
cupola	kupola [kupolát, kupolája, kupolák] 12
curioso	kíváncsi [-t, -ak, -bb] 4
curriculum vitae	életrajz [-ot, -a, -ok] 68

négyszáznyolc • 408

D

da *(temporale)*	óta 54
da dove? *(moto da luogo)*	honnan? 8
da lì/là	onnan 53
da qualche parte *(stato in luogo)*	valahol 15
da solo	egyedül 74
da sotto *(moto da luogo)*	alól 19
da tanto tempo	régóta 39
da vicino a *(moto da luogo)*	mellől 19
danese	dán *[-t, -ok]* 77
Danimarca	Dánia 77
dannarsi	elkárhozik *[-hozott, -hozzon, -hozna]* 31
Danubio	Duna 17
dappertutto	mindenütt 50
dare del Lei	magázódik *[-zódott, -zódjon, -zódna]* 64
dare del tu	tegeződik *[-ződött, -ződjön, -ződne]* 64
dare su, affacciarsi su	nyílik *[nyílt, nyíljon, nyílna]* 55
dare un esame	vizsgázik *[vizsgázott, vizsgázzon, vizsgázna]* 11
davanti a *(moto a luogo)*	elé 18
davanti, prima	előtt 9
debole	gyenge *[gyengét, gyengék, gyengébb]* 67
decidere	elhatároz *[-ott, -zon, -na]* 64
decidere	dönt *[-ött, -sön, -ene]* 74
decorare	díszít *[-ett, -sen, -ene]* 73
del tutto	egészen 83
denaro, soldi	pénz *[-t, -e, -ek]* 8
dente	fog *[-at, -a, -ak]* 10
dentifricio	fogkrém *[-et, -e, -ek]* 45
dentista	fogorvos *[-t, -a, -ok]* 10
deputato	képviselő *[-t, -je, -k]* 60
dietro *(stato in luogo)*	mögött 15
destinatario	címzett *[-et, -je, -ek]* 75
detersivo	mosópor *[-t, -a, -ok]* 45
di Budapest	pesti *[-t, -ek]* 38
di chi?	kié? 27
di maturità	érettségi *[-t, -je, -k]* 68
di mezza età	középkorú *[-t, -ak]* 78
di notte	éjjel *[-t, -e, -ek]* 13
di nuovo	újra 18
di prim'ordine	kiváló *[-t, -ak, -bb]* 69
di recente	mostanában 83
di successo, riuscito	sikeres *[-et, -ek, -ebb]* 74
di valore	értékes *[-et, -ek, -ebb]* 78

diapositiva	dia *[diát, diája, diák]* 62
diavolo	ördög *[-öt, -e, -ök]* 80
dicembre	december *[-t, -e, -ek]* 49
dieci	tíz 26
dietro *(moto a luogo)*	mögé 19
difficile	nehéz *[nehezet, nehezek, nehezebb]* 4
dimenticare	elfelejt *[-ett, -sen, -ene]* 37
dintorni	környék *[-et, -e]* 25
dipingere	fest *[-ett, fessen, -ene]* 25
dire	mond *[-ott, -jon, -ana]* 20
dire	szól *[-t, -jon, -na]* 37
dire, raccontare	elmond *[-ott, -jon, -ana]* 34
direttore	igazgató *[-t, -ja, -k]* 9
diritto	egyenes *[-t, -ek, -ebb]* 75
discendere, derivare	származik *[származott, származzon, származna]* 33
discoteca	diszkó *[-t, -ja, -k]* 16
disegno	rajz *[-ot, -a, -ok]* 34
disordine	rendetlenség *[-et, -e]* 32
dispiacersi	sajnál *[-t, -jon, -na]* 55
disposto	hajlandó 72
disputa, litigio	veszekedés *[-t, -e, -ek]* 22
distanza, lontananza	távolság *[-ot, -a, -ok]* 71
distinguere	megkülönböztet *[-böztelett, -böztessen, -böztetne]* 61
distretto, quartiere	kerület *[-et, -e, -ek]* 60
disturbo	zavarás *[-t, -a]* 64
diverso	különböző *[-ek, -bb]* 69
divertire *(transitivo)*	szórakoztat *[-ott, szórakoztasson, -na]* 85
divorziare	elválik *[-vált, -váljon, -válna]* 74
doccia	zuhanyozó *[-t, -ja, -k]* 65
dogana	vám *[-ot, -ja, -ok]* 78
dolce *(aggettivo)*	édes *[-et, -ek, -ebb]* 76
dolce *(sostantivo)*	sütemény *[-t, -e, -ek]* 43
domanda	kérdés *[-t, -e, -ek]* 80
domandare di continuo	kérdezget *[-ett, kérdezgessen, -ne]* 43
domani	holnap *[-ot, -ok]* 9
domenica	vasárnap *[-ot, -ja, -ok]* 26
domestica *(sostantivo)*	inas *[-ok]* 59
donna	nő *[-t, -je, -k]* 30
dopo	után 25
dopodiché	aztán 9
d'ora in poi	ezentúl 50
dormire	alszik *[aludt, aludjon, aludna]* 13
dotato di due letti	kétágyas 65
dove *(stato in luogo)*	hol 3

dove *(moto a luogo)*	hova 4
dove *(pronome relativo)*	ahol 41
due	két 28
due	kettő 49
due volte	kétszer 26
dunque	hát 22

E

e	és 1
e allora?	na és? 23
è possibile	lehet 45
ebbene	na 23
ecc.	stb. 64
eccellente	kitünő *[-t, -ek, -bb]* 78
economia	gazdaság *[-ot, -a, -ok]* 69
economico (a buon mercato)	olcsó *[-t, -k, -bb]* 54
edificio	épület *[-et, -e, -ek]* 12
editore	kiadó *[-t, -ja, -k]* 72
educato, ordinato	rendes *[-et, -ek, -ebb]* 32
egregio, magnifico	méltóságos 30
elegante	elegáns *[-at, -ak, -abb]* 24
elettorale	választási *[-t]* 60
elettore	választó *[-t, -ja, -k]* 60
elezione	választás *[-t, -a, -ok]* 60
enorme	hatalmas *[-at, -ak, -abb]* 20
entrambi	mindketten 61
entrare	bemegy *[bement, bemenjen, bemenne]* 10
entrare	bejön *[-jött, -jöjjön, -jönne]* 11
entrata	bejárat *[-ot, -a, -ok]* 18
equipaggio	személyzet *[-et, -e, -ek]* 81
eroe	hős *[-t, -e, -ök]* 40
errore	hiba *[hibát, hibája, hibák]* 72
esagerare	túloz *[túlzott, -zon, -na]* 83
esagerazione	túlzás *[-t, -a, -ok]* 46
esame	vizsga *[vizsgát, vizsgája, vizsgák]* 11
esclamare	kiabál *[-t, -jon, -na]* 76
escursione in battello	sétahajó *[-t, -ja, -k]* 62
espressione	kifejezés *[-t, -e, -ek]* 30
esserci (già)	megvan *[megvolt, meglegyen, meglenne]* 37
essere	van *[volt, legyen, volna / lenne]* 1
essere (creatura)	lény *[-t, -e, -ek]* 31
essere bocciato	megbukik *[-bukott, -bukjon, -bukna]* 80
essere convenevole	illik *[illett, illene]* 64
essere piacevole	jólesik 39

essere pronto	elkészül *[-t, -jön, -ne]* 43
essere seduto	ül *[-t, -jön, -ne]* 56
essere solito, avere l'abitudine di	szokott *[szokjon, szokna]* 73
est	kelet *[-et]* 47
estate	nyár *[nyarat, nyara, nyarak]* 47
estratto, brano	részlet *[-et, -e, -ek]* 72
Europa centrale	Közép-Európa 47
Europa occidentale	Nyugat-Európa 62

F

fabbrica	gyár *[-at, -a, -ak]* 13
fabbricare	gyárt *[-ott, -son, -ana]* 33
facile	könnyű *[-t, -ek, könnyebb]* 4
falso	hamis *[-at, -ak, -abb]* 8
famiglia	család *[-ot, -ja, -ok]* 29
fanciulla	leányka *[leánykát, leánykája, leánykák]* 31
far pulire	takarít *[-ott, -son, -ana]* 54
far straripare	áraszt *[-ott, árasszon, -ana]* 52
fardello, peso	teher *[terhet, terhe, terhek]* 67
fare	csinál *[-t, -jon, -na]* 6
fare	megcsinál *[-t, -jon, -na]* 50
fare amicizia	barátkozik *[-kozott, -kozzon, -kozna]* 82
fare conoscenza	megismerkedik *[-kedett, -kedjen, -kedne]* 16
fare ginnastica	tornázik *[-názott, -názzon, -názna]* 36
fare la spesa	bevásárol *[-t, -jon, -na]* 26
fare le pulizie	takarít *[-ott, -son, -ana]* 32
fare lo spelling	betűz *[-ött, -zön, -ne]* 65
fare male, dolere	fáj *[-t, -jon, -na]* 10
fare merenda	uzsonnázik *[-názott, -názzon, -názna]* 20
fare un passo	lép *[-ett, -jen, -ne]* 56
fare un reclamo	reklamál *[-t, -jon, -na]* 65
fare, mettere	tesz *[tett, tegyen, tenne]* 63
farsi bello	szépítgeti *[-gette, -gesse, -getné]* (magát) 43
febbraio	február *[-t, -ja, -ok]* 49
fedele	hűséges *[-et, -ek, -ebb]* 81
fegato	máj *[-at, -a, -ak]* 29
felice	boldog *[-ot, -ok, -abb]* 17
felicemente	boldogan 20
fermarsi	megáll *[-t, -jon, -na]* 9
ferrovia	vasút *[-at, -ja, -ak]* 69
festa (party)	buli *[-t, -ja, -k]* 32
festa (ricorrenza)	ünnep *[-et, -e, -ek]* 73
festeggiare	ünnepel *[-t, -jen, -ne]* 51

fiammifero	gyufa *[gyufát, gyufája, gyufák]* 45
fiero, orgoglioso	büszke *[büszkét, büszkék, büszkébb]* 61
filobus	trolibusz *[-t, -a, -ok]* 69
finale	döntő *[-t, -je, -k]* 76
finalmente	végre 10
fine	vég *[-et, -e]* 12
fine settimana	hétvége *[-végét, -végék]* 75
finestra	ablak *[-ot, -a, -ok]* 8
finire (intransitivo)	befejeződik *[-ződött, -ződjön, -ződne]* 48
finire (transitivo)	elvégez *[-végzett, -végezzen, -végezne]* 68
finire (transitivo)	befejez *[-ett, -zen, -ne]* 85
finire (transitivo)	végez *[végzett, -zen, -ne]* 74
finlandese	finn *[-t, -ek]* 77
Finlandia	Finnország 77
finora	eddig 50
finora	mostanáig 54
fiore	virág *[-ot, -a, -ok]* 26
fischietto	síp *[-ot, -ja, -ok]* 71
fisica	fizika *[fizikát]* 11
fiume	folyó *[-t, -ja, -k]* 12
flettere	hajlít *[-ott, -son, -ana]* 36
formaggio	sajt *[-ot, -ja, -ok]* 45
formulario, modulo	űrlap *[-ot, -ja, -ok]* 75
forse	talán 72
forte	erős *[-et, -ek, -ebb]* 41
fortunatamente	szerencsésen 54
fotografare	fényképez *[-ett, -zen, -ne]* 62
fotografia	fénykép *[-et, -e, -ek]* 19
francese	francia *[franciát, franciák]* 2
Francia	Franciaország 2
franco, sincero	őszinte *[őszintét, őszinték, őszintébb]* 83
francobollo	bélyeg *[-et, -e, -ek]* 75
frase	mondat *[-ot, -a, -ok]* 34
fratello maggiore	báty *[bátyja, bátyák]* 51
fratello, sorella	testvér *[-t, -e, -ek]* 51
freddo	hideg *[-et, -ek, -ebb]* 46
fresco (meteo)	hűvös *[-et, -ek, -ebb]* 81
fresco	friss *[-et, -ek, -ebb]* 26
fumare	dohányzik *[-nyzott, -nyozzon, -nyozna]* 51
funzionare	működik *[-ködött, -ködjön, -ködne]* 75

G

gamba, piede	láb *[-at, -a, -ak]* 36
garage	garázs *[t, -a, -ok]* 25

gatto	macska *[macskát, macskája, macskák]* 26
gelosia	féltékenység *[-et, -e]* 43
geloso	féltékeny *[-t, -ek, -ebb]* 43
gemello	iker *[ikret, ikre, ikrek]* 61
genitore	szülő *[-t, -je, -k]* 20
gennaio	január *[-t, -ja, -ok]* 49
già	már 9
giacere, essere coricato	fekszik *[feküdt, feküdjön, feküdne]* 46
giallo	sárga *[sárgát, sárgák, sárgább]* 12
giardino	kert *[-et, -je, -ek]* 62
gigante	óriás *[-t, -ok]* 71
ginocchio	térd *[-et, -e, -ek]* 36
giocare a pallone	labdázik *[-dázott, -dázzon, -dázna]* 80
giocattolo	játék *[-ot, -a, -ok]* 19
gioia	öröm *[-öt, -e, -ök]* 61
gioiello	ékszer *[-t, -e, -ek]* 78
gioire, rallegrarsi	örül *[-t, -jön, -ne]* 18
giornalista	újságíró *[-t, -ja, -k]* 81
giorno	nap *[-ot, -ja, -ok]* 1
giorno e notte	éjjel-nappal 34
giorno feriale	munkanap *[-ot, -ja, -ok]* 75
giorno festivo	ünnepnap *[-ot, -ja, -ok]* 75
giovane	fiatal *[-t, -ok, -abb]* 20
giovedì	csütörtök *[-öt, -e, -ök]* 28
girare *(frequentativo)*	forgat *[-ott, forgasson, -na]* 36
girare, tradurre *(transitivo)*	fordít *[-ott, -son, -ana]* 57
girarsi	fordul *[-t, -jon, -na]* 25
gita	kirándulás *[-t, -a, -ok]* 71
giugno	június *[-t, -a, -ok]* 49
giungere, arrivare	kerül *[-t, -jön, -ne]* 60
goal	gól *[-t, -ja, -ok]* 76
goccia	csepp *[-et, -je, -ek]* 73
gonna	szoknya *[szoknyát, szoknyája, szoknyák]* 53
governo	kormány *[-t, -a, -ok]* 60
grado	fok *[-ot, -a, -ok]* 81
grammatica	nyelvtan *[-t, -a, -ok]* 50
Gran Bretagna	Nagy-Britannia 77
grande	nagy *[-ot, -ok, -obb]* 2
Grande Pianura Ungherese	Alföld 81
grato	hálás *[-ak, -abb]* 29
grazie	köszönöm 1
grazie a	köszönhetően 60
Grecia	Görögország 77
greco	görög *[-öt, -ök]* 77

Italiano	Ungherese
grezzo	nyers *[-et, -ek, -ebb]* 69
gridare	kiált *[-ott, -son, -ana]* 20
grigio	szürke *[szürkét, szürkék, szürkébb]* 25
guadagnare	keres *[-ett, -sen, -ne]* 28
guaio	baj *[-t, -a, -ok]* 26
guardare	néz *[-ett, -zen, -ne]* 13
guerra	háború *[-t, -ja, -k]* 60
guerra mondiale	világháború *[-t, -k]* 40
guida	vezető *[-t, -je, -k]* 25
gulasch	gulyás *[-t]* 5

I

idiota	hülye *[hülyét, hülyék, hülyébb]* 76
ieri	tegnap 24
il giorno dopo	másnap 36
il primo di... (mese)	elseje 49
il resto, gli altri	többi 41
immaginare	elképzel *[-t, -jen, -ne]* 53
immaginare, figurarsi	képzel *[-t, -jen, -ne]* 38
immaginario	képzelt 60
immagine, quadro	kép *[-et, -e, -ek]* 19
immediatamente	rögtön 25
immortale	halhatatlan *[-t, -ok, -abb]* 71
impacchettare	csomagol *[-t, -jon, -na]* 73
imparare	megtanul *[-t, -jon, -na]* 52
impaziente	türelmetlen *[-t, -ek, -ebb]* 43
impazzire	megőrül *[-t, -jön, -ne]* 53
impolverarsi	porosodik *[-sodot, -sodjon, -sodna]* 85
importante	fontos *[-at, -ak, -abb]* 27
impossibile	lehetetlen 80
impresa, azienda	vállalat *[-ot, -a, -ok]* 68
in alto	fent 12
in due (riferito a persone)	ketten 59
in molti (riferito a persone)	sokan 10
in ogni caso	mindenesetre 68
in primavera	tavasszal 46
in qua e in là *(continuativo)*	ide-oda 36
in ritardo	későn 24
incapace	képtelen 80
inchiesta	nyomozás *[-t, -a, -ok]* 81
incidente	baleset *[-et, -e, -ek]* 25
incontrare	találkozik *[-kozott, -kozzon, -kozna]* 24
India	India 77
indicativo, caratteristico	jellemző *[-t, -ek, -bb]* 82
indovinare	kitalál *[-t, -jon, -na]* 32
industria	ipar *[-t, -a]* 69

inferno	pokol *[poklot, pokla, poklok]* 31
infine	végül 66
informazione	felvilágosítás *[-t, -a, -ok]* 72
ingegnere	mérnök *[-öt, -e, -ök]* 68
Inghilterra	Anglia 77
inglese	angol *[-t, -ok]* 54
ingrediente	hozzávaló *[-t, -ja, -k]* 66
ingresso	előszoba *[-szobát, -szobája, -szobák]* 19
iniezione	injekció *[-t, -ja, -k]* 10
inizialmente	eleinte 80
innaffiare	öntöz *[-ött, -zön, -ne]* 26
innaffiare	locsol *[-t, -jon, -na]* 73
innalzare	állít *[-ott, -son, -ana]* 73
innamorato, amoroso	szerelmes *[-t, -ek, -ebb]* 71
inquirente	nyomozó *[-t, -ja, -k]* 81
insalata	saláta *[salátát, salátája, saláták]* 5
insegnare	tanít *[-ott, -son, -ana]* 57
insegnare	megtanít *[-ott, -son, -ana]* 64
insieme	együtt 33
installazione	berendezés *[-t, -e, -ek]* 68
intelligente	okos *[-at, -ak, -abb]* 15
interessare	érdekel *[-t, -jen, -ne]* 76
interessante	érdekes *[-et, -ek, -ebb]* 6
internazionale	nemzetközi *[-t]* 76
intero	egész 32
intorno a	körül 51
inutile	felesleges *[-et, -ek, -ebb]* 70
invano	hiába 72
invece	pedig 30
inverno	tél *[telet, tele, telek]* 46
investire (impiegare un capitale)	befektet *[-ett, befektessen, -ne]* 80
investire (travolgere)	elüt *[-ött, elüssön, -ne]* 25
invidioso	irigy *[-et, -ek, -ebb]* 59
invitare	meghív *[-ott, -jon, -na]* 32
invito	vendégség *[-et, -e, -ek]* 59
io	én 1
iscriversi	beiratkozik *[-kozott, -kozzon, -kozna]* 68
Isola Margherita	Margitsziget 78
ispettore	ellenőr *[-t, -e, -ök]* 83
ispezionare, esaminare	megvizsgál *[-t, -jon, -na]* 83
istituto	intézet *[-et, -e, -ek]* 81
Italia	Olaszország 77
italiano	olasz *[-t, -ok]* 77

L

l'altro giorno	múltkor 32

l'anno prossimo	jövőre 34
l'anno scorso	tavaly 38
l'un l'altro	egymás 30
la seconda volta	másodszor 39
laggiù	amott 58
lago	tó *[tavat, tava, tavak]* 47
l'altro ieri	tegnapelőtt 49
lasciare	hagy *[-ott, -jon, -na]* 26
lasciare andare, liberare	elenged *[-ett, -jen, -ne]* 79
latte	tej *[-et, -e]* 45
lavare i piatti	mosogat *[-ott, mosogasson, -nal]* 32
lavarsi	mosakszik *[mosakodott, mosakodjon, mosakodna]* 13
lavorare	dolgozik *[-gozott, -gozzon, -gozna]* 13
le bacio la mano	kezét csókolom 29
leggere	olvas *[-ott, -son, -na]* 6
leggere	elolvas *[-ott, -son, -na]* 50
Lei *(forma di cortesia)*	ön 4
lentamente	lassan 36
lettera (dell'alfabeto)	betű *[-t, -je, -k]* 33
lettera (testo scritto)	levél *[levelet, levele, levelek]* 26
letto	ágy *[-at, -a, -ak]* 15
lezione	lecke *[leckét, leckéje, leckék]* 27
lezione di ginnastica	tornaóra 36
lì, là	ott 1
libero	szabad *[-ot, -ok, -abb]* 60
libro	könyv *[-et, -e, -ek]* 6
lingua	nyelv *[-et, -e, -ek]* 4
lingua madre	anyanyelv *[-et, -e, -ek]* 82
litro	liter *[-t]* 5
lo stesso, la stessa cosa	ugyanez 64
locale, club	klub *[-ot, -ja, -ok]* 48
lontano *(aggettivo)*	távoli *[-t, -ak, -bb]* 51
luglio	július *[-t, -a, -ok]* 49
luminoso	világos *[-at, -ak, -abb]* 55
luna	hold *[-at, -ja, -ak]* 17
lunedì	hétfő *[-t, -je, -k]* 28
lungo	hosszú *[-t, -ak, hosszabb]* 50
luogo	hely *[-et, -e, -ek]* 19

M

ma	de 22
ma...!	na de! 24
macché	dehogy 22
macchina (tecnologia)	gép *[-et, -e, -ek]* 13
macchina (automobile)	kocsi *[-t, -ja, -k]* 25

macellaio	hentes *[-t, -e, -ek]* 29
madre	anya *[anyát, anyja, anyák]* 19; édesanya *[-anyát, -anyja, -anyák]* 55
maggio	május *[-t, -a, -ok]* 46
mai	soha 32
maiale	disznó *[-t, disznaja, -k]* 66
malato	beteg *[-et, -ek, -ebb]* 9
male	rosszul 16
mamma	mama *[mamát, mamája, mamák]* 19
mammina (dim. vezz.), mamma	anyuka *[anyukát, anyukája, anyukák]* 23
mancia	borravaló *[-t, -ja, -k]* 29
mandare a dire	üzen *[-t, -jen, -ne]* 79
mandare, inviare	küld *[-ött, -jön, -ene]* 22
mangiare (sostantivo)	evés *[-t, -e]* 62
mangiare	eszik *[evett, egyen, enne]* 10
manifestante	tüntető *[-t, -je, -k]* 76
manifestare	tüntet *[-ett, tüntessen, -ne]* 76
mano	kéz *[kezet, keze, kezek]* 58
manuale (di studio)	tankönyv *[-et, -e, -ek]* 85
manutenzione domestica	háztartás *[-t, -a, -ok]* 45
manzo	marha *[marhát, marhája, marhák]* 29
mare	tenger *[-t, -e, -ek]* 23
marito	férj *[-et, -e, -ek]* 3
marrone, castano	barna *[barnát, barnák, barnább]* 16
martedì	kedd *[-et, -je, -ek]* 28
marzo	március *[-t, -a, -ok]* 46
matematica	matematika *[-kát, -kája]* 11
materiale	anyag *[-ot, -a, -ok]* 52
matita	ceruza *[ceruzát, ceruzája, ceruzák]* 45
matrimonio	házasság *[-ot, -a, -ok]* 74
mattino	délelőtt *[-öt, -je, -ök]* 8
mattino	reggel *[-t, -e, -ek]* 9
me	engem 18
meccanico	gépész *[-t, -e, -ek]* 68
mediamente	közepesen 69
medicina	gyógyszer *[-t, -e, -ek]* 69
medico	orvos *[-t, -a, -ok]* 10
meglio	jobban 36
membro	tag *[-ot, -ja, -ok]* 81
mentire	hazudik *[hazudott, hazudjon, hazudna]* 82
mentre	amíg 26; míg 33
menù	étlap *[-ot, -ja, -ok]* 5
meravigliarsi	csodálkozik *[-kozott, -kozzon, -kozna]* 19
meraviglioso	csodálatos *[-at, -ak, -abb]* 18
mercato	piac *[-ot, -a, -ok]* 66

mercoledì	szerda *[szerdát, szerdája, szerdák]* 28
merenda	uzsonna *[uzsonnát, uzsonnája, uzsonnák]* 20
mese	hónap *[-ot, -ja, -ok]* 49
metà	fél *[felet, fele, felek]* 48
metro	méter *[-t, -e, -ek]* 9
metro quadrato	négyzetméter *[-t, -e, -ek]* 55
mettere	betesz *[-tett, -tegyen, -tenne]* 19
mettere sopra	feltesz *[-tett, -tegyen, -tenne]* 80
mettere, indossare	felvesz *[-vett, -vegyen, -venne]* 37
mezzanotte	éjfél 48
mezzo	fél *[felet, fele, felek]* 25
mi faccia la cortesia di…	szíveskedjék 78
migliorare *(intransitivo)*	javul *[-t, -jon, -na]* 57
milione	millió 8
mille	ezer 28
ministro	miniszter *[-t, -e, -ek]* 18
ministro degli Esteri	külügyminiszter *[-minisztert, -minisztere, -miniszterek]* 81
minuto	perc *[-et, -e, -ek]* 62
mio	enyém 22
mittente	feladó *[-t, -ja, -k]* 75
moda	divat *[-ot, -ja, -ok]* 30
moderno	modern *[-et, -ek, -ebb]* 68
moderno	korszerű *[-t, -ek, -bb]* 69
modesto	szerény *[-t, -ek, -ebb]* 26
modulo	bejelentőlap *[-ot, -ja, -ok]* 65
moglie	feleség *[-et, -e, -ek]* 3
molto	nagyon 6; sok 23
mondo	világ *[-ot, -a]* 61
montagna	hegy *[-et, -e, -ek]* 23
monumento	műemlék *[-et, -e, -ek]* 12
mordere	harap *[-ott, -jon, -na]* 82
morire	meghal *[-t, -jon, -na]* 34
multa	bírság *[-ot, -a, -ok]* 80
muovere, spostare	mozdít *[-ott, -son, -ana]* 57
muoversi (fare moto)	mozog *[mozgott, -jon, -na]* 36
muoversi, spostarsi	mozdul *[-t, -jon, -na]* 57
muro, parete	fal *[-at, -a, -ak]* 19
muscolo	izom *[izmot, izma, izmok]* 36
museo	múzeum *[-ot, -a, -ok]* 12
Museo delle Belle Arti	Szépművészeti Múzeum 62
musica	zene *[zenét, zenéje, zenék]* 16

N

nascere	születik *[-ett, szülessen, -ne]* 34

nascita	születés *[-t, -e, -ek]* 40
naso	orr *[-ot, -a, -ok]* 41
Natale	karácsony *[-t, -a, -ok]* 10
naturalmente	természetesen 72
nave	hajó *[-t, -ja, -k]* 53
nazionale	nemzeti *[-t]* 40
né... né...	se(m)... se(m)... 15
necessario	szükséges *[-et, -ek, -ebb]* 70
negozio	üzlet *[-et, -e, -ek]* 39
negozio	bolt *[-ot, -ja, -ok]* 45
nel frattempo	közben 73
nello stesso tempo	egyszerre 61
nemmeno	se(m) 79
neonato	újszülött *[-et, -ek]* 61
nero	fekete *[-ét, -ék, -ébb]* 6
nervoso	ideges *[-et, -ek, -ebb]* 9
nessuno	senki 54
neve	hó *[havat]* 39
niente	semmi 1
ninna nanna	altató *[-t, -ja, -k]* 71
nipote	unoka *[unokát, unokája, unokák]* 20
nipote (femmina)	unokahúg *[-ot, -a, -ok]* 53
no, non	nem 1; 2
noi	mi 36
nome	név *[nevet, neve, nevek]* 71
non esserci	nincs 6
non molto tempo fa	nemrég 26
non solo	nemcsak 50
non... bensì...	nem... hanem... 4
nonna	nagymama *[-mamát, -mamája, -mamák]* 20
notte	éjszaka *[-kát, -kaja, -kák]* 65
nove	kilenc 9
novella	novella *[novellát, novellája, novellák]* 72
novembre	november *[-t, -e, -ek]* 49
novità, notizia; giornale	újság *[-ot, -a, -ok]* 1; 15
nuovamente	megint 12
nuovo	új *[-at, -ak, -abb]* 19
nuvola	felhő *[-t, -je, -k]* 81

O

o, oppure	vagy 27
occasione, possibilità	lehetőség 72
occhiali	szemüveg *[-et, -e, -ek]* 15
occhi	szem *[-et, -e, -ek]* 22
occupare	foglal *[-t, -jon, -na]* 40

occuparsi di	foglalkozik *[-kozott, -kozzon, -kozna]* 69
odiare, detestare	utál *[-t, -jon, -na]* 44
odierno	mai 11
odore	szag *[-ot, -a, -ok]* 73
offrire	ajánl *[-ott, -jon, -ana]* 29
oggi	ma 8
oggigiorno	manapság 73
ogni comfort	összkomfort 55
ogni tanto	néha 83
ognuno	mindegyik 76
Olanda	Hollandia 77
olandese	holland *[-ot, -ok]* 77
oltre, avanti	tovább 17
oltrepassare	túllép *[-ett, -jen, -ne]* 80
opera (lirica)	opera *[operát, operája, operák]* 24
opera	mű *[művet, műve, művek]* 71
operaio	munkás *[-t, -a, -ok]* 34
ora	óra *[órát, órája, órák]* 9
orchestra	zenekar *[-t, -a, -ok]* 16
ordinare	rendel *[-t, -jen, -ne]* 37
orecchio	fül *[-et, -e, -ek]* 41
organizzare	rendez *[-ett, -zen, -ne]* 32
ormai	immár 52
oro	arany *[-at, -a, -ak]* 78
osare	mer *[-t, -jen, -ne]* 80
ospedale	kórház *[-at, -a, -ak]* 61
ospitale	vendégszerető *[-t, -ek, -bb]* 78
ospite	vendég *[-et, -e, -ek]* 18
osservare, notare, fare caso	figyel *[-t, -jen, -ne]* 59
ostacolo	akadály *[-t, -a, -ok]* 65
ostetricia	szülészet *[-et, -e, -ek]* 61
otto	nyolc 13
ottobre	október *[-t, -e, -ek]* 49
ovest	nyugat *[-ot]* 47

P

pacco	csomag *[-ot, -ja, -ok]* 37
pace	béke *[békét, békéje]* 60
padre	apa *[apát, apja, apák]* 19; édesapa *[-apát, -apja, -apák]* 55
padrona di casa	háziasszony *[-t, -a, -ok]* 59
Paese (nazione)	ország *[-ot, -a, -ok]* 2
paese di residenza	belföld 75
pagare	fizet *[-ett, fizessen, -ne]* 10
paio	pár 79
pallone	labda *[labdát, labdája, labdák]* 71

pancetta	szalonna *[szalonnát, szalonnája, szalonnák]* 66
pane	kenyér *[kenyeret, kenyere, kenyerek]* 45
panna	hab *[-ot, -ja, -ok]* 43
pantaloni	nadrág *[-ot, -ja, -ok]* 53
papà	papa *[papát, papája, papák]* 19
papino (dim. vezz.), papà	apuka *[apukát, apukája, apukák]* 19
paradiso	mennyország *[-ot, -a, -ok]* 31
parco	park *[-ot, -ja, -ok]* 60
parente	rokon *[-t, -a, -ok]* 26
parlare	beszél *[-t, -jen, -ne]* 1
parola	szó *[-t, szava, szavak]* 27
parola d'ordine, slogan	jelszó *[-t, jelszava, jelszavak]* 60
parquet	padló *[-t, -ja, -k]* 55
parte	rész *[-t, -e, -ek]* 33
partenza	elutazás *[-t, -a, -ok]* 26
particolare	különös *[-et, -ek, -ebb]* 1
partire (in viaggio)	elutazik *[-utazott, -utazzon, -utazna]* 26
partire	indul *[-t, -jon, -na]* 18
partire	elindul *[-t, -jon, -na]* 25
partita	meccs *[-et, -e, -ek]* 76
partito	párt *[-ot, -ja, -ok]* 60
Pasqua	húsvét *[-ot, -ja, -ok]* 73
passante	járókelő *[-t, -je, -k]* 25
passeggero, viaggiatore	utas *[-t, -a, -ok]* 81
passeggiare	sétál *[-t, -jon, -na]* 6
passeggiata	séta *[sétát, sétája, séták]* 39
pasticceria	cukrászda *[-dát, -dája, -dák]* 10
pastore	juhász *[-t, -a, -ok]* 71
patata	krumpli *[-t, -ja, -k]* 57
patente	jogosítvány *[-t, -a, -ok]* 80
patria	haza *[hazát, hazája, hazák]* 81
peccato	kár *[-t, -a, -ok]* 16
penna	toll *[-at, -a, -ak]* 45
pensiero	gondolat *[-ot, -a, -ok]* 72
peperone verde	zöldpaprika *[-paprikát, -paprikája]* 66
per (conto di)	részére 65
per caso	véletlenül 34
per esempio	például 30
per favore (sia gentile)	legyen szíves 5
per fortuna	szerencsére 33
per la prima volta	először 33
per l'ultima volta	utoljára 53
per niente al mondo	a világért sem 64
perché (in risposta)	mert 24
perdere	elveszít *[-ett, -sen, -ene]* 40

perdonare	megbocsát *[-ott, megbocsásson, -ana]* 74
perdono	elnézés *[-t, -e]* 12
perfetto	tökéletes *[-et, -ek, -ebb]* 85
pericoloso	veszélyes *[-et, -ek, -ebb]* 82
permettere	enged *[-ett, -jen, -ne]* 41
permettere	megenged *[-ett, -jen, -ne]* 64
persona	ember *[-t, -e, -ek]* 25
personaggio	szereplő *[-t, -je, -k]* 82
personalità	személyiség *[-et, -e, -ek]* 81
pescatore	halász *[-t, -a, -ok]* 62
peso	súly *[-t, -a, -ok]* 61
piacere (di cibi)	ízlik *[ízlett, ízlene]* 66
piacere	tetszik *[tetszett, tetsszen, tetszene]* 16
piacevole	kellemes *[-et, -ek, -ebb]* 48
piangere	sír *[-t, -jon, -na]* 22
piano *(sostantivo)*	emelet *[-et, -e, -ek]* 9
pianoforte	zongora *[zongorát, zongorája, zongorák]* 19
piantare	ültet *[-ett, ültessen, -ne]* 67
pianura	síkság *[-ot, -a, -ok]* 47
piazza	tér *[teret, tere, terek]* 9
picchiare	ver *[-t, -jen, -ne]* 56
picchiare	megver *[-t, -jen, -ne]* 22
piccola città	kisváros *[-t, -a, -ok]* 4
piccolo	kis *[kicsit, kicsik, kisebb]* 4
pieno	tele 18
piscina	uszoda *[uszodát, uszodája, uszodák]* 60
più	több 47
più tardi	később 29
più volte	többször 49
piuttosto	inkább 43
po'	kicsit 27
poco	kevés 66
poesia	vers *[-et, -e, -ek]* 31
poeta	költő *[-t, -je, -k]* 31
poi	majd 13
politecnico *(aggettivo)*	műszaki *[-t, -ak]* 68
politico *(sostantivo)*	politikus *[-t, -a, -ok]* 18
polizia	rendőrség *[-et, -e]* 78
poliziotto	rendőr *[-t, -e, -ök]* 4
pollo	csirke *[csirkét, csirkéje, csirkék]* 29
Polonia	Lengyelország 77
polvere	por *[-t, -a, -ok]* 83
pomeriggio	délután *[-t, -ja, -ok]* 11
pomodoro	paradicsom *[-ot, -a]* 66
pompiere	tűzoltó *[-t, -ja, -k]* 71

ponte	híd *[hídat, -ja, hídak]* 12
popolare, noto	népszerű *[-t, -ek, -bb]* 83
popolo	nép *[-et, -e, -ek]* 40
porta	ajtó *[-t, ajtaja, -k]* 19
portapacchi	csomagtartó *[-tartót, -tartója, -tartók]* 78
portare	hoz *[-ott, -zon, -na]* 5; visz *[vitt, vigyen, vinne]* 63; visel *[-t, -jen, -ne]* 71
portare dentro	bevisz *[-vitt, -vigyen, -vinne]* 19
portare su	felhoz *[-ott, -zon, -na]* 19
portare su	felvisz *[-vitt, -vigyen, -vinne]* 65
portare via	elvisz *[elvitt, elvigyen, elvinne]* 58
portare via/fuori	kihoz *[-ott, -zon, -na]* 19
portiere	házmester *[-t, -e, -ek]* 72
porto	hajóállomás *[-t, -a, -ok]* 54
portone, cancello	kapu *[-t, -ja, -k]* 72
posacenere	hamutartó *[-t, -ja, -k]* 44
posare	elhelyez *[-ett, -zen, -ne]* 72
possibilmente	lehetőleg 65
posta	posta *[postát, postája, posták]* 64
posta aerea	légiposta *[-postát]* 75
posteriore	hátulsó 73
povero	szegény *[-t, -ek, -ebb]* 23
povertà	szegénység *[-et, -e, -ek]* 79
pranzare	ebédel *[-t, -jen, -ne]* 13
praticare sport	sportol *[-t, -jon, -na]* 36
prato	rét *[-et, -je, -ek]* 71
precedente	előző 30
preferito	kedvenc *[-et, -e, -ek]* 81
prego	tessék 5
prendere	megfog *[-ott, -jon, -na]* 44
prendere, acquistare	vesz *[vett, vegyen, venne]* 63
prendere	fog *[-ott, -jon, -na]* 79
prenotare	foglal *[-t, -jon, -na]* 65
preparare	készít *[-ett, -sen, -ene]* 57
prepararsi	készül *[-t, -jön, -ne]* 57
prescrivere	előír *[-t, -jon, -na]* 83
presentarsi	jelentkezik *[-kezett, -kezzen, -kezne]* 68
presto	hamar 48
presumibilmente	állítólag 54
prezioso	értékes *[-et, -ek, -ebb]* 78
prezzo	ár *[-at, -a, -ak]* 59
prima	előtt 64
primavera	tavasz *[-t, -a, -ok]* 39
primo	első *[-t, -k]* 65

principe	fejedelem *[-delmet, -delme, -delmek]* 40
problema	probléma *[problémát, problémája, problémák]* 74
prodotto	termék *[-et, -e, -ek]* 69
produzione	termelés *[-t, -e]* 69
professore	tanár *[-t, -a, -ok]* 2
professore di ginnastica	tornatanár *[-t, -a, -ok]* 36
programma (trasmissione)	műsor *[-t, -a, -ok]* 74
programma (piano, impegno)	program *[-ot, -ja, -ok]* 32
proiettare	vetít *[-ett, -sen, -ene]* 62
proiezione di diapositive	diavetítés *[-t, -e, -ek]* 62
prolungare, estendere	meghosszabbít *[-ott, -son, -ana]* 78
promettere	ígér *[-t, -jen, -ne]* 29
promettere	megígér *[-t, -jen, -ne]* 48
pronto?	halló 1
proporre, offrire	ajánl *[-ott, -jon, -ana]* 29
proprietario	tulajdonos *[-t, -a, -ok]* 72
prossimo	jövő *[-t, -je]* 20
protendersi	hajlik *[hajlott, hajoljon, hajolna]* 58
provare	megpróbál *[-t, -jon, -na]* 74
provare	próbál *[-t, -jon, -na]* 29
proverbio	közmondás *[-t, -a, -ok]* 82
pubblicare, fornire	közöl *[-t, -jön, -ne]* 52
pubblico	közönség *[-et, -e]* 81
punta	csúcs *[-ot, -a, -ok]* 76
puntuale, esatto	pontos *[-at, -ak, -abb]* 9
purché	csak hogy 31
purtroppo	sajnos 29

Q

quaderno	füzet *[-et, -e, -ek]* 45
qual è il tuo problema?	mi bajod van? 44
qualche	néhány 69
qualcosa	valami 10
qualcuno	valaki 26
quale	melyik 37
qualità	minőség *[-et, -e]* 69
qualsiasi tipo di	bármilyen 72
quando	mikor 10
quante volte	hányszor 49
quantità	mennyiség *[-et, -e, -ek]* 69
quanto	mennyi 10
quanto	hány 12
quarti di finale	középdöntő *[-t, -je, -k]* 81
quarto	negyed 66
quasi	majdnem 80

quattro	négy 49
quel giorno	aznap 81
quest'anno	idén 46
questione privata	magánügy [-et, -e, -ek] 13
questo	ez 2
qui	itt 1
quotidiano (aggettivo)	hétköznap [-ot, -ja, -ok] 64

R

raccontare (perfettivo)	elmesél [-t, -jen, -ne] 25
raccontare	mesél [-t, -jen, -ne] 39
racconto, fiaba	mese [mesét, meséje, mesék] 41
rafforzarsi	megerősödik [-erősödött, -erősödjön, -erősödne] 81
ragazzo	fiú [-t, fia, -k] 11
raggio di sole	napsugár [sugarat, -sugara, -sugarak] 31
ragione, motivo	ok [-ot, -a, -ok] 43
rapire	elrabol [-t, -jon, -na] 67
re	király [-t, -a, -ok] 40
redattore	szerkesztő [-t, -je, -k] 72
regalare	megajándékoz [-ott, -zon, -na] 73
regalo	ajándék [-ot, -a, -ok] 73
regime a partito unico	egypártrendszer [-et, -e, -ek] 40
relazione	kapcsolat [-ot, -a, -ok] 69
repubblica	köztársaság [-ot, -a] 60
restare a piedi	elakad [-t, -jon, -na] 80
reumatismi	reuma [reumát, reumája] 78
ricco	gazdag [-ot, -ok, -abb] 23
ricetta	recept [-et, -je, -ek] 66
ricevere	kap [-ott, -jon, -na] 45
ricevimento	fogadás [-t, -a, -ok] 18
richiamare	felhív [-ott, -jon, -na] 78
ricordarsi	emlékszik [emlékezett, emlékezzen, emlékezne] 39
ricordo	emlék [-et, -e, -ek] 39
ridere	nevet [-ett, nevessen, -ne] 59
riempire	kitölt [-ött, -sön, -ene] 65
riempire	tölt [-ött, -sön, -ene] 73
riguardare	érint [-ett, -sen, -ene] 83
rimanere	marad [-t, -jon, -na] 38
rimescolare	kavargat [-ott, kavargasson, -na] 43
ringraziare	köszön [-t, -jön, -ne] 1
ripassare, ripetere	ismétel [-t, -jen, -ne] 27
riposare	pihen [-t, -jen, -ne] 23
riposare, sonnecchiare	szundít [-ott, -son, -ana] 71
riscaldamento	felmelegedés [-t, -e, -ek] 81

négyszázhuszonhat • 426

riso	rizs *[-t]* 66
rispondere	válaszol *[-t, -jon, -na]* 20
rispondere	felel *[-t, -jen, -ne]* 23
risposta	válasz *[-t, -a, -ok]* 64
ristorante	étterem *[éttermet, étterme, éttermek]* 5
ristrutturazione	átépítés *[-t, -e, -ek]* 62
risultato	eredmény *[-t, -e, -ek]* 50
ritirare	kivált *[-ott, -son, -ana]* 53
riva	part *[-ot, -ja, -ok]* 12
riva del Danubio	Dunapart 17
rivolgersi a	megszólít *[-ott, -son, -ana]* 64
Romania	Románia 47
romantico	romantikus *[-at]* 17
rompere	eltör *[-t, -jön, -ne]* 46
rompere	kitör *[-t, -jön, -ne]* 58
rondella	karika *[karikát, karikája, karikák]* 66
rosa	rózsa *[rózsát, rózsája, rózsák]* 58
rosmarino	rozmaring *[-ot]* 58
rosolare	megpirít *[-ott, -son, -ana]* 66
rossetto	rúzs *[-t, -a, -ok]* 43
rosso	vörös *[-et, -ek, -ebb]* 5
rosso	piros *[-at, -ak, -abb]* 24
rotondo, circolare	kerek *[-et, -ek, -ebb]* 58
rubare	ellop *[-ott, -jon, -na]* 73
rugiada	harmat *[-ot, -a, -ok]* 31
rum	rum *[-ot, -ja, -ok]* 43
rumore	zaj *[-t, -a, -ok]* 65
ruolo	szerep *[-et, -e, -ek]* 69

S

sabato	szombat *[-ot, -ja, -ok]* 26
saggezza	bölcsesség *[-et, -e, ek]* 82
saggio	bölcs *[-et, -ek, -ebb]* 82
salame	szalámi *[-t, -ja]* 69
sale	só *[-t, -ja]* 66
salire (su un mezzo)	beszáll *[-t, -jon, -na]* 83
salire	felmegy *[-ment, -menjen, -menne]* 9
salsiccia	kolbász *[-t, -a, -ok]* 66
salutare, congedare	elbúcsúzik *[-zott, -zzon, -zna]* 85
sano	egészséges *[-et, -ek, -ebb]* 61
santo	szent *[-et, -ek]* 40
sapere *(sostantivo)*	tudás *[-t, -a]* 57
sapere	tud *[-ott, -jon, -na]* 15
sapone	szappan *[-t, -a, -ok]* 45
sbagliare	téved *[-ett, -jen, -ne]* 72

sbracciarsi	integet *[-ett, integessen, -ne]* 80
scadere	lejár *[-t, -jon, -na]* 78
scaffale	szekrény *[-t, -e, -ek]* 15
scambio	csere *[cserét, cseréje, cserék]* 79
scapparci, saltare fuori	előkerül *[-t, -jön, -ne]* 73
scappare, fuggire	elszalad *[-t, -jon, -na]* 41
scarpe	cipő *[-t, -je, -k]* 37
scegliere	választ *[-ott, válasszon, -ana]* 52
scendere (da un mezzo)	leszáll *[-t, -jon, -na]* 9
scendere	lemegy *[-ment, -menjen, -menne]* 12
scendere in fretta	lesiet *[-sietett, -siessen, -sietne]* 43
scheletro	csontváz *[-at, -a, -ak]* 59
schiaffo	pofon *[-t, -ja, -ok]* 22
schiantarsi, precipitare	lezuhan *[-t, -jon, -na]* 81
scienziato	tudós *[-t, -a, -ok]* 72
scomparire	eltűnik *[-tűnt, -tűnjön, -tűnne]* 20
scozzese	skót *[-ot, -ok]* 78
scritta	felirat *[-ot, -a, -ok]* 72
scritto	írás *[-t, -a, -ok]* 40
scrivania	íróasztal *[-t, -a, -ok]* 19
scrivere	ír *[-t, -jon, -na]* 56
scuola	iskola *[iskolát, iskolája, iskolák]* 22
scuola materna	óvoda *[óvodát, óvodája, óvodák]* 60
scuro	sötét *[-et, -ek, -ebb]* 65
scusa	bocsánat *[-ot, -a]* 64
se	ha 8
se solo	bárcsak 46
secchio	vödör *[vödröt, vödre, vödrök]* 73
secolo	század *[-ot, -a, -ok]* 40
seconda casa (villeggiatura)	nyaraló *[-t, -ja, -k]* 23
secondo *(prep.)*	szerint 39
sedersi	leül *[-t, -jön, -ne]* 9
sedia	szék *[-et, -e, -ek]* 19
sedile	ülés *[-t, -e, -ek]* 78
segretaria	titkárnő *[-t, -je, -k]* 68
segreto	titok *[titkot, titka, titkok]* 51
seguente	következő *[-t, -k]* 43
seguire	következik *[-kezett, -kezzen, -kezne]* 73
sei	hat 28
sembrare	látszik *[látszott, látsszon, látszana]* 62
semplice	egyszerű *[-t, -ek, -bb]* 33
sempre	mindig 17
sempre (meglio/più)	egyre 57
sensazione	érzés *[-t, -e, -ek]* 54
senso di marcia	menetirány *[-t, -a]* 78
sentire (udire)	hall *[-ott, -jon, -ana]* 31

sentire (percepire)	érez *[érzett, -zen, -ne]* 36
senza	nélkül 15
sera	este *[estét, estéje, esték]* 13
Serbia	Szerbia 47
serio	komoly *[-at, -ak, -abb]* 40
servire (un piatto)	tálal *[-t, -jon, -na]* 66
sette	hét 28
settembre	szeptember *[-t, -e, -ek]* 49
settimana	hét *[hetet, hete, hetek]* 49
settore lavorativo	munkakör *[-t, -e, -ök]* 68
severo	munkakör *[-t, -e, -ök]* 11
sfidarsi	mérkőzik *[-kőzött, -kőzzön, kőzne]* 76
sfortunatamente	szerencsétlen *[-t, -ek, -ebb]* 81
sguardo	nézés *[-t, -e]* 12
sì	igen 2
sia… sia…	mind… mind… 69
sicuramente	biztosan 15
sicurezza	biztonság *[-ot, -a]* 60
sicuro	biztos *[-at, -ak, -abb]* 85
sigaretta	cigaretta *[-tát, -tája, -ták]* 45
significare	jelent *[-ett, -sen, -ene]* 33
significativo	jelentős *[-et, -ek, -ebb]* 69
significato	jelentés *[-t, -e, -ek]* 33
signora	hölgy *[-et, -e, -ek]* 12
signora	asszony *[-t, -a, -ok]* 73
signora delle pulizie	takarítónő *[-t, -je, -k]* 26
signore *(appellativo)*	uram 8
signore	úr *[urat, ura, urak]* 2
signorina	kisasszony *[-t, -a, -ok]* 64
simpatico	szimpatikus *[-at, -ak, -abb]* 24
sindaco	polgármester 51
sinistra	bal 8
sistematicamente	rendszeresen 57
situazione	helyzet *[-et, -e, -ek]* 64
soccorritore	mentő *[-t, -jen, -k]* 73
soffiare	fúj *[-t, -jon, -na]* 41
soggiorno, permanenza	tartózkodás *[-t, -a, -ok]* 81
sognare	álmodik *[álmodott, álmodjon, álmodna]* 85
sogno	álom *[álmot, álma, álmok]* 41
soldato	katona *[katonát, katonája, katonák]* 71
sole	nap *[-ot, -ja, -ok]* 39
sollevare	emel *[-t, -jen, -ne]* 36
somma	összeg *[-et, -e, -ek]* 72
sonnifero	altató *[-t, -ja, -k]* 65
sopra *(senza contatto, moto a luogo)*	fölé 19

sopra *(senza contatto, stato in luogo)*	felett 15
sorella minore	húg *[-a, -ok]* 51
sorpresa	meglepetés *[-t, -e, -ek]* 54
sorvegliare	őriz *[őrzött, -zen, -ne]* 73
sotto *(moto a luogo)*	alá 19
sotto *(stato in luogo)*	alatt 15
sovrastante	fenti 83
Spagna	Spanyolország 77
spagnolo	spanyol *[-t, -ok]* 77
spalla	váll *[-att, -a, -ak]* 36
sparare, tirare	lő *[-tt, -jön, -ne]* 8
specchio	tükör *[tükröt, tükre, tükrök]* 19
speciale	külön 36
specialista, professionista	szakember *[-t, -e, -ek]* 69
spendere	költ *[-öt, -sön, -ene]* 38
sperare	remél *[-t, -jen, -ne]* 27
spesso	gyakran 31
spettacolo	előadás *[-t, -a, -ok]* 24
spicciolo	aprópénz *[-t, -e]* 75
spiegazione	magyarázat *[-ot, -a, -ok]* 80
spingere, spostare	tol *[-t, -jon, -na]* 44
splendido	gyönyörű *[-t, -ek, -bb]* 18
splendore del sole	napsütés *[-t, -e, -ek]* 39
spogliarsi	levetkőzik *[-vetkőzött, -vetkőzzön, -vetkőzne]* 13
sporco	piszkos *[-at, -ak, -abb]* 32
sposarsi	megnősül *[-t, -jön, -ne]* 34
spumante	pezsgő *[-t, -je, -k]* 18
squadra	csapat *[-ot, -a, -ok]* 76
squisito	finom *[-at, -ak, -abb]* 20
squittire	cincog *[-ott, -jon, -na]* 82
stagione	évszak *[-ot, -a, -ok]* 46
stampa	sajtó *[-t, -ja]* 81
stampare	nyomtat *[-ott, nyomtasson, -na]* 75
stanchezza	fáradtság *[-ot, -a]* 36
stanco	fáradt *[-at, -ak, -abb]* 13
stanza, camera	szoba *[szobát, szobája, szobák]* 3
starnutire	tüsszent *[-ett, -sen, -ene]* 64
stato (condizione)	állapot *[-ot, -a, -ok]* 55
Stato (nazione)	ország *[-ot, -a, -ok]* 2
stazione	pályaudvar *[-t, -a, -ok]* 62
stella	csillag *[-ot, -a, -ok]* 17
stelo	szál *[-at, -a, -ak]* 67
Storia (ambito disciplinare)	történelem *[történelmet, történelme]* 40
storia (aneddoto, racconto)	történet *[-et, -e, -ek]* 83
strada statale	országút *[-at, -ak]* 80

strada, via	utca *[utcát, utcája, utcák]* 8
straniero	külföldi *[-t, -ek]* 4
straniero	idegen *[-t, -ek, -ebb]* 41
strano	furcsa *[furcsát, furcsák, furcsább]* 41
stretto	szűk *[-et, -ek, -ebb]* 24
stringere la mano	kezet fog 18
strutto	zsír *[-t, -ja, -ok]* 66
studente, allievo	tanuló *[-t, -ja, -k]* 50
studente di Lettere	bölcsész *[-t, -e, -ek]* 33
studiare, apprendere	tanul *[-t, -jon, -na]* 4
stufa	kályha *[kályhát, kályhája, kályhák]* 19
stupido	buta *[butát, buták, butább]* 22
subito	azonnal 5
successo, riuscita	siker *[-t, -e, -ek]* 50
sud	dél *[delet, dele, delek]* 47
sudare	izzad *[-t, -jon, -na]* 36
suino	sertés *[-t, -e, -ek]* 29
suonare il clacson	dudál *[-t, -jon, -na]* 80
superare l'esame di maturità	érettségizik *[-gizett, -gizzen, -gizne]* 34
supermercato	áruház *[-at, -a, -ak]* 45
svegliarsi	felébred *[-t, -jen, -ne]* 41
Svezia	Svédország 77
Svizzera	Svájc 77
svoltare	fordul *[-t, -jon, -na]* 25

T

tabaccheria	trafik *[-ot, -ja, -ok]* 45
tagliare	vág *[-ott, -jon, -na]* 66
tale, così	olyan 44
tante volte	sokszor 49
tanto	ennyi 45
tappeto	szőnyeg *[-et, -e, -ek]* 19
tavoletta	tábla *[táblát, táblája, táblák]* 78
tavolo	asztal *[-t, -a, -ok]* 6
teatro	színház *[-at, -a, -ak]* 48
tedesco	német 77
telefonare	telefonál *[-t, -jon, -na]* 22
temere, avere paura	fél *[-t, -jen, -ne]* 10
temperatura	hőmérséklet *[-et, -e, -ek]* 81
tempesta	vihar *[-t, -a, -ok]* 41
tempo	idő *[-t, ideje, -k]* 1
teoria	elmélet *[-et, -e, -ek]* 80
terra	föld *[-et, -je, -ek]* 67
terribile	rettenetes *[-et, -ek, -ebb]* 32
testa	fej *[-et, -e, -ek]* 11
testo	szöveg *[-et, -e, -ek]* 50

ti prego	kérlek 45
tipo	pasas *[-t, -a, -ok]* 24
tipografia	nyomda *[nyomdát, nyomdája, nyomdák]* 60
tirare via/fuori	kivisz *[kivitt, kivigyen, kivinne]* 19
titolo	cím 6
togliere	kihúz *[-ott, -zon, -na]* 38
topo	egér *[egeret, egere, egerek]* 82
tornare (indietro)	visszamegy *[-ment, -menjen, -menne]* 29
torta	torta *[tortát, tortája, torták]* 20
torta al cioccolato	csokoládétorta *[-tát, -tája, -ták]* 20
tra *(moto a luogo)*	közé 19
tra *(stato in luogo)*	között 41
tra	közül 82
tradire	megcsal *[-t, -jon, -na]* 74
traduzione	fordítás *[-t, -a, -ok]* 52
tram	villamos *[-t, -a, -ok]* 9
trapunta	dunna *[dunnát, dunnája, dunnák]* 71
trascinarsi, vagabondare	mászkál *[-t, -jon, -na]* 32
trasferirsi	költözik *[költözött, költözzön, költözne]* 19
trasformarsi (in)	változik *[változott, változzon, változna]* 31
trattativa	tárgyalás *[-t, -a, -ok]* 81
tremendo	szörnyű *[-t, -ek, -bb]* 46
treno	vonat *[-ot, -a, -ok]* 37
trovare	megtalál *[-t, -jon, -na]* 45
trovare	talál *[-t, -jon, -na]* 62
trovare un accordo	megegyezik *[-egyezett, -egyezzen, -egyezne]* 55
tu	te 1
turco	török *[-öt, -ök]* 40
turista	turista *[turistát, turistája, turisták]* 75
tutti	mindenki 11
tutto	mind 4; minden 20
tv	tévé *[-t, -je, -k]* 19

U

uccello	madár *[madarat, madara, madarak]* 52
uccidere	megöl *[-t, -jön, -ne]* 81
uccisione del maiale	disznóölés *[-t, -e, -ek]* 73
ufficio	hivatal *[-t, -a, -ok]* 48
ultimo	utolsó 62
umido	nedves *[-et, -ek, -ebb]* 81
umorista, comico	humorista *[-tát, -tája, -ták]* 69
ungherese	magyar *[-t, -ok]* 2

Ungheria	Magyarország 2
unirsi	egyesül [-t, -jön, -ne] 31
università	egyetem [-et, -e, -ek] 32
uno	egy 3
uno (dei due)	egyik 20
uno (di loro)	valamelyik 41
unico	egyetlen [-t, -e] 76
uomo	férfi [-t, -ak] 24
usanza, tradizione	szokás [-t, -a, -ok] 73
usare	használ [-t, -jon, -na] 63
uscire	kijön [-jött, -jöjjön, -jönne] 25
uscita	kijárat [-ot, -a, -ok] 18
uso	használat [-ot, -a] 82

V

va bene	rendben van 29
vagone ristorante	étkezőkocsi [-t, -ja, -ka] 78
valere la pena	érdemes 82
valigia	bőrönd [-öt, -je, -ök] 37
valuta	valuta [valutát, valutája, valuták] 75
variante	változat [-ot, -a, -ok] 67
vaso	cserép [cserepet, cserepe, cserepek] 67
vecchio, anziano	öreg [-et, -ek, -ebb] 20
vedere	lát [-ott, lásson, -na] 20
veicolo	jármű [-vet, -ve, -vek] 69
veloce	gyors [-at, -ak, -abb] 20
velocità	sebesség [-et, -e] 80
venditore	eladó [-t, -ja, -k] 72
venerdì	péntek [-et, -e, -ek] 26
venire	eljön [-jött, -jöjjön, -jönne] 20
venire	jut [-ott, jusson, -na] 48
venire	jön [jött, jöjjön, jönne] 9
venire fuori, rivelarsi	kiderül [-t, -jön, -ne] 62
ventilato	szeles [-t, -ek, -ebb] 83
vento	szél [szelet, szele, szelek] 41
veramente	igazán 67
veramente, sul serio	tényleg 76
verbale	jegyzőkönyv [-et, -e, -ek] 83
verde	zöld [-et, -ek, -ebb] 25
verificarsi	előfordul [-t, -jon, -na] 74
verità	igazság [-ot, -a] 82
vero (sost.), ragione	igaz [-at, -ak, -abb] 39
versare un liquido su qualcosa	leönt [-ött, -sön, -ene] 54
verso, in direzione di	felé 18
vestirsi	felöltözik [-öltözött, -öltözzön, -öltözne] 13

vestirsi	öltözik *[öltözött, öltözzön, öltözne]* 16
vestito	ruha *[ruhát, ruhája, ruhák]* 24
viaggiare *(frequentativo)*	utazgat *[-ott, utazgasson, -na]* 54
viaggiare	utazik *[utazott, utazzon, utazna]* 23
viaggio	utazás *[-t, -a, -ok]* 53
viaggio (percorso)	út *[utat, -ja, utak]* 54
viaggio organizzato	társasutazás *[-t, -a, -ok]* 46
viale, circonvallazione	körút *[-at, -ak]* 59
vicino	szomszéd *[-ot, -ja, -ok]* 20
vicino a *(moto a luogo)*	mellé 19
vicino a *(stato in luogo)*	mellett 8
Vienna	Bécs 53
villa	villa *[villát, villája, villák]* 62
villaggio	falu *[-t, -ja, falvak]* 20
vineria	borozó *[-t, -ja, -k]* 56
vino	bor *[k-t, -a, -ok]* 5
vino con seltz	fröccs *[-öt, -e, -ök]* 66
visibile	látható *[-t, -k, -bb]* 40
visionare, visitare	megtekint *[-ett, -sen, -ene]* 55
visita	látogatás *[-t, -a, -ok]* 8
viso	arc *[-ot, -a, -ok]* 43
visto	vízum *[-ot, -a, -ok]* 53
vita	élet *[-et, -e, -ek]* 17
viva! / evviva!	éljen! 60
vivere	él *[-t, -jen, -ne]* 3
voce	hang *[-ot, -a, -ok]* 52
voi	ti 16
volante	kormány *[-t, -a, -ok]* 57
volare	repül *[-t, -jön, -ne]* 58
volentieri	szívesen 78
volere	akar *[-t, -jon, -na]* 10
votare	szavaz *[-ott, -zon, -na]* 60
vuoto	üres *[-et, -ek, -ebb]* 18

W
WC	vécé *[-t, -je, -k]* 5

Z
zelante	szorgalmas *[-at, -ak, -abb]* 50
zia, signora	néni *[-t, -je, -k]* 20
zio, signore	bácsi *[-t, -ja, -k]* 22
zoppo	sánta *[sántát, sánták, sántább]* 82
zucchero	cukor *[cukrot, cukra, cukrok]* 71
zoo	állatkert *[-et, -je, -ek]* 62

  L'ungherese

Questo libro rispetta le foreste!

L'ungherese - Collana Senza Sforzo
Stampato in Italia - dicembre 2019
Stampa: Vincenzo Bona s.p.a. - Torino